영유아발달과 교육

이연규 · 전선옥 · 이문정 · 김정원

KNOWLEDGE COMMUNITY 공동체

머리말

P R E F A C E > >

인간의 발달에 관하여

필자가 처음 유아교육과에 입학하여 발달심리학 수업을 들은 지가 어언 40년이다. 갓 고등학교를 졸업한 10대 후반의 새내기 대학생에게, 아기가 태어나고 자라는 과정에 대한 지식은 유아교사가 되기 위한 준비라고만 여겨졌다. 대학을 졸업하고 유치원 교사가 되어 다양한 연령의 유아와 상호작용하면서도 유아들에게서 보이는 발달 특징들은 그냥 '3세라 이렇고 4세라 저렇구나' 하는 식의 이해 수준에 그쳤던 것 같다. 그 한 명 한 명 유아들의 말과 생각과 행동들이 셀 수 없이 다양한 유전적 요소와 환경적 자극의 산물이있다는 점을 당시에는 알 수 없었다. 우리는 누구나 그런 과정을 거쳐 성인이 된다는 점도, 개인의 과거가 현재에 머물다 미래로 연결되는 발달의 연속성도 젊은 시각으로 이해하기에는 쉬운 일이 아니었다. 그렇게 20대와 30대를 지나 두 아이의 엄마가 되었을 때, 내가 낳은 내 아이가 나와 많이 다르다는 점에 적잖이 놀랐었다. 그뿐이 아니다. 같은 배 속에서 태어나 유사한 환경에서 자란 첫 아이와 둘째 아이는 또 어쩌면 그렇게 서로 다른지... 참 불가사의한 일이었다. 결국, 수많은 경우의 수와 확률의 소산인 DNA와 또 그만큼 다양한 자극과 경험이 씨실과 날실처럼 엮여 한 인간의 발달을 이루어 낸다는 점에서 발달심리학은 공부하면 할수록 경외감을 갖게 했다. 세포의 수와 크기가 증가하고 기능이 세분화하여 능숙해지는 단계까지를 발달이 완성되는 시기로 보았던 시기가 있었다. 20세기 이후 에릭슨은 전 생애 발달이론을 통해 인간은 태어나서 죽을 때까지 발달한다고 주장하였다. 정말이다.

인간에게는 어느 한순간도 변화하지 않는 순간이 없다. 발달은 변화다.

생명의 시작과 끝에 관하여

칼 세이건의 저서『Cosmos』에는 다음과 같은 글이 적혀있다.

"I am a collection of water, calcium and organic molecules called Carl Sagan."

해석하면, "나는 칼 세이건이라 불리는, 물과 칼슘과 유기체 분자의 조합이다"이다. 그러니 우리가 매일 걷고, 마시고, 생각할 수 있다는 건 가히 기적 같은 일이 아니겠는가? 생명의 시작은 현대 과학으로도 완벽히 설명할 수 없을 정도로 신비롭다. 태내기에 시작된 생명이 자라 세상에 나와 신생아기, 영아기, 유아기, 아동기, 청소년기를 거쳐 성인기에 접어들게 된다. 성인기가 지나면 중장년기를 거쳐 노년기의 삶을 살게 된다. 생명의 끝인 죽음은 생의 어느 순간에도 찾아올 수 있지만, 발달이 상승곡선을 그리다가 어느 정점에 이르면 하강곡선을 그리게 되고 많은 기능들이 쇠퇴하여 세상에 처음 던져졌던 그 처음처럼 누군가의 도움에 의지해야 하는 시기가 온다. 발달은 역시 변화다.

영유아발달을 가르치며

대학에서 수십 년간 영유아발달을 가르치면서 첫 수업 때마다 학생들에게 던지는 질문이 있다. "유전과 환경 중, 인간의 발달에 크게 영향을 미치는 요인을 하나만 고르라면 어떤 것을 고르겠는가?"의 질문이다. 대부분의 학생들은 별로 고민하지 않고 단호하게 환경이라고 답했다. 이유는 잘 모르겠지만 필자도 마찬가지였던 것으로 기억한다. 젊은 날의 필자도 인간의 발달은 유전적 요인보다는 환경의 영향을 더 많이 받는다고 생각했다. 영유아들에게서 보이는 대부분의 특징들은 그들의 부모가 그렇게 양육했기 때문이라고, 그래서 환경에 따라 유아들은 얼마든지 다시 바뀔 수 있다고 생각했다. 그러나 호기롭게 외쳤던 젊은 날의 주장은 두 아이를 키우면서 조금씩 바뀌게 되었다. 태어날 때부터 까다롭고 예민했던 첫째와 날 때부터 혼자 자고 혼자 놀며 순했던 둘째를 키우면서 아이들마다 다른 무언가 타고나는 것의 영향을 부정할 수 없었다. 어찌 됐든 아이를 낳아 키우는 과정은 부모인 나를 성장시키는 시간이었다. 자녀의 영유아기 발달과 부모의 성인기 발달이 절묘하게 오버랩되면서 행복, 슬픔, 불안, 힘겨움, 그야말로 희로애락애오욕(喜怒哀樂愛惡慾)의 칠정(七情)을 모두 포함한 세월이었던 것 같다. 영유아발달은 비록 초등학교 입학 전 유아기까지의 발달만을 다루기는 하지만 학기 마지막 즈음이 되면 학생들에게 늘 이 말을 전하게 된다. '인간의 발달을 공부하는 일은 자신을 이해하고 타인을 이해하고 스스로를 성장하게 하는 일이라고...'

영유아발달 이론이 교육과 연결되어야 하는 이유

현재 영아발달, 유아발달, 아동발달, 발달심리학 등의 이름으로 무수한 교재들이 출판되어 있으나 대부분의 발달 관련 교재들이 발달의 양상을 나열하고 서술하는 데 초점을 두고 있다. 가령 영아기 발달에 대한 서술을 일례로 살펴보자. 자아개념이 형성되기 시작하면서 자기주장이 강해지는 2세 시기는 질서에 대한 민감기이며 소유 개념이 발달하는 시기이다. 그래서 2세 영아들은 자신의 놀잇감을 친구에게 양보하거나 공유하는 것을 매우 어려워한다. 만약에 우리가 여기까지만 이해하더라도 2세 영아의 사회성 발달 특징을 알기에는 충분하다. 그러나 유아교사가 될 학생들을 위해서는 여기서 교육이 다시 시작되어야 한다. 놀잇감을 친구에게 허용하지도 공유하지도 않고 만지는 족족 빼앗아버리는 2세 아이들에게 교사는 어떻게 환경을 조성하고 어떤 상호작용을 시도해야 하는가를 아는 것이 정작 발달심리학을 배우는 이유이고 목적이 아닐까? 이에 본 저자들은 발달과 관련된 지식과 정보는 현장에서 활용할 수 있어야 한다는 생각으로 교사나 부모에게 현실적인 정보를 제공하기 위한 집필을 시도하였으며, 발달이론과 함께 영유아의 발달을 돕기 위한 다양한 지원 전략을 제시하려고 노력하였다. 수년간의 강의자료를 모으고 다듬고, 수정과 보완을 거쳐 출판을 앞두고 있지만, 여전히 세상에 내놓기에 부끄러운 마음이 크다. 책이 만들어지기까지 알게 모르게 도움을 주신 이 땅의 모든 부모들과 아이들, 모교의 교수님들과 제자들, 현장에서 분주히 애쓰시는 영유아 교사들, 그리고 부족한 원고를 꼼꼼히 살피고 교정해 주신 공동체 편집부에 깊은 감사를 전하며, 앞으로 더 좋은 내용과 자료로 책의 깊이를 더해갈 수 있도록 많은 충고와 조언을 바라 마지않는다.

2024년 3월

차례

CONTENTS

PART 02 생명의 시작

PART 03 영유아발달과 교육

CHAPTER 05 신체발달

CHAPTER 06 인지발달

CONTENTS

PART

01

영유아발달의 이론

제1장을 시작하기에 앞서, 영유아교사가 되기 위해 발달이론과 실제를 공부해야 하는 이유를 생각해 보자. 여러분은 미래의 어느 시점에 교사가 될 것이다. 유치원이나 어린이집에서 학급을 맡게 되면 그 반의 영유아들을 위해 교육 계획을 세우고, 수업 자료를 준비하고, 교실 환경을 꾸밀 것이다. 만약에 여러분이 2세 학급의 교사가 된다면? 아니, 5세 학급의 교사가 된다면? 여러분은 여러분이 맡은 학급의 영유아들을 위해 어떤 교육 자료를 준비하고 어떻게 활동하며 상호작용할 것인가 생각해야 한다. 여러분이 교사가 된 후 만나게 될 영유아는 생물학적 연령에 따라 많은 차이를 보이기 때문에 영유아의 발달을 알아야만 발달에 적합한 활동을 제공할 수 있다. 예를 들어, 2세 영아는 자석에 붙는 물건과 자석에 붙지 않는 물건을 분류하기와 같은 논리적 사고 과제에 어려움을 느낄 것이다. 5세 유아는 '까꿍놀이'나 '도리도리 짝짜꿍' 같은 단순한 활동에는 흥미를 보이지 않을 것이다. 발달의 과정을 잘 이해하는 교사는 영유아의 현재 상태를 기반으로 다음 목표를 설정하며 영유아의 발달을 예측할 수 있다. 예를 들어, 퀵보드 타기를 통해 길러진 균형감각은 자전거 타기를 배우는 데 도움이 될 것이고, 블록이나 점토 놀이로 형성된 소근육 발달은 나중에 그리기와 쓰기 발달의 기초가 될 것이다. 영유아가 어떻게 발달하는지 그 과정을 잘 이해하는 교사는 영유아의 현재 발달상태를 관찰한 후 아이들 각자에게 가장 적합한 교구나 활동을 제공할 수 있게 된다. 영유아의 발달이 또래보다 느릴 경우나 어떤 발달이 다른 발달에 비해 뒤떨어져 있다고 판단될 때, 교사는 적절하게 개입함으로써 영유아의 균형 있는 발달을 촉진시킬 수 있다. 결국 영유아발달에 관한 지식은 능숙한 영유아교사가 되기 위한 이론적 바탕이 된다. 제1부에서는 영유아발달과 관련된 기초 개념을 살펴보기로 하자.

CHAPTER 01

영유아발달의 개념

1. 발달의 개념
2. 영유아발달의 개념
3. 발달의 원리
4. 발달의 영역
5. 발달의 단계
6. 영유아발달과 관련된 지식의 활용

CHAPTER 01

영유아발달의 개념

1 발달의 개념

나는 얼마나 알고 있을까요?

영유아발달의 개념과 발달의 이론에 대한 다음의 설명을 읽고 옳다고 생각하면 '예', 옳지 않다고 생각하면 '아니요'에 표시해 보세요.

1. 예 □ 아니요 □ 발달심리학은 인간이 태어나서 죽을 때까지의 변화과정을 연구하는 학문이다.
2. 예 □ 아니요 □ 인간의 발달은 유전적으로 타고나는 측면이 대부분이기 때문에 환경은 그리 중요하지 않다.
3. 예 □ 아니요 □ 좋은 교사가 되기 위해 영유아발달에 관한 지식은 매우 중요하다.
4. 예 □ 아니요 □ 인간은 누구나 똑같은 발달과정을 거친다.
5. 예 □ 아니요 □ 발달과정에서 잘못된 경험을 하게 되면 일생 동안 그 영향에서 벗어날 수 없다.

정답 : 1) 예 2) 아니요 3) 예 4) 아니요 5) 아니요

생각해 보세요

우리는 일상적으로 '발달'이라는 용어를 자주 사용합니다. 자신이 생각하는 발달이란 무엇인지 자신의 언어로 정의해 볼까요?

발달심리학에서 발달(development)과 유사한 의미를 갖는 용어들이 있어 이들을 우선 개념 정의해 보도록 하자. 첫째로 **성장**(growth)이라는 용어가 있다. 성장은 일반적으로 신체의 크기나 능력이 증가하는 양적인 변화를 의미하며 대개 측정이 가능한 개념이다. 성장은 정자와 난자가 수정되는 순간부터 시작되지만 생의 특정한 시점에서 중단되기도 한다. 키와 몸무게의 변화가 대표적인 성장의 예이다. 다음으로는 **성숙**(maturation)이라는 용어가 있다. 성숙은 대개 유전적

요인에 의해 나타나는 질적인 변화를 의미하며 표면적으로 드러나는 경우보다는 내적으로 나타나는 경우가 많다. 예를 들면, 대소변을 가리기 위한 괄약근의 성숙이나 사춘기에 나타나는 월경이나 변성과 같은 2차 성징이 성숙의 예이다. 다른 유사 개념으로는 **학습**(learning)이 있다. 학습이란 직접 또는 간접적인 훈련이나 연습에 의한 변화로서 자연적으로 습득되지 않는 변화를 의미한다. 피아노 치기, 수영하기, 자전거 타기, 읽기와 쓰기, 셈하기, 외국어 배우기 등이 그 예이다. 학습은 주로 환경에서 제공되는 경험을 통해 이루어진다. **발달**(development)은 지금까지 설명한 성장, 성숙, 학습의 개념을 모두 포괄하는 개념이다. 따라서 발달의 개념을 정리하면 인간의 출생에서 사망에 이르기까지의 모든 변화를 의미하며, 더 구체적으로는 신체적/심리적, 양적/질적, 외적/내적, 상승적/하강적 변화를 모두 아우르는 개념으로 볼 수 있다.

성장 : 키 성장　　성숙 : 2차 성징 출현　　학습 : 수영 배우기

|그림 1-1| 성장, 성숙, 학습

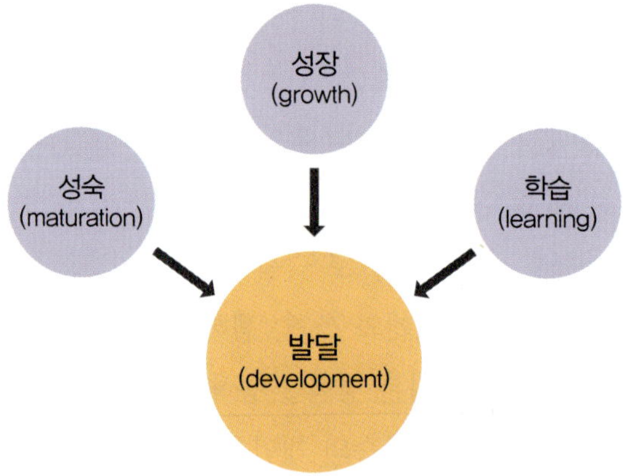

|그림 1-2| 성장, 성숙, 학습과 발달 간의 관계

식물의 변화과정을 살펴보면 씨앗에서 싹이 트고 자라 봉우리를 맺은 장미꽃은, 시간의 변화에 따라 꽃을 피우고 자라다가 시들어 떨어진다. 크기의 변화뿐 아니라 상태의 변화도 함께 일어나는 것을 알 수 있다.

|그림 1-3| 장미꽃의 변화

곤충의 변화과정을 살펴보더라도 발달의 양상을 쉽게 알 수 있다. 대부분의 곤충은 알에서 애벌레가 된 후 몇 번의 탈바꿈 과정을 거치면서 자라 성충이 되고 다시 알을 낳으면 죽는다. 낳고, 자라고, 늙고, 죽는 패턴은 발달의 일관적인 양상이다.

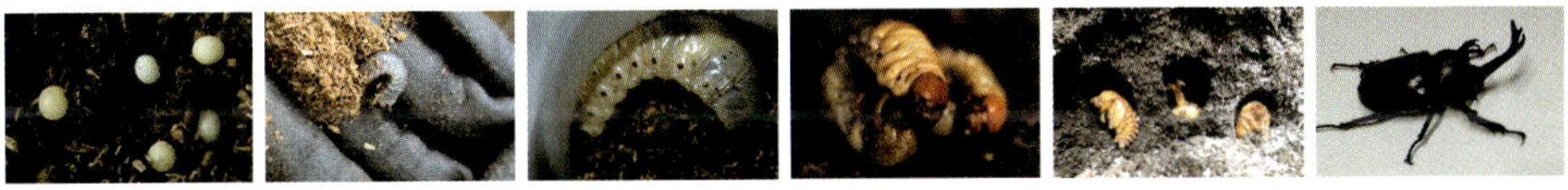

|그림 1-4| 곤충의 한살이

사람도 예외가 아니다. 인간은 누구나 아기의 모습으로 태어나 자라고, 유아기, 아동기, 청소년기를 거쳐 성인이 된 후부터는 노화가 진행되어 노년기에 이르고 마침내 죽음을 맞이하게 된다. 우리는 인간의 일생도 식물이나 곤충의 한살이와 크게 다르지 않음을 알 수 있다.

|그림 1-5| 인간의 생애주기

2 영유아발달의 개념

생각해 보세요

인간의 일생을 단계별로 나누어 볼 수 있습니다. 영유아란 누구일까요? 영유아의 나이는 어떻게 될까요?

이 책을 통해 다루어질 영유아발달이란 인간이 태어나서 발달하는 과정의 모든 단계별 특성을 다루는 발달심리학의 한 영역으로 볼 수 있다. 영유아 발달심리학은 인간이 모체에서 수정되는 순간부터 엄마의 자궁에서 보내는 시기인 태내기, 태아가 다 자라서 출생하고 바깥 세상에 적응하는 신생아기, 스스로 자신을 통제하고 세상을 탐색하기 시작하는 영아기를 거쳐 초등학교에 입학하기 이전 시기인 유아기까지의 발달을 다루는 학문이다. 각 시기별 연령은 다음 그림과 같다.

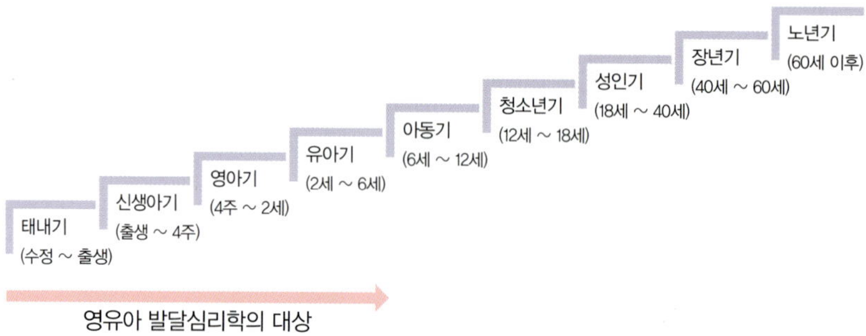

|그림 1-6| 인간발달의 단계

3 발달의 원리

나는 얼마나 알고 있을까요?

발달의 원리에 대한 다음의 설명을 읽고 옳다고 생각하면 '예', 옳지 않다고 생각하면 '아니요'에 표시해 보세요.

1. 예 □ 아니요 □ 인간의 발달에는 누구에게나 적용되는 유사한 원칙이 있다.
2. 예 □ 아니요 □ 인간의 발달은 타고난 유전인자에 의해 모두 결정된다.
3. 예 □ 아니요 □ 인간은 유전보다는 환경의 영향을 더 많이 받고 성장한다.
4. 예 □ 아니요 □ 인간의 발달에는 일정한 순서가 있다.
5. 예 □ 아니요 □ 같은 사람일지라도 신체발달의 속도와 인지발달의 속도는 다를 수 있다.
6. 예 □ 아니요 □ 일란성 쌍생아의 경우는 모든 발달이 정확히 일치한다.

정답 : 1) 예 2) 아니요 3) 아니요 4) 예 5) 예 6) 아니요

인간발달의 과정에는 그 누구도 피해갈 수 없고 모두에게 적용되는 보편적 원리가 있다. 이는 인간이라는 종의 유전자에 새겨있는 정보이기에 동서양을 막론하고 일관적이며, 영유아가 발달하는 과정을 살펴보기 위해 반드시 이해해야 하는 중요한 원리이다. 이 절에서는 총 여섯 가지의 발달의 원리에 대해 소개하고자 한다.

첫째, 발달은 유전과 환경의 상호작용에 의해 이루어진다.

인간은 누구나 부모로부터 물려받은 유전자에 의해 성장하고 발달한다. 키가 큰 부모를 둔 자녀들은 큰 키를 가질 가능성이 높으며 곱슬머리, 쌍커풀, 지능, 운동신경 등의 특성도 많은 부분 유전된다. 그러나 유전적인 요소가 인간의 발달을 모두 결정하는 것은 아니다. 어린아이가 성장하는 과정에서 환경적으로 어떤 자극과 사건을 경험했는가도 인간의 발달에 큰 영향을 준다. 아무리 좋은 유전자를 가지고 태어났어도 열악한 환경에서 성장하게 되면 타고난 좋은 유전자는 제대로 발휘될 수 없다. 반대로 다소 열등한 유전자를 가지고 태어났다 하더라도 좋은 환경에서 질 높은 자극을 받게 되면 자신이 가지고 태어난 유전인자의 한계를 넘어서는 발달을 보일 수 있다.

발달에 있어 유전과 환경 중 어느 쪽이 더 큰 영향을 미치는가에 관한 문제는 발달심리학자들의 오랜 연구 주제이자 논쟁거리였으나, 발달의 영역에 따라 그 비중에 차이가 있을 뿐 인간의 발달에 유전과 환경이 동시에 작용한다는 사실에는 그 누구도 이의를 제기하지 못한다. 청소년기 이전까지 수면의 양과 질, 충분한 영양 섭취가 제공되면 자신이 가지고 태어난 유전적 한계를 뛰어넘는 성장을 보일 수 있지만, 아무리 좋은 수면과 영양, 운동경험이 있다고 해도 키가 3m까지 자랄 수 없는 것처럼, 유전적 요인은 근본적인 의미에서의 발달의 한계를 설정한다. 이에 비해 환경은 타고난 유전적 정보의 $\pm\alpha$를 결정한다고 보면 된다. 환경이 우수하면 $+\alpha$, 환경이 열악하면 $-\alpha$만큼의 발달을 보이게 된다는 의미이다. 이를 씨앗에 비유해 보자. 아주 좋은 씨앗(A), 적당히 좋은 씨앗(B)이 있다고 가정해 보자. 씨앗에서 싹이 트고 자라고 열매가 맺기 위해 필요한 환경은 물과 양분, 공기와 햇빛이다. 두 씨앗 A, B에게 동일한 조건(물, 양분, 공기, 햇빛)이 주어졌을 때, 좋은 씨앗인 A에게서 좋은 열매가 맺힐 가능성이 더 높다. 그러나 만약 동일하지 않은 조건이 주어진다면? 좋은 씨앗 A에게는 나쁜 환경이, 적당히 좋은 씨앗인 B에게는 최상의 환경이 제공된다면 결과는 어떻게 될까? 원래는 좋은 열매를 기대하지 못했던 B 씨앗에게서 A 씨앗보다 더 좋은 열매를 얻게 될 수 있다는 결론이 나온다.

영유아교사가 되기 위해 영유아발달을 공부하는 여러분은 여러분이 제공하는 양질의 교육적 상호작용이 영유아의 환경에 해당함을 잊지 말기를 바란다. 영유아교사가 영유아의 타고난 유전적 형질을 바꿀 수는 없다. 그러나 영유아에게 제공하는 좋은 경험과 상호작용을 통해 그들에게 좋은 환경이 되어줄 수는 있다. 영유아는 가정 내에서 가족과 상호작용하는 것을 시작으로 작은 사회인 영유아교육기관을 통해 자신이 속해 있는 사회의 가치를 내면화하면서 다차원적으로 환경의 영향을 받으며 발달하게 된다.

|그림 1-7| 발달에 영향을 미치는 요인

둘째, 발달에는 일정한 순서가 있다.

인간의 발달을 살펴보면 어떤 영역이든 정해진 순서가 있음을 알 수 있다. 우선 영아가 스스로 자신의 몸을 움직일 수 있게 되기까지 이동행동의 순서를 살펴보자. 신생아기를 지난 영아는 목을 가누고 가슴과 허리를 가누게 되면서 스스로 앉을 수 있게 된다. 혼자 앉기가 익숙해지면 무언가를 붙잡고 설 수 있게 되고, 아무것도 붙잡지 않고 혼자 서게 되면 발을 떼며 걷기 시작한다. 처음에는 비틀거리며 자주 넘어지던 영아는 점차 걷기에 익숙해지게 되고, 잘 걸을 수 있게 되면 그 이후에 달리기나 뛰기를 할 수 있게 된다. 혼자 앉고 서고 걷고 뛰는 시기는 영아마다 다를 수 있다. 그렇지만 그 순서가 뒤바뀌어 나타나는 경우는 없다. 세상의 어느 누구도 앉을 수 있게 되기 전에 걷거나, 걸을 수 있게 되기 전에 뛸 수 없다는 말이다.

언어발달을 살펴봐도 마찬가지이다. 이 세상에 태어나 첫울음을 내뱉을 때의 영아의 울음소리는 잘 구별되지 않는다. 아기가 울 때 배가 고픈 건지, 어디가 아픈 건지, 대체 왜 우는지 울음소리만 가지고는 알 수가 없다. 그러나 시간이 흐르면서 영아의 울음은 분화되기 시작하여 울음소리만 듣고도 아기가 우는 이유를 양육자가 알 수 있게 된다. 아플 때의 울음과 졸릴 때의 울음에 차이가 생기게 되는 것이다. 그렇게 울음과 미소로만 의사를 표현하던 영아는 생후 2개월경부터 옹알이를 시작한다. 시간이 흐르면서 영아는 조음기관을 다양하게 사용할 수 있게 되어 영아의 옹알이는 점점 더 다양한 소리를 포함하게 되고 높낮이에도 변화를 주기 시작한다. 어느 날 '엄마', '아빠', '맘마'와 같은 첫 단어가 출현하면서 한 단어를 사용하여 말을 시작하고, 한 단어로 모든 의사소통을 하던 영아는 18개월경부터 점점 두세 단어를 사용하여 문장을 사용하게 된다. 언어적 환경의 차이와 부모의 상호작용 방식에 따라 각 영아의 언어발달 속도는 다를 수 있다. 그러나 앞서 언급한 바와 같이 언어발달의 과정에도 일정한 순서가 있음을 부인할 수 없다.

인지발달도 마찬가지이다. 사고의 발달은 영아기 이전에 감각과 운동을 사용하는 사고에서 유아기의 상징적 사고로, 아동기의 논리적 사고와 청소년기 이후의 추상적 사고로 순차적으로 진행된다. 이와 같이 발달의 양상은 인간의 신체적 측면이나 정신적 측면 모두에서 일정한 순서를 보여준다. 간혹 중간 단계를 거치지 않고 건너뛸 수는 있지만 절대로 그 순서가 뒤바뀌어 일어나지 않는다는 점은 발달에 일정한 순서가 있다는 원리를 확연하게 보여주고 있다.

|그림 1-8| 이동행동 발달의 순서

셋째, 발달은 일정한 방향으로 진행된다.

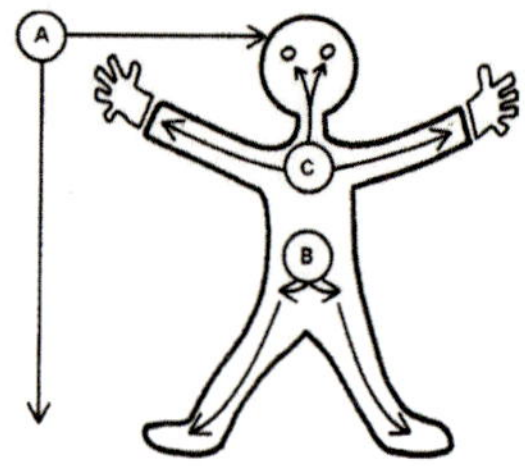

A : 두미발달 원칙 : 상부(머리)에서 하부(다리)로
B : 근원발달 원칙 : 중심(몸통)에서 바깥쪽(말초)으로
C : 세분화 원칙 : 전체 운동(대근육)에서 세부 운동(소근육)으로

|그림 1-9| 발달의 방향

발달의 방향은 다음의 세 가지 원칙으로 구분된다. 하나는 두미발달 원칙으로 발달이 상부에서 하부로, 즉 머리에서 다리 방향(from head to toe)으로 진행된다는 원칙이다. 이는 영아가 목을 먼저 가누고 그 다음에 가슴을 가누며, 허리를 가누게 되면서 앉을 수 있게 되고, 다리를 가누면서 서고 걷게 되는 예를 생각하면 된다. 다음은 근원발달 원칙으로 발달이 중심에서 말초(from center to outward)로 진행된다는 원칙이다. 인간의 발달은 몸통이 먼저 발달하고 팔 – 손목 – 손가락 방향으로 진행된다. 이는 영아들과 공을 던지기나 받기를 할 때 쉽게 알 수 있다. 영아들은 공이 자신에게 날아오면 몸통을 사용해서 받다가 점차 팔과 손목을 사용하게 된다. 작은 물건을 잡는데도 손가락을 사용하기까지 오랜 시간이 걸린다. 마지막으로 세분화 원칙이 있다. 이는 발달이 전체적인 운동에서 정밀한 운동(from general to specific)으로 진행되는 것을 의미한다. 쉽게 표

현하면 대근육이 소근육보다 먼저 발달한다는 의미로 해석할 수도 있고, 어떤 동작을 할 때, 전체 근육을 사용하다가 세분화된 근육을 사용한다는 점을 의미하기도 한다. 예를 들어, 영아의 첫걸음마를 살펴보면, 처음에는 한 걸음 한 걸음 발을 뗄 때마다 영아는 몸 전체를 사용한다. 양팔을 만세 하듯이 들고 같은 쪽 팔과 다리가 동시에 나아가는 어색한 걸음걸이를 본 적이 있을 것이다. 이렇게 로봇처럼 걷던 영아들은 걷기 위해 사용되는 신체 부분들이 분화되면서 점차적으로 꼭 필요한 근육만 사용하며 자연스럽게 걸을 수 있게 된다.

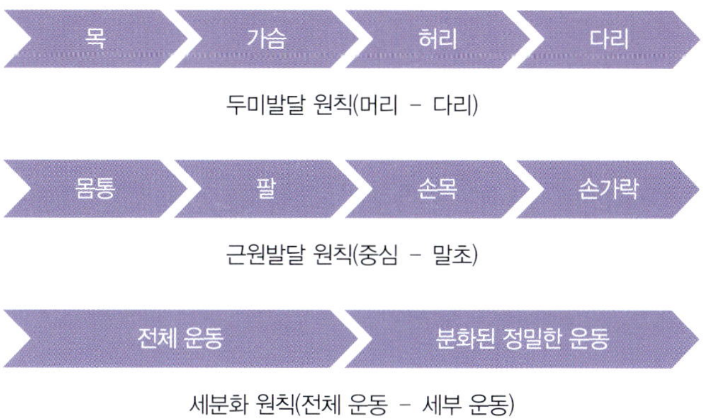

[그림 1-10] 발달의 방향과 특징

넷째, 발달은 계속적으로 진행되지만, 그 속도는 일정하지 않다.

인간의 발달은 발달영역에 따라 발달하는 시기, 속도, 정도 등이 상이하다. 일생을 통해서 볼 때 키가 크는 시기나 속도, 성장의 정도는 늘 일정하지 않다. 우리 주변을 살펴보면 누구는 어릴 때 키가 큰 편에 속하다가 나중에 성인이 되었을 때 오히려 작은 축에 드는 사람이 있는가 하면, 어떤 사람은 어릴 때 작은 편이었지만, 뒤늦게 성장하여 성인이 되었을 때 큰 키의 소유자가 된 경우를 볼 수 있다. 또 대부분의 사람들은 영아기나 사춘기 동안 키 성장이 매우 급속도로 이루어지며 그 외의 시기 동안에는 완만한 성장을 보인다. 즉, 일평생 같은 속도로 성장하지 않는다는 점이다. 이는 인간의 발달이 지속적으로 이루어지는 점에는 변함이 없으나, 발달이 이루어지는 시기나 속도에 차이가 있다는 점을 보여주는 예이다. 뇌 발달과 관련된 연구 결과는 인간의 뇌 발달이 어릴 때 대부분 이루어져 5세경에는 성인 뇌 무게의 90%에 달한다고 보고하고 있다(정옥분. 2018). 어휘발달이 영아기에 급속도로 이루어지고, 사춘기가 지나면 새로운 언어를 학습하기가 어려워지는 점도 이와 비슷한 예가 될 수 있다.

다음 그림은 남자와 여자의 키 성장을 나타낸 그래프이다. 남녀 모두 출생 후 2세까지 급성장을 하다가 사춘기가 되는 시기까지는 완만한 성장곡선을 보인다. 그러나 2차 성장급등기가 되면서 다시 한번 신장이 급성장하게 되는데, 이때 여자와 남자의 성장하는 양상에 차이가 있음을 알 수 있다. 여자의 성장급등기가 남자의 성장급등기보다 이른 나이에 시작되고 더 완만한 성장곡선을 보여준다. 또 남녀의 평균 신장이 다름을 보여주기도 한다. 전체적인 그래프가 직선으로 우상향하지 않음은 성장의 속도가 한 개인 내에서도 다르다는 점을 보여주고 있다. 결국 개인차가 존재하기는 하지만, 한 인간의 키 성장을 보더라도, 그 속도가 일정하지 않음을 보여주는 그림이라 할 수 있다.

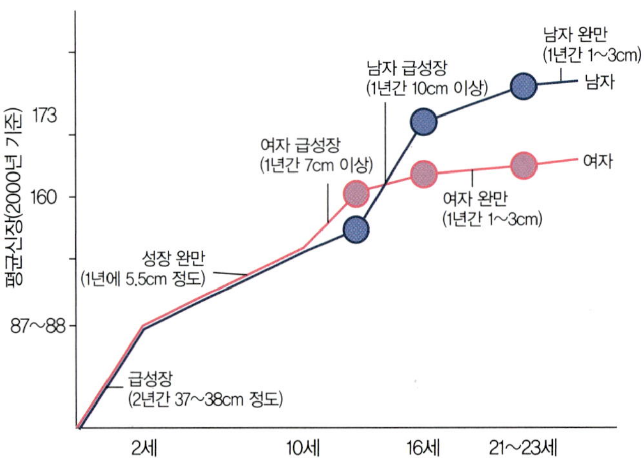

|그림 1-11| 평균신장의 발달 그래프

다음 그림은 인간의 연령에 따른 성장률을 나타낸 그래프이다. 일반적인 성장과 두뇌의 발달, 임파조직이나 생식기관의 성장이 서로 다른 연령대에 이루어짐을 알 수 있다. 일반적인 성장은 영유아기 이전과 사춘기에 빠르게 일어나는 점에 비해 두뇌발달은 생의 초기에 대부분 완성되는 점, 생식기관의 성장은 14세 정도 이후에 시작된다는 사실을 쉽게 알 수 있다. 따라서 발달은 어느 정도 시기까지 꾸준히 우상향하면서 진행되지만 발달이 이루어지는 시기나 그 속도나 정도는 동일하지 않다는 점을 기억하면 된다.

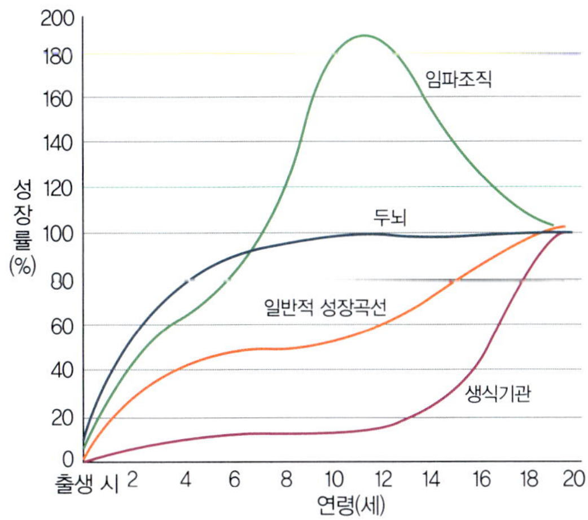

|그림 1-12| 성장률 비교 그래프

출처 : Scammon(1927).

다섯째, 발달에는 개인차가 있다.

개인의 발달과정을 살펴보면, 저마다 발달의 양상이 다르다. 어떤 유아는 말이 빠르고 어떤 유아는 느리다. 어떤 영아는 돌도 되기 전에 걷는가 하면 어떤 영아는 18개월이 되어서 걸음마를 시작하기도 한다. 어떤 영아가 말이 빨랐다고 해서 반드시 글도 빨리 배우는 것은 아니다. 인간의 발달은 타고난 유전적인 특징에 더해서 어떤 환경적 개입이 있었는가에 따라 천차만별 달라진다. 발달의 평균치가 존재하기는 하지만, 모든 유아들이 같은 속도, 같은 양상으로 발달하는 것은 아니라는 의미이다.

|그림 1-13| 영아의 이동행동

생각해 보세요

발달에는 개인차가 존재합니다. 자기 자신의 발달과 주변 지인들의 발달을 회상하면서 발달의 개인차가 보였던 경험을 적어보세요.

여섯째, 발달의 각 영역은 서로 밀접하게 연관되어 있다.

태어나면서부터 다양한 사람들과 상호작용할 기회가 많은 유아는 낯가림을 심하게 하지 않고, 사람들과 관계 맺기 경험이 많아 사교성이 발달하기 쉽다. 친구를 잘 사귀고, 친구와 함께 노는 것을 좋아하는 유아들은 친구들과 자주 놀이하게 되며, 놀이 경험이 풍부한 유아는 놀이 과정에서 사회성 발달, 언어발달, 인지발달을 함께 증진시키게 된다. 실외에서 다양한 놀이를 즐기는 유아들은 신체발달도 왕성하게 이루어지게 된다. 만약 유아가 또래와의 상호작용 없이 실내에서 혼자만의 시간을 보낸다면, 신체발달뿐만 아니라 사회정서적으로도 부적응의 성격을 발달시키기 쉽고, 또래와의 상호작용이 원만하지 않게 되면 다시 혼자 놀이를 주로 하게 되면서 친사회성을 발달시키기 어려워진다. 닭이 먼저냐 달걀이 먼저냐의 문제처럼 발달의 각 영역은 서로서로 영향을 주고받는 양상을 보이기 때문에 어린 시기부터 균형있는 발달을 위한 전인교육, 통합교육 프로그램을 제공하는 것이 매우 중요하다.

지금까지 인간발달의 원리 여섯 가지를 살펴보았다. 이 여섯 가지의 원리는 보편적으로 적용되는 원리이므로, 영유아의 발달을 이해하기 위해 매우 중요하다. 영유아교사가 될 사람들은 영유아발달의 한 단면만 보아서는 안 되며, 매 순간의 한정된 현상을 발달의 전체 모습인 양 바라보아서도 안 된다. 인간은 유전적 가능성과 환경적 자극, 그리고 상호작용과 경험에 의해 무한히 변화할 수 있다는 가능성을 믿으며 영유아의 발달을 바라보아야 한다.

인간의 발달은 전 생애를 통해 이루어지기 때문에 단 한 순간도 중요하지 않은 순간은 없다. 어릴 때 형성된 발달의 모습이 평생 지속되는 것은 아니며 발달과정에서 개인의 노력이나 경험에 의해 충분히 변화될 수 있다. 그러나 생의 초기 발달은 후기 발달에 미치는 영향이 매우 크고, 한번 형성된 발달 특성을 바꾸기 위해서는 처음보다 더 큰 노력과 시간을 필요로 한다. 따라서 생이 시작되는 초기에 균형있는 발달이 이루어지도록 교사와 부모들은 각별히 신경써야 한다.

4 발달의 영역

인간의 발달은 크게 신체발달 영역, 인지발달 영역, 사회 · 정서발달 영역의 세 영역으로 분류할 수 있다. 신체발달 영역은 우리 몸의 생물학적 변화와 관련된 부분으로 신체의 크기나 힘의 변화, 감각이나 운동 능력의 통합을 포함하는 영역이다. 신장이나 체중, 머리카락의 색깔이나 피부색, 체형이나 운동기능 등 부모로부터 유전적으로 물려받아 결정되는 부분과 환경과의 상호작용의 결과로 나타나는 신체상의 변화를 말미암는 영역이다. 신경의 발달과 뇌 발달과 관련된 연구도 신체발달 영역의 중요한 분야이다.

인지발달 영역은 우리가 사는 세상에 대해 생각하고 기억하고 추론하는 것과 관련된 영역이다. 감각기관을 사용하여 정보를 받아들이고 기억하는 초기의 단계에서 상징을 사용하고 직관적 사고를 하는 유아기 단계를 지나면, 논리적 사고와 추상적 사고를 할 수 있게 된다. 따라서 인지발달 영역에는 여러 가지 학습경험, 기억의 발달, 문제해결 능력이 포함되며, 사고의 발달과 밀접하게 관련되는 언어발달까지 그 주요 내용으로 다룬다.

마지막으로 사회 · 정서발달 영역은 인간이 출생 시부터 가지고 태어나는 1차 정서와 발달과 함께 분화되는 2차 정서를 다루고, 자신의 감정을 이해하고 표현하고 조절하는 것과 동시에 다른 사람의 감정을 이해할 수 있는 문제들을 포함한다. 또한 공동체 사회의 구성원으로서 살아가기 위해 필요한 자아개념, 대인관계 기술의 발달을 포함하는 영역이다.

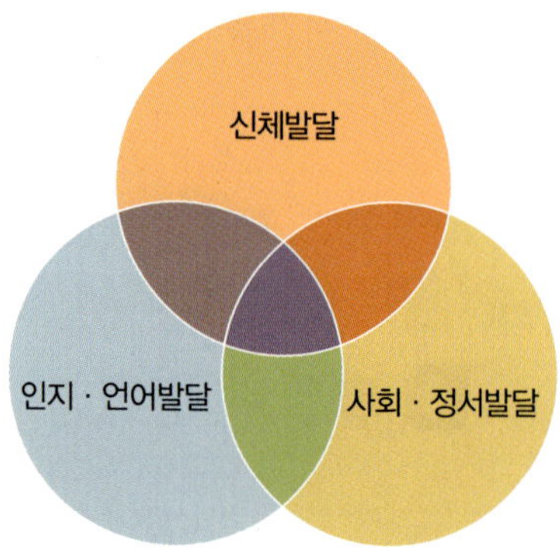

[그림 1-14] 발달의 영역

영유아발달의 세 영역은 조금 더 세분화하여 다섯 가지 영역으로 나누기도 하는데, 인지발달에 포함되어 있는 언어발달을 분리하여 살펴보기도 하고, 사회정서 발달을 각각 사회성 발달과 정서발달로 구분하기도 한다.

이처럼 발달의 영역을 분류하여 살펴보는 것이 각 영역을 이해하기 위해 유용하기는 하지만, 신체, 인지, 언어, 사회 · 정서 발달은 언제나 상호 연관되어 영향을 미친다는 사실을 잊어서는 안 된다. 다음의 〈표 1-1〉은 각 발달의 영역별 주요 내용과 문제들을 예시로 보여주고 있다.

〈표 1-1〉 발달의 영역별 내용과 주요 문제

영 역	주요 내용	주요 문제
신체발달	뇌, 신경, 근육, 감각기관, 신체변화, 운동 능력	• 뇌의 각 부분은 어떤 기능을 하는가? • 아기들은 언제 걷기 시작하는가? • 손가락 두 개로 사물을 잡게 되는 시기는 언제인가? • 세발자전거는 언제부터 탈 수 있게 되는가?
인지발달	사고, 지능, 기억, 문제해결 능력	• 지능은 타고나는 것인가? • 영아에게 기억 능력이 있는가? • 유아는 어떻게 사고하는가? • 추상적 사고는 언제 발달하는가?
언어발달	말과 글을 통한 의사소통 능력	• 첫 단어가 시작되는 시기는 언제인가? • 영아의 음성언어 발달은 어떤 순서로 이루어지는가? • 한글 교육은 언제 시작해야 적당한가?
정서발달	정서인식, 정서이해, 정서표현, 정서조절	• 일차정서와 이차정서는 언제 어떻게 발달하는가? • 성격은 타고나는 것인가? 만들어지는 것인가? • 정서규제 능력이나 만족지연 능력은 왜 중요한가?
사회성 발달	자아개념, 친사회성, 도덕성	• 긍정적인 자아개념은 어떻게 형성되는가? • 친사회성은 어떻게 형성되는가? • 도덕성과 공격성은 어떻게 발달하는가?

5 발달의 단계

인간의 발달을 구분하는 단계는 학자들 간에 차이가 있기는 하지만, 대략 태기, 신생아기, 영아기, 유아기, 아동기, 청소년기, 성인기, 중년기, 노년기로 나눈다.

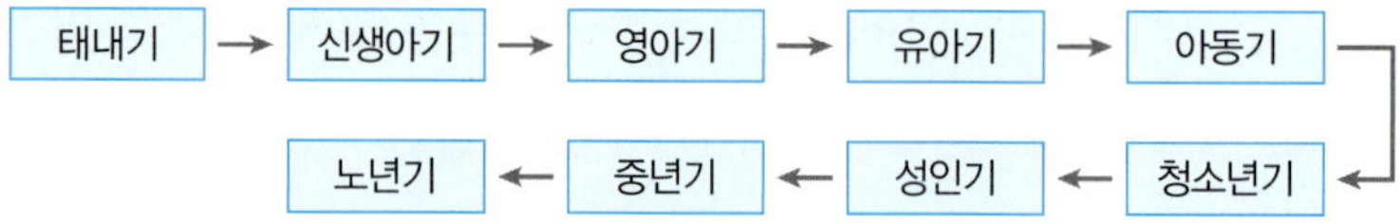

|그림 1-15| 인간의 발달단계

이 절에서는 |그림 1-15|의 발달단계 중 영유아교육의 대상 연령인 태내기부터 신생아기, 영아기, 유아기까지의 발달 특징을 단계별로 살펴보고자 한다.

1) 태내기(Prenatal Period)

인간의 정자와 난자가 수정되는 수태의 순간부터 출산 이전까지의 시기로 대략 9개월(수정 후 266일, 마지막 월경주기의 첫날로부터 280일)간의 기간을 의미한다. 태내기는 배아기, 배종기, 태아기를 거치면서 주요한 내장기관과 신체 조직, 감각기관 등이 형성되는 시기이다. 이 시기는 하나의 생명체가 완성되어 탄생하기 위해 매우 결정적인 시기이며, 이때 어떤 형태이든 결손을 경험하면 출생 후에는 극복하기 힘든 치명적인 장애를 얻을 수 있다.

예로부터 동양에서는 태내기를 인간발달의 중요한 시기로 보았고 일찍부터 태교를 강조하는 가치관이 존재했다. 우리나라 고서인 『태교신기』에는 '태중교육 10개월이 출생 후 스승에게 배우는 10년의 교육보다 중요하다'라는 기록이 있다. 따라서 전통 있는 양반 가문에서는 주로 수태 이후에 집중되는 어머니의 태교뿐 아니라, 수태 이전에 지켜야 할 아버지의 태교까지 중요하게 다루었다. 한편 과학적 검증을 중요시하던 서양의 심리학도 호르몬 연구가 진행되면서부터 태교가 태아에게 미치는 영향에 대한 과학적 연구가 이루어져 점차 태교의 중요성이 부각되고 있는 실정이다.

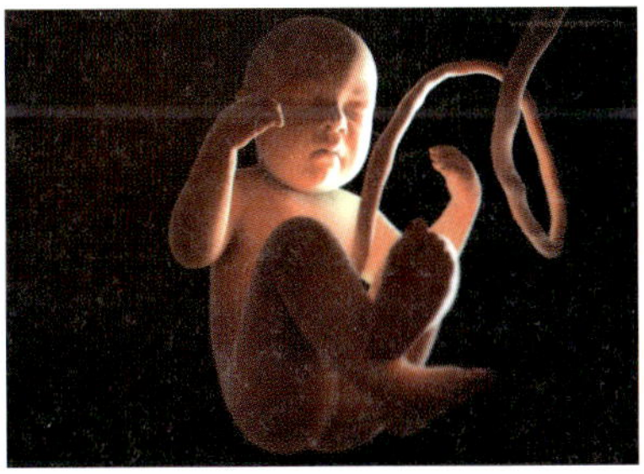

|그림 1-16| 태아의 모습

2) 신생아기(Neonatal Period)

출생 후부터 첫 4주까지의 시기를 말하며, 이 기간 동안 신생아는 태내환경과는 상이한 바깥 세상에 적응하는 시기이다. 9개월 가까이 엄마의 자궁 안에서 태반을 통해 산소와 영양을 공급받으며 양수 속에서 생활했던 태아는 출산과 더불어 강한 빛과 소음, 피부에 닿는 공기와 접촉에 적응해야 한다. 폐를 통해 스스로 호흡을 해야 하고 모유나 우유를 능동적으로 섭취해야 할 뿐 아니라 먹은 음식을 스스로 소화시켜 배설해야 한다. 뿐만 아니라 자신의 체온을 스스로 조절해야 하고 환경 속에서 주어지는 여러 가지 자극을 수용해야 한다. 이는 갓 태어난 신생아에게 쉬운 일이 아닐 것이다. 따라서 신생아를 돌보는 성인은 아기가 새로운 환경에 적응할 수 있도록 서서히 부드럽게 돌보아야 한다.

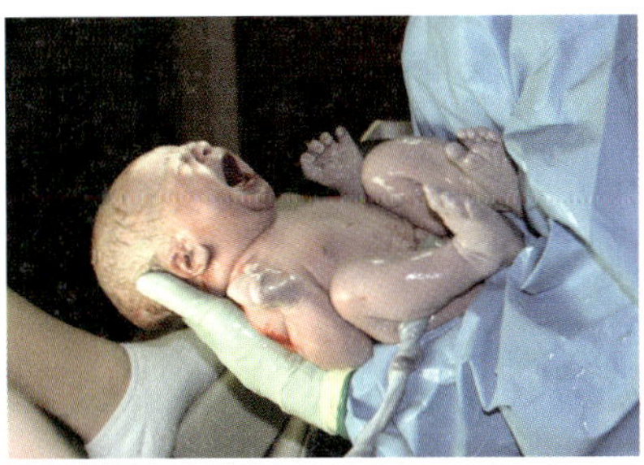

|그림 1-17| 신생아의 모습

3) 영아기(Infancy)

영아기는 출생 후 4주에서 만 2세까지의 기간을 말한다. 이때는 일생 중 가장 현저한 변화가 일어나는 시기이다. 혼자 걸을 수 있게 되고, 말을 할 수 있게 되며, 자기 자신에 대한 개념이 발달하면서 자아개념이 생기고 자기주장을 하기 시작하는 시기이다. 일생 중 첫 번째 성장급등기에 해당하는 시기로서 신장이나 체중이 급속도로 증가하며 운동기능이나 감각기능도 세분화되는 시기이다. 발달상의 변화가 많고 민감한 시기인 만큼 다양한 환경적 자극이 필요한 시기라고 볼 수 있다.

|그림 1-18| 영아의 모습

4) 유아기(Early Childhood, Preschool Period)

유아기는 2세부터 초등학교에 입학하기 이전인 5세까지를 의미한다. 유아기는 인지발달이 왕성하게 이루어지고 상상력이 풍부해지는 시기이다. 상징(symbol)을 사용하기 시작하여 놀이에서의 다양한 가작화(make believe)가 나타난다. 유아의 놀이 속에서 품에 안은 쿠션은 갓난 아기가 되고, 접시에 놓은 나뭇잎은 김치가 되고, 작은 블록 조각은 휴대폰이 되기도 한다. 또 이 시기의 유아들은 세상의 모든 현상을 자신의 관점에서 바라보는 자기중심적 사고를 한다. 그래서 내가 좋아하는 장난감 자동차를 엄마도 좋아할 거라고 생각하고 자기가 아는 동네 언니를 선생님도 알고 있을 거라 생각한다. 유아기 아이들은 세상의 모든 사물이 살아있다고 생각하는 물활론적 사고를 한다. 그래서 장난감을 발로 밟으면 장난감이 아파하고, 꽃을 꺾으면 꽃이 슬퍼하니 위로해 주거나 '호~' 하고 불어주어야 한다는 말을 믿는다. 또 유아기 아이들은 직관적으로 사고하기 때문에 사물의 질량, 부피, 길이 등의 보존개념이 없어 외형이 바뀌면 부피나 길이, 양이 바뀐다고 생각한다. 이는 아직 사고가 논리적이지 못해서 그렇다. 이러한 비보존적 사고는 초등학교에 들어가게 되면 논리적 사고가 가능해지면서 사라지게 된다.

이처럼 유아기 아이들은 모두 자기중심적인 사고를 하기 때문에 유치원이나 어린이집 학급 내에서 또래 간의 마찰이 필연적으로 발생하게 된다. 결국 발달이 유사한 동질 집단 내에서는 갈등을 해결하면서 사회적 상호작용을 하며 타인의 관점을 이해하게 된다. 발달이 상이한 혼합연령 집단에서의 상호작용 역시 서로 다른 연령이나 발달 차이에 의한 다양한 교육적 경험을 제공하기 때문에 동일연령 집단 못지않게 교육적 효과를 가진다. 유아기 동안의 경험은 유아의 전인적 발달과 직접적으로 관련되기 때문에 균형 있고 질적으로 우수한 유아교육 프로그램을 경험하도록 도와주어야 한다.

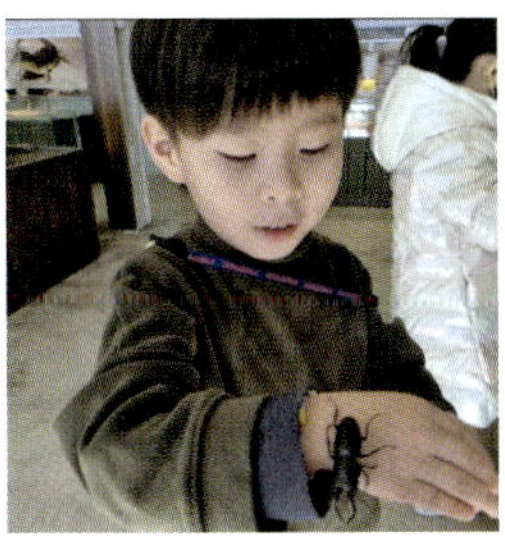

[그림 1-19] 유아의 모습

6 영유아발달과 관련된 지식의 활용

영유아발달과 관련된 지식은 우선적으로 영유아를 키우는 부모나 양육자들에게 중요하다. 영유아발달에 대해 잘 이해하는 부모나 양육자는 영유아의 발달적 요구를 쉽게 파악하고 그들을 지원하고 자극하기 위한 다양한 상호작용을 효율적으로 제공함으로써 영유아의 성장과 발달을 도울 수 있다. 영유아발달과 관련된 지식을 가진 부모는 영유아에게 지금 해야 할 일과 하지 말아야 할 일, 자극을 제공해야 할 일과 기다려야 할 일들을 분별할 수 있다. 그러나 많은 부모들이 가족, 친구, 미디어로부터 받는 육아정보로 인해 혼란스러움을 느낀다. 이들 정보들이 너무 다양하고 서로 상충되기도 하는데다 검증되지 않은 경우도 있기 때문이다. 특히 사회적 지지를 받지 못하는 고립된 부모나 양육자들에게는 정확한 발달 지식이 더 많이 필요하다. 영유아의 발달에 대한 검증된 정확한 이론과 실제를 선별하여 받아들여야 할 필요가 있다.

다음으로 영유아발달과 관련된 지식을 필요로 하는 사람들은 발달 관련 전문가들이다. 소아과 의사, 교사, 사회복지사, 언어치료사, 변호사, 간호사 등이 그들이다. 어린 영유아나 그들의 가족을 상대해야 하는 모든 직업은 영유아발달에 대한 지식을 필요로 한다. 특히 영유아를 교육기관에서 돌보고 가르쳐야 하는 교사들에게 영유아발달에 관한 지식은 매우 중요하다. 대부분의 어린이집과 유치원은 연령을 기준으로 학급을 편성하여 운영하고 있다. 경우에 따라 혼합연령으로 학급을 구성하는 경우도 있기는 하지만 대개는 생년월일을 기준으로 1년 단위로 끊어서 학급을 구성한다. 따라서 교사는 자신이 담당하고 있는 영유아의 발달 특징을 정확히 알고 있어야 한다. 유아교육기관에서 영유아가 지내는 시간은 짧게는 3시간에서 보통 8시간, 길게는 24시간이 되기도 한다. 부모와 지내는 시간보다 더 많은 시간을 함께 할 수도 있는 영유아교사들에게 영유아발달에 대한 정보는 영유아를 위한 활동을 선정하고 제공하고 상호작용하는 데 매우 중요한 바탕이 된다.

마지막으로 영유아발달과 관련된 지식이 활용될 수 있는 곳은 교육정책을 결정하는 교육기관이다. 국가의 교육제도를 만들고 운영하는 데에도 영유아발달 정보가 잘 활용되어야 균형있는 교육정책을 수립할 수 있을 것이다.

영유아발달의 쟁점(issue)

다음은 영유아발달과 관련하여 오랜 기간 논쟁이 되어왔던 쟁점들이다. 각 쟁점들을 살펴본 후 토론 활동을 해보면 영유아발달을 바라보는 시각을 넓힐 수 있을 것이다.

1. 유전 vs. 환경(Nature vs. Nurture)

인간의 사고와 감정, 행동이 유전적 요인에 의한 것인가 아니면 환경적 요인에 의한 것인가의 문제이다. 예를 들어, 수줍음, 공격성, 외향성 등의 성격을 두고, 많은 연구가들은 인간이 태어날 때 그렇게 타고나는 건지 아니면 자라면서 그렇게 만들어지는 건지 알고 싶어 했다. 그러나 이제는 '유전이냐 환경이냐'의 양자택일의 문제에서 벗어나, 모든 발달적 성취는 유전과 환경의 상호작용의 결과라는 데에 의견을 같이한다. 더 나아가 '환경을 통한 유전(Nature through Nurture)'의 개념으로 언급되기도 한다. 성격 특성이나 행동과 관련된 대부분의 유전인자(genes)는 환경과의 지속적인 상호작용을 통해서 표현되기 때문이다(Meaney, 2010; Stiles, 2009). 다만, 어떤 발달적 특성은 유전의 영향을 더 많이 받고, 또 어떤 발달적 특성은 환경의 영향을 더 많이 받을 수 있다. 영유아발달을 공부하면서 유전과 환경 중 어느 한쪽의 영향을 받는 발달적 특성이 있는지 찾아보도록 하자.

2. 성숙 vs. 학습(Maturation vs. Learning)

우리가 이미 학습한 바대로, 성숙과 학습은 발달 과정에서 전혀 다른 역할을 수행한다. 성숙이란 일정한 시기를 기다려야 하는 발달의 요소이지만 학습은 기다린다고 저절로 이루어지지 않는 발달의 요소이다. 그래서 영유아발달을 공부하는 여러분들은 어떤 발달은 기다려야 하고, 어떤 발달은 가르쳐야 하는지를 구분해야 한다. 그리고 언제까지 성숙되기를 기다려야 하는지도, 언제 무엇을 가르쳐야 하는지도 판단해야 한다. 생물학적 성숙이 이루어지기 이전에 학습을 강요해서는 안 되며, 인지적 발달 수준을 넘어 무리하게 학습을 강요해서도 안 된다. 결국 성숙과 학습도 유전과 환경의 문제처럼 함께 공존해야 하는 개념이다.

3. 연속적 vs. 불연속적(Continuity vs. Discontinuity)

인간의 발달은 특정 사고와 행동 패턴을 결정하는 작은 단계들이 한 걸음 한 걸음 연속적으로 발달하는 것인가? 아니면 어느 순간 점프하듯이 도약하여 이전 단계와는 전혀 질적으로 상이한 행동 특징을 보이게 되는 것일까? 제2장에서 다루어질 발달의 이론에서 여러분은 여러 심리학자의 단계이론을 배우게 될 것이다. 이들 단계이론은 발달이 진행되는 과정에서 질적 도약이 이루어지고 그 전 단계나 그 이후 단계와는 전혀 다른 사고나 행동 특성을 보인다고 설명한다. 단계이론의 관점에서 볼 때, 발달은 연속적이지 않고 불연속적이다. 그러나 단계이론이 아닌 다른 이론들은 작은 진보가 차곡차곡 쌓여 발달이 진행됨을 보여주고 있다. 다시 말하자면 연속적인 발달은 양적인 변화이고, 불연속적인 발달은 질적인 변화로 설명할 수 있다. 이를 그림으로 나타내면 다음과 같다.

연속적 발달

불연속적 발달

4. 일관성 vs. 변화(Consistency vs. Change)

인간의 성격은 시간의 흐름에 따라 변하는가? 아니면 일관되게 지속되는가? 한 사람이 어렸을 때 가졌던 성격이나 행동 특성들이 어른이 되어도 그대로 유지되는가?에 대한 연구 결과는 발달의 예측 가능성과 관련하여 매우 중요한 시사점을 제공한다. 연구자들은 불안(anxiety), 우울(depression), 수줍음(shyness), 공격성(aggressiveness) 같은 성격은 시간이 흘러도 매우 일관되게 유지된다고 보고하고 있다. 변화가 있다면 표현하는 방식이 달라진다는 것이다. 이를테면, 아이가 어릴 때는 화가 나면 때리고 발로 차고 물건을 던진다. 초등학생이 되면 친구를 놀리거나 욕하는 방법으로 공격성을 표현한다. 청소년기에는 사실과 다른 루머를 퍼트리거나 친구를 왕따시키는 등의 사회적 방법을 사용해서 공격성을 표현한다(Levine & Munsch, 2022 : 13 재인용). 자아개념과 같은 특성을 살펴보면 일관성과 변화를 모두 보여준다. 유아기 이전의 어린 아이들은 자아개념과 자신의 능력에 대한 높은 자존감을 보여준다. 그러나 초등학교에 입학하게 되면 이 높은 자아개념은 현실적이 되면서 낮아진다. 청소년기 초기에 또 한번 자아개념이 낮아지는데, 그 이후부터는 다시 조금씩 자아개념이 긍정적으로 변화하여 성인기까지 유의한 변화를 보인다.

5. 결정적 시기(Critical Period)

발달의 대부분의 측면들은 타고난 유전적 요인과 환경적 경험에 의해 지속적으로 발달한다. 하지만 어떤 발달은 바로 그 시기가 아니면 잘 이루어지지 않는 결정적 시기가 있다. 가장 대표적인 예가 언어의 발달이다. 선천적으로 청력에 문제가 있어 태어날 때부터 소리를 듣지 못했던 아기가 2세 이전에 외과적 수술로 청력을 회복한다면 이 아이는 또래아이들과 크게 차이 나지 않게 언어발달을 이룰 수 있다. 그러나 만약 7세 이상이 될 때까지 청력이 회복되지 못한다면? 아니면 10세 이후에 수술로 청력을 회복했다면 이 아이의 언어발달이 정상의 범주까지 발달할 수 있을 것인가? 촘스키(Chomsky)는 인간이 언어를 습득할 수 있는 능력인 언어습득기제(language acquisition device)가 사춘기 성도까지 작동하다가 사춘기가 지나면 사라진다는 가설을 주장하였다. 왜 특정 나이가 지나면 외국어를 학습하는 일이 어려워지는지에 대해 생각해 볼 일이다.

6. 초기경험 vs. 후기경험

인간의 발달에 있어서 생의 초기의 경험이 중요한가? 아니면 후기의 경험이 중요한가의 문제에 대해 한번 생각해 보자. 어렸을 때의 경험으로 개인의 특성이 결정되면 시간이 흘러도 절대로 바뀔 수 없는 것일까? 아니면 꾸준한 노력으로 변할 수 있는 것일까? 유아교육의 견지에서 우리는 언제나 영유아기의 경험을 일생의 어느 시기보다 중요하게 생각하는 경향이 있다. 만약에 영유아기를 불행하게 보내서 부정적인 자아개념을 형성하게 된 사람이 있다고 가정해 보자. 그 사람이 청소년기와 성인기를 거치면서 자기 자신을 이해하고 스스로 더 나은 사람이 되고자 노력한다면 어릴 때 가졌던 부정적 자아개념을 긍정적 자아개념과 자신감으로 변화시킬 수 있다고 생각하지 않는가? 인생의 후반부에 겪게 되는 경험은 초기경험에 비해 어떤 의미를 가진다고 생각하는가?

생각해 보세요

다음의 예시를 보고, 인간의 발달 특성 중 유전과 환경 중 어느 한쪽의 영향을 더 많이 받는다고 생각하는 특성이 있는지 생각해 보고, 다음의 표에 자신의 생각을 적어보세요.
(예 지능, 키, 체형, 음악성, 식성, 수줍음, 목소리, 외모, 피부, 성격, 운동신경, 손재주, 질병에 대한 면역력, 수면습관, 정치적 성향 등)

유전	환경

■ 배운 내용을 확인해 보세요

1. 다음의 사례를 읽고 성장, 성숙, 학습 중 어디에 해당하는지 체크해 보세요.

사 례	성장	성숙	학습
사춘기가 되어 목소리가 변한다.			
유치원에서 한글 공부를 하였다.			
겨울이 되면 스키장에 가서 스키 강습을 받는다.			
취미로 피아노 학원에 다닌다.			
중학교 시기 동안 키가 무려 20cm 가까이 자랐다.			
기기 그면서 몸무게도 같이 증가히였다.			

2. 여러분은 이 장에서 인간의 발달을 세분화하여 다섯 가지 영역으로 분류한다고 배웠습니다. 신체발달, 인지발달, 언어발달, 정서발달, 사회성발달 중 다음의 문제들은 어떤 발달의 영역에 속한다고 생각하는지 연결해 보세요.

• 영아들은 오래전 있었던 일을 기억할 수 있는가? •	• 신체발달
• 친구를 잘 사귀는 친사회성은 언제 발달하는가? •	• 정서발달
• 글을 읽고 쓰는 능력은 어떻게 가르쳐야 하는가? •	• 사회성발달
• 소근육 발달이 되면 가위질은 언제 가능한가? •	• 인지발달
• 선천적으로 가지고 태어나는 감정은 무엇인가? •	• 언어발달

CHAPTER 02

발달의 이론

1. 영유아발달 연구의 역사
2. 발달의 이론

CHAPTER 02

발달의 이론

1 영유아발달 연구의 역사

나는 얼마나 알고 있을까요?

영유아 연구의 역사에 대해 다음의 설명을 읽고 옳다고 생각하면 '예', 옳지 않다고 생각하면 '아니요'에 표시해 보세요.

1. 예 □ 아니요 □ 고대 스파르타의 양육방식은 매우 혹독하였다.
2. 예 □ 아니요 □ 고대 로마의 양육방식은 매우 자애롭고 온화하여 행복한 영유아기를 추구하였다.
3. 예 □ 아니요 □ 중세 시대에는 아기가 태어나기 전에 미리 만들어져 있다는 전성설을 믿었다.
4. 예 □ 아니요 □ 영유아발달 연구는 인류의 역사에 비해 아주 최근에 와서야 시작되었다.

정답 : 1) 예 2) 아니요 3) 예 4) 예

인간이 어떻게 발달하는가에 대한 논의는 인류의 역사와 그 맥을 같이한다. 고대 국가가 형성되면서 그리스 시대의 아동관은 스파르타와 아테네의 교육관에서 드러난다. 용감한 군인 양성이 교육의 목적이었던 스파르타는 건강하지 않은 아이는 죽게 내버려 둘 정도로 강하고 엄격한 훈련 위주의 교육을 시행하였다. 반면에 아테네는 유모나 어머니에 의한 교육이 이루어졌고 주로 체육과 음악을 가르쳤다고 한다. 플라톤은 『국가론』에서 환경의 중요성을 강조하고 개인차를 인정하였으며, 적성에 맞는 교육을 해야 한다고 하였다. 또한 3세 이전까지의 시기를 절대적 보호의 시기로 보아 3세 이전까지 유아는 공포나 고통, 슬픔의 감정을 경험해서는 안 된다고 하였다(Platon, 1953 : 359). 아리스토텔레스는 인간의 발달단계를 3단계로 나누어 유년기(생후 첫 7년), 소년기(7세~사춘기), 청년기(사춘기~21세)라고 칭하였다. 아리스토텔레스는 유년기의 발달을 쾌락을 추구하는 점에서 동물의 발달과 유사하다고 하였다. 다만, 유년기의 발달은 높은 수준으로 발달할 수 있는 잠재력을 가졌다는 점에서 동물과 다르다고 하였다(정옥분, 2018 : 38 재인용). 로마 시대에는 양육에 관한 아버지의 역할이 중시되어 아버지는 자녀를 죽이거나 노예로 팔아도 벌을 받지 않을 정도로 절대적인 권한을 가졌다고 한다. 로마 시대의 교육은 주로 가정에서 이루어졌으며, 매우 엄한 훈육 방식이 지배적이었다고 기록되고 있다. 중세기에 이르러서는 기독교 정신이 인간의 삶을 지배하였고 어린아이의 양육과 교육에도 절대적인 영향을 미치게 되었다. 특히 유아는 성인의 축소판으로 여겨졌고, 성인에게 요구되는 모든 규율과 행동 양식이 유아에게도 동일하게 요구되었다. 이 시기에는 아버지의 정자 속에 작은 축소 인간이 완성된 형태로 만들어져 있다가 모체에서는 단지 크기만 커져 태어난다는 전성설(前成設)이 널리 신봉되었다(정옥분, 2018). 이러한 전성설(preformation)의 개념은 르네상스 이후 인본주의의 등장과 함께 변화되기 시작하였다. 다음의 그림은 아버지의 정자 속 축소인간의 모습을 나타낸 그림이다.

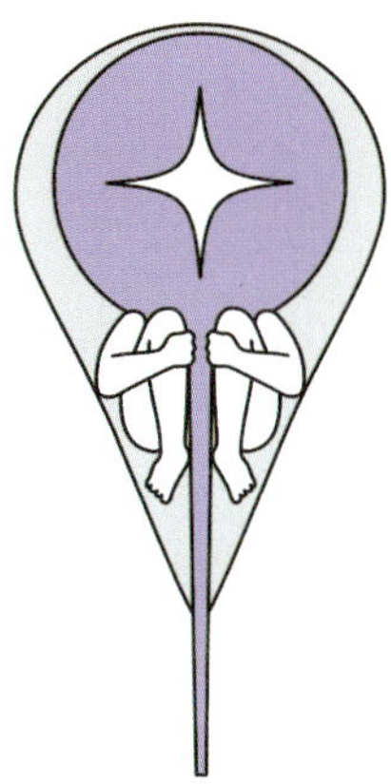

|그림 2-1| 정자 속의 축소인간

17세기에 영국의 철학자 로크(J. Locke)는 인간이 백지와 같은 상태로 태어나며, 백지에 어떤 그림을 그리는가에 따라 인간의 발달이 이루어진다는 백지설

(tabula rasa)을 주장했다. 로크는 인간이 태어날 때 누구나 동등하게 태어나기 때문에 성인이 되어 차이가 발생하는 이유는 환경의 영향 때문으로 보았다. 이러한 로크의 백지설은 추후 인간의 발달에 있어서 환경의 역할이 절대적으로 중요하다는 환경론의 뿌리가 되었다. 18세기에 이르러 프랑스의 철학자 루소(J. Rousseau)는 그의 유명한 교육소설인 『에밀(Emile)』을 통해 인간의 발달은 타고난 것이며 자연스럽게 내버려 두어야 한다는 자연주의 교육론을 주장했다. 인간은 본래 선하다는 개념인 성선설을 바탕으로 한 루소의 사상은 '자연으로 돌아가라'라는 유명한 문구와 함께 타고난 본성을 강조하는 성숙이론의 모태가 되었다.

19세기에 들어서면서 과학적 연구가 시작되게 된다. 대표적으로 『종의 기원』을 출판한 다윈(Charles Darwin), 질문지법(questionnaire)을 고안한 홀(S. Hall)에 의해 영유아의 발달을 객관적으로 연구하기 시작하였다.

20세기 이후부터는 프로이트(S. Freud)의 정신분석이론, 스키너(B. Skinner)의 학습이론, 반두라(A. Bandura)의 사회학습이론, 피아제(J. Piaget)의 인지발달이론 등 발달심리학의 연구가 보다 폭넓고 다양하게 체계적으로 진행되기 시작하였다. 이제부터 발달심리학의 이론들을 차례로 살펴보기로 하자.

2 발달의 이론

나는 얼마나 알고 있을까요?

영유아발달의 이론과 관련하여 다음의 설명을 읽고 옳다고 생각하면 '예', 옳지 않다고 생각하면 '아니요'에 표시해 보세요.

1. 예 □ 아니요 □ 여러 발달이론 중 단 한 가지 이론만으로 인간의 모든 발달을 설명할 수 있다.
2. 예 □ 아니요 □ 인간의 발달에 영향을 미치는 요인은 매우 다양하다.
3. 예 □ 아니요 □ 이상적인 환경은 인간의 발달에 긍정적인 영향을 미친다.

4. 예 □ 아니요 □ 인간은 자신이 직접 경험한 것만 학습할 수 있다.
5. 예 □ 아니요 □ 인간의 정서는 타고난 것이라 후천적으로 학습되지 않는다.
6. 예 □ 아니요 □ 발달은 연속적으로 이루어지기 때문에 모든 면에서 점진적이다.
7. 예 □ 아니요 □ 눈에 보이지 않고 직접 접하지 않는 환경도 인간에게 영향을 미칠 수 있다.
8. 예 □ 아니요 □ 지능은 언어 능력이나 수리 능력만으로 충분히 측정할 수 있다.
9. 예 □ 아니요 □ 기질은 선천적으로 타고나는 것이다.

정답 : 1) 예 2) 예 3) 예 4) 아니요 5) 아니요 6) 아니요 7) 예 8) 아니요 9) 예

20세기 이후, 발달심리학의 큰 갈래는 인간의 발달에 영향을 미치는 결정적 요인이 무엇인가를 기준으로 성숙이론, 학습이론, 정신분석이론, 인지발달이론으로 크게 분화되었고, 그 외 인간을 둘러싼 환경을 보다 체계적으로 바라보는 생태학적 체계이론, 지능의 다양성을 주장하는 다중지능이론, 출생 후 주 양육자와의 정서적 유대감을 강조하는 애착이론, 선천적으로 타고나는 기질이 있음

이론	내용
성숙이론	유전적 요인 강조, 자연적 성숙과 준비도 개별
학습이론	환경의 영향 강조, 보상과 벌, 강화-소멸 원리
정신분석이론	무의식적 본능, 욕구, 충동 강조
인지발달이론	유전과 환경의 상호작용 강조, 구성주의 관점
생태학적 체계이론	사회문화적 환경의 체계 강조
다중지능이론	지능의 다양성 강조
애착이론	주 양육자(어머니)와의 정서적 유대 강조
기질이론	선천적 기질과 조화로운 양육 강조

|그림 2-2| 발달의 이론

과 그 기질에 맞는 조화로운 양육을 강조하는 기질이론 등이 출현하였다. 이 이론들은 인간의 발달을 야기하는 주요한 동인을 조금씩 다른 관점에서 바라보고 각각의 이론을 전개시켰지만, 결국 인간의 발달은 어느 한 가지 이론만으로 설명할 수 없다는 것이 학자들의 공통된 견해이다. 이 점을 염두에 두고 각각의 이론들의 특징을 간략히 요약하면 |그림 2-2|와 같다.

1) 성숙이론

성숙이론은 발달을 생명체 내부에서 자연스럽게 전개되는 것으로 보고 이 과정에서 환경은 보조적인 역할을 할 뿐이라고 본다. 씨앗에서 싹이 트려면 얼마간의 시간을 기다려야 하고, 알에서 애벌레가 나오기까지도 일정한 시간이 필요하듯이, 인간의 발달도 어느 정도 미리 예정된 시간표에 의해 이루어진다고 본다. 이를테면 아기가 태어나서 걸음마를 할 수 있게 되기까지 약 1년 정도의 시간은 누구에게나 필요하며 목도 못 가누고 혼자 앉지도 못하는 아기를 마구잡이로 가르치고 연습시킨다고 해서 일찍 걷게 되는 것이 아니라는 점을 생각하면 쉽게 이해할 수 있을 것이다. 따라서 성숙이론가들은 인간의 발달에 인위적인 환경적 조작이나 자극을 가하는 것을 무의미한 행동으로 본다. 인간의 발달은 그냥 자연스러운 상태로 내버려 두고 기다려 줄 때 가장 이상적으로 진행한다고 생각하기 때문이다. 나비가 되기 위해 애벌레가 껍질을 찢고 나오는 과정이 더디고 힘겨워 보인다고 해서 누군가 인위적으로 껍질을 찢어주었다고 상상해 보라. 과연 그 작은 생명이 갑작스러운 환경의 변화에 적응할 수 있을 것인가? 인위적으로 단축시킨 시간이 가지는 의미가 무엇인가를 생각해 보라고 성숙주의자들은 경고한다. 성숙이론을 대표하는 학자는 게젤(A. Gesell)이다.

(1) 게젤(A. Gesell)

게젤(A. Gesell)

게젤은 루소의 자연주의 사상을 아동발달 연구에 적용하여 과학적이고 실증적인 연구결과를 보여주었다. 그는 발달을 움직이는 두 가지 힘인 유전(성숙)과 환경(학습) 중에서 내적인 변인에 해당되는 유전(성숙)을 중요하게 생각하였다. 게젤은 발달의 예정론을 주장하였는데, 태아가 모체에 착상이 된 후에는 외부환경의 영향보다는 내적인 힘에 의해 성장한다는 점과 아기가 태어난 후에도 타고난 유전자에 의해 성장의 방향이 미리 결정되어 있다는 점을 강하게 믿었다. 따라서 그는 환경적 요인은 유전적 성장 모형을 보완하거나 절충할 수 있을 뿐 성장을 지배하는 결정적 요인이 될 수 없다고 보았다. 발달의 원리에 대한 게젤의 생각도 확고하다. 인간발달에서 심장과 뇌를 비롯한 중추신경계가 먼저 발달하고 말초신경이 발달하는 점, 발달이 상부에서 하부로 진행되는 점, 아기들 간에 나타나는 발달의 개인차까지도 모두 내적인 유전적 기제에 의한 사례들이라고 그는 생각한다. 게젤은 40년간 예일대학의 아동발달연구소에서 많은 아동을 관찰하고 측정하였다. 수백 명 이상의 영유아를 관찰한 결과, 영유아의 연령별 발달 특징을 상세히 서술하여 발달의 예정된 순서를 나타낸 게젤 발달스케줄(Gesell Developmental Schedules)을 만들었다(Gesell et al., 1974). 쉽게 말하면, 연령과 월령에 따른 아기의 신체적, 언어적, 인지적, 사회·정서적 특징을 상세하게 서술한 일종의 가이드라인인 셈이다. 당시 많은 교사와 부모들이 게젤의 발달스케줄을 근거로 영유아발달을 평가하였다고 한다. 성숙이론가인 게젤이 발달스케줄을 만든 이유는 부모로 하여금 발달연령을 선회하는 부적절한 양육을 하지 않도록 발달에 적합한 실제를 유아에게 적용하도록 하기 위함이었다.

● 교육에 관한 관점

성숙이론가들은 인간의 발달은 타고난 유전적 소인에 따라 예정되어 있다고 본다. 따라서 외적 자극이나 환경적 개입에 의해 발달이 진행되지 않는다고 보았다. 영아의 대소변 가리기 과정을 살펴보자. 대소변을 가리기 위해서는 영아가 갖추어야 할 몇 가지 선행요건이 있다. 대소변을 보는 일정한 장소가 있다는 점을 알아야 하고, 대소변이 마려운 느낌, 즉 요의와 변의를 느낄 줄 알아야 한다. 영아가 요의와 변의를 느낄 수 있다 하더라도 변기까지 가서 옷을 벗을 때까지 대소변을 보유하고 참을 수 있으려면 괄약근의 성숙이 요구된다. 만약에 이 중 어느 하나라도 가능하지 않다면, 부모가 아무리 좋은 전략과 많은 시간을 들여 훈련시킨다 해도 영아기 대소변 가리기는 성공할 수 없다. 결국 신체적, 심리적, 인지적으로 준비가 되고 난 후에야 대소변 가리기가 가능하다는 것이다. 이러한 관점에서 성숙주의는 교육에 관한 하나의 진리를 제공한다.

> 인간의 발달에 있어서 어떤 부분은 반드시 자연적 성숙이 이루어질 때까지 기다려야 한다.

만약, 자연적 성숙을 무시하고 발달에 부적절하게 무리한 요구를 한다면, 불필요한 시간과 노력을 허비하게 될 뿐 아니라, 이 과정에서 부모와 영유아 모두가 큰 스트레스를 경험할 수 있다.

2) 학습이론

학습이론은 인간의 발달에 영향을 미치는 주요인을 환경에서 찾는다. 로크의 백지설이 바로 학습이론의 뿌리이다. 인간은 백지와 같은 상태로 태어나기 때문에, 환경적으로 어떤 자극을 받고 그 자극에 어떻게 반응했는가, 그 반응에 주어진 보상은 어떠했는가가 그 사람의 행동에 결정적인 영향을 준다고 본다. 학습이론가들은 인간 내면의 심리나 무의식보다는 관찰 가능한 행동을 연구대상으로 삼기 때문에 행동주의(behaviorism)라고 명명되기도 하며, 대표적인 학자로는 파블로프, 왓슨, 스키너, 반두라가 있다. 이들 학자들의 주요 개념과 발달에 관한 관점을 하나씩 살펴보기로 하자.

(1) 파블로프(I. Pavlov) : 고전적 조건형성(classical conditioning) 과정

자극과 반응 간의 관계를 연구한 최초의 학자인 파블로프는 개의 반사(reflex) 기능을 이용하여 어떻게 조건이 형성되는가를 실험하였다(Pavlov, 1927).

파블로프(I. Pavlov)

|그림 2-3| 파블로프의 고전적 조건형성의 모형

파블로프는 이 실험의 결과를 인간에게 적용하여, 인간의 행동도 자극 간의 연합에 의해 조건형성 될 수 있다고 보았고, 자극–반응의 원리에 의해 행동이 통제 가능함을 보여준 측면에서 학습이론의 창시자라 여겨진다.

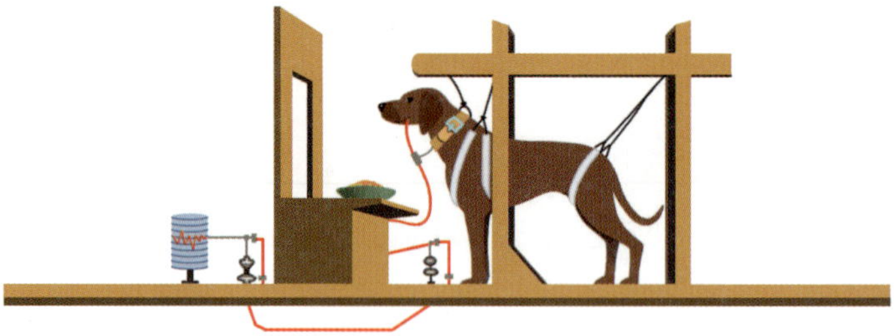

|그림 2-4| 파블로프의 고전적 조건형성 실험 장면

(2) 스키너(B. Skinner) : 조작적 조건형성(operational conditioning) 과정

스키너(B. Skinner)

스키너(Skinner, 1953)는 특정 행동이 야기하는 결과에 따라 자극과 반응이 연결되는 양상이 달라진다고 하였다. 파블로프가 동물의 무의식적인 반사(reflex)를 대상으로 연구하였다면, 스키너는 동물의 의식적인 행동(behavior)을 대상으로 연구했다는 점에서 차이가 있다. 그는 비둘기나 쥐를 상자에 넣고 두 개의 버튼 장치를 부착해 놓았다. 한 버튼은 음식이 떨어지도록 되어 있고 다른 버튼은 전기충격이 가해지게 고안되었는데, 동물들의 반응의 결과에 따라 학습이 일어나는 과정을 관찰하게 되었다. 그는 이러한 동물의 학습과정에 강화의 원리가 적용된다고 주장하였는데, 특정한 행동의 결과로 보상이 주어졌을 경우와 처벌이 주어졌을 경우에 그 행동을 다시 할 확률에는 차이가 있다는 것이다. 그러므로 조작적 조건형성에서는 반응에 대한 보상과 처벌의 역할이 중요하며 이것이 행동의 강화와 소멸로 이어지게 된다.

|그림 2-5| 스키너 상자 실험 장면

(3) 왓슨(J. Watson)

나에게 만약 12명의 건강한 아이들과, 그들을 키울 잘 형성된 나 자신만의 특수한 세계를 제공해 준다면, 나는 그들 중 아무라도 택하여 훈련시켜, 내가 원하는 유형의 전문가 – 그들의 재능이나 기호, 성향, 능력 소질 그리고 인종에 관계없이 의사나 법률가, 예술가, 상인, 장관뿐만 아니라 거지, 도둑에 이르기까지 – 로 만들 수 있다고 장담할 수 있다.

왓슨(J. Watson)

다른 학습이론가들이 동물을 대상으로 실험했던 것과는 달리 왓슨은 11개월 된 남자 아기 알버트를 대상으로 공포감 형성과정을 실험하였다. 왓슨은 아기 알버트에게 실험용 흰 쥐를 보여주면서 동시에 큰 소리를 들려주었다. 알버트는 쥐에 대한 공포는 없었지만 흰 쥐가 보임과 동시에 들리는 큰 소리에 놀라게 된다. 왜냐하면 큰 소리에 대한 공포는 선천적인 것이기 때문이다. 소리에 대한 공포는 실험용 흰 쥐와 연결되어 나중에는 알버트가 흰 쥐를 볼 때마다 공포를 느끼게 되었다. 왓슨은 이 실험을 통해 인간의 정서도 학습되며 후천적 경험에 의해 형성될 수 있음을 밝혔다. 그러나 아기 알버트의 공포감은 실험용 흰 쥐에만 국한되지 않고, 점차 흰 토끼, 흰 털, 산타클로스의 수염뿐만 아니라 흰색에 대한 공포로 확장되었다고 한다. 왓슨의 이 실험은 인간의 정서가 학습될 수 있다는 점을 밝힌 주요한 연구이긴 하였으나, 인간을 실험의 대상으로 하여 평생 치유될 수 없는 영향을 미쳤다는 점에서 비윤리적 실험이라는 비판을 받게 되었다.

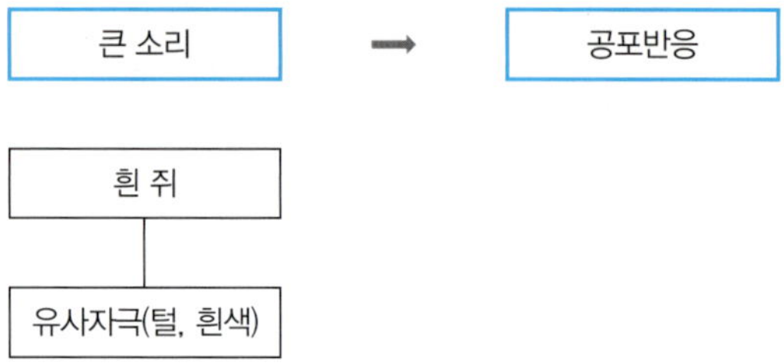

|그림 2-6| 알버트의 공포감 형성 실험

|그림 2-7| 알버트의 공포감 실험 장면

(4) 반두라(A. Bandura) : 모방학습

파블로프와 스키너, 왓슨과 같은 학습이론가들은 동물이나 인간이 직접 경험함으로써 학습이 이루어지는 과정을 밝혔다. 그러나 반두라는 직접 경험이 아닌 간접 경험, 또는 관찰을 통해서도 학습이 이루어질 수 있음을 밝혔다. 즉, 타인에 의한 대리학습, 관찰학습, 모방학습이 가능하다는 점을 주장하였다. 자신이 직접 해보지 않고 학습하는 모방학습의 과정에는 네 가지 요소가 수반된다. 영유아가 모방을 하기 위해서는 첫째, 어떤 상황이나 사건에 주의(attention)를 기울여야 하고, 둘째, 그 상황이나 사건을 기억(memory)해야 하며, 셋째, 나중에 그 상황이나 사건을 재생(motoric reproduction)할 수 있는 운동 능력을 가지고 있어야 한다. 마지막으로 그 상황이나 사건을 모방할 만한 동기유발(motivation) 요인이 필요하다. 반두라는 이 네 가지 요소가 갖춰지면 직접 경험하지 않고도 관찰만으로 학습이 이루어진다고 하였다. 다음의 사진은 모방행동의 사례들이다.

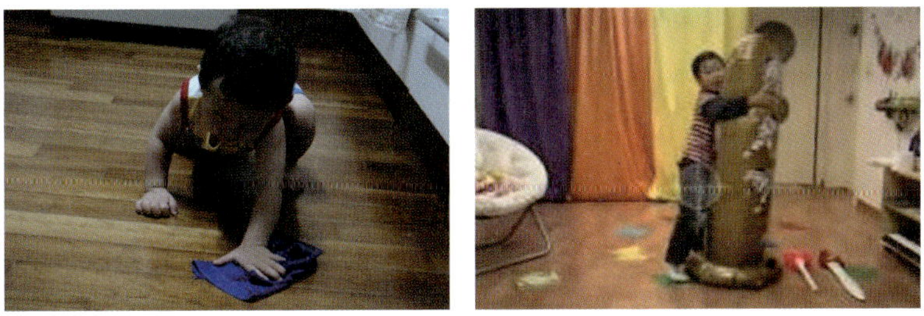

|그림 2-8| 모방행동의 예

● 교육에 관한 관점

학습이론가들은 인간의 발달에 영향을 미치는 유전적 소인은 없다고 본다. 인간이 태어날 때 백지상태로 태어난다는 로크의 백지설은 모든 인간은 출생 시부터 평등하다고 본다. 따라서 인간을 달라지게 하는 요인은 전적으로 환경이며, 성장 과정에서 어떤 경험과 학습을 했는지에 따라 결정된다고 본다. 따라서 외적인 자극이나 환경적 개입은 발달을 위한 필수적인 조건이 된다. 그 예로 외국어 배우기, 자전거 타기, 피아노 연주하기 등의 경우를 살펴보자. 이런 능력은 나이가 들고 시간이 흐른다고 저절로 얻게 되는 것이 아니며 반드시 환경적 자극과 훈련을 통해 학습해야 한다는 점을 쉽게 알 수 있다. 다음은 학습이론이 제공하는 교육적 진리이다.

> 인간의 발달에 있어서 어떤 부분은 반드시 환경적 개입과 훈련이 필요하다.

만약, 환경적 개입이 필요한 발달(예를 들면, 읽고 쓰는 문해 능력)을 그저 시간이 지나면 저절로 얻어지리라 기대하고 기다리기만 한다면 문자언어 발달이 지연될 수밖에 없을 것이다. 이는 성숙이론가들의 경고(자연적 성숙을 무시하고 발달에 부적절하게 무리한 요구를 하는 것)와 마찬가지로 어리석은 행위가 아닐 수 없다. 인간의 발달 중 어떤 발달은 반드시 환경적 자극이 필요하며, 반복 학습과 훈련, 강화의 과정을 통한 습관 형성이 이루어져야 한다. 다만, 여기서 환경적 개입은 적절한 타이밍이 중요하게 요구되는 개념이다. 이를테면 2세에게 적절한 과제가 있고, 5세에게 적절한 과제가 있으며 연령별 · 개인별로 적합한 과제는 모두 다를 수 있다. 아무 때나 가르친다고 되는 것이 아니라는 의미이다. 어떤 발달 과제이든지 적절한 시기에 제공될 때, 영유아의 발달이 가장 효과적으로 성취될 수 있다는 점을 잊어서는 안 된다.

3) 정신분석이론

(1) 프로이트(S. Freud)

정신분석이론의 창시자는 프로이트(S. Freud)이다. 프로이트는 인간의 발달을 결정짓는 요인을 본능적 충동과 욕구에서 찾았다. 프로이트는 인간의 발달이 타고난 본능적 욕구를 충족시키는 과정에서 이루어진다고 보았다.

프로이트(S. Freud)

① 성격

프로이트는 인간에게 세 가지 종류의 성격이 있다고 했는데, 원초아, 자아, 초자아가 그것이다. 원초아(id)는 쾌락원리에 지배되는 성격으로 주로 먹고, 자고, 배설하는 것과 같은 기본적이고 즉각적인 육체적 충족을 추구하는 성격이다. 자아(ego)는 현실원리에 지배되는 성격으로 논리적인 사고를 통해 현실적인 실현 가능성을 생각하는 성격이다. 마지막으로 초자아(superego)는 본능적 욕구나 현실적 실현 가능성을 넘어서서 도덕적 이상이나 완전함을 추구하는 성격으로, 양심이나 이상을 통해 사회의 가치나 도덕적 규범을 우선으로 생각하는 성격이다. 프로이트는 원초아, 자아, 초자아의 세 가지 성격이 모여 한 사람의 성격을 형성하게 된다고 하였다. 따라서 사람이 어떤 성격을 가졌는가는 그 사람의 내부에 원초아와 자아와 초자아가 어떤 비율로 자리하고 있는가에 달려 있다고 보는 것이다. 본능에 충실한 원초아와, 본능과는 거리가 멀고 도덕적 이상이나 양심에 무게를 두는 초자아는 필연적으로 갈등할 수밖에 없는데, 이 긴장상태를 중간에서 조절하는 것이 자아의 역할이라고 하였다. 프로이트는 원초아와 초자아의 긴장상태를 자아가 적절히 조절하지 못할 때, 성격 이상이 생길 수 있다고 하였다.

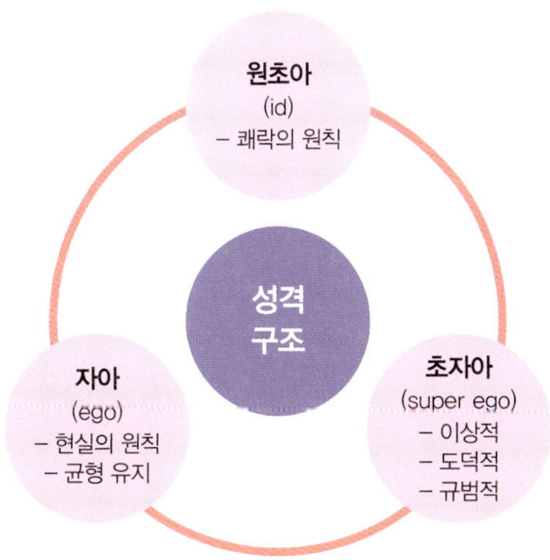

[그림 2-9] 성격의 구조

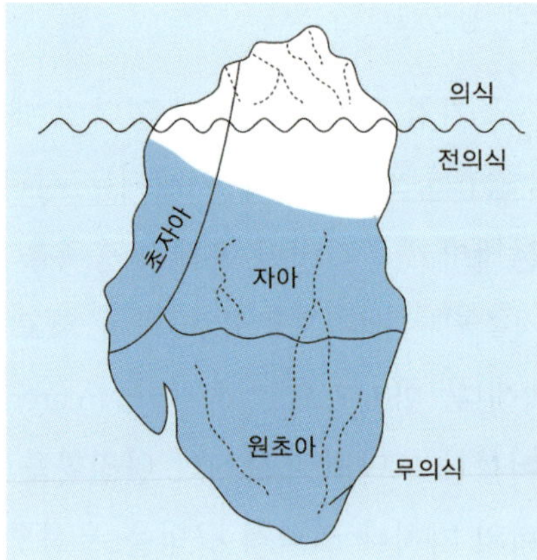

|그림 2-10| 프로이트의 의식, 성격의 구조

② 의식

프로이트는 인간의 의식에도 세 가지 수준이 있다고 하였다. 전의식, 의식, 무의식이 그것이다. 인간의 모든 행동에는 원인이 있고, 세 가지 정신수준의 활동에 의해 행동이 결정된다고 하였다. 그는 인간의 의식을 빙산에 비유하였는데, 빙산의 수면 위의 드러나 있는 부분을 의식(consciousness), 파도에 의해 수면 위로 보였다 안 보였다 하는 부분을 전의식(preconsciousness), 완전히 물속에 잠겨 보이지 않는 부분을 무의식(unconsciousness)이라고 하였다. 의식이란, 인간이 주의를 기울이는 순간에 곧 알아차릴 수 있는 정신의 부분으로서 대부분의 자아가 여기에 속한다. 전의식은 인간이 주의를 기울이고 노력하면 의식의 부분으로 전환될 수 있는 부분으로 여기에도 자아의 영역이 있다. 그러나 무의식은 의식의 밖에 존재하며 수면의 깊은 아래쪽에 위치하고 있어, 아무리 노력해도 의식할 수 없는 영역이다. 따라서 무의식은 자신이 전혀 의식하지 못하는 경우가 많고 대부분 원초아와 초자아로 구성되어 있다. 프로이트는 빙산의 수면의 아랫부분이 수면 위의 부분보다 큰 비중을 차지하고 있는 것처럼 인간의 무의식 세계도 의식의 세계보다 광범위하며 인간의 충동과 본능, 원시적 감정 등의 영역이 무의식과 관련되어 인간의 행동을 지배하고 있다고 보았다.

③ 심리성적 발달단계

프로이트는 인간의 발달단계를 내재되어 있는 성적 에너지의 움직임에 따라 구강기, 항문기, 남근기, 잠복기, 생식기의 다섯 단계로 구분하였다. 프로이트는 인간의 발달이 상승곡선이 끝나는 시기인 성인기에 완성되는 것으로 보았으며 성적 욕구와 충동을 충족시키는 과정을 통해 발달이 진행된다고 보았다.

1단계 : 구강기

출생에서 생후 1년까지의 시기로 입과 구강 주위에 성적인 에너지가 모여 있는 시기이다. 이 시기의 영아는 구강적 욕구를 충족시켜야 하는데, 이는 충분한 수유와 자연스러운 이유의 과정을 통해 이루어진다. 프로이트는 구강기에 충분한 욕구 충족이 이루어지지 않으면 고착현상이 일어나 나중에 과도한 흡연이나 신랄한 비평과 같은 구강기적 성격이 나타날 수 있다고 하였다.

2단계 : 항문기

생후 1~3세 사이의 시기로 성적인 에너지가 항문 주위로 이동하여 밀집해 있는 단계이다. 이 시기의 발달적 과업은 배변을 통제하는 것인데, 영아는 배설물을 보유하고 배설하는 과정에서 만족감을 얻게 되므로, 자연스러운 배변학습 경험이 매우 중요하다. 프로이트는 영유아가 항문기에 지나치게 엄격한 배변훈련을 받게 되면 항문기 고착현상이 나타나 낭비벽, 인색함, 강박증이나 결벽증을 갖게 될 수도 있다고 하였다.

3단계 : 남근기

생후 3~5세까지의 시기로 성적인 에너지가 항문에서 남근으로 이동하는 시기이다. 이때의 유아는 남녀의 생식기에 관심을 갖게 되고, 성별의 차이를 깨닫게 된다. 자신의 성 정체감을 형성하게 된 유아는 남자아이는 남자로서, 여자아이는 여자로서의 성 역할 행동이 나타나게 된다. 프로이트는 남근기 유아의 성 정체감의 형성을 콤플렉스의 극복과정으로 설명하고 있다. 이때의 유아는 이성의 부모를 애정의 대상으로 삼고 동성의 부모를 경쟁자로 삼는 심리를 경험하게 되는데, 남아는 오이디푸스 콤플렉스, 여아는 엘렉트라 콤플렉스를 극복하는 과정을 통해 동성의 부모를 동일시하며 자신의 성 정체감을 획득하게 된다.

남아 : 오이디푸스 콤플렉스 – 거세 불안 – 아버지 역할 동일시
여아 : 엘렉트라 콤플렉스 – 남근 선망 – 어머니 역할 동일시

|그림 2-11| 남근기 유아의 성 정체감 학습 과정

4단계 : 잠복기

6세 이후부터 12세까지의 시기이다. 이 시기 동안은 성적인 욕구가 잠복상태로 들어가기 때문에 비교적 평온한 시기이며, 초자아가 왕성하게 발달하게 된다. 동성 친구와의 유대감이 강해지면서 또래집단의 영향이 커지며 비약적인 인지발달이 이루어지는 시기이다.

5단계 : 생식기

12세 이후 사춘기로 접어들면서 시작되는 시기로 자신이나 동성의 친구에게 향하던 관심이 이성을 향한 관심으로 전환되기 시작한다. 이 시기 동안 순조로운 발달을 경험하게 되면 이타적이고 성숙한 성격을 갖게 되지만, 그렇지 못한다면 권위에 반항하고 비행 행동을 하게 되거나, 이성에 대한 적응 곤란을 경험하게 된다.

(2) 에릭슨(E. Erikson)

에릭슨(E. Erikson)

에릭슨은 프로이트의 딸인 안나 프로이트(Anna Freud)와의 인연으로 정신분석을 연구하였으며 저서 『아동기와 사회(Childhood and Society)』를 통해 생의 8단계 이론을 제시하였다. 에릭슨의 이론은 서양이론에서는 최초로 제시된 전 생애 이론이며 그의 각각의 단계이론은 프로이트의 심리성적 발달단계 이론을 기초로 하여 전개되었다. 그러나 에릭슨은 프로이트의 이론이 지나치게 인간의 성적 욕구에만 치중하였음을 비판하면서 발달과정에서의 인간의 사회적 관계에 초점을 두고 이론을 전개하였다. 또한 프로이트가 인간의 발달을 성인기까지로 제한했음을 지적하면서, 인간은 태어나는 순간부터 죽음에 이르기까지 발달한다는 전 생애 발달 관점을 제시하며 프로이트의 5단계 이론을 8단계로 확장하여 전개하였다. 에릭슨의 심리사회적 발달단계 이론은 각 단계마다 달성해야 하는 주요한 발달과업이 있음을 규정하고 각각의 발달과업을 성공적으로 수행한 경우와 실패한 경우를 대비하여 각 단계의 발달 특징을 설명하고 있다.

① 심리사회적 발달단계

1단계 : 기본적 신뢰감 대 불신감(trust vs. mistrust)

이 시기는 프로이트의 구강기에 해당하는 시기로서 출생부터 1세까지를 말한다. 이 시기는 양육자와의 친밀한 관계가 결정적인 영향을 미치는 단계로, 무력하게 세상에 던져진 아기는 자신을 돌봐주는 성인의 일관된 보호를 받으면서 신뢰감을 느끼게 된다. 배가 고플 때 먹어주고, 기저귀가 젖어 불편할 때 갈아주고, 졸릴 때 따뜻하게 안아 재워주는 반응적 양육을 받은 영아는 이 세상이 편안하고 좋은 곳이라는 느낌을 갖게 된다. 그러나 아무리 울어도 배고픔이 해결되지 않고,

추위와 불편함을 경험해야 하는 영아라면 어떨까? 자신을 둘러싼 환경에 불신감을 발달시킬 수밖에 없을 것이다. 에릭슨은 이 단계에서 얻게 된 기본적 신뢰감이 영아가 살아가는 동안 만나게 될 사람들과의 인간관계의 바탕이 된다고 하였다.

2단계 : 자율성 대 수치심 및 회의감(autonomy vs. shame and doubt)

이 단계는 프로이트의 항문기에 해당하는 시기로 2~3세의 시기이다. 이 단계의 발달적 위기는 영아가 자율성을 획득하는가 아니면 스스로를 부끄러워하고 자기 회의감을 가진 부정적 자아개념을 획득하는가에 있다. 영아가 돌이 지나면 자아개념과 소유개념이 생기면서 자기주장이 강해진다. 이 시기 영아의 특징은 무엇이든 혼자 하려는 성향이 강해지면서 하고자 하는 일이 방해받거나 간섭받을 때, 매우 폭발적인 감정표현을 나타내기도 한다. 밥도 혼자 먹으려 하고, 옷이나 신발을 혼자 입거나 신으려 하고, 제대로 할 수 없는 일도 혼자 스스로 해보겠다고 고집을 부리는 시기이다. 그러나 부모나 성인의 눈에는 어떤 일도 스스로 하기에 미숙하고 불완전해 보여 자꾸 간섭하고 통제하게 되기 쉽다. 이 경우 영아의 자발적인 시도가 지속적으로 억제된다면 영아는 자신의 동기에 부끄러움을 느끼게 되고 자율감을 포기하게 된다. 자율감을 발달시켜야 할 시기에 자율감을 포기하게 만들면, 추후 유아가 더 성장하여 부모가 유아들이 어떤 일을 스스로 하도록 기대할 때, 유아는 아무것도 스스로 하고자 하지 않을 수도 있다. 따라서 이 시기의 영아를 키우는 부모는 어린 영아가 스스로 하고자 하는 일들을 지켜보며 가능한 한 스스로 할 수 있도록 주변 여건을 맞춰주어 영아의 자율감을 발달시킬 수 있도록 돕는 지혜가 필요하다. 이 시기 동안의 주요한 발달과업인 배변훈련의 경우를 살펴보자. 배설을 위한 일정한 장소가 있다는 사실을 영아로 하여금 알게 하고, 변의를 지각하고 의사표현할 줄 알게 되면, 괄약근의 작용으로 보유할 수 있게 되기까지 부모는 자연스럽고 순차적으로 배변훈련을 시켜야 한다. 지나치게 엄격하고 강압적인 배변훈련은 영아 자신의 실수에 대해 수치심과 회의감을 형성하게 할 수 있다.

3단계 : 주도성 대 죄의식(initiative vs. guilt)

이 단계는 프로이트의 남근기에 해당하는 시기로 4~6세의 시기이다. 이 시기에는 유아의 행동반경이 넓어지기 때문에 새로운 환경에 대한 호기심이 왕성해진다. 따라서 적극적인 탐색이 이루어지며, 이러한 탐색의 과정에서 부모와의 마찰이 일어나기 쉬운 시기이다. 특히 이전 단계에서 자율성을 획득한 유아는 자율성을 바탕으로 자신의 호기심을 충족시킬 수 있는 여러 가지 행동을 주도적으로 펼치고자 한다. 그러나 만약 이때 보이는 주도적인 시도가 성인에게 용인되지 않을 경우, 유아는 자신의 주도성을 포기하고 자신의 행동에 대해 죄의식을 느끼게 된다. 따라서 남근기 유아를 대하는 성인은 유아의 행동이 부정적인 결과를 보이더라도 꾸짖음보다는 유아의 주도적 시도를 발달적 특징으로 이해하고 상호작용해야 할 것이다. 또한 이 시기에는 유아들이 또래 유아의 생식기에 관심을 보이며 사회적으로 수용될 수 없는 형태로 행동하기도 하는데, 이에 대한 지나친 처벌이나 비난은 죄책감 유발의 결정적 이유가 되기도 한다.

4단계 : 근면성 대 열등감(industry vs. inferiority)

이 단계는 7~11세까지로 프로이트의 잠복기에 해당하는 시기이다. 에릭슨은 이 시기를 역동적인 활동기로 보았는데, 학교 교육을 통한 다양한 사회적 기술을 습득하는 시기이기 때문이다. 이 시기 동안에 유아는 동성 또래와의 교우 관계가 깊어지며, 다양한 분야로 호기심과 열정이 확대된다. 이때 유아가 자신의 능력에 대한 효율감과 자신감을 갖게 된다면 근면성을 발달시키게 되며, 반대로 자신의 능력에 대해 무력감이나 무능감을 가지게 되면 열등감을 발달시키게 된다.

5단계 : 자아정체감 대 정체감 혼미(identity vs. confusion)

이 단계는 12~18세까지이며, 프로이트의 생식기에 해당한다. 에릭슨은 자아정체감을 제대로 형성하는 것이 청년기 이후의 삶을 위해 매우 중요하다고 하였다. 자신의 존재가치와 삶의 목적과 방향을 정립하는 자아정체감은 인생의 목표를 향해 지속적인 노력을 경주하도록 한다. 목표가 뚜렷한 삶은 시간과 노력을 낭비하지 않는다. 따라서 이 시기의 청소년에게는 자신이 어떤 사람인지, 어떻게 살고 싶은지, 무엇이 되고 싶은지에 대한 끊임없는 자기 성찰이 필요하다. 만약에 자아정체감 형성에 실패하게 되면 정체감 혼미 상태를 경험하게 되는데, 이렇게 되면 인생의 목표나 삶에 대한 뚜렷한 주관이 없기 때문에 다른 사람의 의견에 지나치게 의존하게 되고, 매사에 타율적이고 무목적적인 삶을 살게 된다. 극단적으로는 오히려 가까운 지인의 진심 어린 조언이나 충고에 전혀 반응을 보이지 않고 무시하는 경우도 있으며, 불안을 극복하기 위한 수단으로 약물이나 알코올에 의존하는 병리적 상태가 되기도 한다.

6단계 : 친밀감 대 고립감(intimacy vs. isolation)

이 단계는 성인기가 시작되는 시기로서 타인과의 관계에서 친밀감을 형성하는 일이 가장 중요한 발달과업이다. 에릭슨은 이전 단계에서 형성된 자아정체감이 친밀감 형성의 중요한 조건이라고 하였다. 친밀감이란 자신의 자아정체감을 타인의 자아정체감과 융합시키는 능력이라고 보기 때문이다. 정체감을 확립하지 못한 사람은 다른 사람과의 관계에서 위축되는 경향이 있는데, 이것은 결국 고립감을 낳게 된다. 친밀감을 형성해야 하는 관계 중에서 가장 기본적인 관계가 배우자와의 관계이다. 자아정체감을 제대로 형성하지 못한 성인들이 만나 결혼을 했을 경우, 행복한 결혼생활이 지속되기 어렵다고 볼 수 있다.

7단계 : 생산성 대 자기침체감(generativity vs. stagnation)

중년기에 해당하는 이 시기의 위기는 생산성을 갖느냐의 여부이다. 가정에서든 직장에서든 왕성한 활동을 하게 되는 시기로 자신이 속해 있는 여러 준거집단 내에서 지도적인 역할을 하게 된다. 가정에서는 자녀를 낳아 기르는 형태로, 사회에서는 지역사회에 자신의 능력을 환원하여 도움이 되는 일을 함으로써 인생의 성취감을 느끼게 된다. 반면 자기침체감에 빠진 사람은 매사에 불평불만을 일

삼으며 인생이 지루하고 따분하다고 느끼고, 늘 비판적이고 냉소적이거나 아니면 전혀 반대로 사회적으로 무기력한 자신을 비하하며 우울증적인 경향을 보인다.

8단계 : 자아통합감 대 절망(integrity vs. despair)

인생의 마지막 시기인 이 시기는 노년기에 해당하는 시기로 죽음을 준비하고 맞이하는 시기라고 볼 수 있다. 삶의 막바지에 들어선 사람들은 누구나 자신의 인생을 되돌아보기 마련이다. 자신의 삶을 얼마나 긍정적으로 평가하는가의 여부는 자아통합감을 위해 매우 중요하다. 다음은 프로스트의 시 『가지 않은 길』의 일부이다. 종착지에서 지나온 길을 뒤돌아보는 순간과 인생의 마지막에서 지난 삶을 회고하는 순간이 너무나 닮아있지 않은가'?

> 노란 숲 속에 길이 두 갈래로 났었습니다.
> 나는 두 길을 다 가지 못하는 것을 안타깝게 생각하면서,
> 오랫동안 서서 한 길이 굽어 꺾여 내려간 데까지
> 바라다볼 수 있는 데까지 멀리 바라다보았습니다.
>
> 그리고 똑같이 아름다운 다른 길을 택했습니다.
> 그 길에는 풀이 더 있고 사람이 걸은 자취가 적어,
> 아마 더 걸어야 될 길이라고 나는 생각했었던 게지요.
> 그 길을 걸으므로, 그 길도 거의 같아질 것이지만
>
> 그날 아침 두 길에는
> 낙엽을 밟은 자취는 없었습니다.
> 아, 나는 다음 날을 위하여 한 길은 남겨 두었습니다.
>
> 훗날에 훗날에 나는 어디선가
> 한숨을 쉬면서 이야기할 것입니다.
> 숲 속에 두 갈래 길이 있었다고,
> 나는 사람이 적게 간 길을 택하였다고,
> 그리고 그것 때문에 모든 것이 달라졌다고.
>
> – 프로스트의 '가지 않은 길' 中에서 –

이 시에 드러나 있는 표현처럼 사람은 자신이 선택하지 않았던 삶에 대해 미련을 갖게 마련이다. 그러나 자아통합감을 갖는 사람은 자신의 선택에 의미를 부여하고, 후회 없는 삶을 살았노라고 평가한다. 반면 자신의 삶에 의미를 찾지 못하고 지나간 세월을 온통 후회스러운 기억으로 회상한다면, 더 이상 다른 선택의 기회도 시간도 남아 있지 않은 노년기에 불가피한 절망감을 느끼게 된다.

〈표 2-1〉 프로이트와 에릭슨의 단계 이론 비교

단 계	프로이트의 심리성적 발달단계	에릭슨의 심리사회적 발달단계	발달과업
1단계	구강기	기본적 신뢰감 대 불신감	수유 · 이유
2단계	항문기	자율성 대 수치심 및 회의감	배변학습
3단계	남근기	주도성 대 죄의식	성역할학습
4단계	잠복기	근면성 대 열등감	지적 욕구 충족
5단계	생식기	자아정체감 대 정체감 혼미	자아정체감 형성
6단계		친밀감 대 고립감	배우자, 동료, 친구 관계 형성
7단계		생산성 대 자기침체감	일과 가정에서의 생산성
8단계		자아통합감 대 절망	삶에 의미 부여

● 교육에 관한 관점

정신분석이론은 인간의 사회 · 정서 발달의 측면을 설명하는 이론으로, 개인의 정서나 사회성 발달의 근간을 어린 시절 부모와의 관계에서 찾고 있다. 프로이트의 정신분석이론은 그의 딸인 안나 프로이트에 의해 치료이론으로 발전하게 되고, 사회 · 정서적 문제행동을 이해하고 개선하는 다양한 프로그램이 탄생되었다. 정신분석이론은 인간을 이성적 존재가 아닌 본능이나 충동과 같은 무의식적 욕구에 영향을 받는 존재로 보며 인간의 저변에 깔려 있는 동기와 욕구를 이해하는 데 많은 공헌을 한 이론이다. 이러한 관점에서 정신분석이론은 교육에 관한 또 하나의 진리를 제공한다.

인간의 발달에 있어서 어떤 부분은 내면의 무의식적 동기와 욕구의 영향을 받는다.

따라서 교육에 대한 정신분석이론의 공헌은 인간의 성격과 태도, 행동패턴 등의 사회 · 정서적 발달 양상을 원초아, 자아, 초자아, 의식과 무의식의 관계로 해석하여, 갈등과 문제행동의 치료 및 교육을 위한 다양한 접근법(미술치료, 독서치료, 작업치료, 놀이치료 등)들을 제공하는 데서 찾을 수 있다.

4) 인지발달이론

정신분석이론이 인간의 무의식적 동기와 욕구에 의해 발달을 설명하고 있다면, 인지이론은 인간의 의식적인 사고를 강조하는 이론이다. 인지이론가들은 인간을 유기체로 보고, 자율적인 사고 능력을 발달의 결정적인 요인으로 본다. 특히 인간이 자신을 둘러싼 환경과 끊임없이 상호작용한다는 관점을 갖기 때문에 상호작용이론이라고도 한다.

(1) 피아제(J. Piaget)

피아제(J. Piaget)

스위스의 심리학자인 피아제는 자신의 자녀를 대상으로 인간의 사고 과정을 연구하였다. 유아기적 사고의 오류를 주목하여 관찰한 그는 유아기 사고가 성인의 그것과 질적으로 다르다는 사실을 발견하였다. 피아제는 도식(schema)이 동화(assimilation), 조설(accommodation), 평형(equilibration)의 반복적 과정을 통해 정교해진다고 설명한다.

도식(schema)이란 사고의 기본 단위로서 인지를 구성하는 가장 작은 단위이다. 예를 들어, 빨기, 걷기, 잡기와 같은 단순한 행위도 하나의 도식이 될 수 있고, 엄마, 우유, 강아지와 같은 단순한 개념도 하나의 도식이 될 수 있다. 동화(assimilation)란 환경 속에서 마주치는 새로운 자극을 이미 가지고 있는 기존 도식에 적용하여 이해하는 과정이다. 예를 들면, 컵 속의 '물' 도식을 가지고 있는 영아가 목욕탕 욕조 속의 '물'도 물이라는 것을 이해하는 과정이 동화의 과정이다. 그러나 새로운 환경 자극이 언제나 기존의 도식과 일치하는 것은 아니다. 예를 들어, 우유나 오렌지 주스는 물과 같은 액체이기는 하지만 다른 이름을 가진다. 이렇게 환경 속에서 새로운 자극이 기존의 자극과 일치하지 않게 되면 영아에게 새로운 도식이 필요하게 되면서 기존의 도식을 조절(accommodation)해야 하는 상황이 발생한다. 예를 들면, '물은 색이 없고 아무 맛도 없는 것'이라는 새로운 인식을 통해 자신의 기존 도식을 변화시켜야만 새 자극을 이해할 수 있기 때문이다. 이렇게 인지구조는 일시적으로 평형(equilibration)상태를 유지하지만, 곧 또다른 새로운 자극의 출현으로 인지적 갈등상태에 빠지게 된다. 이처럼 유아의 인지발달은 정-반-합의 변증법적 과정처럼 동화-조절-평형의 과정을 반복적으로 재현하면서 점점 더 정교한 도식을 형성하게 된다. 동화-조절-평형의 과정을 다음 동물의 사진을 예를 들어 더 자세히 살펴보도록 하자.

1. 고양이

2. 고양이

3. 강아지

4. 말

5. 소

|그림 2-12| 도식의 형성 과정

- **도식의 형성** : 영유아가 맨 처음 1번 사진의 고양이를 보았을 경우를 가정해 보자. 영아가 1번 동물을 가리키며 "어! 어!"라고 말하면, 부모는 영아에게 저 동물이 '야옹이(고양이)'라고 가르쳐 줄 것이다. 이때 영아의 머릿속에는 야옹이(고양이)라는 하나의 도식이 생기게 된다. 그러나 이때 만들어진 야옹이(고양이)의 도식은 아직 정확하지 않다. 왜냐하면 빛이라는 것은 어둠의 존재와 비교될 때 더 정확하게 이해되는 점과 마찬가지로, 다른 동물들과 비교된 후에 더 정확한 고양이의 도식이 형성될 수 있기 때문이다. 아마도 영아의 머릿속에는 그저 다리가 네 개이고 하얀색인 작은 동물 정도로 고양이에 대한 도식이 형성되었을 것이다.
- **동화** : 그러던 중에 영아가 2번 사진의 고양이를 보았다고 가정해 보자. 이번에도 영아의 부모는 저 동물이 '야옹이(고양이)'라고 알려줄 것이다. "저기, 야옹이 있네, 야옹이 또 있네, 어제 야옹이 봤지?"라고 하면서 말이다. 이때 영아의 야옹이(고양이) 도식에는 약간의 변화가 생기게 된다. '어? 지난번에 본 고양이는 색깔이 하얬는데... 이 갈색 동물도 고양이구나. 그럼 저렇게 네 발 달린 작은 동물은 모두 고양이?' 이런 정도의 생각을 영아가 하게 될 수도 있다(이때 영아의 도식에 생긴 변화를 조절로 볼 수도 있다). 이렇게 새로운 정보가 기존의 고양이 도식에 부합하는 것을 동화라고 한다.
- **조절** : 그러나 다음에 영아는 고양이가 아닌 3번 사진의 동물을 만나게 된다. 사람처럼 옷도 입고 있고, 역시 다리가 네 개인 작고 귀여운 동물이다. 영아는 자신 있게 "야옹이!"라고 외친다. 왜냐하면 영아가 가진 도식에 따르면 3번 동물도 야옹이(고양이)가 틀림없기 때문이다. 그러나 영아의 부모는 "어, 이건 야옹이(고양이)가 아니라 멍멍이(강아지)야. 저기 봐, 멍멍이(강아지)는 고양이와 다르게 사람들을 따라다니며 꼬리를 흔들어. 그리고 야옹 하고 울지 않고 멍멍 하고 짖지"라고 가르쳐 줄 것이다. 여기서 생각해 보자. 이 세상에 존재하는 고양이와 강아지의 종류는 매우 다양하다. 겉으로 보이는 생김새만으로 고양이와 강아지를 구별하기란 쉽지 않을 수 있다. 그

러면 고양이와 강아지를 구분하는 기준은 무엇인가? 영아가 고양이와 다른 새로운 강아지 도식을 형성하는 과정은 결코 단순하지 않다. 고양이와 강아지의 특성을 알게 되면 기존의 고양이 도식에는 조절이 일어나며, 강아지라는 새로운 도식이 형성되게 된다.

- **평형** : 이렇게 고양이와 강아지의 도식이 형성된 후, 영아가 새로운 고양이와 강아지를 만나게 되면 새로운 동물들을 기존의 도식에 동화시키면서 한동안 영아의 인지상태는 평형을 이루게 된다. 그러나 이 평형상태는 그리 오래 지속되지 않는다. 왜냐하면 새로운 동물을 또 만나게 되면서 기존의 도식은 다시금 동화와 조절을 반복하게 되기 때문이다.
- **새로운 도식의 형성과 기존 도식의 조절** : 예를 들어, 4번 그림인 말을 보게 되었을 때, 영아의 도식은 다시 작은 동물과 큰 동물을 구별하여 조절하는 과정을 겪게 될 것이다. 마치 '아, 작은 동물은 강아지이고, 큰 동물은 말인가 보다', 이렇게 생각하게 될 수 있다. 그러나 다음에 5번 동물인 소를 만나게 되면 또다시 조절의 과정이 필요하게 된다. '어? 큰 동물은 모두 말이라고 했는데, 저 동물은 소라고? 그럼 말과 소는 어떻게 다르지?' 영아는 이마에 뿔이 있는지, 머리 뒤에 갈기가 있는지에 따라 말과 소를 구분해야 하는 상황에 또 놓이게 된다.

이처럼 피아제가 말하는 인지발달의 과정은 인지구조가 완성될 때까지 동화와 조절과 평형의 과정을 수없이 반복하게 된다. 피아제는 이 반복의 과정을 통해 인간의 인지가 발달한다고 설명하고 있다. 피아제는 인간의 인지발달 과정을 4단계의 불연속적 발달단계(각 단계의 특징이 유사하지 않고 질적으로 전혀 다른) 이론으로 설명하고 있다. 이를 간략히 요약하면 〈표 2-2〉와 같다. 각 발달단계별 특징은 제6장 영유아기 인지발달 부분에서 자세히 다루기로 하겠다.

〈표 2-2〉 피아제의 인지발달단계별 특징

단 계	연 령	발달 특징
감각운동기	0~2세	반사와 기본적인 감각을 사용하는 시기
전조작기	2~7세	상징의 사용, 물활론적 사고, 자기중심적 사고, 직관적 사고
구체적 조작기	7~11세	논리적 사고, 보존개념의 습득
형식적 조작기	12세 이후	추상적 사고

출처 : Piaget(1954).

(2) 비고츠키(L. Vygotsky)

1895년 러시아에서 태어난 비고츠키는 폐결핵으로 37세에 요절할 때까지 짧은 생애에도 불구하고 180편이 넘는 연구물을 출판하였다. 비고츠키는 유아가 지식을 구성한다는 기본 원리를 지지하기 때문에 피아제와 더불어 구성주의 이론가로 분류된다. 그의 근접발달영역(ZPD : Zone of Proximal Development) 개념과 비계설정(scaffolding) 개념은 아동의 발달과 교사의 역할에 대해 새로운 관점을 제시해 주었다.

비고츠키(L. Vygotsky)

① 근접발달영역(ZPD : Zone of Proximal Development)

근접발달영역이란, 영유아가 스스로의 힘으로 문제를 해결할 수 있는 수준인 실제적 발달수준과 성인이나 유능한 또래로부터 도움을 받아 문제를 해결할 수 있는 수준인 잠재적 발달수준 간의 간격을 의미한다(Vygotsky, 1962). 모든 영유아는 어떤 과제를 혼사서 수행할 수 있는 발달수준을 가지고 있다. 그러나 만약에 자신의 발달수준을 넘어설 수 있도록 누군가 도움을 제공하면 영유아는 자신의 수준보다 높은 수준의 과제를 스스로 해결할 수 있게 된다.

예를 들어, 영아는 컵에 따라놓은 우유를 흘리지 않고 마실 수 있다. 그러나 1L짜리 우유병에서 우유를 흘리지 않게 따라 마시는 일은 어려울 수 있다. 눈과 손의 협응이 잘 안 되기 때문일 수 있으며, 무거운 우유병의 기울기를 조절하여 적당한 양의 우유를 따르는 게 어려울 수도 있고, 따라지는 우유를 컵에 정확히 조준하여 넣기가 어려울 수도 있다. 어쩌면 컵 주변에 우유를 쏟아버리게 될 수도 있고, 가벼운 종이컵이라면 컵이 넘어지면서 기껏 따라놓은 우유마저 쏟아버리게 될 수도 있을 것이다. 한번 우유 따르기를 시도하다가 실패한 영아는 자신이 할 수 없는 일이라 생각하고 더 이상 시도하지 않을 수도 있다. 여기까지가 영아의 실제적 발달수준이다.

그런데 만약, 엄마나 교사가 우유 따르기 시범을 한번 보여주고, 영아의 손을 잡아 주의점을 이야기해 주면서 우유 따르기를 도와준다면 어떻게 될까? 만약 1L짜리 우유병이 아니라 500ml짜리 우유병과 쉽게 쓰러지지 않는 입구가 넓은 머그잔을 준비해 준다면 어떻게 될까? 아마도 조건의 변화와 한 번의 시연을 통해 영아는 혼자서 우유를 따라 먹을 수 있게 될지도 모른다. 만약 그렇게 영아가 우유 따르기에 성공한다면 이것이 누군가의 도움을 통해 영유아가 스스로 수행한 발달수준이 된다. 비고츠키는 이러한 실제적 발달수준과 잠재적 발달수준을 규명하고 두 발달수준 간의 차이를 근접발달영역이라 정의하였다. 인간발달의 보이지 않는 수준의 간극을 찾아내 이론화한 비고츠키는 바로 이 영역 안에 교육이 들어가야 한다고 하였다.

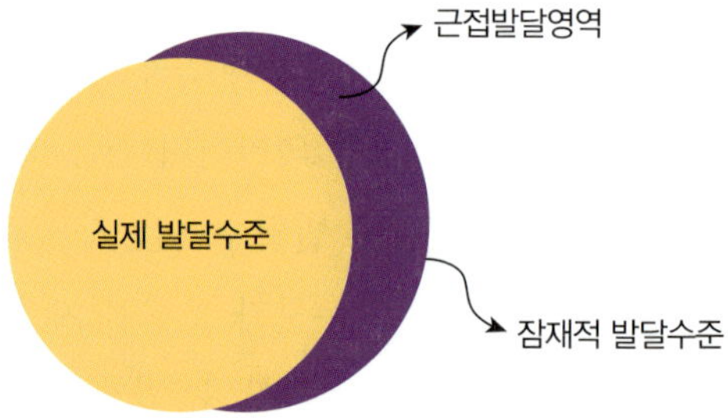

|그림 2-13| 근접발달영역

② 비계설정(scaffolding)

학습이 발달을 이끌어 갈 수 있다고 보았던 비고츠키는 근접발달영역에 준하는 도전적 학습과제를 지속적으로 제공해 주는 것이 필수적이라고 하였다. 영유아의 잠재적 발달수준에 도달하도록 개입하는 모든 도움과 조력이 바로 비계설정이며 비고츠키는 교사나 성인이 우호적인 분위기에서 끊임없이 비계설정을 해 줌으로써 영유아의 발달을 촉진시킬 수 있다고 보았다. 앞의 사례에서는 우유 따르기를 시연해 주는 행위와 우유병의 크기와 컵의 종류에 변화를 주는 행위가 비계설정의 사례가 된다.

다음은 수영을 가르치기 위해 교사가 제공하는 비계와 자전거 타기를 배우는 과정에서 어머니가 제공하는 비계의 예이다. 만약 이 두 상황에서 교사와 어머니의 조력이 없다면 어떻게 될까? 생각해 보자. 영유아는 아마도 자신감을 잃고 배우기를 포기할지도 모른다. 교사와 성인의 조력은 높이뛰기나 멀리뛰기에서 도운단기를 제공하는 발판과 같다. 비고츠키는 교사와 성인뿐만 아니라 발달이 빠른 또래도 비계를 제공할 수 있다고 보았다.

비고츠키가 혼합연령 집단을 선호했던 점은 바로 혼합연령 집단에서 또래 간 비계설정의 기회가 더 빈번히 발생하기 때문일 것이다. 영유아들은 반드시 의도한 교육계획과 경험에서만 학습하고 발달하는 것이 아니다. 일상에서 성인과 또래, 교구와 사물과의 상호작용을 통해 늘 학습하기 때문에 영유아의 현재 발달수준보다 약간 높은 수준의 과제를 끊임없이 제공하는 것이 비고츠키가 생각하는 교사의 주된 역할이다.

[그림 2-14] 비계설정의 예

다음은 두 명의 아동에게 동일한 도움을 제공(비계설정)한 후, 아동의 수행 능력을 그래프로 나타낸 그림이다. 도움을 받은 후에 나타난 아동의 수행 능력에는 어떠한 차이가 있는지 살펴보자.

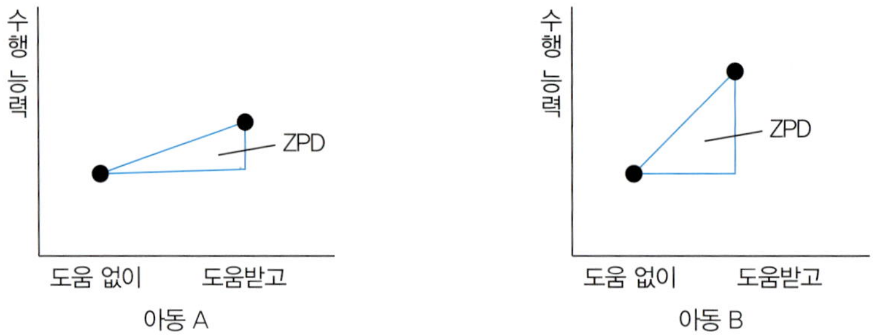

[그림 2-15] 근접발달영역과 두 아동 간 과제수행 능력의 비교

출처 : 정옥분(2018), p. 99.

도움을 받기 전 아동 A와 아동 B의 과제수행 능력은 비슷하였으나 도움을 받은 후에 두 아동의 수행 능력에는 차이가 나타났다. 아동 A보다 아동 B의 수행 능력이 도움을 받은 후에 더 많이 향상되었음을 알 수 있다. 위 그림상으로 아동 B의 근접발달영역이 더 넓음을 알 수 있다.

그러면 같은 도움을 제공했는데 왜 이런 차이가 생겼을지 생각해 보자. 이유는 아동마다 잠재적 발달수준이 다르기 때문으로 해석할 수 있다. 우리의 일상에서 예를 찾아보자. 어떤 유아는 하나를 가르치면 가르친 것보다 더 많은 것을 깨닫기도 하고, 어떤 유아는 하나를 가르치면 딱 가르친 그만큼만 배운다. 반면에 어떤 유아는 가르쳐 준 하나도 잘 소화하지 못할 수도 있다. 결과적으로 학습은 영유아 자신의 근접발달영역에 비례하기 때문에 교사는 학생의 근접발달영역에 준해서 가르침의 속도를 조절해야 함을 알 수 있다.

다음의 〈표 2-3〉은 피아제와 비고츠키의 이론을 간략하게 비교해 놓은 것이다.

〈표 2-3〉 피아제와 비고츠키 이론의 비교

구 분	피아제	비고츠키
강조점	문화적 보편성 강조	문화적 특수성 강조
발달의 요인	아동의 능동성, 자발성 강조	발달이 빠른 또래나 성인의 역할 강조
발달의 양상	유사한 인지발달단계를 거침	상이한 인지발달을 보임
영향요인	개인의 내적 발달요인 강조	사회문화적 영향요인 강조

● 교육에 관한 관점

상호작용이론가들은 인간이 환경과의 상호작용을 통해 발달한다고 주장하며, 이 과정에서 유기체의 능동적 역할을 강조하는 학자들이다. 타고난 유전인자만 발달을 주도하는 것이 아니고, 백지에 그린 그림처럼 오롯이 환경의 영향만으로 발달하는 것도 아니라는 것이다. 인간은 자신을 둘러싼 주변 환경의 무수한 자극으로부터 지극히 선별적으로 영향을 받으며 그 자신이 환경에 영향을 주기도 한다는 것이 상호작용이론의 본질이다. 교육은 100% 환경적 자극이다. 그러나 외적 자극을 수동적으로 수용하는 것이 아닌 내면에서 이루어지는 지식의 구성을 주장하는 이들 상호작용이론가들에 따르면 교육은 일방적으로 주어지는 것이 아닌 상호작용의 기회여야 한다는 점을 알 수 있다. 다양한 자극과 경험을 통해 유아들이 스스로 지식을 구성하도록 하고, 유아 자신이 능동적으로 주도하는 학습이 일어나게 해야 한다는 것이 교육에 관한 상호작용이론가들의 관점이다. 이러한 관점에서 인지이론(상호작용이론)은 교육에 관한 또 하나의 진리를 제공한다.

> 인간의 발달에 있어서 어떤 부분은 타고난 유전적 특징과 외적 환경이
> 서로 상호작용하며 영향을 준다.

불교에서는 우리 주변의 선한 사람과 악한 사람이 모두 스승이 될 수 있다고

가르친다. 선한 사람을 보면 그 사람을 본받고자 하게 되고, 악한 사람을 보면 그 사람처럼 행동하지 않으려 하기 때문이다. 주변에 악인이 있다고 해서 모두가 다 악하게 되는 것은 아니라는 의미이다. 우리를 둘러싼 환경은 수많은 자극들로 둘러싸여 있으며 인간은 환경의 영향을 수동적으로 받기만 하는 존재가 아니다. 환경이 좋다고 반드시 잘 자라고, 환경이 나쁘다고 반드시 잘못 자라는 것이 아니지 않은가? 우리 인간은 자신이 속해 있는 환경과 능동적으로 상호작용하며 주체적으로 환경을 해석하고 또 자신에게 필요한 자극을 스스로 선택하기도 한다는 점을 기억해야 한다.

5) 생태학적 체계이론

브론펜브레너(U. Bronfenbrenner)

브론펜브레너(U. Bronfenbrenner)는 인간의 발달을 설명하기 위해 생태학적 모델을 제시하였다. 그는 인간을 둘러싼 환경은 거미줄처럼 매우 유기적으로 연결되어 있으며, 삶 속에서 직접 마주치며 긴밀한 영향을 미치는 환경이 있는가 하면, 눈에 보이지도 않고 직접 접하지 않으면서도 영향을 주는 환경이 있다고 설명한다. 마치 양파를 까 보면 한 겹 한 겹 다른 층이 존재하듯이, 또 러시아 전통 인형 마트료시카 속에 작은 인형들이 차곡차곡 들어있듯이, 브론펜브레너의 생태학적 체계들은 개인을 가까이에서 멀리까지 둘러싸고 있을 뿐 아니라, 외부에 따로 존재하지 않고 서로 상호작용하며 연결되어 있다. 브론펜브레너가 바라본 인간의 환경적 체계는 미시체계(microsystem), 중간체계(mesosystem), 외체계(exosystem), 거시체계(macrosystem), 시간체계(chronosystem)의 다섯 가지로 나누어진다. 이를 그림으로 나타내면 |그림 2-16|과 같다.

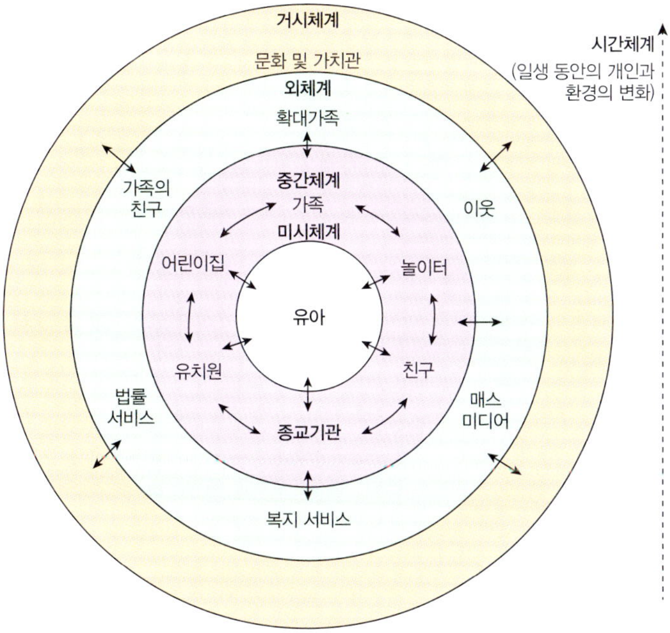

|그림 2-16| 생태학적 이론 모형

브론펜브레너가 말하는 다섯 가지의 체계를 하나씩 살펴보자. 맨 중앙에 위치한 유아를 중심으로 가장 가까운 환경은 미시체계이다. 부모, 형제, 친구, 선생님, 이웃들과 같이 직접 마주치고 상호작용하는 환경이다.

다음으로 중간체계는 미시체계들 사이의 상호관계, 즉 환경들 간의 관계를 의미한다. 예를 들어, 어머니와 친구와의 관계, 부모와 교사와의 관계가 중간체계의 예이며 중간체계는 눈에 보이는 대상이 아니다. 만약에 자녀가 좋아하는 친구를 자녀의 어머니가 좋아하지 않는다면? 둘 다 미시체계인 어머니와 친구 사이의 관계가 나에게 어떤 영향을 미치는지 생각해 보자. 어머니-친구 관계가 좋을 경우와는 어떤 점에서 다를까도 생각해 보자. 또래들은 자녀가 게임을 잘하면 자녀를 영웅시해 주는데 부모는 자녀가 게임하는 것을 못마땅해한다. 이 경우, 자녀는 어느 기준에 맞춰 행동해야 할지 갈등이 생길 수 있다. 브론펜브레너의 중간체계 개념은 이런 점에서 매우 독창적이고 예리하다. 인간에게 영향을 미치는 환경은 반드시 눈에 보이는 실존적 존재만 있는 것이 아니라는 점에서이다.

다음으로 외체계는 자녀가 직접 접촉하지 않지만, 자녀에게 영향을 주는 환경이다. 예를 들어, 부모의 직장동료나 상사, 교육정책 결정자 등이다. 부모의 직장 상사는 자녀와 직접 만나지 않지만, 부모의 근무 시간, 근무 장소 등을 결정함으로써 자녀와 부모의 관계에 영향을 미칠 수 있다. 물론 교육정책 결정자들도 교육과정을 변경하거나 법적 수업일수를 조정하면서 학생들의 삶에 영향을 끼치게 된다. 거시체계는 개인이 속해 있는 사회의 사회문화적 환경을 의미한다. 그 사회가 가진 신념, 가치관, 태도, 전통 등은 눈에 띄지 않게 소리 없이 한 개인의 성장 과정에 영향을 미친다. 개인과 집단 간의 관계, 가족관, 결혼관, 미의 기준, 성 역할 등은 문화마다 조금씩 다른 가치로 개인에게 내면화된다. 동양 문화권에서는 개인보다 집단을 중요시하는 경향이 있는 데 반해, 서양 문화권에서는 개인의 고유함과 특별함에 가치를 부여하는 경향이 있는 점도 여기에 해당된다.

마지막으로 시간체계는 개인 삶의 여정에서 어떤 사건이나 경험이 발생하는 시점을 의미한다. 한 인간이 동일한 사건을 경험하더라도 그 사건이 일어난 시기가 어떤 시기였는가에 따라 그 사건이 개인에게 미치는 영향은 달라질 수 있다. 이를테면, 부모의 이혼이 자녀의 유아기, 청소년기, 성인기 또는 중년기에 이루어졌는가에 따라 이혼이 자녀에게 미치는 영향은 천차만별로 달라질 수 있다. 얼마 전 전 세계를 강타했던 COVID-19의 예를 생각해 보자. 지구상의 대부분 지역에서 인간의 이동이나 만남이 제한되어 학교교육이나 각종 업무에 커다란 변화를 가져왔음을 기억할 것이다. 2020년부터 2023년까지 약 3년간의 시기를 한국에서 생활했다고 가정했을 때, 그때가 언어발달의 민감기인 영유아기였거나, 수능 준비를 해야 하는 고등학생이었거나, 이제 막 사회생활을 시작한 청년이었거나 아니면 인생의 마지막 단계인 고연령층이었다고 상상해 보자. 사람 간의 만남이 대부분 온라인으로 이루어지고 직접 접촉이 제한되던 그 시기에 받은 영향이 각 연령에 따라 다르지 않았을까? 이렇게 브론펜브레너의 시간체계는 개인의 발달단계에 따라 그에게 주어지는 환경의 영향이 달라진다는 점을 보여주고 있다.

앞서 우리는 학습이론을 주장한 행동주의자들도 인간의 발달에 미치는 환경의 중요성을 강조했음을 기억할 것이다. 비고츠키의 상호작용이론에서 강조했던 사회문화적 환경도 기억할 것이다. 그러나 브론펜브페너의 생태학적 체계이론의 관점은 학습이론과 상호작용이론이 언급한 환경 개념을 보다 체계적으로 구체화한 개념이라고 볼 수 있다.

● 교육에 관한 관점

인간의 발달에 미치는 환경의 영향을 강조했던 행동주의 학자(파블로프, 스키너, 왓슨 등)들이 언급한 환경은 브론펜브레너 이론의 어떤 체계에 해당할까? 개인이 속한 사회의 사회문화적 영향을 강조했던 비고츠키의 환경은 브론펜브레너 이론의 거시체계와 상응한다고 볼 수 있을까? 브론펜브레너의 생태학적 체계이론은 인간이 환경과 상호작용하는 과정을 어느 학자보다 면밀하게 들여다본 이론이라고 평가된다. 인간 개개인은 눈에 보이는 환경, 손에 잡히는 자극뿐 아니라, 전혀 모르는 사람으로부터 영향을 받기도 하고, 자신도 모르는 사이에 동화되기도 하면서 직·간접적으로 영향을 주고받으며 살아간다는 점을 생태학적 체계이론은 보여준다. 이러한 관점에서 생태학적 체계이론은 교육에 관한 하나의 진리를 제공한다.

> 인간의 발달에 있어서 어떤 부분은, 눈에 보이는 환경뿐 아니라
> 눈에 보이지 않는 환경의 영향을 받기도 하고, 환경들 간의 관계에서도 영향을 받는다.

6) 다중지능이론

가드너(H. Gardner)

가드너(H. Gardner)는 언어 능력과 수리 능력만으로 인간의 지능을 판별하는 기존의 지능 개념에 대해 비판하며, 지능이란 문제를 해결하는 능력 또는 특정 문화 상황에서 가치 있게 여기는 것을 만들어 내는 능력으로 인간의 지능을 단일 요인이 아닌 복합 요인으로 설명한다. 가드너에 따르면 인간은 9가지의 지능을 모두 가지고 있지만, 그중에 강점 지능이 있으며, 어떠한 지능도 다른 지능에 비해 우월하다고 볼 수 없다고 하였다. 가드너에 의하면 인간의 뇌는 각기 다른 부분이 서로 다른 종류의 정보를 처리하는데, 지능은 서로 독립적이어서 한 지능에 손상이 생겨도 다른 지능은 작동할 수 있다고 하였다. 그는 초기에 7가지 독립적인 지능을 제시하였으나, 추후 두 가지 지능을 추가하여 현재까지 총 9가지 지능으로 확장시켰다. 그가 언급한 9가지 지능의 개념은 〈표 2-4〉와 같다.

〈표 2-4〉 다중지능의 종류와 특징

지능의 종류	특 징	관련 직업
언어지능	언어의 소리, 리듬 및 언어의 다양한 기능을 민감하게 파악하는 능력	작가, 번역가, 편집자
논리적 · 수학적 지능	분류하기와 범주화하기, 패턴을 지각하고 패턴을 이해하기, 체계적으로 추리하기 등과 같은 능력	과학자, 의사, 수학자
음악적 지능	음조, 리듬, 음색을 예리하게 파악할 수 있는 능력	음악가, 작곡가, 지휘자
공간지능	사물, 시각, 공간적 세계를 정확히 지각하고 그 지각한 내용을 머릿속에서 변형하고 회전시켜 볼 수 있는 능력	화가, 조각가, 건축가, 항해사
신체운동지능	자신의 신체 움직임을 조정하고, 사물을 능숙하게 조작할 수 있는 능력	무용가, 운동선수, 외과 의사, 장인

대인관계지능	다른 사람의 기분, 기질, 동기 및 의도를 식별하고 그에 적절하게 반응하는 능력, 다른 사람이 일을 하도록 동기를 유발시키는 능력	교사, 연극배우, 정치가, 영업사원
자신이해지능	자신의 내적 과정과 특성, 그리고 자신의 행동을 이해하고 안내할 수 있는 능력	상담자, 정신과 의사, 시인, 작가
자연관찰지능	동식물이나 주변 사물을 자세히 관찰하여 차이점이나 공통점을 찾고 분석하는 능력	과학자
실증지능	인간의 존재 이유, 생과 사의 문제, 희로애락, 인간의 본성, 가치 등 철학적이고 종교적인 사고를 할 수 있는 능력	철학자

가드너에 따르면 모든 유아는 최소한 하나 이상의 우수한 지능을 가지고 있기 때문에 각 유아의 강점 지능을 활용하여 교육하면 효과적이라고 할 수 있다.

7) 애착이론

보울비(J. Bowlby)

애착의 발달은 정신분석이론, 학습이론, 인지발달이론 모두에서 설명하고 있지만, 여기서는 보울비(J. Bowlby)의 애착이론을 중점적으로 소개하고자 한다. 애착(attachment)이란 갓 태어난 영아가 자신을 돌봐주는 양육자(주로 어머니)에게 갖는 강한 심리적 유대감을 말한다. 심리학자이자 정신과 의사인 보울비(Bowlby)는 영아가 어릴 때 형성한 애착은 자기 스스로를 믿는 자신감과 타인과의 대인관계 형성에 영향을 미친다고 보았다. 사회적 상호작용을 강조한 보울비의 이론은 애착이 반드시 배고픔과 같은 1차적 욕구 충족과 관련되는 것은 아니라고 밝힌 할로우와 짐머만(Harlow & Zimmerman, 1959)의 연구결과에 토대하고 있다. 할로우와 짐머만은 우유병이 달린 '철사엄마'와 우유를 제공하지는 않지만 부드러운 촉감을 가진 '헝겊엄마'를 두고 새끼 원숭이가 보여주는 반응을 연구하였다. 이 실험 과정에서 새끼 원숭이들은 우유를 먹을 때만 철사엄마에게 가고 우유를 다 먹고 난 후에는 하루 종일 헝겊엄마에게 매달려 시간을 보내는 모습을 보여주었다. 결과적으로 배고픔을 해결해 주는 것보다는 부드러운 접촉이 오히려 애착 형성의 중요한 요인이 될 수 있음을 보여준 실험이다. 애착은 주 양육자의 보호와 돌봄, 즉 배고플 때 먹여주고, 졸릴 때 재워주고, 눈 마주쳐 주고, 놀아주고 반응해 주며, 위험으로부터 보호해 주는 등의 보살핌을 통해 형성된다. 주 양육자의 일관된 반응이 양육자에 대한 믿음과 사랑을 형성하며 영아의 사회 · 정서 발달에 중요한 영향을 미치게 된다. 보울비는 영아의 애착행동이 선천적으로 가지고 태어나는 본능이며 영아의 생존을 위해 매우 중요한 문제라고 하였다. 자신에게 주의를 끌기 위한 울음, 웃음, 따라다니기, 눈 맞추기, 안아 달라고 요구하기 등의 행동과 부모가 안 보이면 불안해하다가 부모가 돌아오면 안정되는 반응까지가 모두 애착행동의 예이다. 에인스워스(M. Ainsworth, 1973)가 제시한 애착발달의 단계는 다음과 같다.

(1) 애착발달의 단계

- **1단계** : 애착 전 단계(pre-attachment phase : 출생~6주)
- **2단계** : 애착 형성 단계(attachment in the making : 6주~8개월)
- **3단계** : 애착 단계(clear-cut attachment : 6, 8~18개월)
- **4단계** : 상호관계의 형성 단계(formation of reciprocal relationships : 18개월 이후)

안정된 애착은 영유아의 정서적 안정과 발달에 주요한 역할을 하게 되는데, 유아가 낯선 세상을 탐색하거나 새로운 경험을 받아들이고 도전하는 데 큰 역할을 한다. 특히 부모와의 관계에서 안전함과 안정성을 느낄 때, 영유아는 자신감을 갖고 도전을 하게 된다. 보울비는 생후 첫 3년을 사회 · 정서 발달의 민감기로 보았고 이 시기에 안정된 애착을 형성하지 못하면 친밀한 인간관계 형성이 어렵게 된다고 설명하고 있으며 최근의 연구에 따르면 애착의 영향이 성인기까지 지속된다고 보고하고 있다(Sroufe, Egeland, Carlson, & Collins, 2005). 애착발달의 각 단계별 특징은 제8장에서 자세히 다루기로 하겠다.

영아기의 애착을 측정하기 위해 에인스워스(Ainsworth)가 설계한 '낯선 상황 실험(strange situation experiment)'은 매우 정교하며 창의적이다. 이 실험은 영아를 낯선 상황, 낯선 공간에 처하게 하고, 그 낯선 상황에서 엄마의 존재가 영아에게 어떤 의미를 갖는가를 살펴 엄마와의 애착관계를 알아보는 실험이다. 12~18개월 영아를 대상으로 한 이 실험을 위해 연구소의 한 방에 놀잇감을 비치해 두고 영아가 낯선 공간에서 놀잇감을 가지고 놀 때 엄마와 낯선 사람의 존재에 영아가 어떻게 반응하는가를 연구하였다. 이 실험의 과정을 에피소드별로 소개하면 다음의 〈표 2-5〉와 같다.

〈표 2-5〉 에인스워스의 '낯선 상황 실험' 과정

episode 1	실험자가 어머니와 영아를 실험실로 안내하고 떠난다.
episode 2	실험실에서 영아가 장난감을 가지고 놀고 어머니는 그 곁에 앉아 있다.
episode 3	실험실로 낯선 사람이 들어오고 앉아서 어머니와 이야기를 나눈다.
episode 4	어머니가 실험실을 나가고, 영아가 불안해하면 낯선 사람이 영아를 진정시킨다.
episode 5	어머니가 돌아와 영아를 진정시키고 낯선 사람이 실험실을 나간다.
episode 6	어머니가 다시 방을 나가고 영아는 실험실에 혼자 있다.
episode 7	낯선 사람이 다시 실험실에 들어와 영아를 진정시킨다.
episode 8	어머니가 돌아와 영아를 진정시키고 영아의 관심을 장난감으로 유도한다.

※ 에피소드 1은 30초간, 나머지는 모두 3분간 진행된다. 에피소드 4, 6, 7은 영아가 심하게 울거나 어머니가 실험 중단을 요구하면 끝낼 수 있다. 에피소드 5와 8은 영아를 진정시키는 데 시간이 더 필요하면 연장할 수 있다.

이 실험을 통해 엄마와의 애착이 안정적으로 형성되어 있는 영아는 어머니가 안 보이면 울면서 어머니를 찾지만, 어머니가 돌아오면 금방 울음을 그치고 놀이로 돌아가는 전형적인 반응을 보인다. 그러나 불안정한 애착을 형성한 영아는 엄마가 함께 있어도 울고, 엄마가 방을 나가도 찾지 않거나 엄마가 돌아와도 반기는 기색이 없다. 또 엄마가 곁에 있어도 울고, 곁에 없어도 울고, 나갔다 돌아와도 우는 등의 혼란스러운 반응을 보이기도 한다. 에인스워스는 이 8가지의 상황에서 영아가 보이는 반응을 분석하여 영아 – 어머니 간 애착의 유형을 다음의 그림과 같이 분석하였다.

① 안정애착(secure attachment, 약 65%)

② 불안정 – 저항애착(resistant attachment, 약 10~15%)

③ 불안정 – 회피애착(avoidant attachment, 약 20%)

④ 불안정 – 혼란애착(disorganized attachment, 약 5~10%)

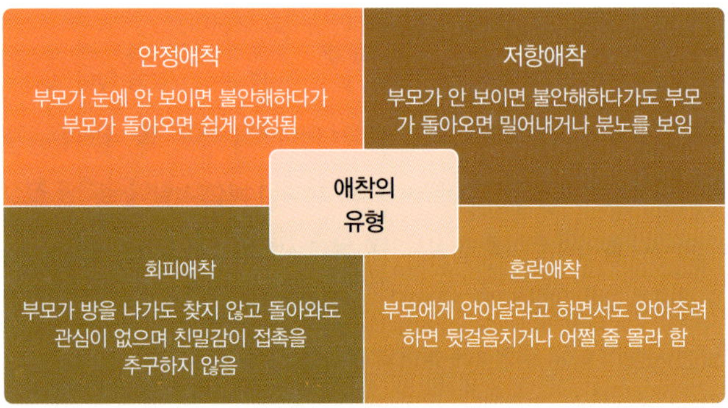

|그림 2-17| 애착의 유형

앞서 살펴본 바와 같이 부모와의 애착을 안정되게 형성하면 유아기, 아동기, 청소년기, 청년기까지도 긍정적인 자아개념과 사회적 관계에 영향을 미침을 알

수 있다. 그렇다면 안정애착을 결정하는 요인은 무엇일까 궁금해진다. 첫째, 양육자의 민감성이다. 영아의 신호를 빨리 알아차리고 적극적으로 반응해 주는 양육행동을 의미한다. 에인스워스는 어머니의 민감한 양육행동 특징을 반응의 정확한 해석, 반응의 적절성, 반응의 즉각성이라고 설명하였다(Ainsworth et al., 1978). 둘째, 양육자의 개인적 특성이다. 양육자의 성격, 어릴 때 자신의 어머니와의 애착 경험, 어머니와의 대화 형태, 남편의 지지와 부부관계 등이 이에 해당한다. 엄마가 우울증을 앓거나, 과거에 불행했던 유아기를 겪었거나 현재 남편과의 부부관계가 원만하지 않으면 영아 양육 과정이 안정적이기 힘들다. 애착은 명백히 후천적으로 학습되는 특성이다. 그럼에도 불구하고 애착이 대물림되는 현상에 대한 연구는 많다. 내가 내 어머니와 안정적 애착을 형성했어야 나의 자녀와 안정된 애착을 형성할 수 있다는 의미이다. 실제로 어릴 때 부모에게 무시와 학대를 경험한 사람이 어머니가 되었을 때, 자신의 의도와 관계없이 자기 자녀에게 부적절한 양육을 하는 경우가 많다는 것이다. 이런 면에서 애착 연구가들은 애착이 3대(외할머니와 어머니의 애착, 어머니와 나의 애착, 나와 내 딸의 애착)에 걸쳐 영향을 미친다고 설명하고 있다(황현주, 2017).

생각해 보세요

어릴 적 일단 형성된 애착은 성장하면서 아무리 노력해도 절대 바뀔 수 없는 것일까요?
우리는 우리 부모를 선택하여 태어날 수 없지요. 따라서 나의 어릴 적 경험은 나의 의지와 상관없이 운명처럼 주어지게 됩니다. 내가 나의 어머니와 안정애착을 형성하지 못했다면, 나는 나의 자녀와도 안정애착을 형성할 수 없을까요? 안정애착을 형성하려면 어떤 노력을 해야 할까요?

8) 기질이론

아기들은 출생부터 다른 기질적 특성을 보인다. 어떤 아기는 밝고 활기차고 어떤 아기는 조용하고 순응적이다. 어떤 아기는 자주 울고 변덕이 심하며 예측할 수 없는 데 반해 어떤 아기는 규칙적이고 혼자서도 잘 논다. 신발 하나를 신기려 해도 오래 걸리는 아이가 있는가 하면 잠시도 가만히 있지 않고 후다닥 잽싸게 움직이는 영아가 있다. 기질 연구가들에 따르면 이러한 차이는 모두 선천적으로 타고난 기질에서 기인한다고 한다. 기질은 영아기, 유아기, 아동기, 성인기까지도 지속성이 있는 것으로 보인다(Caspi & Silva, 1995; Rothbart, Derryberry, & Posner, 1994). 어릴 적 낯가림이 심했던 영아는 유아기에도 낯선 사람이나 상황에 움츠러드는 경향을 보인다(Kagan, 1992). 기질이 어떤 요소에 의해 결정되는가에 관한 연구들은 다양하지만, 이 책에서는 토마스와 체스(Thomas & Chess, 1956)의 모형으로 기질이론을 설명하고자 한다. 토마스와 체스는 141명의 영아를 유아기까지 관찰하고 그들의 부모와 교사와 면접을 진행하였으며 다양한 심리검사를 통해 기질을 구성하는 9가지 요인을 밝혀냈다.

〈표 2-6〉 기질을 구성하는 요인

	구성요인	설 명
1	활동성(activity)	수유, 목욕, 옷 입기, 놀기 등 영아가 움직이는 신체활동의 양
2	규칙성(rhythmicity)	먹는 양, 자는 시간, 배설 시간 등의 규칙성과 예측 가능성
3	접근/회피 (approach/withdrawal)	새로운 사건이나 자극에 대한 영아의 반응
4	적응성(adaptability)	주변 상황의 변화에 적응하는 정도
5	반응강도(intensity)	좋고 싫음이나 긍정적 부정적 반응의 강도
6	반응역치(threshhold)	영아의 반응을 이끌어 내는 데 필요한 자극의 양
7	기분(mood)	행복하고 기분 좋은 반응이나 불행하고 부정적인 반응의 빈도
8	주의산만성(distractibility)	외부 자극에 의해 하던 일이 얼마나 쉽게 방해받는가의 정도
9	지구력(attention span and persistence)	어떤 활동의 지속시간과 끈기, 집착력

토마스와 체스는 이 9가지 특성을 기준으로 영아의 기질을 순한(easy) 영아, 까다로운(difficult) 영아, 반응이 느린(slow to warm-up) 영아로 구분하였다. 그리고 이 세 가지 유형의 기질 중 어느 것에도 속하지 않은 영아도 전체 영아의 35% 정도에 해당한다고 밝혔다.

기질은 세상을 바라보고 자극에 반응하는 방법일 뿐 좋은 기질이나 나쁜 기질이 있을 수 없다. 우리가 사는 세상은 어떤 기질의 사람도 모두 필요로 하는 곳이기 때문이다. 최근에는 아주 어린 시기부터 영유아교육기관에 다니는 아기들이 늘어나고 있다. 영아가 어리면 어릴수록 영아는 자신이 가지고 태어난 기질을 그대로 표출시킬 수밖에 없다. 어린 영아에게 부모나 교사의 기준에 맞춰 행동하도록 요구하는 건 가능하지도 않고 옳지 않은 행동이다. 따라서 가정에서 자신의 자녀를 돌보는 부모는 물론이고 영유아교육기관의 교사도 영유아의 기질을 제대로 이해하고 상호작용해야 한다.

조화의 적합성 모델이란 영유아의 기질과 양육태도와의 조화를 의미하며, 영유아의 기질에 잘 맞는 양육방법을 적용할 때, 발달과 교육이 가장 큰 효과를 갖게 된다는 주장이다. 순한 기질의 영아는 매사에 순응적이고 편안하게 말을 잘 듣기 때문에 부모나 교사의 관심을 덜 받을 수 있다. 이 순한 영아들에게는 오히려 지나치게 순응하고 어떤 상황에도 적응하는 것을 조심해야 한다고 전문가들은 이야기한다. 세상을 올바르게 살아가려면 적당히 자기주장을 할 줄 알아야 하며 부당한 처사에는 저항할 줄도 알아야 한다는 점에서 순한 영아들에게는 스스로 원하는 것을 선택하고 자신의 의견을 표현하도록 격려해야 한다.

까다로운 영아는 그 까다로움으로 인해 스스로를 힘들게 하고 부모를 좌절하게 만든다. 어떻게 해도 아기가 말을 잘 안 듣기 때문에 부모나 교사는 결국 기대를 하지 않게 된다. 그러나 까다로운 영아를 훈육하기 위해서는 부모나 교사가 먼저 영아의 요구를 수용해 주는 것이 매우 중요하다. 일단 영아의 요구를 수용해 준 다음에, 대안을 제시하여 영유아 스스로 선택하게 하는 방법을 사용해야 한다. 까다로운 영아의 부모가 인내심을 갖고 상호작용한 영아는 아동기나 청년기에 더이상 까다로운 기질을 보이지 않았다고 한다(Chess & Thomas, 1984). 그런데 반대로 까다로운 영아의 기질을 강압적으로 고쳐보려 한 경우에는 영아의 까다로움이 사라지지 않고 사춘기에 문제행동을 보이는 경우가 많았다(Chess & Thomas, 1984; Rothbart, 2011).

반응이 느린 영아는 재촉하지 말고 기다려 주는 양육행동이 중요하다. 한참 뜸을 들이고 고민한 후에야 천천히 반응하는 영아를 자꾸만 느리다고 혼내거나 서두르게 몰아세우면 스스로 못났다고 생각하게 되고 부정적인 자아개념을 갖게 된다. 따라서 반응이 느린 영아를 위한 양육법은 적은 양의 과제를 천천히 자신의 속도로 하도록 허용하고 기다려 주면서, 과제가 완성되면 칭찬으로 자신감을 얻도록 해야 한다. 과제 수행의 속도는 영아가 성장함에 따라 천천히 증진될 것이기 때문이다.

생각해 보세요

한 교실에 순한 영아와 까다로운 영아와 반응이 느린 영아가 함께 섞여 있다고 가정해 봅시다. 교사는 각양각색의 반응을 하는 영아들에게 어떻게 상호작용해야 할까요?

■ 배운 내용을 확인해 보세요

1. 영국의 철학자로, 모든 인간은 태어날 때 백지와 같은 상태로 태어난다는 백지설(tabula rasa)을 주장하며 발달에 미치는 환경의 영향을 강조한 학자는 누구일까요?

2. 18세기에 등장한 프랑스의 사상가로, 인간은 본래 선하게 태어나기 때문에 자연스럽게 내버려 두어야 한다는 자연주의 교육을 주장한 학자는 누구일까요?

3. 다음의 주요 개념을 보고, 보기에서 관계있는 심리학자의 이름을 찾아 적어보세요.

> 스키너, 반두라, 비고츠키, 가드너, 보울비, 브론펜브레너, 피아제,
> 게젤, 프로이트, 왓슨, 에릭슨, 토마스와 체스, 파블로프

주요 개념	심리학자
애착이론	
도식의 형성, 동화–조절–평형	
조작적 조건형성, 보상과 벌, 강화와 소멸	
기질이론(순한 기질, 까다로운 기질, 반응이 느린 기질)	
생태학적 체계이론(미시체계, 중간체계, 외체계, 거시체계, 시간체계)	
사회학습이론, 모방이론, 대리학습	
근접발달영역, 비계설정	
성숙이론, 발달의 예정론	
앨버트의 공포반응 실험	
의식, 전의식, 무의식, 심리성적 발달단계 이론	
다중지능이론	
심리사회적 발달단계 이론, 전 생애 발달론	
고전적 조건형성, 개의 조건반사 실험	

PART

02

생명의 시작

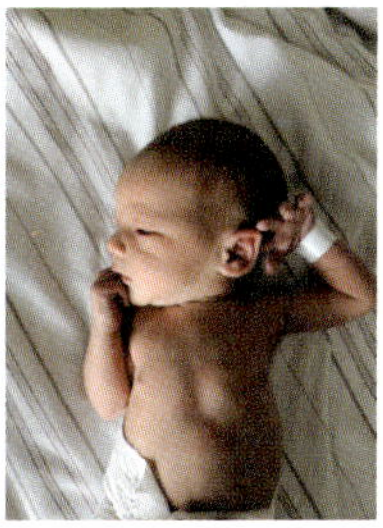

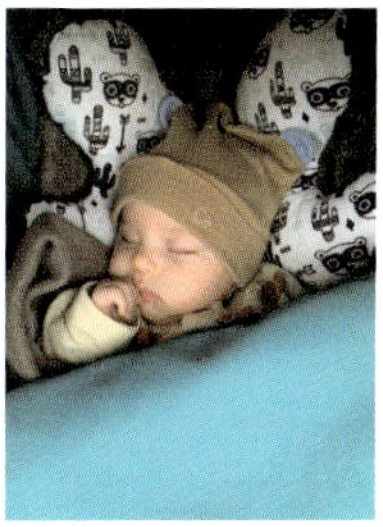

모든 인간 존재의 시작은 정자와 난자의 만남에서 시작된다. 건강한 정자와 난자의 만남에서 건강한 생명이 시작되고 건강한 아기의 탄생으로 이어진다. 제2부에서는 건강한 아기의 출산을 위해서 알아두어야 할 필요가 있는 유전적 기초와 태내기의 발달 과정, 출산의 과정, 신생아의 발달 특징에 대해 다루고자 한다. 수정에서부터 시작하는 배종기와 배아기, 그리고 출생까지 이어지는 태아기 동안의 발달 과정을 살펴보고, 태내발달에 영향을 미치는 요인들에 대해서도 간략히 다루었다. 특히 최근 우리나라에서 태어나는 아기들의 출생 환경이 더욱 복잡해지고 위험 요소도 증가하고 있어, 미래의 부모가 될 학생들과 다양한 주제로 진지한 토론을 통해 건강한 아기의 출산과 더불어 저출산 극복의 방법에 대해서도 고민해 보면 좋겠다. 구체적으로는 점점 높아지고 있는 산모의 나이, 무리한 다이어트로 인한 산모의 건강과 영양상태에 대한 우려, 현대 사회의 다양한 스트레스 요인, 흡연과 약물 등은 진지하게 토의해 볼 만한 주제들이다. 아기가 세상에 나오기까지의 출산 과정과 현대 사회의 다양한 출산 방법, 출생과 함께 시작되는 신생아기의 다양한 특징과 신생아를 돌보는 방법도 간략히 다루었다. 최근에는 누구나 쉽게 찾아볼 수 있는 동영상 서비스들이 많이 있으므로 태내기와 출산, 신생아기의 특징과 신생아 돌보기에 해당하는 내용들을 적극적으로 찾아보면서 더욱 실감이 나고 재미있는 학습을 할 수 있게 되기 바란다.

CHAPTER 03

유전과 태내발달

CHAPTER 03

유전과 태내발달

이 장에서는 아기가 세상에 태어나기 이전까지 이루어지는 여러 가지 발달적 현상들을 살펴보고자 한다. 세상에 새롭게 태어나는 아기가 갖게 되는 여러 가지 특성들이 어떻게 결정되는가를 살펴보고, 인간의 여러 심리적 특성의 형성과 발달에 미치는 유전과 환경의 상호영향에 대해 알아본 후, 수정에서부터 출산까지의 태내발달 과정과 태내기의 교육에 대해 알아보도록 하겠다.

나는 얼마나 알고 있을까요?

다음의 문장이 맞는지 틀리는지 생각해 봄으로써 나의 유전과 태내발달에 관한 지식을 알아봅시다. 그리고 이번 장을 공부하면서 정확한 답을 찾아보기 바랍니다.

1. 예 □ 아니요 □ 아기를 임신할 때 엄마의 유전물질이 아기의 성별을 결정한다.
2. 예 □ 아니요 □ 태어나고 난 이후의 후천적인 경험은 유전자 구조를 바꿀 수 있다.
3. 예 □ 아니요 □ 남성의 정자와 여성의 난자는 유전정보를 포함하고 있는 유전인자를 전달하는 생식세포이다.
4. 예 □ 아니요 □ 임신 15~20주 사이에 융모검사를 실시하여 태아의 유전적 결함 유무를 확인할 수 있다.
5. 예 □ 아니요 □ 일란성 쌍생아는 한 개의 난자와 두 개의 정자가 만나 생긴 것으로 같은 유전형질을 가지고 태어나고 성별도 같게 된다.
6. 예 □ 아니요 □ 임신 중기에 해당하는 4~6개월에는 태아의 머리가 아래로 위치하게 된다.
7. 예 □ 아니요 □ 태교는 임신부가 태아에게 좋은 영향을 주기 위하여 언행을 삼가는 일로, 오래 전부터 동양과 서양에서 모두 강조되어 왔다.
8. 예 □ 아니요 □ 아버지의 연령, 음주, 흡연 정도는 태내환경에 많은 영향을 미칠 수 있다.

정답 : 1) 아니요 2) 아니요 3) 예 4) 아니요 5) 아니요 6) 아니요 7) 아니요 8) 예

1 인간발달의 유전적 기초

1) 유전의 기제

인간의 생명은 정자와 난자가 만나 수정이 되면서 시작된다. 수정의 순간에 인간 생명체는 이미 발달이 이루어지기 시작하고, 성의 구분과 유전적 특성 등 전 생애에 중요한 영향을 미치는 여러 가지 특성을 갖게 된다. 수정 이후 꾸준하게 성장 발달하는 영유아의 특성을 이해하기 위해서는 여러 요인을 고려해야만 한다. 인간은 수많은 특성을 부모로부터 물려받고, 가장 단순한 행동조차도 유전적으로 결정된 특정 요인에 의해 영향을 받은 것일 수 있다. 인간은 부모로부터 유전정보를 물려받아 다음 세대로 전달하는 기제를 가지고 있고, 남성의 정자와 여성의 난자는 유전정보를 포함하고 있는 유전인자를 전달하는 생식세포이다. 정자와 난자의 구조는 |그림 3-1|과 같다.

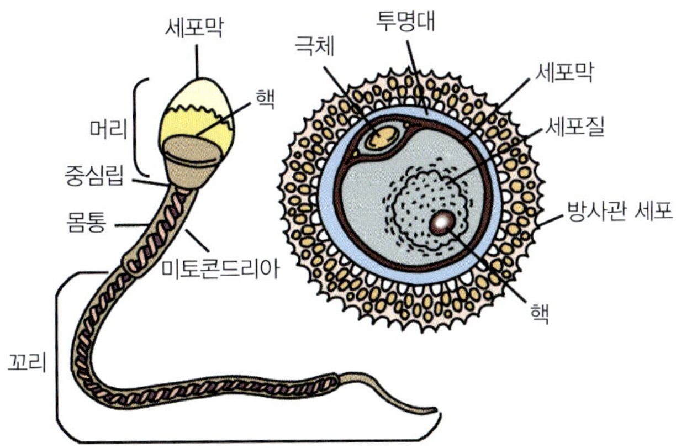

|그림 3-1| 정자와 난자의 구조

여성의 생식세포인 난자는 인체에서 가장 큰 세포로서 크기가 0.14~0.2mm 정도이며 한 달에 한 개씩 난소에서 배출된다. 남성의 정자는 난자의 1/40 정도 크기이며 1회에 사정되는 정자 속에는 약 360억 마리의 정자가 들어있다. 정자와 난자가 결합하여 수정이 되는 순간에는 정자로부터 23개의 염색체와 난자로부터 23개의 염색체가 각각 방출되어 새로운 46개의 염색체 배합이 형성된다. 인간의 모든 유전적 잠재성은 이 46개의 염색체에 의해 결정된다. 23쌍의 염색체 중 22쌍은 크기, 구조 그리고 기능이 유사한 상염색체(autosomes)이고, 나머지 23번째 쌍이 성염색체(sex chromosomes)로 여성의 성염색체는 XX이고, 남성의 성염색체는 XY이다.

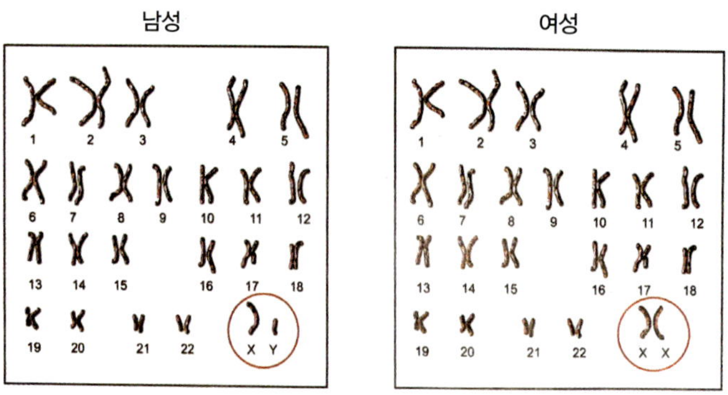

정자(23개) + 난자(23개) = 염색체 배합(46개)

[그림 3-2] 정자와 난자의 염색체

개개의 염색체는 여러 개의 유전인자를 포함하고 있고, 이 유전인자에는 부모로부터 전달되는 유전적 특질을 나타내는 유전물질이 들어있다. 46개의 염색체를 구성하는 물질 중 DNA는 유전인자로서의 핵심적인 기본물질을 지니고 있다고 알려져 있고, 부모의 어떤 특성이 자녀에게 전해질 것인가를 결정하고 인간의 성장 발달과 행동에 영향을 준다.

태어나는 아기 중에는 염색체의 이상으로 선천적인 결함을 가지고 세상에 나오는 아기들도 있다. 성염색체를 제외한 22쌍의 상염색체로 인한 결함 중에서 가장 대표적인 경우가 다운증후군(Down syndrome)이다. 다운증후군은 염색체 배열에서 21번 염색체가 3개일 때 나타나는 장애로 신체적인 장애와 지적인 장애를 동반하며 외모에서 뚜렷한 징후가 나타난다. 다운증후군 아이들은 성격이 밝고 사람을 좋아하며 정상적인 사회성을 보이기도 한다. 다운증후군의 원인은 산모의 연령과 관련이 있어서 어머니의 연령이 증가할수록 다운증후군이 나타날 확률도 증가하는 것으로 알려져 있다.

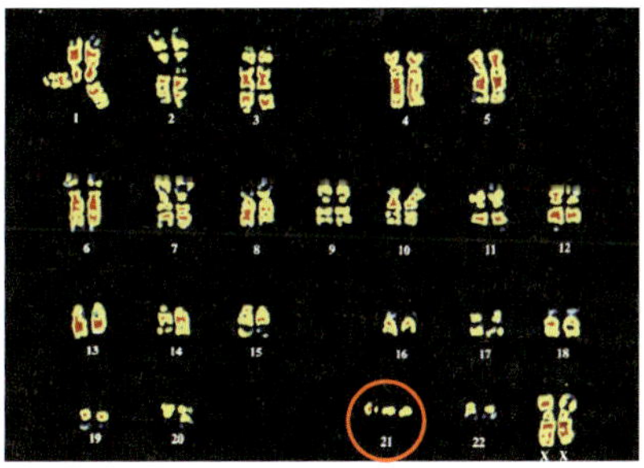

21번째 염색체가 3개임

다운증후군 아기의 모습

|그림 3-3| 다운증후군

23번째 성염색체의 결함으로 나타나는 장애는 여성 염색체의 결함과 남성 염색체의 결함으로 나눌 수 있다. 가장 대표적인 여성 성염색체 결함은 터너증후군(Turner's syndrome)으로 X염색체가 하나밖에 없어서 XO로 표현된다. 터너증후군을 가진 여성은 난소기능을 제대로 하지 못해 사춘기에 2차 성징이 정상적으로 나타나지 않으므로 임신이 불가능하다. 터너증후군보다 드문 경우이지만 X염색체를 더 가지고 있어서 XXX, XXXX 또는 XXXXX로 표현되는 초자(superfemale)증후군이 있고, 이 증후군은 인지발달 장애를 보인다.

남성의 성염색체 결함은 XY보다 여분의 X염색체를 더 가진 XXY 또는 XXXY로 표현되는 클라인펠터 증후군(Kleinfelter's syndrome)으로 정자를 배출하지 못하여 불임이며, 유방이 발달하고 엉덩이가 둥근 특징이 있다. 또 다른 남성 성염색체 이상으로는 여분의 Y를 갖게 되어 XYY, XYYY 또는 XYYYY로 표현되는 초웅(supermale)증후군이 있다. 이 증후군은 일반 남성보다 키가 훨씬 크고 특히 치아가 크며 비정상적으로 적은 수의 정자를 생산하지만 생식능력은 있다.

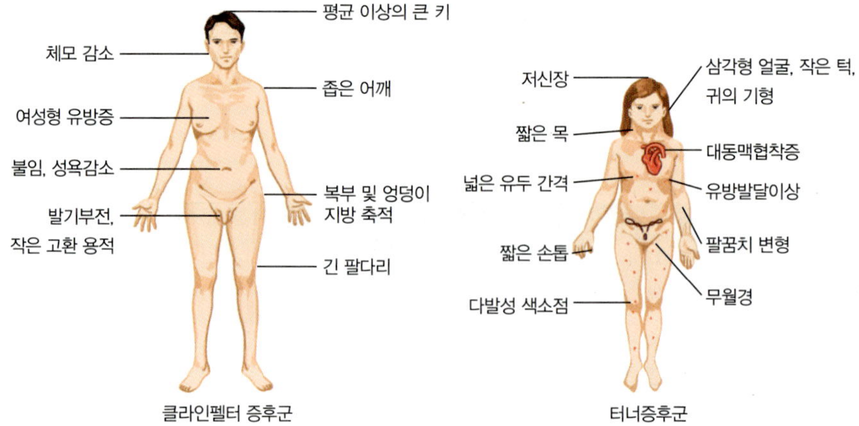

|그림 3-4| 클라인펠터 증후군(XXY)과 터너증후군(XO)

이상에서 살펴본 성염색체 이상을 정리하면 다음과 같다.

〈표 3-1〉 성(性)염색체의 이상

성염색체 이상	대표성	염색체 수	증 상
클라인펠터 증후군	남성	XX(XX)Y	성염색체 이상의 가장 흔한 유형으로 고환이 미성숙하고 무정자증으로 정자를 배출하지 못하여 불임이며, 유방이 발달하고 엉덩이가 둥근 것이 특징임
초웅증후군	남성	XYY(YY)	일반 남성보다 키가 훨씬 크고 특히 치아가 크며 비정상적으로 적은 수의 정자를 생산하지만 생식 능력은 있음
터너증후군	여성	XO	세포분열 시 X염색체의 분리가 일어나지 않아 발생하여 난소 기능을 제대로 하지 못해 사춘기에 2차 성징인 월경이 없으며 가슴, 난소, 난관, 자궁이 작고 미성숙하여 임신이 불가능하며 키가 작음
초자증후군	여성	XX(XX)	터너증후군보다 드물고 외형적으로는 일반적인 여성의 외모를 갖추고 있으나 지능, 특히 언어추론 능력이 낮음

2) 유전과 환경

인간의 지능, 성격, 사회성 등 심리적 특성이 결정되고 발달하는 과정에 있어서 유전적 소인과 환경적 요인은 매우 복잡하게 서로 상호작용을 하므로 어떤 특성이 구체적으로 얼마만큼의 영향을 미치는지를 밝히는 것은 매우 어려운 문제이다. 유전과 환경의 상대적인 영향력에 관한 문제는 오랫동안 심리학자들에게 관심의 대상이 되어 왔다. 유전과 환경 혹은 천성과 양육에 대한 논쟁은 어느 것이 얼마나 더 발달에 중요한 영향을 미치느냐에 대한 것이다.

유전이 얼굴 모습, 체형, 머리카락과 눈동자의 색깔 등 신체적 특징에 미치는 영향은 비교적 분명해서 일란성 쌍생아의 경우에 각기 다른 환경에서 성장하게 되었더라도 신체적 특성에서는 큰 차이가 발생하지 않는다. 그러나 인간의 여러 가지 심리적 특성에 미치는 유전의 영향은 신체적 특성만큼 분명하지 않아서 지적 능력, 예술적 재능, 성격적 특성 등은 환경적 영향도 많이 받는다는 것을 무시할 수가 없다(정옥분, 2004).

극단적인 환경결정론적 입장을 지닌 초기 행동주의 심리학자들은 인간의 여러 심리적 특성들이 후천적인 경험에 의해 결정되는 것으로 생각해 왔지만, 이러한 극단적인 관점은 오늘날에 더이상 수용되지 못하고 있다. 오히려 최근에는 유전적 소인에 의해 선천적으로 결정되는 발달적 특성을 부각시키는 경향이 있다. 하지만 후천적인 경험에 의해 인간을 완전히 변화시킬 수 없는 것처럼 인간의 모든 특성이 유전에 의해서만 결정되지 않는 것 또한 사실일 것이다. 아기가 태어날 때부터 지니고 있는 유전적 요인과 태어난 이후에 주어지는 다양한 환경은 끊임없이 복잡한 형태로 상호작용하면서 인간의 모든 발달을 결정하고 있다고 하겠다.

3) 유전상담 및 태내검사

유전상담(genetic counseling)은 유전적 장애를 가진 아기를 출산하게 될 가능성을 평가하고 가족의 목표와 위험상태를 예상하여 최선의 행동을 취할 수 있도록 돕기 위해 설계된 의사소통 과정이다(Resta et al., 2006, 이종숙 외 2015 재인용). 유전병의 가능성을 가지고 아기를 낳고자 원하는 예비부모는 유전상담을 통해 유전적 결함이 있는 자녀를 출산할 가능성이 있는지 알아보고 문제를 경감시키거나 피할 수도 있다. 지적장애, 심리적 장애, 신체적 결함, 혹은 유전적 질환이 있는 가족사가 있는 경우, 유전적 결함이 있는 자녀를 출산한 경우, 습관성 유산의 경험이 있는 경우, 어머니의 연령이 많은 경우에 유전상담이 필요하다.

혈액검사, 소변검사, DNA분석 등 관련 정보와 검사 결과를 수집하여 유전병의 가능성이 나타나면 적절한 선택을 할 수가 있다. 피임으로 아기를 낳지 않기로 결정하거나, 건강한 아기를 출산할 가능성도 있으므로 위험을 무릅쓰고 임신을 기다릴 수도 있다. 현대의학은 태내진단을 통해서 보다 확실한 것을 알 수 있으므로, 유전병이 확실한 경우 여러 가지 의학적 처치도 가능하게 해준다. 비정상의 아기를 임신할 가능성이 있는 부부가 임신을 했을 경우에는 출생 전에 문제를 알아내도록 하는 태내기 진단방법(prenatal diagnostic methods)을 활용할 수 있는데, 융모검사(CVS : Chorionic Villus Sampling)와 양수검사(amniocentesis), 초음파 검사(ultrasound), 혈액검사(AFP : Alpha Fetoprotein) 등이 있다.

(1) 융모검사

융모검사는 임신의 초반기인 임신 6~12주 사이, 특히 9~10주 사이에 양수검사의 대안으로 초음파 검사를 이용하여 태아와 태반의 위치를 확인한 후, 자궁경부를 통해 태반의 일부 조직을 흡입해 내는 방법이다. 채취된 태반 조직을 직접 염색체 표본제작법에 의해 염색체 핵형을 분석하거나 배양하여 진단한다. 융모막 검사는 임신 초기에 시행하기 때문에 양수검사보다 조기에 진단할 수 있고 안정성 및 정확성이 앞서는 검사이다. 이 검사로 시클 셀 빈혈증(sickle cell anaemia), 대사장애, 혈우병, 다운증후군 등을 발견할 수 있다.

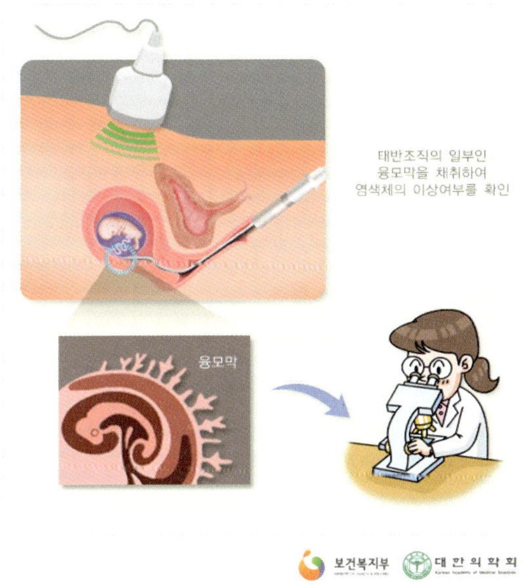

|그림 3-5| 융모막 융모 생검

출처 : 국가건강정보포털 의학정보(http://health.mw.go.kr).

(2) 양수검사

양수검사는 태아를 보호하는 양막의 아랫부분을 바늘로 주사하여 소량의 양수를 채취하는 방법이다. 임신 15~20주 사이에 초음파 진단 장치를 이용하여 양수를 채취한 후에 이를 배양하여 염색체 핵형을 분석한다. 이 검사는 세포배양 기간이 약 4주 정도 걸리므로 산모와 보호자가 결과를 기다리는 데 정신적 부담이 크고, 만일 태아에게 문제가 있는 것으로 파악되어 유산시켜야 할 경우 임신중절에 따르는 신체적 · 심리적 위험과 부담이 크다. 초음파 검사가 태아의 영상을 보여준다면 양수는 태아의 세포를 포함하고 있으므로 다운증후군이나 성염색체 이상, 대사 이상 장애와 같은 유전적 결함을 판별해 낼 수 있다.

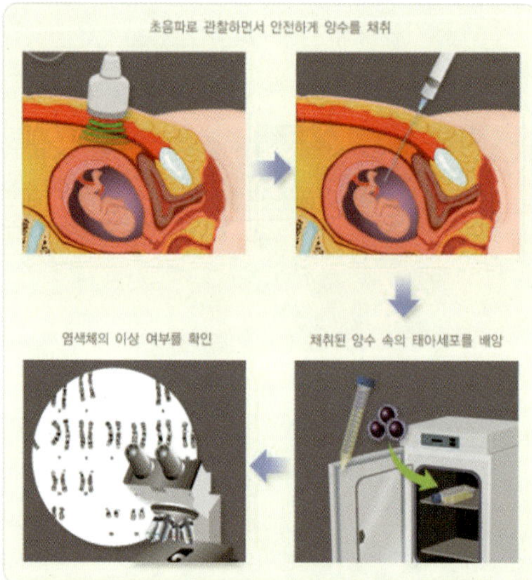

|그림 3-6| 양수검사

출처 : 국가건강정보포털 의학정보(http://health.mw.go.kr).

(3) 초음파 검사

초음파 검사는 임산부의 복부에 초음파를 통하게 함으로써 자궁 내부의 사진을 찍는 것으로 태내기 진단을 위해 가장 많이 사용하고 있다. 초음파는 신체 기관에 따라 흡수나 반향의 정도가 다르기 때문에 태아에 관한 많은 자료를 제공받을 수 있다. 초음파 검사는 TV 화면에 태아의 신체 각 부위를 나타나게 하여 장애 유무나 발육 정도를 알 수 있다. 정확한 임신의 시기와 태아의 생존 유무, 태아의 개월 수 및 성장률, 장애 여부와 다태아 임신, 태반의 위치, 자궁 및 난소의 이상 유무 등을 확인할 수 있어서 널리 이용된다(조성연 외, 2010).

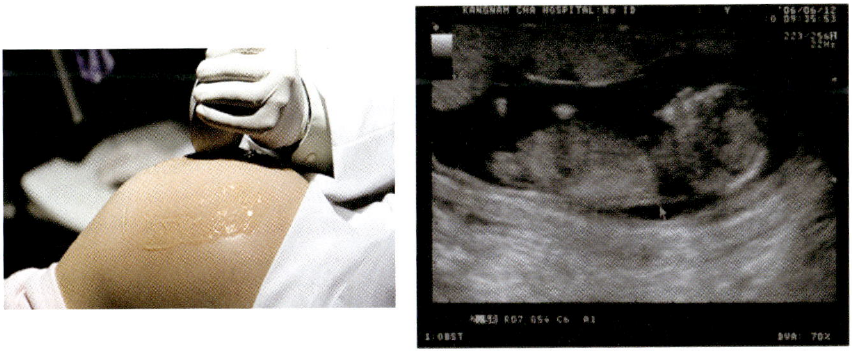

|그림 3-7| 초음파 검사 장면과 아기의 초음파 사진

(4) 혈액검사

혈액검사는 임신 14~20주 사이에 여성의 혈액이 알파 태아 단백(AFP : Alpha Fetoprotein)이라 불리는 물질을 얼마나 많이 포함하고 있는가를 검사하는 것이다. 과도하게 높은 AFP 수치는 이분척추나 무뇌증과 같은 뇌와 척추의 구조적 결함을 말해준다. 혈청단백질 검사인 AFP 검사의 경우 선진국에서는 기본 검사로 널리 이용된다(문미옥 외, 2001).

최근 유전공학의 발달은 유전적 결함을 수정할 수 있는 새로운 희망을 주고 있다. 앞으로 유전적 질환을 조기에 발견해서 심각한 증상이 나타나기 전에 적절한 치료를 받게 된다면 장애를 가진 많은 사람이 거의 정상에 가까운 삶을 살 수 있게 될 것이다.

2 태내발달

1) 생명의 시작, 수정

인간의 생명은 남성의 정자와 여성의 난자가 만나 서로 결합하면서부터 시작되며 여성의 나팔관에서 이루어진다. 여성의 출생 시 난소에 있는 약 20만 개의 미성숙 난자는 사춘기가 되면 호르몬의 영향으로 매월 양쪽 난소에서 번갈아 가면서 한 개의 성숙된 난자를 배출한다. 이처럼 난자에서 난소가 배출되는 것을 배란이라고 하는데, 배란은 보통 생리 시작 전 14일을 전후로 일어난다. 난소에서 배출된 난자가 난관을 통해서 자궁으로 수송되는 시간은 약 12시간인데, 그 도중에 정자를 만나면 수정이 되고, 수정이 이루어지지 않으면 그대로 자궁으로 내려와 월경으로 질을 통해 몸 밖으로 나오게 된다. 배출된 난자가 수정될 수 있는 시간은 약 24시간으로 그 이상 경과되면 수정 능력을 잃게 되고, 남성의 정자가 수정될 수 있는 기간은 약 72시간이다.

여성의 배란된 난자는 점액에 의해 나팔관을 따라 이동하다가 남자의 생식기에서 만들어진 정자를 만나게 된다. 남성은 한 번 사정 시에 약 1~2억 개의 정자를 방출하는데, 이 중에서 약 100개 미만의 정자가 나팔관 중간까지 도달하고 그중에서 한 개의 정자만이 난자와 결합하여 수정란을 만든다. 난자를 만난 정자는 가장 앞부분인 첨체에서 단백질 분해효소를 분비하여 난자의 투명대를 녹여 꼬리를 떼어버리고 난자 속으로 들어간다. 이때 난자는 표면의 입자가 붕괴되면서 난세포와 난막의 빈틈에서 내용물이 분출하여 수정막을 단단하게 만들어 다른 정자의 침입을 막는다.

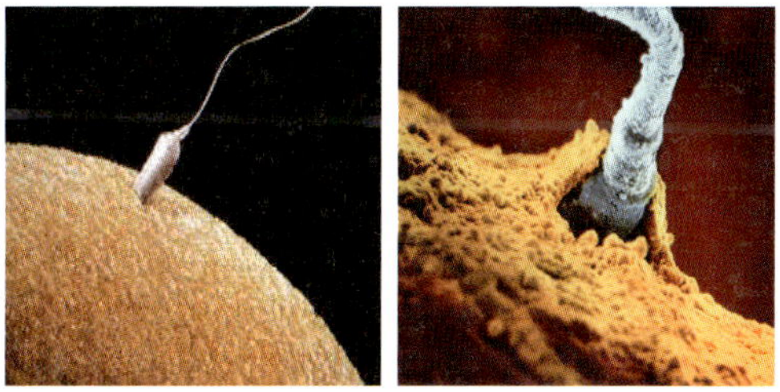

|그림 3-8| 난자와 정자의 수정

수정 후 약 30시간 후에 수정란은 첫 번째 분열을 시작하는데, 세포의 수는 늘어나고 크기는 작아지는 난할을 한다. 수정란은 분할을 하면서 나팔관을 따라 자궁 쪽으로 이동하는데, 수정 후 약 5~7일이면 자궁에 도달한다. 수정란은 호르몬의 변화로 인하여 두꺼워진 자궁 내막의 표면을 녹여 그 안으로 들어가 착상하게 되고 임신이 시작된다. 수정란이 자궁벽에 착상한 이후 태반이 형성되고 자궁 안에서 태아가 성장하고 발달한다.

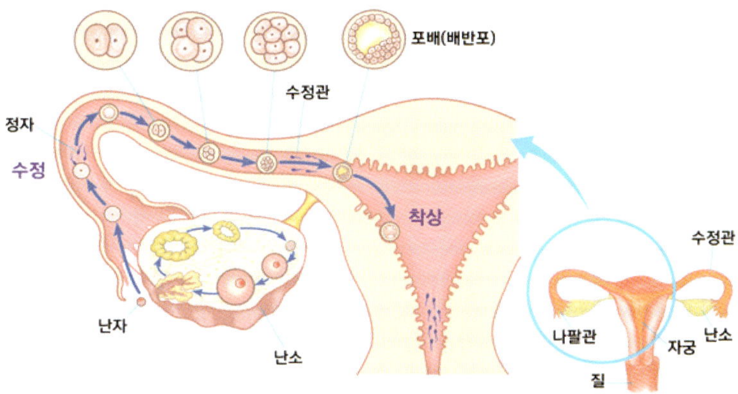

|그림 3-9| 배란과 수정, 착상의 과정

보통의 경우에는 각 한 개씩의 난자와 정자가 만나 수정란 한 개를 만들지만, 한 개 이상의 수정란이 생길 수도 있는데 두 개의 수정란에서 발달한 태아는 일란성 혹은 이란성 쌍생아가 된다. 일란성 쌍생아는 한 개의 난자와 정자가 만나

한 개의 수정란이 세포분열을 할 때 두 개로 갈라져서 생긴 것으로 같은 유전형질을 가지고 태어나고 성별도 같게 된다. 이란성 쌍생아는 처음부터 두 개의 난자가 난소에서 배출되어 각각 한 개의 정자와 만나 수정란 두 개를 생성하게 되어 다른 유전형질을 가지고 태어나며 성별이 다를 수도 있다.

수정이 이루어지면 태아의 성이 결정되는데, 어머니로부터 온 난자의 성염색체는 모두 X염색체이지만 아버지로부터 오는 정자의 성염색체는 X 혹은 Y 염색체를 가지게 된다. 그러므로 어머니의 X염색체와 아버지의 X염색체가 결합된 수정란은 XX염색체를 가지게 되어 여아가 되고, 어머니의 X염색체와 아버지의 Y염색체가 결합된 수정란은 XY염색체를 가지게 되어 남아가 된다. 수정에서 분만에 이르기까지의 기간은 약 38주, 약 280일의 기간이다.

2) 태내 발달단계

인간의 발달은 수정의 순간부터 시작된다. 수정에서 분만에 이르기까지 태아의 발달은 배종기, 배아기, 태아기의 3단계로 이루어진다.

(1) 배종기(수정~약 2주)

배종기(germinal period)는 발아기, 발생기라고도 하며 수정란이 자궁벽에 착상하는 2주까지의 기간을 말한다. 수정란이 자궁벽에 착상함으로써 전 태내발달 과정을 통해 지속될 모체와의 밀접한 의존관계가 시작된다. 수정란은 급속하게 세포분열을 하게 되는데, 수정 직후 이분분열을 시작하여 2일 후에는 4개의 세포로, 3일 후에는 32개의 세포로 그리고 수정 후 일주일이 지나면 약 100~150개의 세포로 분열한다. 착상이 완전히 이루어지려면 약 일주일이 걸리는데 착상과 동시에 배종기는 끝나고 배아기가 시작된다.

자연 유산과 자궁 외 임신

- 수정란의 58% 정도는 착상되지 못하고 자연 유산되는데 이러한 변화를 대부분의 여성이 느끼지 못하고 지나간다.
- 수정란이 자궁에 착상하지 못하고 나팔관 등의 다른 부분에 자리를 잡는 경우를 자궁 외 임신이라고 한다.

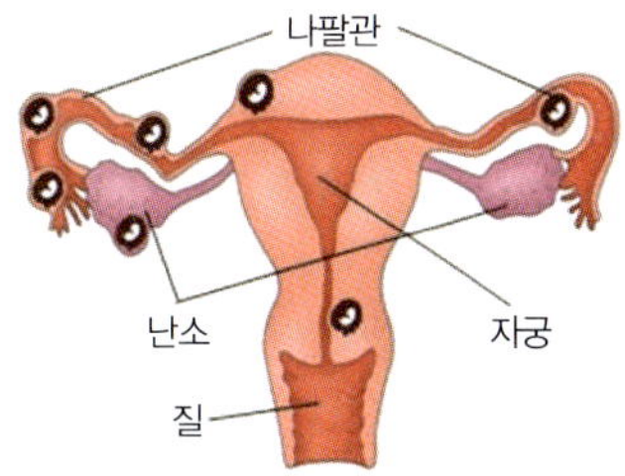

|그림 3-10| 자궁 외 임신 장소

(2) 배아기(약 2~8주)

수정란이 자궁벽에 착상한 이후부터 8주까지를 배아기(embryonic period)라고 하며, 이 시기에 분화하는 유기체를 배아(embryo)라고 부른다. 배아기 동안에는 중요한 신체 기관과 신경계가 형성된다. 배아는 외배엽, 중배엽, 내배엽으로 분화되어 신체의 모든 주요 기관과 조직으로 발달하면서 배아기 말엽에 사람의 형체를 갖춘다. 배아기 초기인 4주경에는 심장이 뛰고 뇌와 신경조직 분화, 입, 소화기관, 태반, 간, 허파, 신장이 형성되며, 약 6주경에 순환계와 얼굴, 사지, 내장기관, 신경관과 뇌 등이 형성된다. 수정 후 8주가 되면 태아의 모든 발달과정의 95%가 형성되어 얼굴의 입, 눈, 귀가 분화되고 팔, 다리, 손발, 성기가 형성되며 배아기 동안 계속해서 태반이 발달하고 탯줄이 형성된다.

배아기는 임신의 과정 중 매우 중요한 시기로서 선천적인 기형인 언청이, 소이증, 무뇌증, 뼈 기형, 지적장애 등이 발생할 수 있으며 이 시기에 주요 신체계통과 기관이 거의 이루어진다(홍순옥 외, 2014). 배아기는 신체의 주요 기관이 형성되는 시기이므로 이 시기에 발달을 저해하는 일이 발생하면 영구적인 손상을 입게 된다. 모체는 태아가 나쁜 영향을 받지 않도록 태내환경에 특별히 주의를 기울여야 한다. 배아기는 여성의 신체가 태아의 존재에 적응하는 시기로 입덧을 하거나 피로감을 보이며 감정적으로 예민해질 수 있다.

외배엽	피부의 표피, 손톱, 발톱, 머리카락, 신경계, 감각기관
중배엽	피부의 진피, 근육, 골격, 순환계, 배설기관
내배엽	소화기관, 간, 췌장, 침샘, 호흡기 계통

|그림 3-11| 배아기 주요 신체기관의 발달

〈표 3-2〉 임신 초기 임산부의 증상

• 월경 주기를 건너뜀	• 피로하고 나른하며 힘이 없음
• 유방이 무겁고 당김	• 속이 메스껍고 게워냄
• 유두 부분이 얼얼하고 검은색을 띰	• 잦은 배뇨
• 아랫배가 당기거나 아픔	• 질 분비물의 증가

출처 : 박영아(2010), p. 90.

남자 입덧 '쿠바드 증후군' 실제 가능할까 – 불안, 긴장감이 빚어낸 환상 임신 증상

아내가 임신했을 때 겪는 다양한 신체적 · 심리적 증상을 남편도 함께 경험하는 현상을 쿠바드 증후군(Couvade syndrom)이라고 한다. 환상 임신, 동정 임신이라고도 한다. '알을 품다'는 뜻의 프랑스어 couver이라는 말에서 유래한 것으로 전해진다. 1965년 영국의 정신분석학자 트리도우언(Trethowan)이 처음 언급했다.

이 증상을 겪는 남편은 입덧, 헛구역질은 기본이고 요통과 체중 증가 등 신체적 변화를 경험하게 된다. 여기에 불안과 우울감, 신경과민 같은 심리적 증상까지 수반한다. 심할 경우 배가 불러오기도 하고, 출산 때 같이 진통을 느끼기도 한다. 임신 3개월 정도에 가장 심하게 나타났다가 점차 약화되다 출산이 임박하면 다시 심해진다.

쿠바드 증후군의 정확한 원인은 밝혀지지 않았다. 호르몬 변화나 신체의 생리주기, 스트레스와 관련이 있다는 정도만 알려져 있다. 임신한 아내의 장기간 스트레스에 호응하는 과정에서 스트레스 호르몬 '코르티솔'이 증가한 결과라는 연구 보고도 있었다. 명확한 치료법도 없지만, 전문가들은 심신안정과 함께 비타민B6가 함유된 녹황색 채소 섭취를 권한다.

브릿지경제(2023. 9. 12), 조진래 기자 jjr2015@viva100.com

출처 : https://www.viva100.com/main/view.php?key=20230907010001911

(3) 태아기(8주~출생)

수정 후 8주에서 출생할 때까지의 기간을 태아기(fetal period)라 하며 이 시기의 생명체를 태아(fetus)라고 하고 임신의 마지막 단계인 태아기로 접어든다. 이 시기에 외형적으로 완전한 인간의 모습을 갖춘 태아는 각 기관체계와 사지, 근육들이 기능하게 된다. 대략 8주에 첫 뼈세포가 형성되어 손가락이 분명해지며 발가락뼈가 나타난다.

태아기 중기는 임신 4~6개월 사이인데 이 시기에는 초기 3개월 동안 형성된 신체의 모든 기관과 구조가 성숙해 간다. 15주 때 감각기관이 형성되며 기관과 근육의 기능이 시작되고 18주가 되면 입과 입술의 윤곽이 형성된다. 5개월부터 모체가 태아의 움직임을 느낄 수 있고, 6개월경부터 태아의 청각이 기본적인 기능을 수행할 수 있다. 시각은 다른 감각에 비해 가장 늦게 발달하지만 기본적인 시각기관이 완성된다(홍길회 외, 2016).

태아기 말기는 임신 7~9개월 사이로 태아의 모든 기관이 완성되고 출산 전까지 신체 각 부분의 발달이 마지막 단계에 이르며 이 시기에 대뇌피질이 커져 뇌가 급격히 발달한다. 태아는 발로 차고 꿈틀거리고 머리를 돌리기 시작하며 결국 몸통 전체를 돌릴 수 있게 된다. 빛에 대한 강한 반응과 감지가 가능하며 입을 벌리고 적은 양의 양수를 삼키며 빠는 동작을 취한다(임지영 외, 2014). 약 36주경이면 대부분의 태아는 머리가 아래로 위치하며 정착하게 된다. 이러한 형태는 자궁 내에서 보다 많은 공간을 확보하게 해줄 뿐만 아니라 출산을 용이하게 해준다(정옥분 외, 2007).

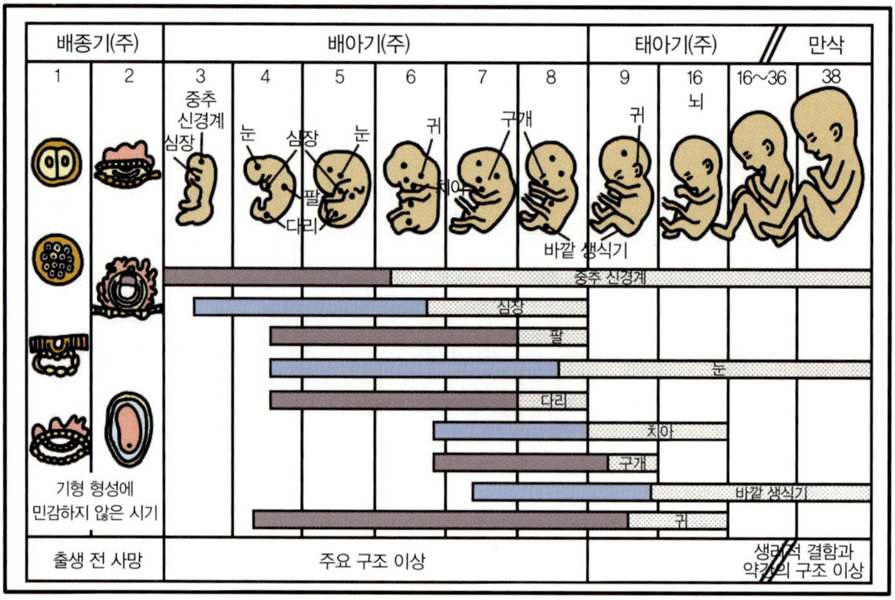

|그림 3-12| 태아의 성장과정

출처 : L. E. Berk(2005). Infant and Chiildren(5th ed), p. 107.

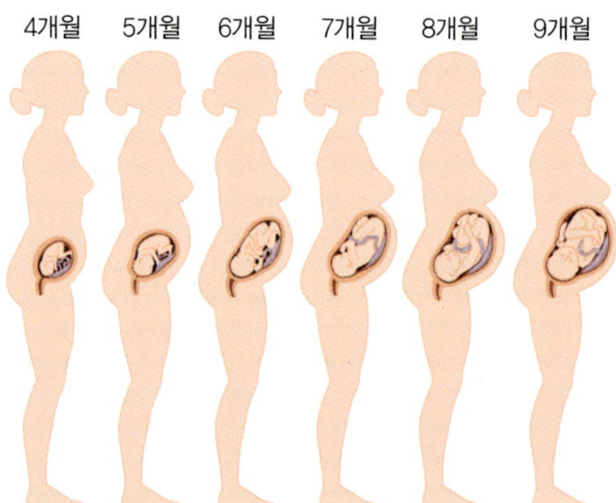

|그림 3-13| 월령별 아기의 성장 모습

출처 : Encyclopeadia Britannica(2006).

3) 태내발달에 영향을 미치는 요인

태아기는 무엇보다 모체의 태내환경에 많은 영향을 받는다. 대부분의 태아는 건강하게 태어나지만 일부 이상이 있는 태아들은 질환 요소를 가지고 태어나기도 하는데, 이상이 있는 태아들은 대부분 자연적으로 유산이 되는 편이지만 어떤 아기들은 선천적으로 이상을 지닌 채 태어나기도 한다. 태아의 선천적 이상에 영향을 미치는 요인으로는 염색체 이상을 포함한 유전적 요인과 태내환경이 있다. 유전적 요인은 앞에서 이미 살펴보았으므로 태아기 발달에 영향을 미치는 태내환경에 대해 살펴보도록 하겠다.

태아에게 영향을 미치는 태내환경(prenatal environment)은 출생하기 이전의 태아가 아직 모체에 있는 동안의 환경을 말한다. 태내환경의 차이 때문에 태아의 건강이나 적응에 여러 가지 차이가 생긴다는 것은 잘 알려진 사실이다(서울대학교 교육연구소, 2011). 태아는 어머니와 생리적, 심리적으로 밀접하게 연결되어 있어 산모의 연령, 건강 및 영양상태, 정서상태, 질병, 흡연, 약물복용, 음주 여부 등이 태아의 발달에 큰 영향을 준다. 또한 최근에는 아버지의 연령, 음주, 흡연 정도가 태내환경에 많은 영향을 미칠 수 있다는 것이 밝혀지면서 엄마 배 속의 태아에게 보다 건강한 태내환경을 만들어 줄 수 있는 요인들에 대한 관심이 높아지고 있다.

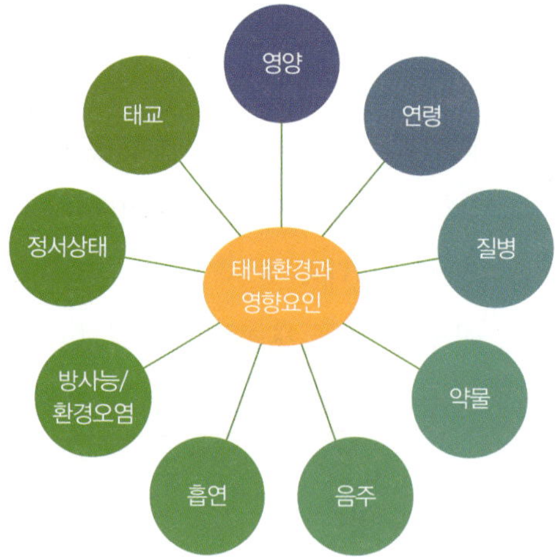

|그림 3-14| 태내발달에 영향을 미치는 요인

(1) 영양

수정에서 출산까지 태아는 성장에 필요한 모든 것을 어머니에게 의존하므로 임신을 했을 때 적절한 영양 관리는 어머니와 태아 모두에게 중요하다. 산모는 임신 기간 중 늘어나는 영양소 요구량을 유지하고 태아가 성장하는 데 필요한 영양소가 잘 갖추어진 균형 잡힌 식사를 해야 한다. 임신 기간 동안 태내에서의 영양공급이 충분하지 못할 경우에 사산이나 유산, 조산아나 미숙아가 태어날 확률이 증가하며, 출산 시 아기의 체중은 이후의 지능이나 성취도와도 관련이 있는 것으로 나타났고(Newman & Buka, 1993, 정옥분, 2014 재인용), 특히 임신 초기의 영양 결핍은 태아의 신체 발육과 뇌 및 신경계의 발달에 지장을 가져온다.

(2) 연령

최근 여성의 사회활동이 활발해지면서 과거 20대에 첫아기를 출산하던 것과는 달리 30대에 첫아기를 출산하는 여성이 많아지고 있다. 35세를 넘어 첫아기를 출산하는 경우에 자궁의 생산기능이 약화되어 유산을 하거나 다운증후군과 같은 유전적 결함을 가진 아기를 출산할 가능성이 높다. 또한 임신의 확률도 20대에 비해 상당히 낮아지고, 분만 시간도 길어져 난산이 되기 쉽다. 어머니의 나이가 많아도 문제가 될 수 있지만 너무 어릴 경우에도 문제가 되는데, 아직 생식기관이 충분히 성숙되지 못한 10대가 임신을 하는 경우에 미숙아와 저체중아를 낳을 가능성과 모체와 아기가 사망할 가능성도 높아진다(DeHart et al., 2004, 이영 외, 2009 재인용).

(3) 질병

모체의 질병은 태반을 통해서 태아에게 전이되거나 출생 시 태아에게 감염되어 치명적인 영향을 미친다. 특히 풍진은 태아에게 지적장애, 시각장애, 청각장애, 심장질환을 유발할 수 있는 두려운 질병이다. 또한 어머니가 매독이나 임질 등의 성병에 감염된 경우에도 태아에게 심각한 영향을 미치게 되며, 임신 중에 당뇨병이 발생한 어머니에게서 태어나는 아기는 정상의 어머니에게서 태어난 아기보다 기형아가 될 확률이 3배로 증가한다(송명자, 1995). 어머니의 AIDS는 태반을 통하거나 출산 시에 혈액을 통해서 또는 수유를 통해서 아기에게 감염될 수 있다.

태아에게 영향을 미치는 임신 중 질병에 대한 정보

1. 임신 전에 풍진 예방접종을 하면 풍진으로부터 오는 이상을 피할 수 있다.
2. 매독 균에 감염된 태아는 출산 이전에 대부분 유산되거나 사산된다. 그러나 산모가 매독 감염을 조기 발견하여 페니실린 치료를 받는 경우 태아에게 영향을 주지 않을 수도 있다.
3. 임신성 당뇨를 의심해 보아야 할 사람의 조건
   ① 가족 중에 당뇨인 사람이 있는 경우
   ② 이전 출산 시 4kg 이상인 아기를 분만한 경험이 있는 경우
   ③ 뚜렷한 이유 없이 사산, 조산, 유산한 경우
   ④ 양수과다증이 있는 경우
   ⑤ 산모의 나이가 많은 경우
   ⑥ 산모의 체중이 80kg 이상인 경우

4. 기생충 감염
산모가 개나 고양이, 토끼 등과 같은 가축에게 있는 톡소플라스마(toxoplasmosis)라는 기생충에 감염되면 보통 가벼운 설사를 하는 경우도 있으나, 임신 3개월 이전에 감염된 경우 태아가 유산, 사산되기도 하고, 결정적인 시기인 임신 4~5개월에 감염되면 망막염, 수두증, 지적장애가 되기도 한다(김경희, 1999 : 86).

출처 : 이 영 외(2009), p. 118 재인용.

(4) 약물

임신을 하게 되면 가장 걱정되는 것 중의 하나가 약물복용이다. 임산부에게 안전한 약물도 태반을 통해 태아에게 전달될 경우 치명적인 영향을 미칠 수 있기 때문이다. 태아의 신경관과 심장, 콩팥, 팔다리 등이 형성되는 임신 초기에는 특히 조심할 필요가 있다. 약물의 종류에 따라서 일시적으로 태아에게 영향을 미치기도 하지만 신경안정제, 항생제, 피임약, 환각제 등은 치명적인 영향을 미친다. 신경안정제의 경우, 1960년대 유럽과 캐나다에서 발생한 탈리도마이드(Thalidomide) 사건은 유명하다. 임신 후 처음 2개월 동안 탈리도마이드를 복용한 산모는 다양한 모습의 기형아를 낳았다. 또한 임산부가 마리화나, 헤로인, 코카인과 같은 환각제를 복용해도 아기가 정서불안, 운동기능장애, 심장장애, 언어장애, 지적발달 지체를 보일 가능성이 높다(이숙재 · 이봉선, 1999).

탈리도마이드 사건(Thalidomide Tragedy)

- 1957년 10월 1일 독일 그뤼넨탈사에서 contergan(탈리도마이드)을 출시함
- 일종의 진통, 진정제로 임산부의 입덧 방지에도 사용됨
- 이 약이 발매된 다음 해부터 팔과 다리가 없거나 짧은 기형아가 출산됨
- 유럽과 아프리카, 일본을 포함하여 40여 개 국가에서 사용되어 기형아가 10,000명을 상회함

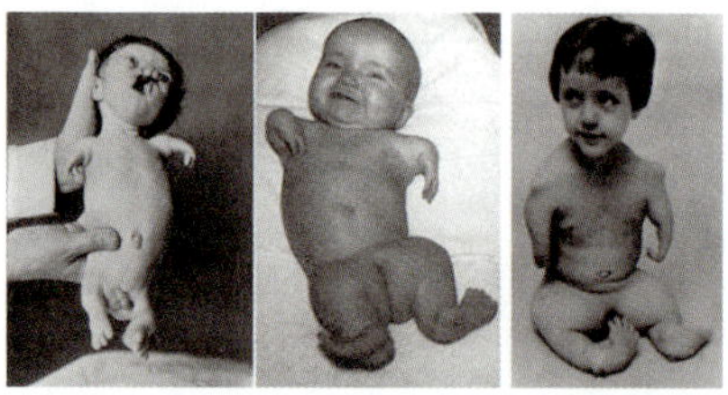

출처 : https://realnews4u.tistory.com/entry/탈리도마이드-입덧약이-기형아를-만드는-약이였다

(5) 음주

임산부의 음주는 알코올중독, 영양장애 등을 초래하게 되며, 태반의 기능부전으로 저체중, 전치태반, 태반조기박리 등이 발생할 수 있다. 비교적 적은 양의 알코올일지라도 일반 성인들보다 상대적으로 매우 적은 체중의 태아에게는 중요한 장기기능의 발달에 영향을 미칠 수 있다. 특히 임신 초기의 음주는 태아의 신체 및 중추신경 발달에 치명적인 영향을 줄 수 있으므로 임신 기간 중에는 알코올 섭취를 제한하는 것이 바람직하다(Levine, L. H., & Munsch J., 2022). 임산부가 지나친 음주 습관이나 알코올 중독 현상을 보이는 경우에는 태아 알코올 증후군(FAS : Fotal Alcohol Syndrome) 아기를 출산할 가능성이 높다. 태아 알코올 증후군은 코가 낮고, 눈과 눈 사이의 간격이 넓고, 윗입술이 얇으며 지적장애, 불안증, 과잉행동 증후군과 같은 중추신경계의 이상을 보인다. 산모가 섭취한 알코올의 양이 많지 않더라도 산모의 알코올 섭취는 아기에게 계속적으로 문제를 가져다줄 수 있어서, 영아기에는 불안증과 정보처리 속도의 문제를, 유아기에는 낮은 지능지수와 운동기능장애 등의 문제를 보이고, 아동 중기에는 수학과 읽기에서 문제를, 성인기에는 니코틴과 알코올, 약물중독 등의 위험을 보인다(이영 외, 2009).

|그림 3-15| 태아 알코올 증후군

출처 : 서울아산병원〉의료정보〉질환백과
http://www.amc.seoul.kr/asan/healthinfo/disease/diseaseDetail.do?contentId=31958

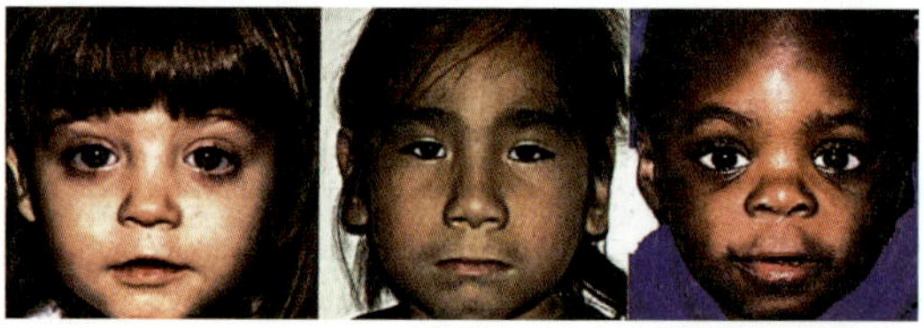

|그림 3-16| 태아 알코올 증후군 아기의 얼굴 모습

출처 : Levine, L. H., & Munsch J.(2022).

(6) 흡연

임신 중 흡연은 태반을 통하여 태아에게 전달되는 산소와 영양분을 줄일 뿐 아니라 혈액 속에 니코틴을 축적하고 혈압을 증가시켜 저체중아 출산, 영아돌연사증후군, 사산, 선천성 기형, 신생아 사망률에 영향을 미치는 대표적 요인이다. 흡연을 한 어머니의 태아는 일반적으로 체중이 150~320g 정도 감소하며, 흡연 여성은 비흡연 여성에 비해 저체중아 출산율이 2배 이상 높게 나타난다. 만일 임신 기간 중 여성이 흡연을 피할 수 있다면 20%의 저체중아 출산은 피할 수 있다고 한다(Chomitz, Cheung, & Lieberman, 1999).

임산부의 직접적인 흡연이 태아의 발달에 영향을 미치는 것은 의학적으로 증명되었으나, 이에 못지않게 간접흡연도 태아의 저체중, 조산의 위험을 높이는 것으로 알려졌고(이보은 외, 2003), 흡연을 하는 어머니의 심리상태도 태아에게 영향을 미치는 한 가지 요인으로 지적될 수 있다(정옥분, 2014).

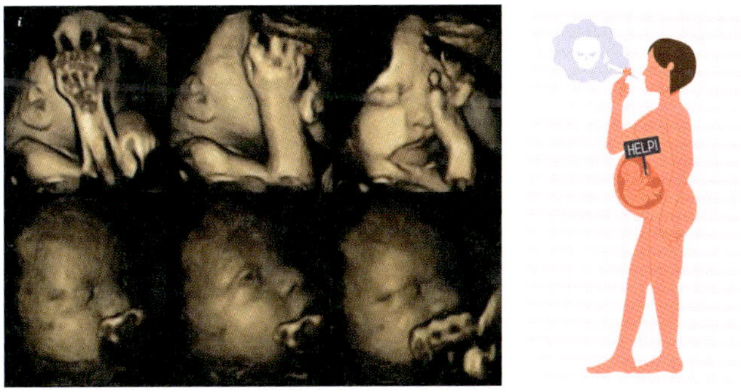

|그림 3-17| 임산부의 흡연

출처 : https://mbiz.heraldcorp.com/view.php?ud=20150324000582(좌)

(7) 방사능 및 환경오염

제2차 세계대전에서 일본의 히로시마에 투하된 원자폭탄과 체르노빌에서의 원전사고로 방사능이 태아에게 미치는 영향력에 대해서는 이미 잘 알려져 있다. 당시에 히로시마 근처에 살던 임산부의 유산과 사산율이 매우 높았고 많은 기형아와 지적장애아가 태어났다. 방사능의 영향은 방사능의 양이나 태아의 상태 및 노출 시기에 따라 상이하다.

최근에는 방사능 이외에도 환경오염에 의한 영향력도 관심의 대상이 되고 있다. 환경오염물질은 생물체에서 정상적으로 생성되거나 분비되는 물질이 아니라 인간의 산업 활동을 통해서 만들어진 화학물질로 생물체에 흡수되어 내분비계의 정상적인 기능을 방해하거나 혼란케 한다. 임산부가 수은에 오염된 물고기나 납이 함유된 농산물을 섭취하면 태아에게 체중미달, 신체기형, 뇌 신경계 발육장애 등이 발생할 수 있는 것으로 밝혀졌다.

(8) 정서상태

태내기 동안에 어머니의 정서상태는 태아의 발육에 영향을 미친다. 임신부와 태아는 태반에서의 혈액 체계에 의해 상호 의존되어 있으므로, 임산부의 심한 정서적 충격은 일시적으로 태반에 혈액 공급을 차단시켜 산소결핍을 유발하게 되고, 이러한 상태가 반복되면 태아의 발육에 부정적인 영향을 줄 수 있다. 어머니의 정서상태가 태아에게 미치는 영향은 스트레스 정도나 어머니의 체질, 태아의 유전형질이나 스트레스를 받는 시기에 따라 다르지만 임산부는 임신기간 동안에 편안하고 안정된 정서상태를 유지하도록 노력할 필요가 있다. 우리나라에서 전통적으로 전해져 내려오는 태교는 임산부의 정서적 안정을 유지하는 데 매우 중요한 역할을 하는 것으로 잘 알려져 있다.

생각해 보세요

태아기 발달에 영향을 미치는 다양한 요인 중 자신에게 해당하는 부분이 있는지 살펴보고, 만약에 미리 주의를 기울여야 하는 부분이 있다면 어떻게 준비할 것인지 방법을 생각해 봅시다.

4) 태내기 교육 : 태교

태아기는 인간의 발달적 측면에서 보면 매우 짧은 기간이지만 출생 이후의 성장과 발달에 초석이 되는 중요한 시기이다. 조선시대 사주당(師朱堂) 이씨는 세계 최초의 태교 단행본인 『태교신기(胎教新記)』에서 어머니의 태중교육 10개월이 출생 후 스승에게 10년을 배우는 것보다 더 중요하다고 하였다. 태교는 태중교육(胎中教育)의 준말로서 태중의 아기를 교육한다는 의미이며(주정일, 1989), 사전적 의미는 '임신부가 태아에게 좋은 영향을 주기 위하여 언행을 삼가는 일(서울대학교 교육연구소, 1995)'이다. '태교(胎教)'라는 한자는 아이 밸 '胎'자와 가르칠 '教'자를 쓰는데, 아이를 임신했을 때 이루어지는 모든 교육을 말한다. 태교는 동양에서 오래전부터 시행되어 왔으며, 태교에 대한 중요성 또한 꾸준히 강조되어 왔다.

오늘날에도 태교의 중요성은 여전히 강조되고 있는데, 현대사회로 접어들면서 더욱 다양한 태교 방법이 제시되고 있다. 그중 태담태교는 임부가 배를 마사지하면서 하루 종일 있었던 이야기나 동화책 등을 읽어줌으로써 대화를 통해 태아와 유대감을 쌓는 것이다. 음악태교는 여러 태교 중 가장 많이 하는 태교로 임신 4개월경이 되면 태아의 청각이 발달하기 시작하는데, 이 시기부터 음악태교가 도움이 된다. 음악태교는 너무 크거나 자극적인 음악보다 임신부가 음악을 들으며 정서적으로 안정감을 가질 수 있는 것이 좋다. 미술태교는 미술작품이나 명화를 통해 시각, 촉각 등 여러 감각에 자극을 주어 태아의 감각발달에 도움을 줄 수 있으며, 명상태교는 마음을 비우고 집중력을 높여 임신으로 불안해진 몸과 마음에 안정감을 가질 수 있을 뿐 아니라 태아의 정서를 편안하게 하는 데 도움을 준다(전선옥, 2019). 태아의 두뇌에 도움이 되는 태교로는 DIY태교와 융합형 태교, 바느질 태교 등이 있고, 그 밖에도 음식태교, 여행태교, 운동태교, 수학태교, 태명태교 등이 있다.

임신부는 임신육아종합포털 아이사랑(http://www.childcare.go.kr)에서 임신의 초기, 중기, 후기에 할 수 있는 태교와 오감으로 보는 태교의 과학적 배경, 태아의 두뇌발달, 엄마의 스트레스, 아빠의 태교, 태담태교에 대한 다양한 정보를 살펴볼 수 있을 뿐 아니라 태교동화를 플래시 동화로 구성하여 제공하고 있으므로 보다 쉽게 태교를 실천해 볼 수도 있다.

생각해 보세요

자신(혹은 자신의 아내)이 임신을 한다면 어떤 태교를 할 예정인지 그 이유와 함께 생각해 보고, 다른 사람들과 의견을 나누어 봅시다.

태교에 대한 A에서 Z까지

1. A(air) : 맑은 공기를 마신다.
2. B(book) : 책은 산모의 정서함양은 물론이고 태아에게는 엄마의 음성을 들려줌으로써 정서적 안정과 아기와의 교감이라는 이중의 효과를 볼 수 있다.
3. C(computer) : 전자파를 조심한다. 전자파는 자연유산과 기형아 발생률을 높인다.
4. D(drug) : 약물복용은 기형아 출산을 초래한다.
5. E(exercise) : 운동을 꾸준히 한다.
6. F(food) : 아기의 성장단계에 따른 필요한 영양분을 충분히 섭취한다.
7. G(growth) : 태아의 성장과정을 알아둔다.
8. H(hospital) : 정기검진을 빠뜨리지 않는다.
9. I(intelligence) : 태아기는 뇌가 최대로 발달하는 시기이므로 적절한 태교를 한다. 엄마의 뇌신경과 태아의 뇌신경은 서로 연결되어 있다.
10. J(journey) : 장거리 여행을 삼간다.
11. K(kinship) : 가족력과 유전질환을 확인한 뒤 적절히 대처한다.
12. L(labor) : 출산에 대한 공포를 줄인다.
13. M(music) : 편안한 음악을 듣는다.
14. N(nickname) : 배 속에 있는 아기에게 애칭을 지어준다.
15. O(observation) : 몸의 변화를 관찰한다.
16. P(preparation) : 태교는 임신 전부터 준비한다. 태교의 시작은 임신을 계획하는 때부터 시작된다.
17. Q(quarrel) : 부부싸움을 자제한다. 엄마, 아빠의 싸우는 소리는 태아를 불안하게 만든다.
18. R(relaxation) : 스트레스를 피하고 휴식을 즐긴다. 엄마의 스트레스는 태아의 뇌발달과 신체발육을 저해한다.
19. S(sex) : 성관계를 무조건 꺼릴 필요는 없다. 적절한 섹스는 태아에게 기분 좋은 자극을 준다. 그러나 임신 초기에는 유산을, 임신 말기에는 조산을 조심한다.
20. T(talk) : 아기에게 수시로 말을 건넨다. 아기는 엄마의 목소리를 기억한다. 아빠와 함께하는 태담도 중요하다.
21. U(utensil) : 집안 곳곳에 도사리고 있는 위험요소에 주의를 기울인다.
22. V(virus) : 바이러스 감염을 조심한다.
23. W(work) : 일을 완벽하게 하려는 욕심을 버리는 것이 좋다. 집안일은 조금씩 자주 하고 힘든 일은 남편의 도움을 받는다.
24. X(x-ray) : 방사선에 노출되지 않도록 주의한다.
25. Y(youth) : 신세대 임산부는 외모를 가꾸는 데도 소홀하지 않는다. 목욕을 자주 하여 피부를 청결히 한다. 머리 파마는 임신 24주 이후에 하는 것이 좋으며 굽이 높은 신발은 피하는 것이 좋다.
26. Z(zizz) : 충분한 수면을 취한다. 임신을 하면 체력이 떨어져 잠이 많이 온다.

출처 : 김창규(2000). 뇌태교 혁명. 서울 : 도서출판 연이.

함께 보면 도움이 되는 동영상

- EBS 다큐프라임 : 퍼펙트 베이비 1부, 태아 프로그래밍(2014. 4. 28. 방영)

- EBS 다큐프라임 : 오래된 미래 전통 육아의 비밀(2012. 5. 3. 방영)

- SBS 스페셜 산후조리의 비밀(2010. 11. 7./11. 14. 방영)

제1부 산후풍은 있는가?

제2부 여자의 인생을 바꾸는 100일

■ 배운 내용을 확인해 보세요

1. 태아는 다른 어느 시기보다 빠른 발달의 양상을 보입니다. 태아기 동안 태아는 많은 변화가 일어나기 때문에 태아기를 배종기, 배아기, 태아기의 세 단계로 나누는데, 다음의 설명을 읽고 어느 단계에 속하는지 확인해 보기 바랍니다.

설 명	배종기	배아기	태아기
수정란이 자궁벽에 착상하는 2주까지의 기간을 말한다.			
대부분의 태아는 머리가 아래로 위치하며 정착하게 된다.			
산모가 태아의 움직임을 느낄 수 있다.			
수정란이 지궁벽에 착상한 이후부터 8주까지의 기간이다.			
수정 후 1주일이 지나면 약 100~150개의 세포로 분열한다.			
이 시기에 외형적으로 완전한 인간의 모습을 갖춘 태아는 각 기관 체계와 사지, 근육들이 기능하게 된다.			
이 시기에는 대뇌피질이 커져 뇌가 급격히 발달한다.			
임신의 과정 중 매우 중요한 시기로서 선천적인 기형인 언청이, 소이증, 무뇌증, 뼈 기형, 지적장애 등이 발생할 수 있으며 이 시기에 주요 신체계통과 기관이 거의 이루어진다.			
수정 후 8주에서 출생할 때까지의 기간이다.			
여성의 신체가 태아의 존재에 적응하는 시기로 입덧을 하거나 피로감을 보이며 감정적으로 예민해질 수 있다.			

2. 산모의 임신기간 동안 아기에게 영향을 미치는 요인은 매우 다양합니다. 다음 중 한 가지 요인을 선택하여 질문에 대한 답을 찾아 적어봅시다.

영양, 연령, 질병, 약물, 음주, 흡연, 방사능/환경오염, 정서상태, 태교 등

(1) 태아에게 영향을 미치는 다양한 요인 중 무엇을 선택하였나요? ______________________

이 요인을 선택한 이유는 무엇인가요? ______________________________________

____

(2) 내가 선택한 요인이 태아에게 미치는 영향을 구체적으로 알아보기 위해서 인터넷을 활용한다면 참고할 수 있는 웹사이트를 3곳 이상 찾아서 적어보세요. ______________________________

____

(3) 내가 선택한 요인이 임신 중의 아기에게 미치는 영향을 간략히 적어보세요.

____

____

____

____

(4) 내가 찾은 정보 중에서 임산부에게 가장 도움이 될 수 있는 내용을 적어보세요.

____

____

____

____

(5) 각자 찾은 유익한 정보를 학급의 다른 친구들과 함께 공유하세요.

3. 임신 기간 중 아버지가 할 수 있는 태교, 즉 부성태교에는 무엇이 있을지 찾아서 다음의 빈 칸에 글로 기록하거나 그림으로 그려보세요.

CHAPTER 04

출산과 신생아기

CHAPTER 04

출산과 신생아기

아기의 탄생은 부모가 10개월 동안 상상을 통해서 만나던 사랑하는 아기의 얼굴과 모습을 직접 만나게 되는 벅찬 순간이다. 이 장에서는 아기의 탄생과 함께 시작하는 신생아기에 대해 살펴보고자 한다. 엄마의 배 속에서 여러 달 동안 성장을 거듭하며 세상에 나올 준비를 해 온 아기와 부모가 세상에서 첫 만남을 이루게 되는 감동적인 출산의 과정과 다양한 출산의 방법 및 출산 과정에서 발생할 수 있는 문제들을 살펴보겠다. 출생과 함께 시작되는 신생아기의 다양한 특징과 신생아의 능력을 알아보고 갓 태어나 나약하기만 한 신생아를 돌보는 방법에 대해서도 간략히 다루고자 한다.

나는 얼마나 알고 있을까요?

다음의 문장이 맞는지 틀리는지 생각해 봄으로써 나의 출산과 신생아에 관한 지식을 알아봅시다. 그리고 이번 장을 공부하면서 올바른 답을 찾아보기 바랍니다.

1. 예 □ 아니요 □ 태아가 모체 안에 있는 기간인 300일, 즉 10달을 임신기간으로 본다.
2. 예 □ 아니요 □ 출산의 진행과정은 개인차가 크므로 출산에 걸리는 시간을 정확하게 예측하는 것은 어렵다.
3. 예 □ 아니요 □ 출산의 방법 중 무통분만은 진통과 분만과정에서 완전히 통증을 느끼지 않는 방법이다.
4. 예 □ 아니요 □ 임신기간인 40주를 모두 채우고 태어난 경우일지라도 몸무게가 2.5kg 미만이면 미숙아이다.
5. 예 □ 아니요 □ 출생 후 일주일까지의 아기를 신생아라고 하고, 이 기간을 신생아기라고 한다.
6. 예 □ 아니요 □ 출생 시 아기의 머리의 크기는 몸에 비해 상당히 크고 몸통이 짤막하여 머리 크기가 몸 전체 길이의 1/6 정도이다.
7. 예 □ 아니요 □ 신생아는 시력이 잘 발달된 상태로 태어나므로 다양한 색깔의 모빌을 천장에 걸어주는 것이 좋다.

정답 : 1) 아니요 2) 예 3) 아니요 4) 예 5) 아니요 6) 아니요 7) 아니요

1 출 산

출산은 모체 내에 있던 태아가 세상 밖으로 나와 부모를 만나게 되는 과정으로, 아기를 낳는 엄마 자신은 물론 아기와 가족 모두에게 중요한 경험이다. 긍정적인 출산 경험은 분만 후 어머니의 역할 수행에 있어 자신감과 만족감을 증가시키고 어머니로서 긍정적인 정체감을 형성하도록 하며 태어난 아기와의 애착형성에도 기여한다. 출산이 다가오면 태아의 머리가 자궁 아랫부분 골반으로 내려와 자궁 전체가 조금 내려가는 경향을 보인다. 배가 약간 아래로 처진 듯한 느낌이 들면 분만이 멀지 않았다는 징후로 가벼운 진통과 요통을 느낄 수도 있다. 이러한 증상이 나타나고 일주일 정도가 지나면 이슬이라고 하는 혈액이 섞인 출혈을 하며 분만이 시작된다.

1) 출산의 단계

출산예정일은 반드시 그 날짜에 아기가 태어난다는 것은 아니나 출산예정일이 가까워지면 산모는 몸가짐을 더 조심하고 출산 준비를 해야 한다. 출산은 예정일보다 며칠 빠르거나 늦을 수도 있다. 태아가 모체 안에 있는 임신 기간이 일정한 것은 아니지만 대체로 최종 월경일로부터 280일(1개월을 28일로 본 10개월, 즉 40주)을 임신 기간으로 본다. 출산예정일은 태아의 크기, 자궁의 크기, 호르몬의 수준, 외부의 생리적 · 심리적 영향에 따라서 다를 수 있다. 출산예정일에 꼭 맞추어 분만을 하는 경우는 매우 드물고 예정일을 중심으로 전후 2주간은 정상적인 범주에 속한다고 본다.

조산은 임신 기간을 기준으로 임신 20주 이하의 태아 만출인 유산(abortion)을 제외하고, 임신 20주에서 37주 미만까지의 분만으로 정의되고 있다(대한산부인과학회, 2012). 조산은 경제적으로 빈곤한 계층에서 많이 나타나며, 영양결핍이나 흡연, 음주, 약물복용을 했을 경우와 산모의 나이가 많은 경우에 그 비율이 증가한다. 특히 태아가 28주 이전에 태어나거나 체중이 1.5kg 이하인 경우는 생존에 어려움이 있다. 따라서 조산의 위험이 있는 임산부들을 예측하고 조기에 발견하는 것이 중요하며, 조산을 일으키는 요인들을 사전에 집중적으로 관리하는 것도 필요하다.

출산의 진행 과정은 사람마다 모두 다르며, 긴 임신 기간을 거쳐 마침내 맞이하는 출산은 진통과 함께 시작된다. 출산에 걸리는 시간은 초산의 경우에 보통 16~18시간, 경산의 경우에는 6~8시간 정도이지만 산모에 따라서 개인차가 크므로 정확하게 예측하기는 어렵다. 아기가 세상에 나올 준비를 마쳤다는 신호가 바로 진통이다. 진통이 5~10분 간격으로 규칙적으로 오게 되면 출산이 본격적으로 시작되는데, 정상 분만의 경우 다음과 같은 세 단계로 진행된다(김시업, 1998; 문미옥 외, 2001; 박영아, 2010; 조성연, 2006).

(1) 제1기 : 개구기(開口期) 또는 진통기(陣痛期)

개구기는 분만 진통이 시작되어 자궁 입구가 태아의 머리가 통과할 수 있는 10~12cm 정도까지 열리는 기간을 말한다. 소요 시간은 초산부의 경우 평균 10~12시간, 경산부는 평균 4~6시간이 걸리는데 개인마다 현저한 차이를 보이기도 한다. 일반적으로 진통 간격이 5~6분일 경우 자궁의 입구가 5cm 이하로 벌어지고, 2~3분 간격일 때 7~9cm 정도가 된다. 진통은 자궁이 수축하면서 나타나는 것으로 밤에 시작되는 경우가 많다. 처음에는 15~20분 간격으로 25~30초 동안 가벼운 진통이 시작되다가 점차 2~5분 간격으로 강하게 나타난다.

(2) 제2기 : 출산기(出産期) 혹은 태아 만출기(胎兒 晩出期)

자궁경부가 약 10cm가량 완전히 벌어지게 되면 아기가 산도를 통해 나오는 두 번째 단계가 시작된다. 출산기는 자궁 입구가 완전히 열린 이후부터 태아가 산도를 통해 출산하는 시기이다. 자궁 입구가 완전히 열릴 무렵에는 태아도 꽤 내려오고, 이때부터 힘을 줘서 아기를 낳는 시기가 된다. 이 시기는 초산부의 경우에 평균 2~3시간 정도, 경산부는 평균 1시간~1시간 30분 정도 소요되지만 매우 다양할 수 있다. 자궁 입구가 열리고 아기의 머리가 보이기 시작하면 출산 대기실에서 출산실로 옮겨지고, 자궁의 입구가 많이 열리게 되면 양막의 파수가 자연스럽게 일어난다. 태아의 머리가 나오면 그 이후는 어깨가 곧 나오고 이어 몸체와 다리가 나오며 드디어 가족 모두가 기다리던 아기가 탄생하게 된다.

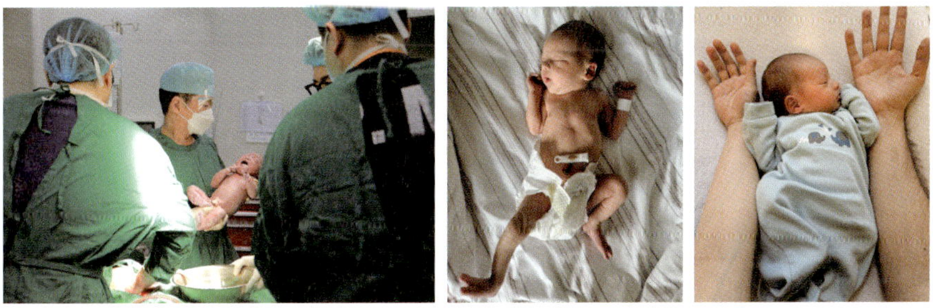

|그림 4-1| 갓 태어난 아기의 모습

(3) 제3기 : 후산기(後産期)

후산기는 태아분만 직후부터 태반과 탯줄 및 산모의 몸 안에 있는 모든 부속물이 완전히 나오는 시기이며, 평균 10~20분 정도 소요된다. 태반이 모두 밖으로 나오고 자궁수축이 잘 되어서 출혈이 조금만 있어야 성공적인 출산이라고 할 수 있다. 이러한 과정을 통해 분만은 종료되지만, 이 이후에도 자궁이 예전의 크기로 다시 회복되기 위해서 수축이 이루어지면서 다소의 진통을 경험하게 되는데 이를 훗배앓이라고 하며 약 6주 정도가 소요된다.

출산의 전체 과정을 그림으로 살펴보면 다음과 같다.

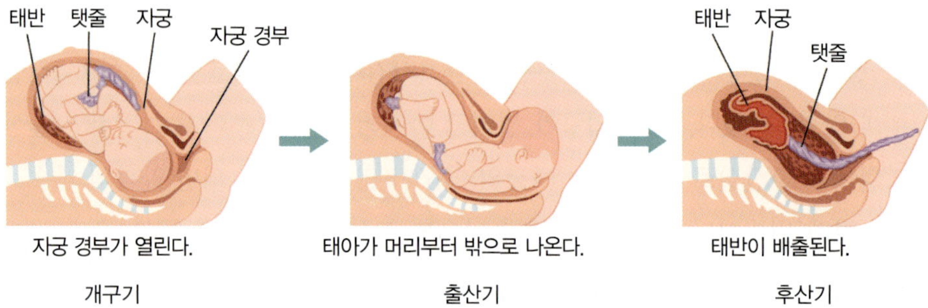

[그림 4-2] 출산의 단계

2) 출산의 방법

출산은 문화와 민족에 따라 전통적으로 내려오는 다양한 방법으로 이루어지다가 현대의학이 발달하면서 병원에서 이루어지는 의료행위가 되었다. 출산의 방법은 크게 자연분만과 제왕절개로 나뉜다. 자연분만에는 자연분만에 도움을 주기 위한 유도분만과 무통분만이 포함되고, 우리나라에서 비교적 최근에 관심을 받고 있는 수중분만이나 그네분만 등도 포함된다. 자연분만은 말 그대로 아기가 세상으로 나오기 위한 자연스러운 출산의 과정이므로 여러 가지 장점이 있다. 출산 중의 출혈이 적고, 산욕기 감염이 적어 산후 회복이 빠르고, 병원에 머무르는 일수가 적어 경제적이며, 아기와의 관계도 일찍 시작할 수가 있다. 반면에 제왕절개는 자연분만 시 아기가 위험에 노출될 가능성이 있는 경우 실행되는데, 태아의 머리가 아래로 향하고 있지 않거나 몸무게가 너무 많이 나가는 거대아인 경우, 산모의 건강이 좋지 않은 경우 등에 미리 날짜를 정해서 수술을 통해 출산하는 것이다. 간혹 자연분만 도중에 아기와 산모가 위급한 상황이 되어 갑작스럽게 실시하는 경우도 있다.

(1) 자연분만

자연분만이란 일반적으로 정상적인 질식분만(vaginal delivery)을 지칭하는데, 현대에 자연분만이라는 말은 어떤 종류의 약물에도 의존하지 않고 아이를 낳는 것을 의미하는 용어로 쓰인다. 여성의 몸은 아무런 도움 없이도 스스로 분만할 수 있게 되어 있고, 태아 자신도 산도를 통해 밖으로 나오기 위한 노력을 하기 때문에 자연분만은 아기가 세상으로 나오는 건강하고 자연스러운 과정이다. 최근 자연분만 시 침대에 누워 아기를 분만하는 것에 대한 반론들이 제기되고 있는데, 아기를 누워서 분만하게 되면 중력방향으로 힘을 줄 수 없고, 혈액이 심장으로 통하게 하는 것을 방해하여 출산 시 고통이 더 심하기 때문이다. 이에 앉은 자세로 아기를 분만하는 좌산이나 그네분만 등에 관한 관심도 증가하고 있다.

(2) 유도분만

유도분만은 자연분만을 위해 인위적인 방법으로 분만을 시작하는 것으로 진통이 없는 임신부에게 인공적으로 진통을 오게 하여 태아를 분만하는 방법이다. 태아 사망, 심한 임신 중독증, 예정일을 많이 넘긴 경우 등으로 빨리 분만해야 하는데 저절로 진통이 오지 않을 때 주로 쓰인다.

(3) 무통분만

출산을 앞둔 임신부에게 무통분만이라는 말은 무척 매력적으로 들리겠지만, 안타깝게도 진통과 분만을 겪는 과정에서 완전한 무통분만을 할 수 있는 의학적인 기술은 아직 존재하지 않고, 단지 진통을 경감시키거나 진통의 어느 기간 동안 마취를 함으로써 진통을 없애 보려고 노력하는 것이 무통분만이다. 진통을 없앤다는 의미에서 일반적으로 무통분만이라는 용어를 사용하지만, 학술적으로는 마취 분만이라고 하거나 산과 마취라고 하는 것이 올바른 명칭이다. 무통분만도 어느 정도 자궁의 입구가 열려야 시행할 수 있으므로 산모가 어느 정도는 진통을 견뎌야 한다.

(4) 수중분만

수중분만(water birth)은 고대 이집트로부터 내려오던 자연분만법 중 하나이다. 수중 감염에 대한 우려 때문에 현대의학에 의해 밀려났다가 1960년대에 러시아에서 다시 시작한 것으로 알려져 있다. 그 뒤 프랑스 의사 미쉘 오당(Michelle Odent)이 일반인들에게 보급했다. 오당은 약물 사용을 줄이고 의사가 출산에 개입하는 횟수도 줄일 수 있다고 판단하여, 산모를 욕조의 따뜻한 물속에서 산모 자신의 방법으로 아기를 낳도록 유도했다. 수중분만은 앉은 자세에서 골반이 가장 잘 벌어지고 힘을 주기도 쉬우므로 누운 자세가 아닌 앉은 자세로 분만하는데 양수와 비슷한 환경이므로 출산 시 태아의 상태가 편안하며, 산모 역시 진통에 대한 두려움과 긴장이 줄어들고 자궁수축으로 인한 통증과 불편함도 줄일 수 있다. 산모가 원한다고 하여 누구나 수중분만이 가능한 것은 아닌데, 태아 및 모성 감염이 있기 때문에 주치의와 충분히 상의하고 신중하게 결정해야 한다.

검색해 보세요

최근 연예인의 수중분만 사실이 방송을 통해 알려지면서 수중분만에 대한 관심이 많아지고 있습니다. 수중분만과 관련된 자료나 동영상을 찾아보고 장점과 단점에 대해 알아봅시다.

(5) 그네분만

그네분만(wheel birth)은 그네처럼 매달려 있는 특수 분만대에 앉아서 출산하는 방법이다. 의자의 등받이를 산모의 체형에 맞게 변형시킬 수 있으며, 분만대를 90~180도 뒤로 젖힐 수 있게 설계되어 있어 산모가 앉거나 눕는 등 자세를 자유롭게 바꿀 수 있어 태아의 움직임이 원활해지기 때문에 태아가 쉽게 나올 수 있다. 또한 바로 선 자세에서 발을 바닥에 놓으면 중력으로 인해 진통 시에 힘이 강화되어 자궁경부의 확장과 태아의 머리 하강을 도와줌으로써 분만 시간을 단축시켜 준다.

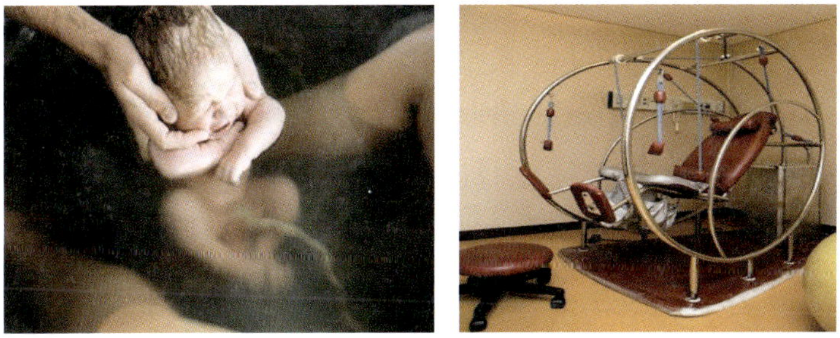

|그림 4-3| 수중분만과 그네분만

출처 : https://hishinpd.tistory.com/122

(6) 르봐이예 분만법

폭력 없는 탄생(birth without violence)은 프랑스의 유명한 산부인과 의사 프레드릭 르봐이예(Frederik Leboyer)가 『폭력 없는 탄생』이라는 저서를 통해 1976년 처음 소개한 분만방법이다. 탄생의 첫 순간을 아기의 입장에서 생각하여 아기에게 스트레스 없는 분만 환경을 만들어 주자는 것으로 아기의 시각, 청각, 촉각, 감정을 존중하는 아기를 위한 분만법이다. 이 분만법은 출산 과정에서 산모의 고통에만 관심을 둘 것이 아니라 태아를 위한 배려도 있어야 한다는 취지에서 출발한다. 신생아는 새로운 환경에 갑자기 접하게 되면 심리적 외상을 경험하고 불안감을 발달시킬 수 있다고 주장한다. 어두운 엄마 배 속에 있던 아기를 배려하여 분만실의 조명을 아기의 형태만 알아볼 수 있을 정도로 어둡게 해주고, 분만실 안에 있는 의료진은 침묵을 지켜야 하며, 산모 역시 고통스럽더라도 아기가 태어나는 순간만큼은 소리를 지르지 않도록 하고, 아기가 태어나는 즉시 산모의 배 위에 아기를 엎어 놓아주고, 출산 직후 맥박이 있는 4~5분간은 탯줄을 자르지 않고 기다려 주며, 자른 후에는 자궁 속과 비슷하게 따뜻한 물에서 잠시 놀도록 해준다.

(7) 제왕절개

제왕절개분만(Caesarean section)은 의학적으로 자연분만이 불가능하다고 판단될 때 산모의 복부와 자궁을 절개하는 수술을 통하여 분만하는 방법이다. 수술에 소요되는 시간은 40분에서 1시간 사이이고, 질식분만에 비하면 부작용이 크나 의술의 발달로 위험성이 현저하게 감소하여 태아나 산모가 긴급한 사태인 경우에 오히려 가장 안전한 분만법이라고 할 수 있다. 제왕절개를 하는 이유에는 아기의 심장박동이 불규칙적일 경우, 탯줄이 아기의 목을 휘감은 경우, 자궁 경부가 제대로 열리지 않는 경우, 전치태반인 경우 등이 있다.

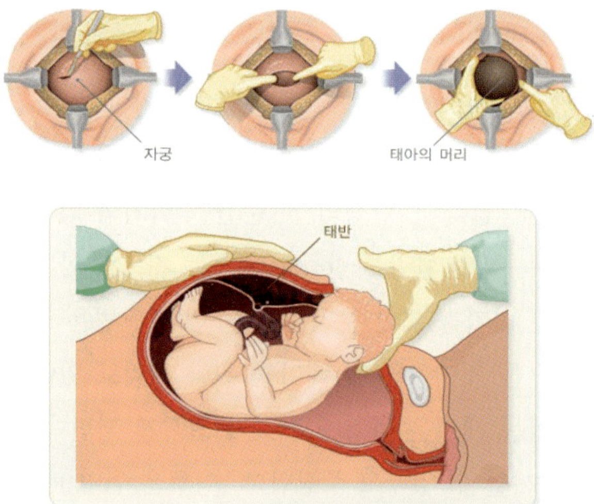

보건복지부 대한의학회

|그림 4-4| 자궁절개와 태아분만 과정

출처 : 국가건강정보포털 의학정보(http://health.mw.go.kr).

3) 출산 과정에서 발생할 수 있는 문제

대부분의 출산은 커다란 문제 없이 정상적으로 이루어지지만 때로는 출산 과정에서의 난산, 출산 직후의 산소결핍 문제, 조산과 그로 인한 미숙아 문제 등이 발생하기도 한다.

(1) 난산

임산부가 자연분만으로 아기를 낳고 산모와 아기가 모두 건강한 경우에는 순산이라고 하지만, 산모와 태아에게 이상이 있는 경우에는 난산이 이루어진다. 난산은 태아가 산도를 통과하는 과정에서 구조적 또는 기능적 이상이 생겨 분만이 순조롭게 진행되지 않는 경우(정옥분, 2002)로 난산의 원인은 개별적인 상황에 따라 매우 다양하지만, 일반적으로 전치태반, 태반조기박리, 조기파수, 자궁파열 등이 있다. 전치태반은 태반이 자궁 입구를 막고 있어 태아의 정상 분만이 어려운 경우이고, 태반조기박리는 아기가 태어나기도 전에 태반이 자궁벽으로부터 떨어져 자궁에 많은 출혈이 생겨 산모와 태아에게 모두 위험한 경우이다. 조기파수는 출산이 진행되기 전에 양막이 터져 양수가 일찍 나오게 되어 곧바로 출산이 이루어지지 않으면 태아가 감염되거나 질식사할 위험에 처하게 된다. 자궁파열은 출산 과정에서 이루어지는 자궁수축을 견디지 못하고 자궁이 파열되는 경우로 태아와 산모에게 위험하다.

(2) 산소결핍증

정상적인 출산 과정을 거쳐 태어난 아기들은 출산 직후 스스로 호흡을 하지만, 출산 중 탯줄이 꼬여 산소공급이 원활하게 되지 못하거나 산모를 통한 산소공급이 중단된 후 아기가 스스로 호흡하지 못하는 경우를 산소결핍이라고 한다. 가벼운 산소결핍증을 경험한 유아는 3세까지는 운동발달이나 지적발달이 평균 이하이지만 정상아와의 차이가 점점 적어져서 7세가 되면 거의 차이가 없다(Corah, Anthony, Paimter, Stern, & Thurston, 1965, 정옥분, 2004 재인용). 그러나 산소결핍 상태가 너무 오래되어 많은 신경세포가 죽게 되면 유아는 심각한 뇌 손상을 입거나 사망에까지 이르는 결과를 가져오게 된다.

(3) 조산과 미숙아

태아가 임신 기간을 다 채우지 못하고 임신 28주에서 37주 사이에 태어나는 경우를 조산이라고 하는데, 이 경우에 대체로 아기의 체중이 2.5kg 미만인 미숙아이다. 임신 기간인 40주를 모두 채우고 태어난 경우일지라도 2.5kg 미만이면 미숙아로 간주한다. 조산이나 미숙아 출산의 원인은 산모의 영양부족, 흡연, 음주, 약물복용, 생식기관 미숙 등의 원인에 의한다. 조산의 가장 큰 문제는 신체적 성숙이 이루어지기 전에 세상에 태어난 미숙아들에게 호흡장애 증후군과 뇌출혈이 나타난다는 것이다(정옥분, 2004). 호흡장애 증후군은 신체에서 폐를 보호해 주는 물질을 생성하지 못한 결과 호흡이 불규칙하거나 호흡이 정지되는 현상을 말하는데, 이를 해결하기 위해서 아기를 출생 직후 곧바로 보육기(incubator)에 넣어 보호한다. 미숙아 대부분은 성장하면서 정상아보다 느릴 수 있지만 궁극적으로는 정상 발달을 하게 된다.

미숙아를 보호하는 인큐베이터의 부족으로 인해 시작된 캥거루 케어(Kangaroo care)는 산모가 상의를 벗고 품 안에 아기를 안고 따뜻한 체온을 나누며 사랑한다고 말하며 쓰다듬어 주는 것이다. 그러면 아기는 엄마의 심장 소리를 들으면서 호흡과 심장박동수가 일정하게 유지되고 저체온 위험과 심각한 질병 발생률이 낮아진다고 한다. 11월 17일은 세계 미숙아의 날이다. 이날은 국제단체가 조산을 공공보건 문제로 인식하기 위해 2011년 처음으로 지정한 날이다. 최근에는 국내에서도 미숙아 및 저체중 출생아가 늘고 있어 이에 관한 관심이 증가하고 있다.

[그림 4-5] 미숙아와 캥거루 케어, 세계 미숙아의 날

토론해 보세요

최근 결혼 연령이 늦어지면서 고령출산이 증가하고, 여성 흡연이나 스트레스의 증가 등으로 인해 미숙아와 조산이 늘어나고 있습니다. 미숙아와 조산이 증가하는 구체적인 원인과 이 아기들이 겪을 수 있는 어려움을 알아본 후에 미숙아 출산과 조산을 감소시킬 수 있는 방법에 대해 친구들과 토론해 봅시다.

2 신생아기

출생 후 2주 혹은 4주, 즉 한 달까지의 아기를 신생아라고 하며, 이 기간을 신생아기라고 한다. 이 기간은 탯줄이 끊어진 후부터 배꼽이 아물 때까지를 의미하는 것으로, 출생 후 한 달은 매우 짧은 기간이지만 신생아는 호흡, 체온조절, 영양섭취, 배설 등 태내환경과 다른 외부환경에 생리적으로 적응해야 한다. 신생아는 주름이 많아 외모가 볼품없고 하루 시간 중 대부분 잠을 자고 잠시 깨어나 먹는 일만을 반복하기에 아무것도 할 수 없는 것처럼 보이지만 생존하는 데 필요한 여러 능력을 이미 갖추고 있다. 여러 가지 면에서 아직 미성숙한 신생아는 이 기간에 매우 급성장하기 때문에 부모의 세심한 보호와 주의가 필요하다.

1) 신생아의 신체적 특징

우리나라에서 태어나는 신생아의 출생 시 체중은 약 3kg(남아 평균 3.4kg, 여아 평균 3.3kg)이고 신장은 약 50cm(남아 평균 약 50.8cm, 여아 평균 50.1cm)이다(홍순옥 외, 2014). 머리는 몸에 비해 상대적으로 큰 편이고, 신생아나 어린 영아의 머리를 만져보면 정수리보다 더 앞쪽 부분에서 뼈가 없는 부드러운 마름모 모양의 부분이 만져진다. 흔히 머리로 숨을 쉰다고 하는 이 부분을 대천문(앞 숫구멍)이라고 하는데 대천문은 생후 1.5~2년에 닫힌다. 뒤쪽에도 뒤 숫구멍이라고 부르는 소천문이 있는데 소천문은 생후 4~8개월 만에 닫힌다.

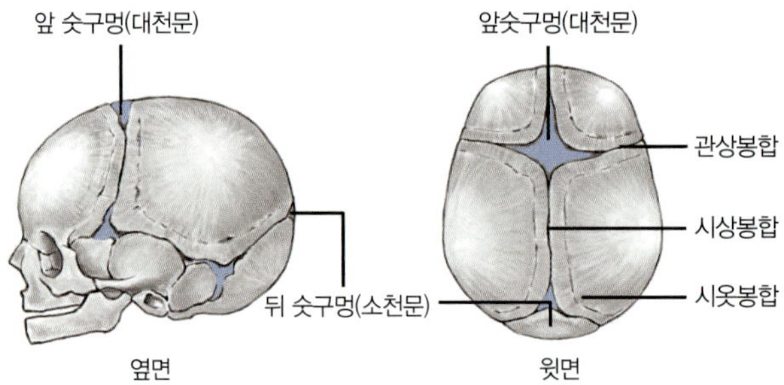

[그림 4-6] 대천문과 소천문

출생 시 아기의 머리 크기는 몸 전체 길이의 1/4 정도로 몸에 비해 상당히 크고 몸통은 짤막하며 허리와 무릎을 구부리고 있다. 평균 머리둘레는 약 33cm, 가슴둘레는 약 32cm 정도로 머리둘레가 가슴둘레보다 큰 편이다(이 영 외, 2009). 엄마의 자궁 속에서 막 세상에 나온 신생아의 모습은 온몸이 주름투성이이고, 피부는 매우 얇아 붉은 빛이 많은 분홍빛을 띠나 수일 내에 정상적인 피부색을 갖게 된다.

2) 신생아의 생리적 기능

갓 태어난 신생아는 여러 가지 특징적인 생리현상을 나타내는데, 신생아기에 나타나는 생리적 특징을 살펴보면 다음과 같다(김이영 외, 2016).

(1) 생리적 체중감소

신생아 대부분은 출생 후 2~3일경부터 체중이 감소하기 시작하여 생후 일주일이나 열흘까지 출생 시 체중의 약 5~10% 정도 감소하는 경향이 있다. 이는 출생 후 폐로 호흡을 시작하면서 신생아의 폐와 몸 표면에서 수분이 증발하고, 아직 입으로 먹는 것이 익숙하지 않아 먹는 양은 적은데 먹는 것보다 태변과 소변으로 배설하는 양이 많아지기 때문이다. 약 5일째부터는 체중이 늘기 시작하여 10~14일이 되면 출생 시의 체중으로 회복된다.

(2) 탈수열

생후 3~5일경쯤 생리적 체중감소에 따라 신생아는 38~39℃ 또는 그 이상으로 발열을 하는 경우가 있는데 이를 탈수열이라고 한다. 신생아의 정상 체온은 36.5~37.5℃이지만 보편적으로 평균 체온은 성인보다 다소 높은 37~37.5℃이다. 신생아의 탈수열은 수분을 공급하면 즉시 회복된다. 신생아는 체온 조절 기능이 충분히 발달하여 있지 않기 때문에 외부의 온도 변화에 영향을 받는다. 더운 방에서 아기를 이불로 감싸놓으면 열이 날 가능성이 높기 때문에 주의해야 하지만, 지방질이 없어 체온이 빨리 떨어지기 때문에 체온을 잘 유지해 주는 것도 중요하다.

(3) 신생아 황달

신생아의 대부분은 생후 2~3일이 지나면 피부와 눈동자가 노란색을 띠는 신생아 황달 증상이 나타난다. 신생아는 아직 간이 충분히 성숙하지 못하여 제대로 기능을 하지 못하기 때문에 나타나는 증상인데, 생후 일주일 정도 지나서 간 기능이 원활해지면 자연스럽게 사라진다. 이 증상은 정상 신생아 60~80%에서 나타날 수 있는 질환이지만 때에 따라 신경계에 손상을 일으키는 병적 황달을 일으킬 수도 있어 주의가 필요하다.

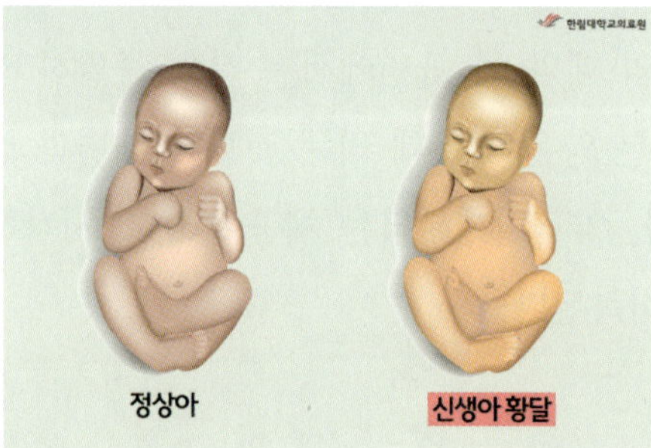

- 신생아 황달은 피부가 노래지는 것이 주된 현상이고 얼굴부터 나타나서 점차 배, 팔, 다리로 내려온다.
- 아기에게 황달이 있는지 제대로 구분하기 위해 되도록 밝은 곳에서 아기의 옷을 벗긴 후 살펴보는 것이 좋다.
- 아기의 피부를 눌러 보았을 때 피부의 밑바탕 색을 관찰하면 된다.

|그림 4-7| 신생아 황달

출처 : 한림대학교의료원 공식블로그(https://blog.naver.com/PostView.naver?blogId=humc_health&logNo=222440727300&redirect=Dlog&widgetTypeCall=true&directAccess=false).

(4) 태변

갓 태어난 신생아는 먹는 것이 적어 소변을 못 보는 경우도 있으나 이후 제대로 먹게 되면 소변의 양이 서서히 늘어나게 된다. 간혹 기저귀에 붉은 물이 배는 경우가 있는데 이는 요산에 의한 것이다. 신생아의 변은 먹는 음식과 몸 상태에 따라 차이가 있기 때문에 어떤 변이 정상이라고 말하기는 어렵다. 생후 1~2일 경에 검고 끈적끈적한 태변을 보게 되며, 순두부처럼 몽글몽글하게 나오기도 하고, 짙은 쑥색 변을 보기도 한다. 태변을 본 며칠 뒤 녹색을 띤 노란색의 전이변을 보다가 생후 3~4개월이 지나면 보통의 노란색 변을 본다.

(5) 수면

신생아는 하루 중 대부분의 시간 동안 잠을 잔다. 하루에 18시간 정도를 자다가 24개월 무렵에 12시간 정도로 감소한다. 신생아의 수면에는 눈동자를 빠르게 움직이고 동시에 몸을 움직이며 빠르고 불규칙한 호흡과 맥박이 나타나는 REM(Rapid Eye Movement) 수면과 조용하고 깊은 잠을 자며 호흡과 맥박이 규칙적인 비REM(non-REM) 수면이 있다. 영아의 수면은 50%가 REM 상태이지만 차츰 성인이 되면 20% 정도로 감소하는데, 이는 출생 초기 뇌의 미성숙으로 인해 나타나는 현상으로 볼 수 있다(정옥분, 2004).

3) 신생아의 감각 능력

감각이란 주위 환경으로부터 주어진 다양한 자극을 감각기관을 통해 받아들이는 것으로, 아기는 태내에서부터 여러 자극에 의해 감각기관이 발달되어 있다. 다만, 출생 시에는 아직 미성숙한 감각 능력을 지니고 있으므로 주위 환경으로부터 적절한 자극을 제공함으로써 신생아의 감각 능력을 발달시킬 수 있다. 신생아의 감각 능력은 다음과 같다.

(1) 시각

시각은 출생 후 가장 늦게 발달하는 감각 능력으로 신생아의 시각은 비교적 덜 발달한 상태에 있다. 출생 시 신생아의 시각은 구조적으로 아직 미성숙하여 물체에 초점을 맞추지 못하지만, 생후 2일 정도가 되면 빛의 강약에 따른 동공반사(pupillary reflex)를 할 수 있어 밝은 빛에 대해서는 눈을 깜빡이고, 빛이 있는 쪽으로 시선을 둔다. 신생아들은 성인에 비하여 뚜렷한 시각적 대비를 요구하기 때문에 여러 가지 형태를 구별하는 데 어려움이 있고, 눈의 렌즈를 조절하여 사물에 초점을 맞추기가 어렵다. 신생아의 시야는 뿌옇게 흐린 상태이지만 3개월 안에 움직이는 물체를 추적할 만큼 발달한다. 생후 한 달이 되면 사물에 초점을 맞추고 응시하는 것이 가능하며, 20~38cm 떨어진 곳(수유하는 사람과의 눈 맞춤이 가능한 거리)에 있는 물체에 초점을 가장 잘 맞춘다. 시력은 생후 몇 개월 동안 빠르게 향상되지만, 성인만큼 볼 수 있으려면 6개월에서 1년 정도 걸린다(최경숙, 2006).

|그림 4-8| 신생아의 월령별 시력변화

출처 : Nownews(2017. 1. 19). 아기의 시선에 비친 세상…신생아 12달 시력 변화.

|그림 4-9| 신생아의 시력발달을 돕는 흑백 모빌

■ 신생아의 시력발달을 도와주면서, 아기가 좋아할 만한 모빌을 그림으로 그려보세요.

(2) 청각

청각은 이미 태내기에 발달한다. 출생 직후에는 양수가 귀에 남아 있기 때문에 잘 들을 수 없으나, 태어난 지 4시간 후 소리가 나는 방향으로 고개를 돌릴 수 있다. 신생아는 소리의 크기, 지속 시간, 방향 및 빈도를 구별하는 것이 가능하며(Bower, 1982), 특히 엄마의 소리에 반응한다. 신생아는 다양한 소리를 들을 수 있지만 단순한 음향보다는 소음이나 목소리와 같은 복잡한 소리를 더 좋아한다. 여러 높낮이의 소리를 들려주었을 때 소리가 높아질수록 신생아의 심장 박동과 몸 움직임이 증가하였다(문혁준 외, 2023). 신생아의 소리에 대한 반응은 소리가 나는 방향으로 머리와 눈을 돌리는 등 신생아가 주변 환경을 탐색하도록 한다.

(3) 후각

신생아의 후각은 출생 초기부터 잘 발달하여 있으나, 아직 다양한 냄새를 구별하지는 못한다. 신생아의 후각을 알아보는 실험에서 출생 후 수일 이내에 신생아는 어머니의 젖을 묻힌 패드에 고개를 돌리는 반응을 보였고, 이는 다른 여성의 젖 냄새보다 어머니의 젖 냄새를 선호하는 후각 발달의 특성을 나타낸 것이다. 또한 신생아는 냄새의 위치를 추적할 수 있어서 단 냄새가 나는 방향으로 얼굴을 돌리고 맥박과 호흡이 느려지는 경향을 보이지만 불쾌한 냄새를 맡으면 고개를 돌리기도 한다(Brazelton, 1973).

(4) 미각

신생아의 감각 중에서 가장 잘 발달하여 있는 것 중의 하나가 미각이다. 태내기에도 어느 정도 기능을 하며 출생 시에도 여러 가지 맛을 구별하는 것이 가능하다. 주로 쓴맛, 신맛, 짠맛보다는 단맛을 선호하며 아기의 얼굴 표정으로 여러 가지 기본적인 맛을 구별할 수 있다. 생후 2~3개월에는 특정한 맛에 대한 기호가 생길 정도로 미각이 발달한다.

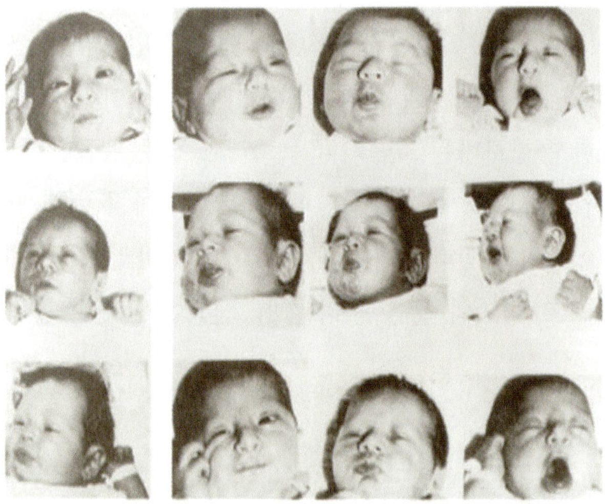

무자극 단맛 신맛 쓴맛

|그림 4-10| 신생아의 다양한 맛에 대한 반응

출처 : 문혁준 외(2023), p.171 재인용.

(5) 촉각

신생아는 주로 촉각을 통해 주위 환경을 감지한다. 신생아의 촉각은 출생 시 잘 발달한 감각으로 얼굴과 손 · 발바닥이 가장 예민하며, 온도 감각과 통각 등이 잘 발달하여 있다. 태내에 있을 때부터 모체의 복벽(腹壁)을 강하게 자극하면 태동이 심해지는 등 촉각에 반응한다. 갓 태어난 아기를 엄마의 가슴 위에 올려주면 심장 박동 소리를 듣고 심리적 안정감을 얻게 되는데, 피부접촉(skin-ship)은 아기의 성장에 필수적이라고 할 수 있다. 안아주기, 목욕시켜 주기, 마사지 등은 피부 자극을 촉진하므로 자주 해주는 것이 신체 및 정서 발달에 효과적이다.

4) 신생아의 반사

신생아에게서 가장 많이 나타나는 행동은 외부 자극에 대한 무의식적이고 자동적인 반응인 반사(reflex)이다. 신생아는 세상에 적응하기 위해서 20여 가지 이상의 반사행동을 가지고 태어난다. 대부분의 반사행동은 생후 수주에서 몇 달 이내에 영아의 신경조직이 발달하면서 사라져서 생후 1년 가까이 되면 거의 모두 없어지거나 의도적인 행동으로 대치된다.

반사행동은 크게 두 가지로 분류되어 신생아의 생존과 직접적으로 관련된 생존반사(적응적 반사)와 특수반사, 보호반사라고도 불리는 비생존반사인 원시반사로 구분된다.

- **생존반사** : 찾기반사(rooting reflex, 근원반사), 빨기반사(sucking reflex) 및 삼키기반사, 위축반사(withdrawal reflex), 눈깜빡임반사(blink reflex), 재채기반사(sneezing reflex), 하품반사(yawning reflex), 동공반사(pupillary reflex)
- **원시반사** : 모로반사(moro reflex), 바빈스키반사(Babinski reflex), 파악반사(grasping reflex), 걷기반사(stepping reflex), 수영반사(swimming reflex)

〈표 4-1〉 신생아 반사의 유형과 내용

반사 유형		내 용
생존반사	찾기반사	자극이 있는 방향으로 고개를 돌린다.
	빨기반사, 삼키기반사	입가를 자극하면 입술을 내밀고 빨려고 하며, 입 속으로 들어오는 자극에 대해 목구멍, 입, 혀로 강하게 빤다.
	위축반사	손, 발에 고통스러운 자극이 오면 손을 오므리고 발을 움츠린다.
	눈깜빡임반사	눈에 강한 빛을 비추거나 물체가 갑자기 다가오면 눈을 깜빡거린다.
	재채기반사	기도를 깨끗이 하는 역할을 하며 생리적인 기능을 유지시켜 준다.
	하품반사	산소가 필요할 때 산소를 공급해 주는 기능을 한다.
	동공반사	빛의 양을 조절하는 기능을 한다.
원시반사	모로반사	깜짝 놀랐을 때 양팔을 쫙 폈다가 오므리거나 허우적거린다.
	바빈스키반사	발바닥을 간질이면 발가락을 쭉 폈다가 오므린다.
	파악반사	손바닥에 물체를 쥐어주면 꼭 쥔다.
	걷기반사	평평한 곳에 양 발을 닿게 하면 마치 걷는 것처럼 발을 번갈아 움직인다.
	수영반사	아기를 물속에 넣으면 숨을 멈추고 팔다리를 움직인다.

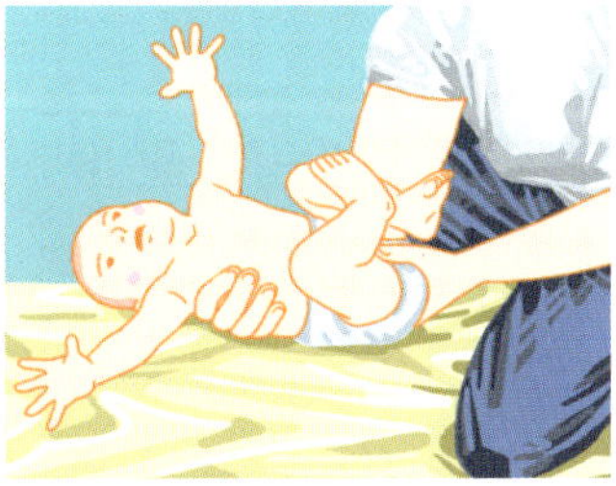

모로반사

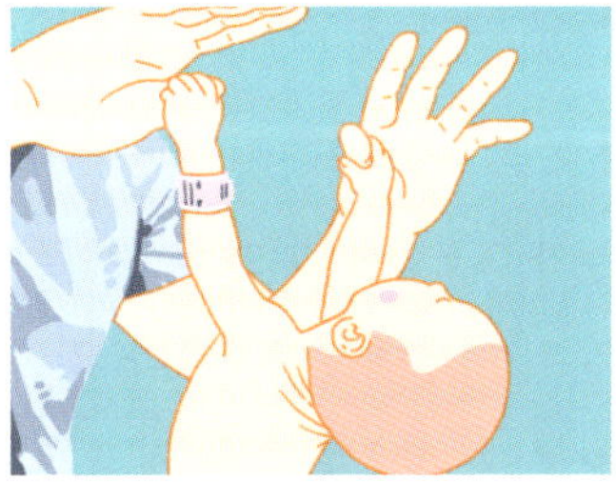

파악반사

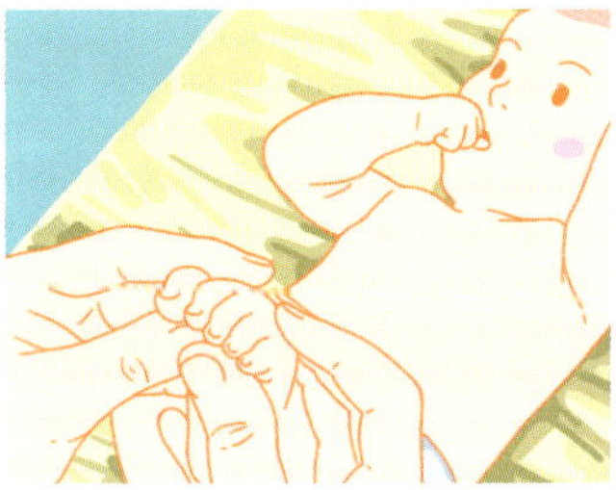

바빈스키반사

걷기반사

[그림 4-11] 신생아의 여러 가지 반사행동

5) 신생아의 건강진단

출생 직후의 신생아는 양육자에게 전적으로 의존함으로써 생존이 가능하다. 신생아는 태내에 있을 때 엄마로부터 산소와 영양을 공급받지만 태어남과 동시에 스스로 호흡하고 영양을 섭취해야 한다. 신생아가 태내환경과는 전혀 다른 바깥세상이라는 환경에 잘 적응하기 위해서는 부모의 세심한 보살핌이 매우 중요하다.

(1) 육안 검사

육안으로 아기의 전반적인 상태를 점검하는 것이다. 손가락과 발가락이 제대로 있는가, 굽거나 붙지는 않았는가, 손과 발의 굵기는 같은가, 얼굴 외관은 이상이 없는가 살펴본다. 이마 위쪽 머리 부분의 머리뼈가 없어 말랑말랑한 부위인 대천문이 제대로 있는지 확인하고 귀의 모양, 목에서 덩어리가 만져지거나 목이 기울지는 않았는가, 다리의 고관절이 탈구되지는 않았는가, 성기의 모양은 정상인가, 고환은 둘 다 내려와 있는가, 항문은 제대로 뚫려 있는가, 심장에서 잡음이 들리지는 않는가 등을 확인해야 한다(김이영 외, 2016).

(2) 아프가(Apgar) 검사

갓 태어난 신생아의 신체적 건강상태를 측정하기 위한 대표적인 검사이다. 아프가(Virginia Apgar) 박사가 1953년에 개발한 검사로 피부색(A), 심장 박동률(P), 반사운동의 민감성(G), 근육의 긴장상태(A), 호흡(R) 등 다섯 가지 요소를 검사한다. Apgar 점수 10점 중 7점 이상은 정상, 4~6점은 건강하지 못한 상태로 신생아는 원활한 호흡을 위해 외부의 도움이 필요하고, 3점 이하는 위험한 상태로 진단한다. 출생 후 1분, 5분에 걸쳐 2회 검사하는데, 2회 모두 낮은 점수이거나 두 번째 검사에서 점수가 급격히 낮으면 즉각적인 처치가 필요하다(홍순옥 외, 2014).

〈표 4-2〉 아프가 검사 항목과 점수

점수 / 항목	2점	1점	0점
피부색 (Appearance)	몸 전체가 분홍빛	몸은 분홍빛이나 팔다리는 푸른빛	몸 전체가 푸르고 창백함
심장 박동 (Pulse)	1분당 100~140회 (빠름)	1분당 100회 이하 (느림)	심장 박동 없음

반사행동의 민감성 (Grimace)	강한 반사 반응	약한 반사 반응	무반응
근육 긴장상태 (Activity)	팔다리를 늘리면 저항하여 구부림	거의 저항하지 않음	축 늘어짐
호흡 (Respiration)	규칙적 호흡과 강한 울음	느리고 불규칙하며 약한 호흡	1분 이상 호흡 없음

출처 : Gallahue & Ozmun(2002).

(3) 브라젤튼(Braxelton) 행동평가척도

신생아가 주위 환경에 어떻게 반응하는지를 알아보기 위해 브라젤튼(T. Braxelton) 박사가 1973년 개발한 행동 검사로 신생아의 포괄적인 상태를 평가하기 위해 사용한다. 출생 후 5일이 채 안 된 신생아를 대상으로 감각 반응, 반사와 운동 수준, 달래지는 정도, 사회적 상호작용의 총 4개 하위영역에 대한 신생아의 개별적인 행동의 차이를 평가한다(이 영 외, 2009). 브라젤튼 검사는 시행하는 방법이 매우 까다로워 전문적인 훈련을 받은 사람이 실시할 수 있고, 1회 검사하는 데 30분 정도 소요되므로 모든 신생아를 대상으로 간단하게 실시할 수 있는 검사는 아니다.

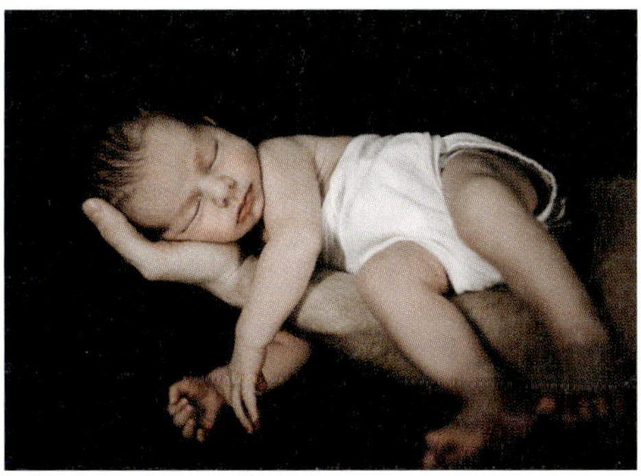

6) 신생아 돌보기

(1) 배꼽 관리

신생아의 배꼽은 세균 감염에 취약하므로 이로 인한 감염은 매우 치명적일 수 있다. 배꼽은 출생 후 1~2주 정도 지나면 아물어 떨어진다. 목욕 시 배꼽에 물이 들어가지 않도록 조심해야 하며, 목욕 후에는 세균에 감염되지 않도록 소독하고 닦아주는 것이 중요한데, 배꼽은 3주 정도 지나야만 완전히 막히므로 소독할 때에 주의가 필요하다.

(2) 목욕시키기

신생아의 목욕은 1일 1회가 적절하고, 시기는 수유 전이나 저녁에 잠들기 전이 좋다. 실내 온도는 24~27℃, 목욕물의 온도는 38~39℃가 적당한데, 성인이 팔꿈치를 넣었을 때 따뜻하다고 느껴질 정도면 된다. 목욕은 머리, 목, 팔, 다리 순서로 시키며, 목욕 후에는 빨리 몸에 묻은 물기를 닦아주어 감기에 걸리지 않도록 한다.

(3) 수유하기

신생아는 출생 당시에도 이미 소화효소를 분비하고 있어서 음식물을 충분히 소화할 수 있으므로 보통은 출산 직후부터 산모와 아기가 모두 건강하면 수유를 한다. 처음에는 아기가 먹는 것이 익숙하지 않고 젖도 잘 나오지 않으나 걱정하지 않아도 된다. 특히 초산인 경우 5~8일 정도까지 거의 젖의 분비가 없을 수도 있는데, 초조해하지 말고 젖을 자주 빨리면 그 자극이 산모의 간뇌에 작용하여 모유 분비를 촉진하는 호르몬 작용이 활발해져서 모유가 분비된다.

출산 후 수일 동안 황색을 띤 진한 모유가 분비되는데, 이것을 초유(初乳)라고 하며, 성숙유(초유 이후에 분비되는 젖)에 비해 열량이 높고 면역체 · 글로불린 등이 풍부하여 신생아에게 유익하므로 반드시 먹이는 것이 좋다. 수유기간 중에도 임신 기간과 마찬가지로 먹는 약, 술, 담배는 피하는 것이 좋다. 신생아의 위는 어른과 달리 수직 모양이어서 많이 먹으면 토하게 되므로 2~3시간 간격으로 하루에 7~8회 정도 수유를 한다. 수유의 횟수와 양은 아기마다 개인차가 크므로 지나치게 표준화된 양이나 횟수에 집착하지 않아도 된다. 수유 시에 반드시 신경을 써야 하는 부분은 모유 수유를 하든 분유 수유를 하든 아기를 가슴에 안고 다정하게 눈을 맞추어 대화하며 수유하는 것이다. 수유 후에는 아기의 배에 가스가 차서 고통을 느끼지 않도록 바로 등을 두드려 트림하게 하여 가스를 제거해 준다.

〈표 4-3〉 모유와 분유의 장점과 단점

	모 유	분 유
장점	• 신생아에게 필요한 면역체와 다양한 영양 성분 함유 • 수유 과정이 간편하고 세균 감염 우려가 적음 • 피부접촉으로 아기의 정서와 발달에 긍정적임 • 소화 흡수율이 높음 • 별도의 비용이 없어서 경제적임 • 엄마의 유방암, 난소암의 위험이 줄어들고 출산 후 체중감소에 도움이 됨	• 아기가 배고파서 먹고 싶을 때 바로 수유할 수 있음 • 아기가 얼마나 먹는지 정확히 알 수 있음 • 엄마가 없어도 누구나 수유할 수 있음 • 엄마가 임신 기간 동안 먹지 못했던 음식을 모두 먹을 수 있음
단점	• 소화가 잘 되어 아기가 자주 깨므로 수유를 자주 해야 함 • 아기의 치아가 나오면 자주 깨묾 • 엄마가 맵고, 짠 음식을 피하며 식이조절을 해야 함 • 모유가 부족하면 분유와 함께 혼합 수유를 해야 함 • 수유를 엄마가 전담하게 됨	• 수유를 위한 준비 과정이 길고, 시간이 필요함 • 분유 값으로 경제적인 지출이 발생함 • 아기에게 맞는 분유를 찾아야 함 • 외출 시 준비해야 하는 물건이 많음

(4) 예방접종 및 정기검진

아기의 예방접종은 기본접종과 추가접종으로 나뉜다. 기본접종은 항원을 주사해서 아기에게 기초적인 면역반응을 일으키는 것이고, 추가접종은 기본접종으로 생긴 면역반응의 효과를 지속시키기 위해서 일정 기간을 두고 추가로 접종하는 것이다. 국가에서 권장하는 필수예방접종은 보건소나 병 · 의원에서 무료 접종이 가능하다. 첫 검진을 받으러 가는 생후 4주 차에 BCG와 B형 간염 예방접종을 반드시 받아야 한다. 생후 1개월이 되면 엄마와 아기는 함께 건강검진을 받아야 한다. 엄마는 산후의 회복 정도를 체크하고 아기는 발육이 순조로운지, 선천적인 병은 없는지 확인해야 한다.

우리나라의 표준 예방접종 일정표는 다음과 같다.

〈표 4-4〉 표준 예방접종 일정표

<table>
<tr><th></th><th>대상 전염병</th><th>백신종류 및 방법</th><th>0 개월</th><th>1 개월</th><th>2 개월</th><th>4 개월</th><th>6 개월</th><th>12 개월</th><th>15 개월</th><th>18 개월</th><th>24 개월</th><th>36 개월</th><th>4세</th><th>6세</th><th>11세</th><th>12세</th></tr>
<tr><td rowspan="10">국가필수예방접종</td><td>결핵</td><td>BCG (피내용)</td><td>1회</td><td></td><td></td><td></td><td></td><td></td><td></td><td></td><td></td><td></td><td></td><td></td><td></td><td></td></tr>
<tr><td>B형간염</td><td>HepB</td><td>1차</td><td>2차</td><td></td><td></td><td>3차</td><td></td><td></td><td></td><td></td><td></td><td></td><td></td><td></td><td></td></tr>
<tr><td rowspan="2">디프테리아 파상풍 백일해</td><td>DTaP</td><td></td><td></td><td>1차</td><td>2차</td><td>3차</td><td></td><td colspan="2">추가 4차</td><td></td><td></td><td colspan="2">추가 5차</td><td></td><td></td></tr>
<tr><td>Td/Tdap</td><td></td><td></td><td></td><td></td><td></td><td></td><td></td><td></td><td></td><td></td><td></td><td></td><td colspan="2">추가 6차</td></tr>
<tr><td>폴리오</td><td>IPV(사백신)</td><td></td><td></td><td>1차</td><td>2차</td><td>3차</td><td></td><td></td><td></td><td></td><td></td><td colspan="2">추가 4차</td><td></td><td></td></tr>
<tr><td>b형 헤모필루스 인플루엔자</td><td>PRP-T/ GbOC</td><td></td><td></td><td>1차</td><td>2차</td><td>3차</td><td colspan="2">추가 4차</td><td></td><td></td><td></td><td></td><td></td><td></td><td></td></tr>
<tr><td rowspan="2">폐렴구균</td><td>PCV (단백결합)</td><td></td><td></td><td>1차</td><td>2차</td><td>3차</td><td colspan="2">추가 4차</td><td></td><td></td><td></td><td></td><td></td><td></td><td></td></tr>
<tr><td>PPSV (다당질)</td><td></td><td></td><td></td><td></td><td></td><td></td><td></td><td></td><td colspan="6">고위험군에 한하여 접종</td></tr>
<tr><td>홍역 유행성 이하선염 풍진</td><td>MMR</td><td></td><td></td><td></td><td></td><td></td><td colspan="2">1차</td><td></td><td></td><td></td><td colspan="2">2차</td><td></td><td></td></tr>
</table>

국가필수예방접종	수두	Var						1차								
	A형간염	HepA						1~2차								
	일본뇌염	JEV(사백신)						1~3차						추가 4차		추가 5차
		JE(생백신)						1~2차								
	인플루엔자	Flu(사백신)					매년 접종									
		Flu(생백신)									매년 접종					
기타예방접종	결핵	BCG (경피용)	1회													
	로티바이러스	RV1 (로타릭스)			1차	2차										
		RV5 (로타텍)			1차	2차	3차									
	인유두종 바이러스	HPV (가다실)													1~3차	
		HPV (서바릭스)													1~3차	

출처 : NIP 예방접종도우미 예방접종 정보 검색사이트(https://nip.cdc.go.kr/irgd/index.html).

영아돌연사증후군(SIDS : Sudden Infant Death Syndrome)

영아돌연사증후군은 1세 미만의 영아가 예상치 못하게, 갑작스럽게 사망하는 경우를 말하며, 대부분은 2~4개월에서 발생하고 있다. 미국에서는 안전하지 않은 수면 환경 때문에 매년 약 3,500명의 아기가 수면 중 사망할 정도로 수면 중 영아돌연사증후군(SIDS)이 영아 사망의 원인 중 높은 비중을 차지하고 있다. 국내에서도 1천 명당 0.31명(남아 0.33, 여아 0.29)이 영아돌연사증후군으로 사망하는 것으로 보고되었다.

부모가 수면 중인 아기를 안전하게 지켜주는 방법은 다음과 같다.

- 1세 미만의 아기는 "똑바로 눕혀서" 재우도록 한다.
  - 영아돌연사증후군을 예방하기 위한 가장 중요한 방법은, 낮잠 시간을 포함한 모든 수면 시 아이가 하늘을 바라보게 똑바로 눕혀 재우는 것이다.
  - 아이가 자동차 시트, 유모차, 또는 유아용 캐리어에 잠들어 있을 때 가능한 한 빨리 바닥이 단단한 침대로 옮겨 눕히도록 한다.

- 부드러운 물체, 푹신한 침구류 또는 침대에서 함몰, 질식 또는 목 졸림의 위험이 증가할 수 있으므로 주의가 필요하다.

• 아이는 부모와 같은 공간이지만, 별도의 침대에서 자도록 해야 한다.

- 적어도 6개월 동안, 바람직하게는 1년까지, 아기를 별도의 공간에 혼자 재우지 말고 부모와 같은 방에서 재우되, 부모와 같은 이불을 사용하지 말고 부모와 가까운 곳에 아이를 눕혀 재워야 한다. 이렇게 하는 것이 영아돌연사증후군의 위험을 50%까지 감소시킨다고 한다.

• 가능한 한 오랜 기간의 모유 수유가 영아돌연사증후군의 위험을 감소시키는 데 도움이 된다.

- 약 6개월 동안 아기에게 적극적인 모유 수유를 권장한다. 아기가 이유식을 시작하더라도 적어도 12개월까지 모유 수유를 권장하고, 엄마와 아기가 원하는 경우는 12개월 후에도 모유 수유를 계속할 수 있다.

• 아기가 흡연자와 흡연 장소에서 멀리 떨어져 있게 한다.

- 임신 중 산모가 흡연하였을 때 또는 출산 후 부모가 흡연하는 경우 영아돌연사증후군 위험은 2배 이상 증가한다고 알려져 있다.

• 낮잠이나 취침 시간에 젖꼭지를 사용하는 것이 도움이 된다.

- 젖꼭지를 사용하는 것이 수면 중 호흡 유지와 기도 확보에 도움이 되기 때문에 영아돌연사증후군을 예방하는 데 도움이 된다. 단, 모유 수유에 방해가 될 수 있으므로 아이가 깨어 있을 때 물리는 것은 피하고, 모유 수유가 완전히 익숙해진 생후 1개월부터 사용한다.

출처 : 대한소아청소년과학회(https://www.pediatrics.or.kr/bbs/index.html?code=infantcare&category=A&gubun=E&page=1&number=8810&mode=view&keyfield=&key=).

■ 배운 내용을 확인해 보세요

1. 임산부는 어느 곳에서 어떤 방법으로 아기를 낳을지 결정할 수 있습니다. 그러므로 결정하기 전에 다양한 분만 방법의 장점과 단점을 확인해 볼 필요가 있어요. 배운 내용에 기초하고 인터넷 검색을 포함하여 다양한 자료를 더 찾아본 후에 다음의 빈칸을 채워보세요.

분만 방법	장 점	단 점
자연분만		
제왕절개		
수중분만		
르봐이예 분만법		

2. 신생아는 세상에 적응하기 위해서 다양한 반사행동을 하는데, 성장하면서 점차 사라지거나 자율적인 움직임으로 대체됩니다. 신생아의 반사행동은 신생아가 정상인지와 신경 체계가 건강한지를 측정하는 좋은 방법입니다. 신생아에게 어떤 자극을 주면 어떤 반응을 나타내는지 다음의 빈칸을 채워보세요.

■ 빨기반사
자극 : ______
반응 : ______

■ 위축반사
자극 : ______
반응 : ______

■ 눈깜빡임반사
자극 : ______
반응 : ______

■ 모로반사
자극 : ______
반응 : ______

■ 바빈스키반사
자극 : ______
반응 : ______

- 파악반사
  자극 : ______________________
  반응 : ______________________

- 걷기반사
  자극 : ______________________
  반응 : ______________________

- 수영반사
  자극 : ______________________
  반응 : ______________________

3. 신생아의 시각은 가장 늦게 발달하는 감각 능력으로 다른 감각에 비해 비교적 덜 발달한 상태로 태어나며, 아직 미성숙하여 물체에 초점을 맞추지 못하지만, 선명한 시각적 대비가 있는 사물, 좌우 대칭이 분명한 사물, 평면보다는 입체적인 사물을 더욱 좋아합니다. 다음의 그림을 살펴보고 신생아가 더 좋아할 것으로 생각되는 그림을 찾아서 A 혹은 B를 적어보세요.

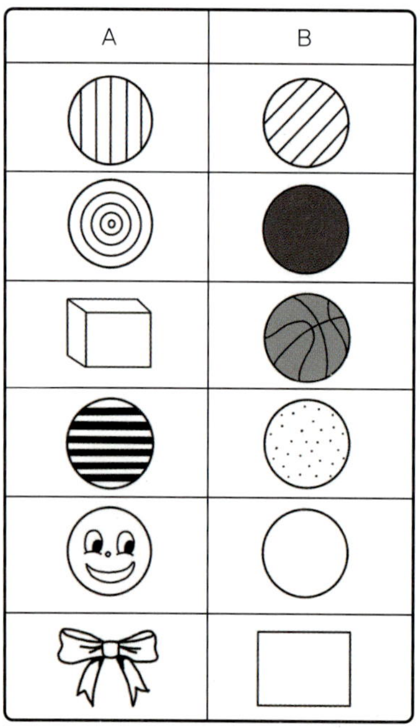

1. 신생아는 ________를 좋아합니다.
2. 신생아는 ________를 좋아합니다.
3. 신생아는 ________를 좋아합니다.
4. 신생아는 ________를 좋아합니다.
5. 신생아는 ________를 좋아합니다.
6. 신생아는 ________를 좋아합니다.

PART

03

영유아발달과 교육

영유아기는 인간발달의 가장 기초이자 중요한 시기이다. 이 시기 영유아의 신체적 성장은 놀라울 정도로 빠르게 진행되며, 인지 및 언어 기술이 급속도로 발달한다. 또한 사회적 상호작용과 정서적 표현을 통해 우리 사회의 구성원으로서 자신의 정체성을 형성해 나간다. 제3부에서는 이러한 영유아의 발달을 신체발달, 인지발달, 언어발달, 사회성 발달, 정서발달의 5개 영역으로 나누어 관련 이론과 전반적인 발달의 특징과 영향 요인을 살펴보고자 한다. 신체발달에서는 영유아의 운동 기술, 건강, 영양 상태와 전반적인 성장 패턴에 대해 알아본다. 영유아가 세상을 이해하고 지식을 획득하는 방식인 인지발달과 함께 기억, 창의성, 그리고 도덕성 발달에 대해서도 탐구하고자 한다. 사고와 소통의 기본 도구인 언어 습득의 단계별 특징을 알아보고 언어발달을 촉진하는 요인들에 대해서도 알아보려고 한다. 사회성 발달에서는 영유아가 타인과 관계를 맺고 사회적 규칙을 학습하는 과정을 살펴보려고 한다. 애착형성과 자아발달의 중요성에 초점을 맞추고 성역할 개념의 발달과 친사회성 발달에 대한 내용도 다루고 있다. 정서발달에서는 기질에 대한 이해, 정서발달과 정서지능에 대한 내용을 살펴본다.

현대사회의 영유아는 급변하는 기술과 정보의 홍수 속에서 성장하고 있다. 급격히 변화하는 이러한 환경은 영유아에게 새로운 학습 기회를 제공해 주기도 하지만 영유아의 최선을 발달을 위해서 특별한 주의를 요구하기도 한다. 제3부에서는 영유아가 태어나서 성장하고 발달하는 우리 사회의 이러한 측면을 고려하여 각 발달 영역별로 영유아의 발달을 위한 지원방안도 제시하였다. 이 책에 제시되어 있는 영유아발달을 위한 지원 방안을 기초로 사회문화적으로 다양한 유아교육기관에서 만나게 될 영유아의 발달적 특성을 고려한 적절한 교육적 지원 방안을 탐구해 나갈 수 있기를 바란다.

CHAPTER 05

신체발달

1. 신체적 성장
2. 생리적 기능
3. 뇌와 신경계

CHAPTER 05

신체발달

출생 후 4주간의 신생아기를 지나 2세까지에 해당하는 아기를 영아(嬰兒)라고 부르며, 이 기간을 영아기라고 한다. 영아기는 인간의 발달에서 급성장을 이루는 시기로 이 기간 동안 영아는 스스로는 아무것도 할 수 없어 성인의 절대적인 보살핌을 받던 신생아에서 목을 가누고, 뒤집고, 앉고, 걷고, 뛰어다니는 이동능력이 차츰 발달하게 된다. 이러한 신체적인 변화는 몸을 이동시켜 주변에 대한 탐색을 용이하게 하고, 사물과 세상에 대한 다양한 도식을 형성하게 하는 데 기초가 된다. 신체발달 외에도 영아기는 표상 능력의 발달을 통해 언어와 사고의 기초가 형성되는 시기이므로 인간발달에 있어 기초를 이루는 중요한 시기이다.

나는 얼마나 알고 있을까요?

다음의 문장이 맞는지 틀리는지 생각해 봄으로써 나의 영유아 신체발달에 대한 지식을 알아봅시다. 그리고 이번 장을 공부하면서 정답을 찾아보기 바랍니다.

1. 예 □ 아니요 □ 영아기에는 체중과 신장, 근육, 골격 그리고 뇌의 발달이 급속도로 이루어지므로 이 시기를 제1 성장급등기라고 한다.
2. 예 □ 아니요 □ 젖니의 수는 모두 24개이고 영구치의 수는 모두 32개이다.
3. 예 □ 아니요 □ 영아기의 신체운동 발달은 다리에서 머리 방향으로 이루어진다.
4. 예 □ 아니요 □ 영유아의 근육 운동기능은 걷기, 달리기, 계단 오르기와 같은 대근육 운동이 손가락으로 물건 잡기, 오리기, 단추 채우기와 같은 소근육 운동보다 먼저 발달한다.
5. 예 □ 아니요 □ 영아는 아직 어리므로 낮잠이 반드시 필요하지만 활동량이 많은 유아는 낮잠이 필요없다.
6. 예 □ 아니요 □ 유아기는 성장과 발육이 매우 빠르게 이루어지는 시기이므로 하루 세 끼의 식사 이외에 영양가 있는 음식으로 식사량 정도의 충분한 양으로 간식을 제공한다.
7. 예 □ 아니요 □ 생후 첫 2년까지 성인이 되었을 때 뇌 무게의 절반 이상이 형성되기 때문에 이 시기를 두뇌 성장의 급등기라고 한다.
8. 예 □ 아니요 □ 유아기에 뇌의 특정 영역에서 손상이 발생되면 뇌의 손상을 회복하기 어렵다.

정답 : 1) 예 2) 아니요 3) 아니요 4) 예 5) 아니요 6) 아니요 7) 예 8) 아니요

1 신체적 성장

1) 신장과 체중 및 신체 비율

영아기에는 체중과 신장, 근육, 골격 그리고 뇌의 발달이 급속도로 이루어지므로 이 시기를 제1 성장급등기라고 한다. 영아기의 신체발달은 신체의 기관이 양적으로 확대되고, 신체적 구조가 정밀해지며, 신체기능도 효율적으로 발달한다. 이러한 과정에서 출생 후 2세까지는 신체 및 운동 능력이 점차 정교해지고 광범위하게 발달이 이루어진다. 영아기의 신체운동 발달은 이후의 인지발달, 언어발달, 자아발달 및 사회성 발달에 중요한 영향을 미치게 되며, 두뇌발달은 생후 어느 때보다 급격하게 이루어진다. 신체발달은 개인의 유전적 특성과 환경적 요인 등에 따라 차이가 나지만, 인간발달의 보편적 원리에 따라 일정한 순서와 방향으로 나아간다.

평균적으로 영아는 출생 시 체중이 3.3~3.4kg 정도인데, 생후 3~4개월이면 약 7kg 정도로 출생 시의 2배가 되고, 1세가 되면 출생 시의 3배, 2세가 되면 4배가 된다. 신장은 출생 시 평균 49.5~50.1cm 정도이나 생후 1년이 되면 75~76cm 정도로 약 1.5배가 되고, 2년이 되면 출생 시 키의 50% 정도 더 자라서 87~89cm가 된다. 영아의 신체 부위별 성장 속도와 비율을 알아보면 임신부터 출생까지는 머리, 1세까지는 몸통이 가장 빠르게 성장하고, 2세부터는 팔다리가 빠르게 성장한다. 아기의 머리둘레는 생후 8개월까지 8cm 늘어나고 2세경에는 성인 머리의 90%까지 성장한다. 신체 비율을 연령별로 비교해 보면, 갓 태어난 신생아는 머리가 전체 신장의 1/4 크기로 머리가 두드러져 보이지만 2세에는 1/5 정도가 되고 이후 성인이 될 때까지 점차 머리가 차지하는 비율이 줄어든다(이 영 외, 2017).

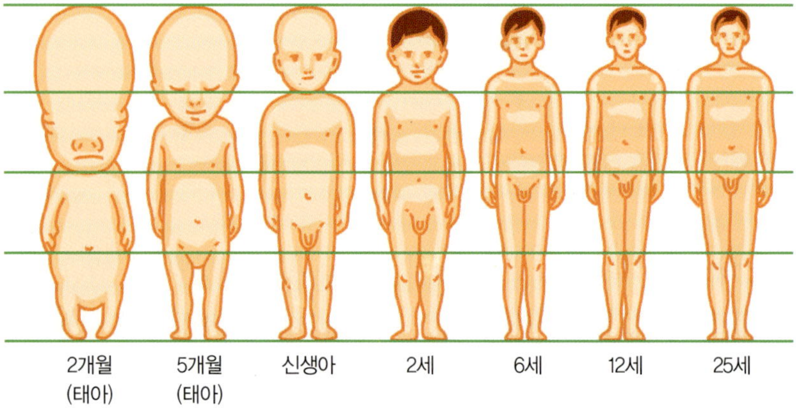

|그림 5-1| 성장에 따른 신체비율의 변화

유아기의 신체적 성장은 영아기에 비해 속도가 느리지만 계속적으로 변화하며 성장한다. 유아기는 영아기에 비해 신체의 모습과 비율이 달라지는데 이는 신체 각 부분의 성장 속도가 각기 다르기 때문이다. 3세 남아의 평균 키는 약 96.5m이고 몸무게는 14.7kg이며, 여아는 키가 약 95.4cm이고 몸무게는 14.2kg이다. 5세가 되면 남아는 키가 약 109cm, 몸무게가 19kg이 되고, 여아는 키가 108cm, 몸무게가 18.4kg이 된다. 대체로 남아가 여아보다 체격이 큰 편이고, 한 해에 5~7cm 정도씩 키가 자라며 몸무게는 2~3kg 정도가 증가한다(이영 외, 2017).

유아기에 접어들면 신장과 체중이 완만하게 증가하면서 신체 비율의 변화를 가져와 영아기에 보이던 큰 머리와 볼록 튀어나온 통통한 배, 짧은 팔다리의 모습이 점차 길고 홀쭉한 모습으로 변화한다. 신체의 크기는 영아기에 비해 개인차가 현저하게 나타나며 키와 몸무게는 사춘기까지 지속적으로 성장한다. 영유아기 신체적 성장에서 나타나는 개인차는 일차적으로 유전적인 요인의 영향을 받게 되고, 영양의 공급이나 규칙적인 생활 습관, 부모의 양육태도, 사고나 질병으로부터의 건강관리, 영유아가 느끼는 스트레스 등 외적인 요인에 의해서도 차이가 날 수 있다.

〈표 5-1〉 한국 유아의 신장과 체중 도표

연 령	신장(cm)		체중(kg)	
	남	여	남	여
3세	96.5	95.4	14.7	14.2
4세	103.1	101.9	16.8	16.3
5세	109.6	108.4	19.0	18.4
6세	115.9	114.7	21.3	20.7

2) 골격과 치아

영아의 뼈는 연골이 많고 두개골도 아직 완전히 형성되지 않아서 말랑말랑한 6개의 숫구멍이 있다. 출생 후에는 뼈가 급속하게 발달하여 이 숫구멍들이 닫히게 되는데, 앞이마 위에 있는 숫구멍인 대전문은 생후 14~18개월경에 완진히 굳어지게 되고, 머리의 뒷부분에 있는 소천문은 3개월 정도에 닫히게 된다. 대천문의 크기나 막히는 시기에는 개인차가 있고, 대천문은 뼈가 없이 뇌와 바로 연결되는 부분이므로 이 부분이 눌리게 되면 뇌에 직접적으로 압력이 전달될 수 있어 조심해야 한다.

영아는 출생 직전에 골단(epiphyses)이라는 뼈의 특정한 성장센터가 나타나는데, 이곳에서 연골세포가 계속해서 성장된다. 성장이 계속됨에 따라 골단은 점점 가늘어진다. 결국 사라지게 되고 이러한 현상이 나타나게 되면 더이상 뼈의 성장은 불가능하다(강순희 외, 2022). 유아기에 들어서면서 연골조직은 더욱 단단해지며 이에 따라 외관도 점차 단단해지는 경화현상이 일어나고, 이러한 경화현상은 아동기를 거쳐 청년기까지 계속된다. 뼈의 발달을 통해 유아의 외모에도 많은 변화가 생기게 되는데, 6세경으로 접어들면 볼록 튀어나온 배가 들어가고 젖살이 빠지면서 성인과 비슷한 외형으로 변화한다.

치아는 아기 때에 갖게 되는 젖니와 젖니가 빠진 후에 갖게 되는 영구치가 있는데, 젖니의 수는 모두 20개이고 영구치의 수는 모두 32개이다. 치아는 6개월경에 아래쪽 앞니가 2개 나오기 시작하고 그 뒤에 위쪽 앞니 2개가 나온 후 1년이 되면 6~8개의 앞니가 나온다. 그 다음에 첫째 어금니, 송곳니, 둘째 어금니 순서로 24~30개월경이 되면 20개의 젖니가 모두 나오게 된다. 그러나 이가 나는 시기도 개인차가 크며, 출생 시 이미 이가 나와 있는 경우가 있는가 하면 첫 돌이 지나서야 이가 나오는 경우도 있다.

4~5세경이 되면 유치가 한두 개 빠지기 시작하여 아동기 동안 계속 빠지며 1년에 약 4개 정도씩 유치가 영구치로 대체되는데 유치가 나온 순서대로 영구치가 나온다. 일반적으로 여아가 남아에 비해 신체발달이 빠르며 유치도 더 일찍 빠진다. 유치는 일시적으로 사용하지만 이후 평생에 걸친 치아의 건강과 밀접한 관련이 있기 때문에 영아기부터 이를 잘 닦고 청결하게 관리하는 습관을 갖도록 지도하는 일이 반드시 필요하다.

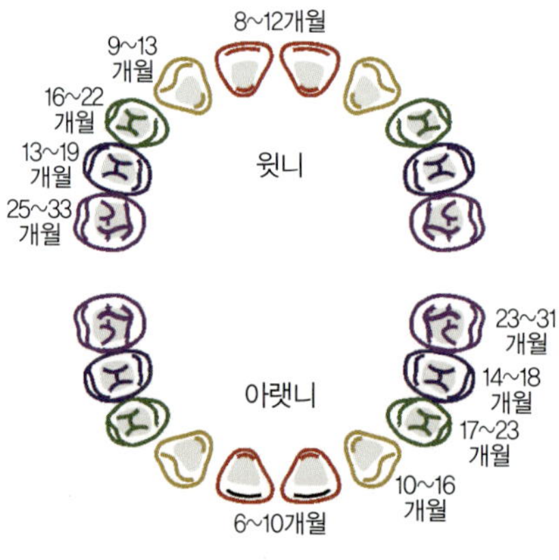

|그림 5-2| 유치가 나오는 순서

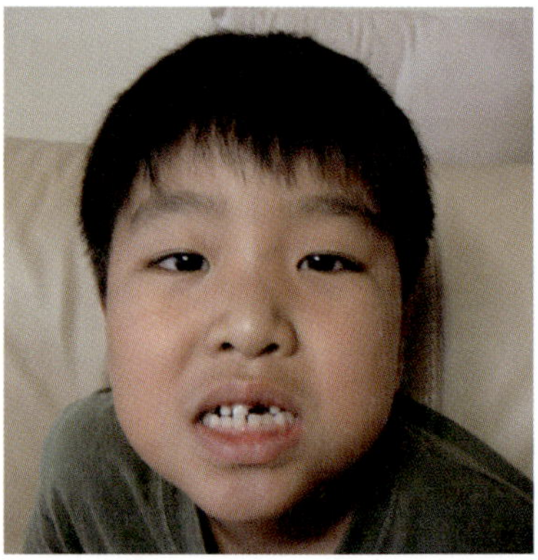

|그림 5-3| 윗니가 빠진 유아의 모습

3) 감각과 지각 및 운동기능

(1) 감각과 지각 능력

매우 어린 영아는 운동 활동에 필요한 신체 부위들을 통제하는 능력이 부족한 반면에 지각적 능력을 통해 많은 것을 학습한다. 지각이란 감각 정보에 대한 해석을 하는 것으로, 보이는 것이나 들리는 것 또는 지금 맡고 있는 냄새가 무엇인지에 대해 아는 것을 의미한다(최경숙, 2006). 인간이 나타내는 모든 행동은 감각 정보의 해석에 달려 있다고 해도 과언이 아니다. 이러한 지각 능력은 인지 능력의 기초가 된다. 지각발달의 특징은 두 가지로 하나는 감각을 수용하는 눈, 코, 입, 귀 등의 감각수용기가 미세 조정기능을 거치며 감수성이 증가하는 것이고, 또 다른 하나는 감각정보가 지각 자체로 끝나지 않고 정보를 기억하고 해석하는 능력이 증가하는 것이다(이 영 외, 2017). 지각정보의 기초가 되는 지각적 경험은 출생 전부터 발날을 시작하는데 여기에는 우리가 잘 알고 있는 다섯 가지 감각인 시각, 청각, 후각, 미각, 촉각 등이 있다.

① 시각

시각은 인간이 환경을 탐색하는 감각 정보의 80% 정도를 차지하지만, 영아가 가지고 태어나는 감각 중 가장 늦게 발달한다. 출생 직후에는 사물의 윤곽 정도만을 구별하는 시력을 가지나 생후 3~4개월, 즉 100일 정도가 되면 물체를 따라 눈을 움직이는 것이 가능해지며 이후 두 눈을 동시에 사용하면서 입체감도 발달하게 된다. 영아의 시력은 생후 몇 개월 동안 빠르게 향상되지만 영아가 성인만큼 볼 수 있으려면 6개월에서 1년 정도 걸리고, 만 6~8세가 되면 성인의 시력에 가깝게 시력이 형성된다. 아직 시력이 완전하지 않은 신생아를 위해서 부드러운 조명을 사용하고 직사광선을 피하는 것이 좋다.

신생아기에는 몇 개의 색만을 지각할 수 있으나, 3~4개월 된 영아는 성인과 유사하게 색을 지각하는 것으로 보인다. 영아는 형태를 지각하는 과정에서 다른 물건보다 사람의 얼굴을 더 응시하거나 움직이는 사람의 눈을 더 쳐다본다(조성연 외, 2010). 또한 7개월 정도의 영아는 깊이를 지각할 수 있게 되어 벼랑과 같은 장애물을 피할 수 있게 되는데, 이는 7~8개월 정도가 되면 3차원을 지각할 수 있다는 것을 의미한다(Gibson & Walk, 1960).

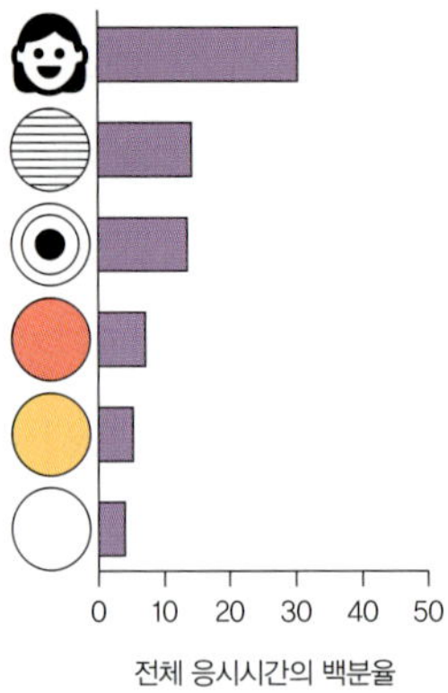

|그림 5-4| 영아의 형태 선호

|그림 5-5| 시각 벼랑 실험

② 청각

신생아의 청각 능력은 태어나기 전부터 어느 정도 발달되어 있는데, 임신 7개월쯤에는 청각 기능이 거의 완성되어 외부의 소리에 반응할 수 있게 된다. 출생 직후에는 귓속에 양수 등의 점액이 차 있어 감기에 걸린 성인이 들을 수 있는 정도로 들으며 소리에 잘 반응하지 못하지만(Flavell et al., 1993, 송명자, 1995 재인용), 몇 시간이 지나면 주변의 소리를 듣고 소리가 들리는 방향으로 머리를 돌리며 쳐다보는 행동을 하는데, 이는 신생아가 그 소리가 무엇인지 탐색하기 위한 행동이다. 영아의 청각 능력은 출생 후 얼마 되지 않아 곧 성인 수준에 도달하게 된다.

신생아는 소리 구별 능력이 있으며 일반적으로 순수한 음조보다는 소음이나 목소리와 같은 복잡한 소리를 선호하며 사람의 음성에 더욱 반응한다. 또한 중저음인 남자의 음성보다 여자의 음성을, 특히 엄마의 음성에 더 귀를 기울인다고 알려져 있다. 영아의 청각은 4~6개월에 크게 향상되며 매우 작은 소리의 탐지는 아동기 이후에 이르러서야 가능하다.

③ 후각

기본적인 후각기관의 발달은 태내기 동안에 이루어지므로 신생아의 후각 능력도 어느 정도 발달이 되어 있다고 볼 수 있다. 신생아는 강하고 불쾌한 후각 자극, 즉 암모니아나 초산의 냄새를 맡으면 얼굴을 찡그리고 고개를 돌리는 거부반응을 보이며 맥박과 호흡이 빨라진다. 그러나 꿀이나 초콜릿 같은 달콤한 냄새를 맡으면 만족스럽고 부드러운 표정을 지으며 냄새가 나는 쪽으로 머리를 돌리고 맥박과 호흡은 느려진다. 또한 신생아는 젖 냄새와 다른 냄새를 구별할 수 있으며 특히 어머니의 젖 냄새를 선호한다. 모유를 먹는 영아는 어머니가 자신의 가까이에 왔다는 것을 어머니의 냄새를 통해서 안다고 한다.

④ 미각

신생아는 태어날 때부터 미각이 발달되어 있어서 단맛, 쓴맛, 신맛, 짠맛을 구별할 수 있으며 이를 얼굴 표정이나 심장 박동, 빠는 동작으로 나타낸다. 영아 초기에는 모유가 단맛이기 때문에 단맛을 긍정적으로 평가하고 쓴맛에는 거부감을 나타낸다.

⑤ 촉각

출생 이후 신생아의 발달에 매우 주요한 역할을 하는 촉각은 이미 태내기 동안 많은 발달이 이루어져 있다. 촉각은 부모와 영아의 가장 기본적인 상호작용

수단으로 아기를 안아주거나 토닥여 주는 등의 피부접촉을 통해 부모와 자녀 간의 애착이 형성되어 아기가 정서적으로 안정감을 얻을 수 있다. 촉각에는 온도 감각과 통각(痛覺)이 포함되는데, 신생아는 온도에 민감하여 실내 온도가 내려가면 신체운동을 더 활발히 한다고 한다. 목욕을 시킬 때도 물 온도가 너무 높으면 울고 또 온도가 낮으면 싫어하며, 우유의 온도가 너무 차거나 뜨거우면 호흡과 맥박이 일정치 않으면서 우는 신체 반응을 나타낸다. 신생아들의 통각 반응은 다른 감각들에 비해 다소 둔한 편이어서, 출생 직후의 신생아들에게는 통각이 잘 발달되어 있지 않은 편이나, 생후 약 3~4일이 경과되면서부터 급속하게 발달해 간다. 고통스러운 자극에 대한 영아의 반응은 생후 1년 사이에 급격하게 변하여 생후 2개월경에 예방접종을 받을 때 영아는 명확하게 고통을 표현한다.

검색해 보세요

베이비 마사지는 아기의 성장에 도움을 주는 최고의 스킨십입니다. 아기에게 베이비 마사지가 좋은 이유를 알아본 후에 신체 부위별로 얼굴, 배, 가슴, 등에 따라 다양한 마사지법도 동영상을 찾아 배워봅시다.

(2) 운동기능

① 영아기의 운동기능 발달

영아기의 운동발달은 영아가 자신의 움직임을 자발적으로 통제하는 것부터 시작한다. 운동발달은 머리에서 다리 방향으로 이루어지므로 가장 먼저 목을 가누게 되고, 가슴과 등의 근육을 통제하게 되며 다리의 움직임을 가장 늦게 조절하게 된다. 신체조직의 성숙과 감각기능의 발달로 신생아기에 주로 나타나던 단순한 반사운동은 사라지고 머리와 몸통의 통제, 손의 조절 능력과 보행 운동 능력이 발달하게 된다(이숙재 · 이봉선, 1999).

영아기에는 시간이 지남에 따라 이동운동과 근육운동의 기능도 발달하게 되는데, 이동운동은 시간에 따라 새로운 형태의 기능적 특징을 나타내면서 발달하므로 영아기 운동발달의 지표가 된다.

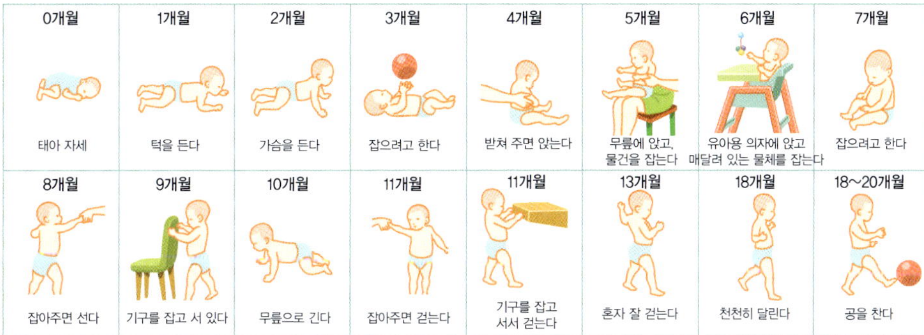

|그림 5-6| 영아의 운동기능 발달

출처 : Kail, R. V.(2004).

이동운동은 팔다리를 사용하여 몸을 한 장소에서 다른 장소로 이동시키는 운동기능으로 기어가기, 걷기, 달리기 등을 의미한다. 영아는 2~3개월경에는 가슴을 들고 물건을 잡으려고 하며, 3~4개월에는 뒤집기를 하고 받쳐주면 앉는 자세를 보인다. 8~10개월경에는 물건을 잡고 서 있을 수 있으며, 무릎으로 기게 된다. 13개월경에 혼자서 걷기 시작하다가 18개월경이 되면 달리기를 할 수 있게 된다. 또한 근육도 발달하게 되는데, 대근육의 발달에 기초하여 소근육의 발달이 이루어지고, 몸체가 발달하여 몸을 뒤집은 후에 사지가 발달하며 말초기관인 손가락과 발가락이 발달한다.

근육 운동기능은 근육의 크기와 신체 부위에 따라 대근육 운동과 소근육 운동으로 나누어진다. 대근육 운동은 팔, 나리, 몸통과 같은 대근육을 사용하는 운동으로 기기, 서기, 뛰뛰기, 걷기, 달리기, 계단 오르내리기, 공 던지기 등이 포함된다. 소근육 운동은 물건 잡기, 손가락으로 집기, 가위로 오리기, 단추 채우기,

신발 끈 묶기, 글씨 쓰기 등 소근육을 사용하는 운동을 말한다. 우리의 전통 육아 방법인 도리도리, 지암지암(잼잼), 곤지곤지, 짝짜꿍 등은 영아기의 대소근육 발달을 돕는 효과적인 방법이라 하겠다. 영아의 발달 시기별 대근육 운동과 소근육 운동의 발달은 다음과 같다.

〈표 5-2〉 영아기 대근육 운동 발달

시 기	내 용
4주 이전	엎어놓으면 머리를 들려고 한다. 누워 있을 때에는 머리를 한쪽으로 돌리고 있다.
4주	손은 주먹을 쥔 상태이고 팔다리는 펴는 자세일 때가 많다. 목은 아직 잘 못 든다.
16주	엎어놓으면 머리를 90도로 들 수 있고 머리를 가눌 수 있다. 반듯이 누워 있으며 몸을 약간 자유로이 움직일 수 있다.
28주	앞으로 기울이면서 앉을 수 있고, 세우면 다리를 껑충껑충 뛰고 뒤집을 수 있다.
40주	혼자 앉고, 기어다니고, 붙잡고 일어선다.
12개월	혼자 서고, 한 손으로 잡고 걷는다.
15개월	혼자 걷고, 계단을 기어 올라가고, 공을 발로 찰 수 있다.
18개월	혼자 잘 걷는다. 한 손으로 잡고 층계를 걸어 올라간다. 조금씩 뛸 수 있다.
2세	넘어지지 않고 잘 뛴다. 발로 큰 공을 찰 수 있다. 계단을 혼자 오르내린다.

〈표 5-3〉 영아기 소근육 운동 발달

시 기	내 용
4주 이전	움직이는 물체나 소리에 반응한다.
4주	움직이는 물체를 중앙선까지 따라가며 볼 수 있다.
16주	천천히 움직이는 물체를 주시할 수 있다. 장난감을 보면 잡으려고 손을 옴지락거린다. 물체를 주면 쥘 수도 있다.
28주	한 손으로 장난감을 잡을 수 있고, 잡은 장난감을 다른 손으로 옮겨 쥘 수도 있으며, 장난감을 흔들 수도 있다.
40주	숨겨진 장난감을 찾을 수 있고, 2개의 장난감을 쥐고 맞부딪쳐 소리를 내기도 하며, 미세한 동작도 약간 가능해 작은 물체를 엄지와 집게손가락으로 집을 수도 있다.

12개월	음식을 엄지와 집게손가락으로 정확히 집어서 먹을 수 있다. 장난감을 달라고 하면 주기도 한다. 공을 던질 수도 있다.
15개월	크레용으로 선을 그리는 시늉을 한다. 2개의 정육면체를 쌓을 수 있다. 그리고 작은 조각들을 병에 담을 수도 있다.
18개월	3개의 정육면체를 쌓을 수 있고 크레용으로 종이 위에 마구 그을 수 있다.
2세	6개의 입방체를 쌓을 수 있다. 수평선을 그리고 원을 그리는 흉내를 낼 수 있다.

② 유아기의 운동기능 발달

유아기가 되면 영아기의 통통하던 모습이 점차 사라지고 보다 어린이에 가까운 모습으로 변화해 간다. 영아기를 거쳐 신체적인 성장과 기초적인 운동 능력을 지니게 된 유아는 타고난 호기심으로 주변 환경을 적극적으로 탐색하고 자신의 운동 능력을 시험하며 바쁘게 움직이는데, 이러한 행동들은 유아의 신체운동 발달을 돕는다.

유아기에는 달리기나 뜀뛰기와 같은 대근육을 사용하는 운동기술과 가위질하기, 색칠하기, 단추 끼우기, 젓가락질과 같은 소근육을 사용한 몸놀림이나 운동 능력이 많이 발달한다. 이와 같은 대 · 소근육의 발달로 유아는 신체의 균형유지와 각 부분의 협응력이 향상되는데, 이러한 능력의 발달은 유아의 긍정적인 자아개념 형성과 또래관계에서 중요한 역할을 한다.

3, 4세가 되면 유아는 달리거나 뛰는 것 자체에 흥미를 느끼기 시작하지만 처음에는 똑바로 잘 달리지 못하다가 6세경이 되면 안정된 자세로 잘 달리게 된다. 또한 공 던지기를 좋아하고 미끄럼이나 그네와 같은 놀이기구를 즐기게 되며 특별히 자전거를 선호하기도 한다. 3세경이면 세발자전거를 탈 수 있고 5, 6세가 되면 두발자전거도 탈 수 있게 된다.

한편 가위질하기, 젓가락 이용하기, 종이접기, 퍼즐 끼우기와 같이 손으로 사물을 조작하는 소근육 운동 능력도 많이 발달하게 되는데, 이러한 기술들은 놀이의 형태로 반복하여 제공해 주어서 유아가 즐겁게 습득을 할 수 있도록 해주는 것이 좋다. 유아기의 운동 능력 발달은 그 이전 시기와는 달리 자아개념 형성과 또래관계에 영향을 미치게 된다.

〈표 5-4〉 유아의 대근육 운동 및 소근육 운동 기술

연 령	대근육 운동	소근육 운동
3⅓세	• 속도를 줄이거나 내면서 달릴 수 있다. • 발끝으로 중심을 잡을 수 있다. • 깨금발을 뛸 수 있다. • 튀는 공을 잡을 수 있다.	• 미숙하게나마 사각형을 따라 그릴 수 있다. • 가위를 사용할 수 있다. • 간단한 퍼즐을 완성할 수 있다.
4세	• 4~8초 동안 한 발로 균형을 잡을 수 있다. • 양발을 교대로 계단을 내려갈 수도 있다.	• 사각형을 그릴 수 있다. • 앞단추를 채울 수 있다.
4½세	• 매우 잘 뛴다. • 장애물 넘기를 할 수 있다. • 신발 끈의 매듭짓는 것을 제외하고 혼자 옷을 입을 수 있다.	• 삼각형을 알아볼 정도로 그릴 수 있다.
5세	• 두 손으로 잡는다. • 공을 튀길 수 있으며 잡을 수 있다. • 줄넘기를 잘 할 수 있다.	• 단추를 잘 채울 수 있다.

출처 : 정미라 외(2006), p. 217.

2 생리적 기능

1) 수 면

신생아는 하루 중 거의 대부분을 잠을 자며 보내지만 생후 6개월 정도 되면 대부분의 영아가 점차 낮에는 깨어있고 밤에 자는 성인의 수면 양상을 보이게 된다. 생후 1개월간 하루 18시간의 수면에서 2세가 되면 12~14시간으로 수면시

간이 줄어들게 된다. 이와 같은 경향은 출생 시 미성숙했던 뇌의 성장과 연령 증가에 따른 낮 동안의 활동 시간의 증가, 낮잠 시간과 횟수의 감소 등에 따라 전체 수면시간이 줄어들기 때문이다. 낮에는 깨어있고 밤에 자는 리듬을 형성하는 것은 초기 영아기의 중요한 발달과업 중 하나이다.

뇌의 성장에 따라 수면의 종류에도 변화가 생기는데 빠른 안구 운동이라고 부르는 REM(Rapid Eye Movement) 수면의 비율이 점차로 감소한다. 흔히 꿈의 수면이라고 불리는 REM 수면은 심박과 혈압의 변동은 물론 자고 있는 동안에도 눈동자를 빠르게 움직이는 것이 특징이며 많은 양의 REM 수면은 뇌의 발달을 촉진시킨다(정옥분, 2004). 신생아는 수면의 많은 부분이 REM 수면이지만 자라면서 그 비율이 급격히 감소한다.

수면시간에는 상당한 개인차가 있으나 영아기 동안의 표준적인 수면시간을 제시해 보면 다음과 같다.

〈표 5-5〉 영아기 동안의 낮잠 횟수 및 수면시간

연 령	낮잠 횟수	총 수면시간
0~2개월	7~8회	18~20
2~6개월	3~4회	16~18
6~12개월	2~3회	14~16
12~24개월	1~2회	12~14

출처 : 이숙재 · 이봉선(1999), p. 126.

영유아는 성장하면서 점차 규칙적인 수면습관을 갖게 된다. 활동량이 많은 2~5세의 유아는 10~12시간 정도, 5세 이상의 유아는 10시간 이상의 수면이 필요하다. 유아도 건강과 성장을 위해서 야간 수면은 물론 1일 1회 이상의 낮잠이 필요하므로, 장시간 영유아를 돌보아야 하는 영유아교육기관에서는 건강을 위해서 낮잠시간을 갖는 경우가 일반적이다.

토론해 보세요

영유아의 건강한 성장을 위해서는 낮잠이 반드시 필요합니다. 영유아교육기관에서 이른 아침부터 저녁까지 하루 종일을 보내야 하는 영유아들에게도 낮잠은 필수적입니다. 그런데 학부모 중에는 여러 가지 이유로 자신의 자녀는 낮잠을 재우지 말아 달라고 요구하는 경우가 있습니다. 만약, 내가 그 영유아의 교사라면 학부모에게 낮잠의 중요성과 필요성에 대해 어떻게 설명하고 설득할 것인지 생각을 정리해 보고 친구들과 토론해 보기 바랍니다.

2) 영양 섭취

영아가 신체적 성장을 이루기 위해서는 충분한 영양의 섭취가 매우 중요하다. 영아기에 영양이 적절하지 않으면 신체발달뿐만 아니라 인지나 사회적 발달도 순조롭게 진행되기 어렵기 때문이다. 모유는 시간이 흐르면서 영양분이 점차 소실되어 영아의 성장발육에 크게 도움이 되지 못하게 되고 영아의 활동은 점점 더 왕성해지면서 영아가 필요로 하는 칼로리와 영양소의 섭취량도 점차 증가하게 된다. 생후 5~6개월이 되면 모유만으로는 발달에 충분한 영양분을 공급해 줄 수 없으므로 이유식을 시작할 필요가 있다.

이유란 아기의 영양원이 모유나 우유에서 점차 고형 음식으로 바뀌어 가는 것으로 아기의 발달에 충분한 영양분을 공급해 주기 위한 것이며 이유의 시기는 영아에 따라 개인차가 크다. 이유를 시작하는 시기는 아기의 발육이나 건강상태 등을 고려해야 하며, 강제로 젖을 떼거나 조급하게 서둘러서는 안 된다. 이유식은 젖을 먹기 전에 먼저 주도록 하고, 이유식의 양을 점차로 늘려가면서 젖을 줄여나가야 한다. 이유식은 영아의 소화기관에 부담을 주지 않으면서 영양소가 골고루 포함된 음식으로 제공한다. 약 12개월 정도가 되면 영아의 이유식을 유아식으로 바꾸어 제공하는 것이 좋은데, 이때에도 성인과 똑같은 형태로 먹기보다는 부드럽고 잘게 썬 음식을 먹도록 한다.

〈표 5-6〉 월령별 이유식 단계의 예

단계	이유식	월령
초 기	미음 1단계 미음 2단계	만 4~6개월 만 5~6개월
중 기	죽 1단계 죽 2단계	만 6~7개월 만 7~10개월
후 기	진밥	만 10~13개월
완료기	아기밥	만 13개월 이상

유아기는 성장과 발육이 가장 빠르게 이루어지고 운동기능의 발달로 신체 활동량이 많은 시기이므로 발육과 활동에 필요한 영양소를 적절히 섭취해야 한다. 유아는 하루 세 끼의 식사 외에 간식이 필요한데, 간식은 소화가 잘 되고 영양가 있는 음식을 준비하고, 식사에 영향을 주지 않도록 소량을 먹도록 해야 한다. 유아기에는 활동량의 증가로 식욕이 증가하고 음식에 대한 흥미가 생기며 식사태도를 이해하기 시작한다. 유아기에 형성되는 음식에 대한 기호, 식사습관 등은 일생을 통해 지속될 수 있기 때문에 올바른 식사습관에 대한 지도가 필요하다.

3) 배 설

신생아의 검고 끈적끈적한 태변은 생후 3~4일이 지나면 누런색의 보통 변으로 변한다. 아기는 대변과 소변을 통제할 수 있는 근육과 신경의 미성숙으로 인해 생후 6~7개월 이전에는 직장이나 방광이 꽉 차면 반사적으로 대소변을 배설하게 된다. 대변은 생후 8주가 되면 하루에 두 번 정도 배설하고 6개월 이후에는 한 번 배설한다. 소변의 경우 생후 12개월까지는 보통 2시간 간격으로 배설하지만 연령이 증가할수록 소변의 배설 간격이 길어지고, 그에 따라 소변을 배설하는 횟수는 줄어들고 소변의 양이 많아진다. 대소변을 가리는 배변훈련은 괄약근을 통제할 수 있는 시기에 시작할 수 있는데 개인차가 있으나 18개월에서 24개월 사이에 실시할 수 있다. 대소변 가리기는 영아의 건강상태나 정서상태에 따라 차이가 나기 때문에 무리하게 강요하지 않는 것이 좋다. 영아가 비록 대소변을 가릴 수 있다고 하더라도 4~5세까지는 가끔 실수를 하는 경우가 있을 수 있다. 낮 시간 동안 피곤했거나 긴장했을 때, 잠자리에 들기 전에 수분이 많은 과일이나 음료수를 많이 먹었을 때 실수하기가 쉬우므로 미리 용변을 보고 편안한 마음으로 잠들 수 있게 해준다.

〈표 5-7〉 연령별 배설기능의 발달단계

<table>
<tr><th colspan="2">장 조절(배변)</th><th colspan="2">방광 조절(배뇨)</th></tr>
<tr><td>6개월</td><td>장 움직임의 조절 시작</td><td>15~16개월</td><td>방광 조절 시작</td></tr>
<tr><td>18개월</td><td>장의 움직임이 있음을 지각</td><td>18~24개월</td><td>소변을 보고자 하는 신호를 보임</td></tr>
<tr><td>18~ 20개월</td><td>움직임이 다가온다는 신호를 보임</td><td>2년~ 2년 6개월</td><td>소변을 보기 위해 혼자 변기로 가며 흥분, 피로, 병 또는 어떤 활동에 몰두한 탓으로 실수를 할 때를 제외하고는 낮 동안 배뇨 통제 능력이 생김</td></tr>
<tr><td>2년</td><td>흥분, 피로, 병으로 인해 실수하는 경우를 제외하고는 조절 능력이 생김</td><td rowspan="2">3년~ 3년 6개월</td><td rowspan="2">가끔 실수를 하지만 밤에도 통제력이 생김</td></tr>
<tr><td>2년~ 2년 6개월</td><td>대변을 보기 위해 혼자 변기로 감</td></tr>
</table>

출처 : 조운주 · 최일선(2020), p. 121.

4) 기본생활습관 교육

(1) 수면습관

수면은 사고와 행동을 위해서 사용했던 뇌의 신경세포들을 쉬게 하고 섭취한 음식물을 소화하고 흡수하도록 하기 때문에 건강한 생활을 위해서 반드시 필요하다. 영유아가 잠을 충분히 자지 못하면 심리적으로 불안한 상태가 되고, 생활의 리듬이 깨져 까다롭고 예민하게 된다. 수면부족은 영유아의 식사나 배변과 같은 생활습관 형성에도 부정적인 영향을 미치므로 유아가 숙면을 취할 수 있도록 바람직한 수면습관 형성은 매우 중요하다.

영유아에게 길러주어야 하는 수면습관은 일정한 시간에 잠을 자고, 잠투정을 하지 않고, 충분한 시간 동안 숙면을 하도록 하는 것이다. 또한 잠들기 전에는 음식물을 먹지 않고, 화장실에 다녀오고, 자신의 침구를 스스로 정리하는 것이 습관이 되도록 지도한다. 영유아는 밤사이의 수면뿐만 이니라 낮잠도 필요한데 낮잠을 잘 자지 않는 유아의 경우에는 조용한 놀이나 휴식을 취하게 해야 한다.

(2) 식사습관

영유아기에 필요한 영양소를 골고루 섭취하기 위해서는 바른 식사습관이 필요한데, 올바른 식사습관은 영유아의 건강과 발육에 영향을 줄 뿐만 아니라 식사하는 과정에서 정서적인 만족감과 안정감도 느낄 수 있다. 최근에는 영유아의 편식과 비만이 증가하면서 식사습관의 중요성에 대한 관심이 더욱 높아지고 있다. 영유아들이 점차 영유아교육기관에서 생활하는 시간이 늘어나면서 기관에서 제공하는 점심이나 간식을 먹는 기회도 증가하게 되어 영유아의 식사습관 지도는 부모뿐만 아니라 교사도 함께 책임을 지게 되었다.

영유아기에 올바른 식사습관의 기초를 마련하기 위해서는 영유아들의 발달 특성을 고려하여 적절한 음식을 제공하고, 바른 음식에 대한 기호와 태도를 기르고, 바른 식사예절 및 규칙을 지키도록 지도해야 한다. 영유아들이 바른 식사 습관을 갖기 위해서는 몸에 좋은 음식이 무엇인지 알아야 하고, 음식에 대한 바른 기호를 갖게 하는 것이 필요하다. 또한 다른 사람들과 함께 즐거운 마음으로 식사하기 위해서는 기본적인 식사예절도 알아야 한다. 영유아들에게 필요한 기본적인 식사습관 지도내용에는 음식을 골고루 먹기, 적당량을 남기지 않고 먹기, 바른 자세로 음식 먹기, 먹기 전에 손을 씻고 먹은 후에는 이닦기, 자리에 앉아서 먹기, 다 먹은 후 스스로 정리하기 등이 있다.

|그림 5-7| 영아의 식사 모습

|그림 5-8| 유아의 식사 모습

(3) 배변습관

영아들은 일반적으로 방광과 항문의 괄약근을 통제할 수 있는 생리적 능력이 생기기 시작하는 18~24개월 사이에 배변훈련을 시작하고 대부분 3~4세가 되어야 완료된다. 대소변 훈련을 일찍 시작했다고 해서 반드시 대소변을 빨리 가리는 것은 아니다. 대소변을 잘 가리던 영유아도 신체적 · 심리적 · 환경적 요인에 따라서 가끔 실수할 수 있다는 것을 기억하는 것이 필요하다. 실수를 한 경우에는 야단을 치거나 민감하게 반응하기보다 영유아를 따뜻하게 위로하고 안심시키며 처리해 준다. 영유아의 실수를 줄이기 위해서는 스스로 입고 벗기 편한 옷을 입히는 것이 좋다. 배변훈련을 시작하는 첫 단계에는 영아가 소아용 변기에 인형을 활용하여 배변하는 것을 놀이형식으로 연습해 본 후 자신이 소아용 변기에 앉아서 천천히 사용법을 익히도록 지도한다.

배변훈련에서 중요한 것은, 영유아의 발달과 개인차를 고려하지 않은 강압적인 훈련은 스트레스가 되어 영유아의 정신건강이나 성격형성에 해로울 수 있으므로 따뜻한 격려로 자연스럽게 점진적으로 접근하는 것이다. 배변훈련이 이루어진 후에는 규칙적인 배변과 화장실 사용에 필요한 예절이 습관이 될 수 있도록 지도를 해주어야 한다. 영유아들에게 필요한 배변습관 지도내용에는 규칙적으로 대소변을 보는 습관 기르기, 대소변 후에 손 씻기, 노크하기, 화장실 깨끗하게 사용하기, 휴지와 물, 비누 아껴쓰기 등이 있다.

|그림 5-9| 배변훈련을 하는 모습

3 뇌와 신경계

아기는 수정란부터 시작하여 9개월 이후에는 약 5백억~1천억 개의 신경세포를 포함하고 있는 뇌와 신경 체제를 가지고 태어난다. 뇌 발달은 크기뿐 아니라 형태와 뇌세포 간의 밀집도 그리고 뇌세포 간의 전달속도가 변화하는 과정이다. 아기의 뇌는 생의 초기에 놀라운 속도로 성장하여 출생 시에 신생아 뇌의 무게는 성인 뇌의 약 25%이던 것이 2세가 되면 성인 뇌 무게의 75%가 된다. 태내

마지막 3개월부터 생후 첫 2년까지는 성인 뇌 무게의 절반 이상이 생성되기 때문에 두뇌 성장 급등의 시기라고 불린다(최경숙, 2006). 6세가 되면 뇌의 무게는 성인 뇌의 70~90%로 증가하는데, 뇌의 무게가 증가하는 것과 아울러 뇌의 신경계는 수많은 시냅스가 형성된다. 유아기는 이전 단계인 영아기에 형성된 뇌의 신경 연결망을 공고히 하기 위해 특정한 투입 정보에 반응하는 매우 중요한 시기이다.

1) 신경발달

수정란이 자궁 속에서 발달함에 따라 점차 중추신경계도 발달하게 되는데, 중추신경계는 배아의 등 쪽에 속이 비어있는 길쭉한 신경관 형태로 비롯되었다가 임신 5주경부터 세포분열을 통해 커다란 신경세포인 뉴런(neuron)이 형성되면서 관 모양의 형태가 사라지게 된다. 수정 후 약 100일 정도가 되면 태아의 뇌는 인간의 뇌 모습을 갖추게 되는데, 신경관 가운데 빈 공간은 뇌실이 되고 세포가 부풀어진 부분들이 생겨나면서 각각 전뇌, 중뇌와 후뇌를 이룬다. 임신 5~6개월경에는 뉴런의 증식이 거의 완료된다.

뉴런은 뇌와 신경계의 기본 단위로 신경자극을 받아들이고 전달하는 역할을 하는 세포이다. 뉴런은 세포체, 수상돌기, 축색돌기, 말초신경섬유로 구성되어 있다.

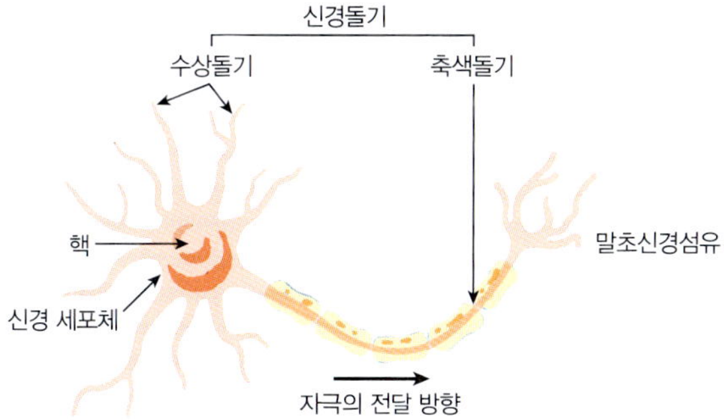

|그림 5-10| 뉴런의 구조

나뭇가지 모양의 수상돌기는 신경전류를 받아들이는 역할을 하고, 세포체에 연결되어 있는 관 모양의 축색돌기는 세포체로부터 다른 세포로 정보를 전달한다. 축색돌기의 끝부분에 위치해 정보를 전달하는 역할을 하는 말초신경섬유는 두 개의 뉴런이 연결되는 지점이다. 한 뉴런의 말초신경섬유와 또 다른 뉴런의 수상돌기가 연결되는 부분을 시냅스(synapse)라고 부르는데 대부분의 시냅스는 출생 후에 형성되고 그 수가 매우 많다. 영아는 성인보다 훨씬 더 많은 수의 시냅스를 가지고 있는데 시냅스의 생성은 실제로 사용될 것보다 거의 두 배가량 많게 만들어진다고 한다. 그러나 시냅스가 일단 형성된 후에 사용되지 않는 시냅스 연결은 다른 경로로 대체되거나 소멸되고, 사용되는 시냅스 연결은 더욱 강화되어 신경계의 효율성이 증대된다.

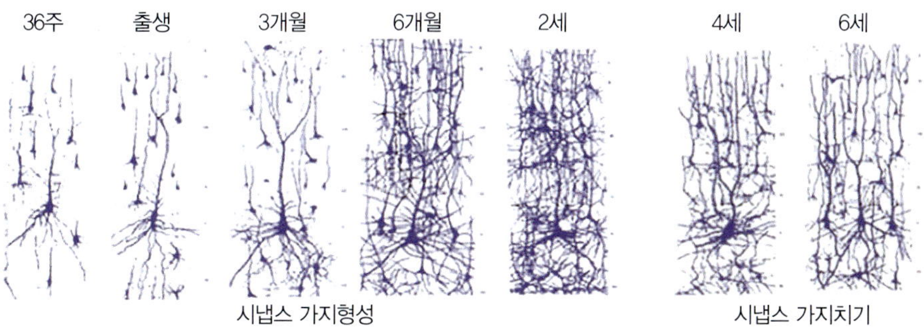

|그림 5-11| 시냅스의 형성과 가지치기

뇌의 발달은 과잉생성 후 선택적 소멸과정을 거치는데, 출생 전후에 가장 많은 뉴런을 가지고 있다가 발달과정을 통해 필요한 만큼의 뉴런과 시냅스를 만들어 가면서 불필요한 것을 버리게 된다.

2) 뇌의 구조와 기능

신생아의 출생 시 뇌의 무게는 평균 300~400g으로 성인 뇌 무게의 1/4이고 출생 후 6개월경이 되면 1/2이 된다. 두 돌 무렵이 되면 성인 뇌 무게의 3/4이 되고, 5세경에는 90%에 달한다(정옥분, 2004). 그러므로 영아기를 뇌의 성장 급등기라고 부른다. 뇌의 모든 부분은 동일한 속도로 성장하는 것이 아니라 발달하는 시기가 각기 다르다. 맥린(P. D. MacLean)은 인간의 뇌를 크게 뇌간, 변연계, 대뇌피질의 세 개 기본영역으로 구성되어 있는 삼위일체의 뇌로 분류하였다. 출생 시에 가장 많이 성숙되어 있는 영역은 뇌간과 중뇌인데, 뇌간은 의식 상태나 반사행동, 소화나 호흡 및 배설과 같이 생명유지에 필요한 생물학적인 기능을 통제한다. 뇌간의 뒤쪽에는 균형, 자세유지 및 근육기능의 협응을 담당하는 소뇌가 자리 잡고 있다. 뇌의 중간부위에 위치한 변연계는 주로 감정, 성욕, 식욕 등 인간의 본능적 욕구 충족에 중요한 역할을 담당한다. 변연계에는 감각정보가 대뇌피질에 전달되도록 하는 시상과 시상하부, 주로 공포나 불안의 정서에 관여하며 얼굴 표정 인식과 관련이 있는 편도체, 기억을 관장하는 해마 등이 있다. 뇌에서 가장 고등정신 기능을 다루는 부분은 대뇌피질로 대뇌의 바깥층을 이루면서 지각, 언어, 학습, 사고와 같은 지적인 기능에 결정적인 역할을 담당한다. 대뇌피질은 엽이라고 하는 네 가지 주요 영역으로 나누어지는데 전두엽은 자발적인 운동 및 사고와 관련되어 있고, 후두엽은 시각과 관련이 있으며, 측두엽은 청각 그리고 두정엽은 신체감각에 대한 정보처리와 관련이 있다.

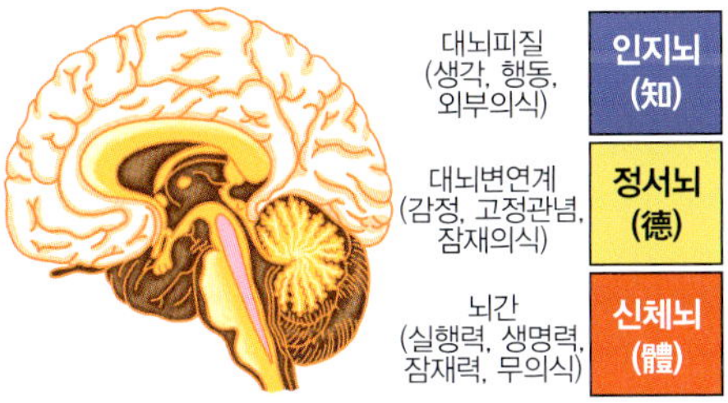

|그림 5-12| 뇌의 구조-삼위일체의 뇌

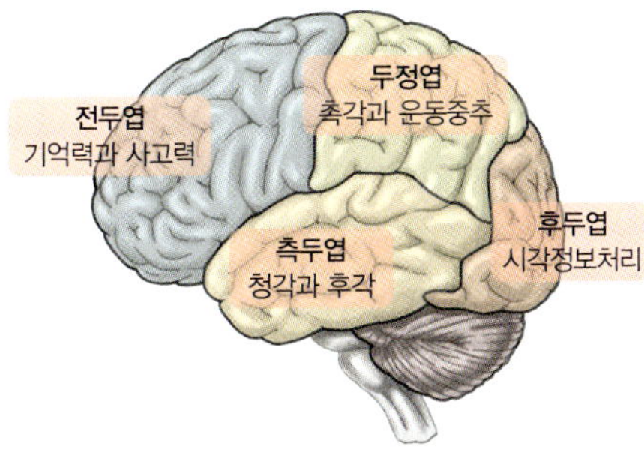

|그림 5-13| 대뇌피질의 구조

대뇌는 뇌량이라고 불리는 띠로 연결된 두 개의 반구로 이루어져 있는데 좌반구와 우반구는 서로 다른 기능을 하며 신체의 여러 영역을 통제한다. 좌반구는 신체의 오른쪽 부분을 통제하며 말하기, 듣기, 언어기억, 의사결정, 언어처리, 긍정적인 감정의 표현을 담당하는 중추를 가지고 있다. 우반구는 신체의 왼쪽 부분을 통제하며 시각-공간 정보의 처리, 음악과 같은 비언어적 소리, 촉각, 그리고 부정적인 감정의 표현을 담당한다. 이처럼 오른쪽 뇌와 왼쪽 뇌가 서로 구분하여 다른 기능을 하는 것을 대뇌 국소화라고 한다(최경숙, 2006). 뇌의 기능이 구분되어 있다고 하여 우반구와 좌반구가 완전히 독립적이라고 할 수는 없고, 좌반구와 우반구를 연결하는 뇌량이 각각의 기능을 통합하는 역할을 한다.

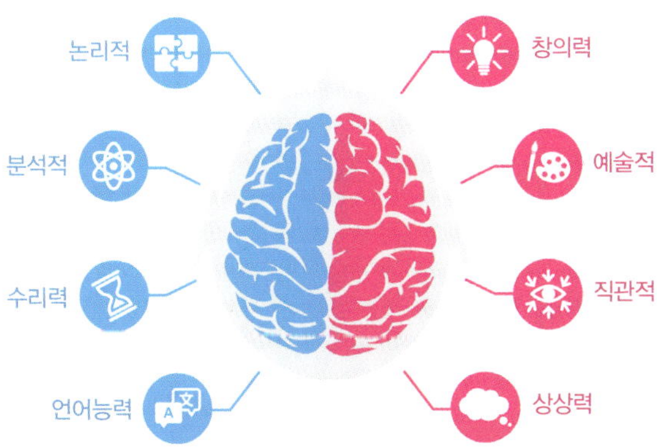

|그림 5-14| 좌뇌와 우뇌의 기능

출처 : https://medicalhani.com/2020/06/뇌신경한방재활-대뇌-1-좌반구-left-hemisphere/

테스트해 보세요

좌뇌는 추상적인 언어나 사고, 수학적 계산, 추리 능력에 뛰어나고, 우뇌는 전체를 보는 통찰과 협업, 예술적 직관에 강하다고 합니다. 내가 좌뇌와 우뇌 중 어떤 부분이 더욱 발달했는지 궁금하시면 인터넷 검색을 통해 좌뇌 우뇌 테스트를 해보시기 바랍니다. 그리고 좌뇌형 인간과 우뇌형 인간의 차이점에 대해 친구들과 의견을 나누어 보세요.

한편 인간의 뇌는 성장하는 과정에서 상당한 가소성(plasticity), 즉 유연성을 가지고 있다. 유아기에는 뇌의 특정 영역에서 손상이 발생되더라도 손상된 뇌기능을 다른 영역에서 대신 수행하거나 회로 연결을 재구성하는 등 뇌의 재구조화가 일어나게 된다. 그러나 뇌의 가소성은 뇌 발달의 민감기가 지나면 점차로 사라져 성인기에 일어난 뇌의 손상은 회복하기가 어렵다.

3) 교육적 적용

최근에는 뇌 과학에 관한 연구들이 축적되면서 영유아의 뇌 발달과 사회문화적 환경 조건과의 연관성, 뇌과학이 학습과 발달에 미치는 영향, 마음, 두뇌 그리고 교육의 연관성을 밝히고자 하는 시도가 이루어지고 있다. 영유아의 뇌는 단계별로 적절한 교육을 받아야 정상적으로 성장한다. 적절한 자극은 뇌 기능 발달에 도움이 되고, 과도한 자극은 뇌 기능을 손상시킨다. 뇌 과학의 연구결과를 통해 연령별 뇌 발달 단계와 지원방법을 알아보면 다음과 같다(이기숙, 2015).

(1) 0~2세 : 오감 발달기

뇌의 신경세포들을 연결하는 시냅스가 가장 왕성하게 형성되는 시기로 뇌가 전체적으로 고루 발달하도록 오감을 적극적으로 활용하여 다양한 자극을 주어 경험하도록 하는 것이 좋다. 물체의 탐색과 더불어 정서적인 안정감이 형성되는 시기이기도 하므로 양육자와의 관계에서 기본적 신뢰감과 안정적인 애착 형성이 이루어지도록 한다.

(2) 2~4세 : 자아 형성기

전두엽과 변연계가 발달하는 시기로 종합적인 사고와 도덕성이 집중적으로 발달하므로 바른 생활습관을 길러주어야 한다. 또한 감각적인 뇌가 가장 많이 발달하는 시기이므로 직접 보고, 듣고, 만지는 체험이 필요하다. 양육자와의 안정적인 정서관계를 기초로 대소근육 운동을 하면서 긍정적인 또래관계를 형성하도록 격려해 주어 긍정적인 자아개념과 사회적 능력을 함께 키워주어야 한다.

(3) 4~6세 : 창의력 발달기

전두엽과 우뇌가 발달하면서 창의력과 사고발달의 기초가 이루어지고 정서발달이 안정되는 시기로 대화를 통해 타인의 감정이나 정서와 관련된 이야기를 나눌 수 있다. 영유아와 함께 그림이나 특정 주제를 가지고 이야기를 나누는 경험은 창의력과 사고 능력 발달에 도움이 된다. 또한 구체적이고 다양한 경험을 통해 생각하는 힘을 키워주고, 또래와의 놀이를 통해 관계형성을 도와주고, 예절과 도덕성의 기초가 형성되는 시기이므로 인성교육을 적극적으로 실시한다.

(4) 6~12세 : 언어 발달기

두정엽과 언어를 담당하는 측두엽이 빠르게 발달하는 시기로 한글에 관심을 보이며 어휘력과 문장 이해력이 급격히 성장한다. 두정엽은 감각피질, 공간인식, 주의집중을 관장하는 부위들로 구성되어 있어 이 시기는 발달에 적합하게 구성된 수학이나 과학과 관련된 활동을 하기에 효과적인 시기이다. 이 시기부터 뇌의 구조가 점차 복잡해지고 두뇌 영역 간의 정보처리 속도가 빨라져서 유아기에는 뇌기능의 통합과 연결을 통해 사고가 발달하고, 초등학교 고학년이 되면 개념을 이해하고 추상적인 논리를 펼 수 있게 된다.

영유아의 뇌 발달을 위해서는 행복한 정서적 경험을 통해 주변의 사람들과 강한 정서적 유대감을 형성할 수 있도록 지원하고, 상상력과 창의력을 키울 수 있도록 이야기책을 많이 읽도록 하며, 종합적이고 창의적인 사고를 하도록 다양한 경험을 직접 체험해 보도록 하는 것이 중요하다. 또한 감정과 인성을 관장하는 전두엽이 발달하는 시기이기도 하므로 본능과 충동을 적절히 억제할 수 있는 자기조절 능력과 기본생활습관의 형성, 다양한 인성교육 프로그램을 적극적으로 실시할 필요가 있다.

팝콘 브레인을 아시나요?

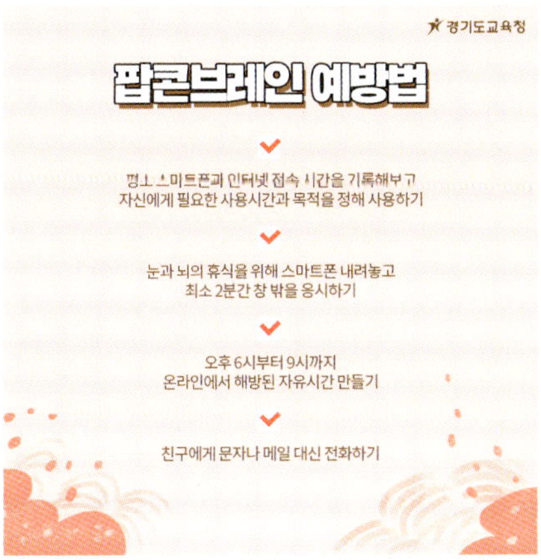

출처 : 경기도 교육청 블로그(https://blog.naver.com/go_edu/222037346817).

■ 배운 내용을 확인해 보세요

영아기는 제1 성장급등기라고 부를 만큼 커다란 변화를 가져오는 시기입니다. 영아가 얼마나 빠르게 성장하는지 알아보기 위해서 다음의 칸을 채워보세요.

키		몸무게	
1개월		1개월	
6개월		6개월	
1세		1세	
2세		2세	
신체 비율		**치아**	
1개월		1개월	
6개월		6개월	
1세		1세	
2세		2세	

■ 다양한 자료를 찾아서 정리해 보세요

한국 전통사회의 자녀교육법 중에서 태교 이외에 재조명되고 있는 것으로 '단동치기십계훈(檀童治基十戒訓)'이 있어요. '단동십훈(檀童十訓)'이라고도 합니다. 대부분의 가정에서 오랫동안 사용되어 내려오던 자녀양육 방법으로 누구나 들어보면 알 수 있는 것입니다. 다양한 방법을 활용하여 단동십훈의 내용을 찾아보고 다음 칸에 간단하게 정리해 보세요.

■ 찾아보세요

영유아의 발달 특성에 따라 영아의 경우에는 주로 대근육을 발달을 도와주고, 유아는 보다 섬세한 소근육을 발달시켜 주는 것이 좋습니다. 인터넷 검색을 통해 영유아의 대근육과 소근육을 발달시키는 데 도움이 되는 놀잇감에 무엇이 있을지 찾아보기 바랍니다.

대근육 발달을 돕는 놀잇감	소근육 발달을 돕는 놀잇감

CHAPTER 06

인지발달

1. 인지발달
2. 기억 능력의 발달
3. 창의성 발달
4. 도덕성 발달

CHAPTER 06

인지발달

인지(認知, cognition)의 의미를 사전적으로 풀이하면 '어떤 사실을 인정하여 아는 것'이다(표준국어대사전, 2018). 즉, 인지란 외부의 자극을 받아들이고, 저장하고, 인출하는 일련의 정신 과정을 의미하며 지각, 기억에서부터 상상, 추리, 판단 및 문제해결의 과정이 모두 포함된다. 인간의 인지는 출생 이후에 다양한 경험의 축적을 통해 서서히 성장하고 발전하며 인지가 발달함에 따라 영유아가 세상을 이해하는 폭도 점점 넓어지게 된다.

영유아가 세상을 어떻게 이해하고 어떤 시각으로 바라보는지를 아는 것은 교사가 영유아를 지도하기 위한 가장 기초적인 자료가 된다. 따라서 이 장에서는 인지발달의 대표적인 학자인 피아제, 비고츠키의 이론을 바탕으로 인지발달의 단계 및 특성을 살펴보고, 인지발달과 밀접한 연관이 있는 지각발달과 기억발달, 그리고 창의성과 도덕성 발달에 대해서 살펴보고자 한다.

나는 얼마나 알고 있을까요?

영유아의 인지발달에 대한 다음 설명을 읽고 옳다고 생각하면 '예', 옳지 않다고 생각하면 '아니요'에 표시해 보세요.

1. 예 □ 아니요 □ 아기는 성인과 사고하는 방식은 같지만 지식의 양이 적다.
2. 예 □ 아니요 □ 유아의 사고발달을 위해 또래 놀이가 중요하다.
3. 예 □ 아니요 □ 인간의 뇌는 수집된 정보를 모두 부호화한다.
4. 예 □ 아니요 □ 인간의 장기기억 용량은 연령에 따른 변화 없이 일정하다.
5. 예 □ 아니요 □ 지능검사(IQ)는 인간의 모든 인지 능력을 측정한다.
6. 예 □ 아니요 □ 창의성은 독창적이면서 사람들에게 적절하여야 한다.
7. 예 □ 아니요 □ 창의성은 발달단계에 따라 질적으로 다른 형태의 창의성으로 발현된다.
8. 예 □ 아니요 □ 도덕성은 타율적인 도덕성에서 자율적인 도덕성의 방향으로 발달한다.

정답 : 1) 아니요 2) 예 3) 아니요 4) 예 5) 아니요 6) 예 7) 예 8) 예

1 인지발달

영유아가 사고하는 방식은 성인과 질적으로 다르다. 영유아가 성인으로 성장하기까지 사물을 인식하고 학습하며 사고하는 방식은 여러 단계의 변화과정을 거친다. 이러한 영유아기의 인지발달 과정을 피아제(Jean Piaget)는 유기체와 환경의 상호작용 과정으로 설명하고, 비고츠키(Lev Vygotsky)는 사회적 학습의 과정으로 설명한다. 영유아기 인지발달의 과정과 발달단계별 특징을 살펴보면 다음과 같다.

1) 인지발달의 과정

피아제는 인간은 본래 발생학적으로 인식할 수 있는 시적 능력을 가지고 태어났지만, 이는 완성형이 아니라고 하였다. 인간은 뇌가 성숙하고, 신체가 성숙함에 따라 끊임없이 환경과 상호작용하면서 적응해 나아가는데, 이것이 인지발달 과정이다. 피아제는 행동주의자들이 실험실 상황의 고안된 실험을 통해 인간의 발달 과정을 설명한 것과는 달리, 자연환경에서 나타난 영유아의 행동을 광범위하게 관찰하였다. 그는 인지발달 과정을 도식과 적응(동화, 조절), 평형화의 개념으로 설명하였고 인지발달 과정에서 영유아가 매우 역동적이고 구성적이며 적극적인 주체임을 발견하였다.

비고츠키는 인지발달을 사회적 문화전달 측면에서 설명하였다. 그는 인지발달은 영유아가 과제를 혼자서 해결할 수 있는 실제적 발달수준과 성인, 혹은 유능한 타인의 도움을 받아 해결할 수 있는 잠재적 발달수준, 그리고 이 두 개의 발달수준 사이의 간극인 근접발달영역(ZPD : Zone of Proximal Development)에서 이루어지는 사회적 학습의 과정이라고 하였다. 인지발달 수준이 동일한 영유아라도 근접발달영역 안에서 어떠한 교수–학습 작용이 일어나는지에 따라 학습자의 현재 발달수준이 확장되는 폭이 달라지게 되며, 성인과 같은 수준으로까지 계속해서 발달해 나갈 수 있는지도 결정된다. 즉, 인간의 복잡한 정신 활동은 개인과 사회가 지속적으로 교류하는 과정에서 일어나며, 그 사회에서 개발되고 축적된 문화와 제도 등에 영향을 받는다. 그리고 이때 사회적 상호작용의 매개가 되는 것은 언어이다. 따라서 언어발달은 인지발달에 중요한 역할을 한다. 때때로 유아들은 문제해결을 돕기 위해 타인이 아닌 자신과 대화를 하기도 하는데, 이러한 개인적인 중얼거림을 혼잣말(private speech)이라고 한다. 혼잣말은 유아가 타인의 도움 없이 혼자서 문제를 해결하거나 목표를 성취할 때, 자신의 사고와 행동을 통제하고 이끄는 발판이 되며 시간이 지남에 따라 점차 내면화되면서 사라진다.

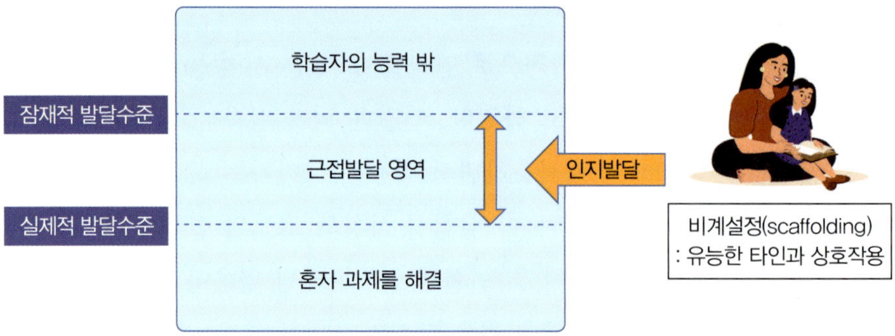

|그림 6–1| 비고츠키의 인지발달 이론

이처럼 비고츠키는 인지발달에 대해 피아제와는 다른 시각을 제시한다. 피아제는 인지발달을 독립적인 개체 발달로 본 반면, 비고츠키는 사회문화전달 측면에서 설명한다. 또한 비고츠키는 인간 정신의 발달을 과거의 성과가 아닌, 미래지향적인 잠재적 능력으로 본다는 점에서도 피아제와 대비된다. 즉, 유아의 실제적 발달수준은 이미 이루어진 정신발달의 수준을 지칭하는 반면, 근접발달영역은 앞으로 기대되는 미래의 인지발달 수준을 의미한다.

조금 더 알아보아요

혼잣말

인간은 생각을 언어로 한다. 언어를 습득하기 이전에는 신체적 운동이나 감각으로 기억을 하지만 언어를 습득한 이후에는 생각과 언어가 합쳐지면서 모든 생각을 언어로 한다. 언어는 외부 사건과 내부 체계를 정신적으로 표상할 수 있는 상징을 제공하기 때문이다. 비고츠키는 '혼잣말'이 그 증거라고 하였다.

"아니, 빨간 것 먼저 끼우고 다음에 파란 것..." (유아가 혼자 블록 맞추기에 집중하고 있다)

이처럼 우리는 종종 유아가 어려운 과제나 복잡한 조작의 문제에 당면했을 때, 성인들이 지시를 하여 도와주듯이, 스스로에게 말로 지시를 하면서 문제해결 방법을 찾아 나가는 모습을 볼 수 있다. 이러한 혼잣말은 영유아가 성장하면서 점차 내면화되고, 더이상 타인이 들을 수 없도록 내적 언어로 지시를 하게 된다. 그러나 이후 성인이 되어서도 새로운 도전에 직면하거나 어려운 문제에 부딪혔을 때에 종종 혼잣말을 하기도 한다.

토론해 보세요

인지 능력의 발달은 인간만의 특성이라고 합니다. 그러나 인공지능(Artificial Intelligence)의 개발은 인지 능력에 대한 정의를 새롭게 쓰게 합니다. 인간의 인지 능력을 기계가 따라올 수 있을까요? 오히려 인공지능은 인간에게 존재하는 인지 능력의 오류인 인지 편향(cognitive bias)을 극복하는 것은 아닐까요? 인공지능이 인간의 인지 능력을 추월할 수 있을지 토론해 보세요.

2) 인지발달의 단계

영유아는 각각의 인지발달 단계마다 질적으로 다른 고유의 사고방식으로 생각하며, 각 단계는 이전 단계에서 습득한 능력의 바탕 위에서 새로운 특성을 형성한다. 피아제가 제시한 인지발달 단계를 근거로 영유아기 인지발달의 특징을 정리하면 다음과 같다(Piaget, 1954; Slavin, 2008).

(1) 영아(0~2세) : 감각운동기(sensorimotor stage)

영아 시기는 감각기관과 운동기능을 통해 주변을 인식하는 시기이다. 이 시기의 사고는 언어가 나타나기 이전 단계이므로 오감각과 신체적 행동에 바탕을 두고 도식을 발달시키며, 감각과 운동기술을 통해 정보를 습득하고 주변 환경을 이해한다.

■ 영아 인지발달의 하위 6단계

영아기의 인지발달은 하위 6단계로 나누어 설명할 수 있다.

① 반사 단계(출생~1개월경) : 반사행동에 의존

신생아는 아직 자신과 외부 세계를 구분하지 못하며 행동 또한 제한적인 반사행동만을 한다. 그러나 이 시기의 아기는 생득적인 반사 반응을 반복하면서 환경과 상호작용하고, 이를 통해 점차 적절한 행동 도식을 발전시킨다. 예를 들면, 아기는 빨기 반사 반응을 반복하면서 빨기 도식을 발전시키는데, 처음에는 반사적으로 우유를 빨지만 점차 맛이 없거나 배가 부르면 빨기를 중단한다.

② 1차 순환반응 단계(1~4개월경) : 자신의 신체에 관심

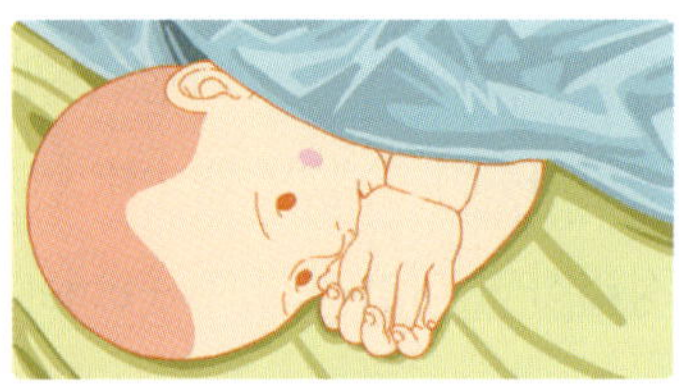

자신의 신체에 대한 탐색과 반복(순환) 행동으로 간단한 학습이 형성되는 시기이다. 우연히 일어난 자기 자신에 대한 1차적 신체 반응이 영아의 흥미를 유발하면, 다시 동일한 행동을 순환해서 반복하는 것을 의미한다. 예를 들어, 우연히

입속에 들어간 손을 빨았을 때, 기분이 좋은 경험을 한 영아는 손을 빠는 행동을 반복하게 된다. 다양한 반사행동에 숙달되면, 빨기-잡기, 보기-잡기와 같이 반사행동들 간의 협응이 이루어진다.

③ 2차 순환반응 단계(4~8개월경) : 외부의 사건과 대상에 관심

2차 세계인 주변의 외부환경에 대한 순환반응이 나타난다. 이 단계에서 영아는 반복되는 활동을 좋아하는데, 흔들거리거나 위아래, 또는 앞뒤로 왔다 갔다 움직이는 장난감들을 좋아한다. 자신의 행동이 주변 환경에 어떠한 영향을 미치는지를 탐색하면서 반복적인 행동을 하는 것이다. 그러나 이 단계의 영아는 환경과의 상호작용이 아직 우연한 수준을 넘지 못한다. 즉, 행동하기 전에 마음속에 어떤 목표를 가지고 행동하는 것이 아니라, 행동을 하다가 우연히 새로운 사물이 발견되어 이것이 흥미를 끌면 반복하는 단계이다.

④ 2차 순환반응 협응 단계(8~12개월경) : 인과개념 획득, 목적지향 행동

주변 외부 세계 탐색을 위해 기존의 도식을 협응하여 행동을 반복하는 단계이다. 전 단계에 획득한 도식을 기초로, 새로운 도식을 형성하며 새로운 상황에 사용하기 시작한다. 특히 이 시기 영아들은 이제 목적과 수단의 인과개념을 획득하여 의도적인 목적지향 행동을 보이며, 목표를 달성하기 위해 여러 개의 도식을 결합하기도 한다. 예를 들어, 공을 잡기 위해 공을 가로막고 있는 인형을 밀쳐내고 공을 잡을 수 있다. 그러나 여전히 대상 영속성을 완전히 획득하지는 못한 상태이다.

⑤ 3차 순환반응 단계(12~18개월경) : 실험적 사고

주변 환경을 변화시키기 위한 실험 행동을 반복하는 단계이다. 이 시기 영아는 자신의 행동이 어떻게 주변 환경에 영향을 미치는지를 알기 위해 실험을 한다. 즉, 자신의 행동이 흥미를 끄는 신기한 결과로 나타날 때, 그 행동을 반복하는데 똑같은 행동을 기계적으로 반복하는 것이 아니라 자신의 행동을 조금씩 변화시켜 새로운 결과가 나타나도록 일련의 창의적인 실험 행동을 되풀이한다. 예를 들어, 공 굴리기 놀이를 할 때, 공을 세게 굴리기, 살살 굴리기, 높이 던지기, 낮게 던지기 등으로 여러 가지 실험 행동을 한다.

⑥ 지적 결합과 정신적 표상의 단계(18~24개월경) : 정신적 표상, 지연모방

눈에 보이지 않는 사물을 정신적 심상으로 표상하기 시작하는 단계이다. 또한 실제로 행동으로 해보지 않아도 여러 가지 행동 도식을 결합하여 결과를 예측하기 시작한다. 그러므로 문제해결을 위해, 단순한 시행착오적 행동을 넘어 의도적인 탐색 행동이 나타난다. 예를 들어, 어제 가지고 놀던 공을 찾기 위해 항상 공을 넣어두었던 장난감 통에서 다른 장난감을 치우고 공을 찾아낸다.

▪ 영아기 인지발달의 특징

영아들은 반사적인 행동만을 하던 존재에서부터 점차 행동의 의도를 가지게 되고, 대상 영속성과 지연모방을 발달시키면서 생각하는 존재로 변화하여 간다.

① 목적지향적 행동의 발달

영아의 행동은 반사행동에서 의도가 있는 행동으로 발달한다. 반사행동을 반복하면서 자신의 행동과 주변에 미치는 영향 간의 인과개념을 습득하고, 점차 목적을 가지고 행동을 하게 된다.

② 대상 영속성(object permanence)의 발달

대상 영속성이란 대상이 눈에 보이지 않아도 그 대상이 계속해서 존재함을 인식한다는 개념이다. 피아제는 영아가 숨겨진 대상을 시각적으로 추적하여 찾는 행동을 관찰하여 대상 영속성의 발달 정도를 측정하였고, 이에 따라 다음과 같이 6단계의 대상 영속성 발달단계를 제시하였다.

대상 영속성 발달의 6단계

- 1단계(출생~1단계) : 눈 앞의 물체가 사라져도 더이상 찾지 않는다.
- 2단계(1~4개월) : 물체가 사라진 방향을 쳐다보지만 곧 흥미를 잃고 대상을 찾을 생각을 하지 않는다.
- 3단계(4~8개월) : 대상 영속성 개념이 형성되기 시작하는 시기로, 보고 있는 물체가 사라지면 대상을 찾는 행동을 한다. 그러나 물체가 시야에서 완전히 사라지면 더이상 찾으려고 하지 않는다.
- 4단계(8~12개월) : 대상이 시야에서 완전히 사라져서 보이지 않아도 찾는 행동을 하며 물체가 사라진 장소에서 찾는다. 그러나 대상 영속성의 개념이 불완전하여 아직 대상에 가해진 행동과 '대상'을 분리하지 못하고, A-not B의 오류가 일어난다.
- 5단계(12~18개월) : 눈 앞에서 물체를 여러 번 옮기면 가장 최근에 사라진 곳에서 대상물을 찾을 수 있다.
- 6단계(18~24개월) : 눈 앞에서 보지 않았어도 정신적 표상을 통해 물체가 사라진 이동 과정을 추적하여 대상을 찾아낼 수 있다.

대상 영속성 실험

7개월경 유아 – 대상 영속성 실패

가지고 놀던 장난감을 숨기자 더 이상 찾지 않는다.

https://youtu.be/rVqJacvywAQ

A – not B 오류

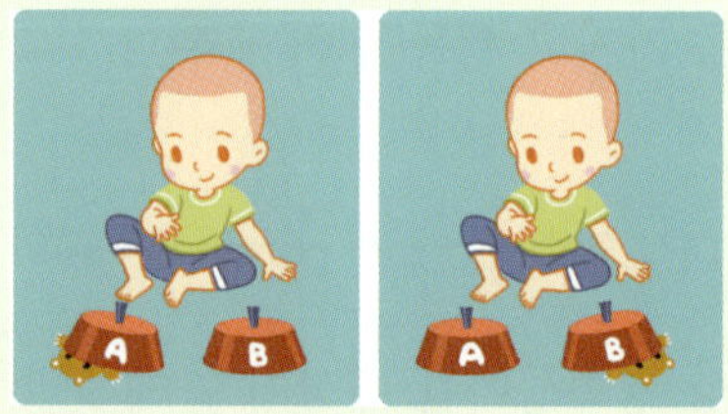

실험 1. 바구니 밑에 장난감을 숨기자 장난감을 들추어 장난감을 찾는다.

실험 2. A 바구니 아래에 장난감 숨기는 것을 반복하다가 장난감을 B 바구니 아래로 옮겨놓는다. 영아는 장난감이 옮겨지는 것을 보았음에도 불구하고 A에서 장난감을 찾으려고 한다.

https://youtu.be/4jW668F7HdA

조금 더 알아보아요

대상 영속성과 분리불안

분리불안(separation anxiety)은 정상 발달의 한 단계로, 영아가 부모나 주요 보모에게서 떨어지게 되면 불안해하는 현상이다. 분리불안은 일반적으로 생후 약 8개월에 시작하며 생후 10~18개월일 때 가장 극심하게 나타난다. 분리불안 증상은 대상 영속성을 획득하면서 해결될 수 있다. 영아는 부모가 눈앞에 보이지 않거나 목소리가 들리지 않아도 존재한다는 것을 알게 되면 더이상 불안할 필요가 없게 된다. 이때 부모는 눈에 보이지 않아도 부모가 꼭 돌아온다는 신뢰를 형성해 주는 것이 중요하다.

③ 지연모방(deferred imitation)

지연모방이란 영아가 어떤 행동을 목격하였을 때, 그 자리에서 바로 모방하는 것이 아니라 일정한 시간이 지난 후 자발적으로 재현하는 모방을 의미한다. 피아제는 18개월 된 자신의 딸이 친구 집에서 친구의 딸이 방바닥에 뒹굴며 고집을 부리는 모습을 지켜본 사흘 후에 그 행동을 그대로 모방하는 것을 관찰하고 이 무렵부터 지연모방이 획득된다는 사실을 확인하였다. 딸은 다른 아이의 행동을 보고, 그에 대한 심적 표상을 형성하여 저장하고 있다가 그 행동을 재현한 것이다.

방바닥에 뒹구는 친구를 지켜본 아이(18개월)	지연모방 획득, 심상적 표상 획득	사흘 뒤에 모방

|그림 6-2| 피아제의 지연모방 관찰

(2) 유아기(2~6, 7세) : 전(前)조작기(preoperational stage)

대상을 객관적인 실험적 절차로 다루는 조작적 행위가 불가능하며 논리적인 사고를 하기 이전의 단계이다. 전조작기 유아들은 정신적 표상이 가능하고 언어의 사용과 기억력, 상상력이 발달하지만 사고가 비논리적이며 비가역적 사고, 자기중심적 사고가 지배적이다.

■ 유아기 인지발달의 특징

① 상징적 사고(symbolic thinking) : 표상 능력 발달

유아는 영아기의 감각과 운동에 의존하였던 사고에서 벗어나 정신적 표상 능력을 형성하기 시작하고 이에 따라 상징적 사고가 가능하게 된다. 상징적 사고란 유아가 실제로 사물이 보이지 않아도 언어나 숫자, 이미지 등과 같이 의미가 부여된 상징을 사용하여 사고하는 능력을 의미한다. 상징적 사고가 발달하면서 상징 놀이와 언어의 발달, 그림 그리기가 가능해진다. 예를 들어, 상징 놀이에서 유아는 빈 그릇 장난감을 가지고 그릇 안에 음식이 담겨있는 것처럼 먹는 흉내를 내면서 실제 없는 사물을 떠올리며 가상할 수 있다. 또한 언어는 유아의 상징적 사고 발달을 가장 잘 나타내 주는 증거이며, 언어가 발달하면서 정신적 표상 능력의 발달 속도도 급속도로 빨라진다.

② 직관적 사고(intuitive thinking) : 중심화(centration)

직관적 사고란 직관에 의해 사물을 파악하는 것으로 유아가 특정 상황에서 여러 요소들은 무시하고 가장 두드러진 한 가지 속성에만 초점을 맞추어 대상을 이해하는 방식의 사고이다. 중심화의 경향으로 인해 이 시기의 유아는 외양이 변화해도 대상의 속성은 변하지 않는다는 보존개념을 이해할 수 없다. 예를 들어, 넓고 낮은 모양의 똑같은 그릇 A, B에 같은 양의 물이 담겨있다. 이때 B 그릇의 물을 좁고 높은 모양의 C 그릇에 옮겨 담으면 유아는 물이 늘어났다고 생각한다. 즉, 눈에 보이는 물의 높이만을 보고 물의 양을 판단하게 되는 직관적 사고를 한다.

부피의 보존 실험(보존개념의 오류)

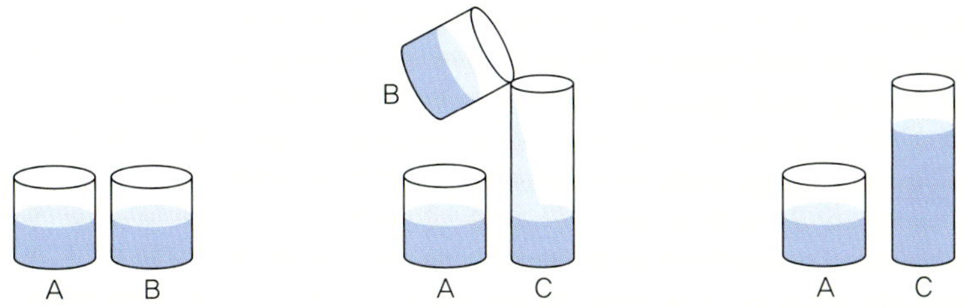

같은 모양 그릇
같은 양 물

유아는 A, B 물의 양이 같다고 대답한다.

한 컵의 물을 좁고 긴 C 그릇에 옮겨 붓는다.

유아는 길고 좁은 C 그릇의 물이 A보다 많다고 대답한다.

조금 더 알아보아요

보존개념과 성 항상성

인지발달은 영유아의 모든 영역의 발달과 깊은 연관성이 있다. 예를 들면, 성 항상성도 일종의 보손개념이다. 성 항상성이란 성은 헤어 스타일, 복장과 같은 외모나 어떤 놀이를 하고 누구와 노는지와 같은 외현적 특성에 의해 변하지 않는다는 개념이다. 이러한 성 항상성의 개념을 유아가 아는 것은 인지적으로 보존개념이 발달하였음을 보여주는 예이다.

머리가 짧아도

다른 성의 친구와 놀아도

성(性)은 변하지 않아요

③ 자기중심성(egocentrism)

유아는 타인의 생각이나 감정, 지각, 관점 등이 모두 자신과 동일하다고 생각한다. 이러한 자기중심성으로 인해 유아는 타인의 입장을 충분히 이해하지 못하고 남을 배려하지 못하는 행동을 나타내기도 하며 대상을 이해하는 데 한계를 보인다. 유아의 자기중심성을 보여주는 예로 피아제의 세 산 실험(three mountains task)이 있다. 이 실험은 유아의 시각적 조망수용 능력에서의 자기중심성을 잘 보여준다.

세 개 산 실험(시각적 조망의 자기중심성)

① 비대칭의 세 개 산 모형과 여러 관점에서 본 산의 모형
② 유아가 보는 관점에서의 산 모형 고르기 ➜ A 선택
③ 반대편의 인형이 보는 산의 모형 고르기 ➜ 자신이 보는 관점인 A 선택

④ 물활론적 사고

물활론적 사고는 모든 사물에 생명이 있고 감정을 가지고 있다고 생각하는 사고를 말한다. 유아는 무생물을 자신과 같이 살아 있는 생명체처럼 생각한다. 처음에는 모든 사물에 생명이 있다고 믿는 단계에서부터 차츰 식물과 동물만이 살아 있다고 믿는 단계로 물활론적 사고가 발달한다.

〈표 6-1〉 물활론적 사고의 단계

단계	
• 1단계 : 사람에게 영향을 주는 모든 대상이 살아 있다고 믿는 단계 자동차, 바위, 해, 의자, 옷장, 바위 등, 존재하는 모든 사물에 의지나 생명이 있다고 생각하는 단계이다.	
• 2단계 : 움직이고 이동할 수 있는 대상은 모두 살아 있다고 생각하는 단계 자동차, 자전거, 해, 달 등은 움직이므로 생명이 있으나, 바위나 옷장, 의자 등은 움직이지 않으므로 생명이 없다고 믿는다.	
• 3단계 : 스스로 움직이는 대상이 생명이 있다고 생각하는 단계 자동차 자전거는 스스로 움직이지 않으므로 생명이 없다고 생각하고 해나 달은 스스로 움직이므로 살아 있다고 믿는다.	
• 4단계 : 과학적인 생물학적 지식에 기초하여 생명체를 인식하는 단계 과학적인 지식에 근거하여 무생물과 생물을 구분하고, 비로소 식물과 동물만이 살아 있다고 믿는다.	

⑤ 전환적 추론(transductive reasoning)

전환적(변환적) 추론은 전조작기 유아에게서 가장 일반적으로 나타나는 전인과적 사고 유형으로, 마술적 사고와 유사하다. 이 시기 유아는 아직 원인과 결과 사이의 관계를 논리적으로 추론하지 못하기 때문에 우연히 일어난, 관련이 없는 개별적인 두 개의 사건을 원인과 결과로 관계지어 생각한다. 예를 들어, 개가 짖는 소리가 나고 이어서 풍선이 터지는 것을 보았을 때, 유아는 개가 크게 짖었기 때문에 풍선이 터졌다고 생각한다. 또한 아침에 엄마 말을 안 듣고 말썽을 부렸는데 오후에 엄마가 넘어져서 다치는 일이 발생하면, 유아는 자신이 말을 안 들어서 엄마가 다쳤다고 생각한다. 이러한 사고의 오류는 특히 두 개의 사건이 비슷한 시기에 연달아서 발생할 때 나타나기 쉽다. 그러나 전환적 추론이 유아에게만 나타나는 것은 아니며 성인들도 종종 과거 경험이나 신념 체계에 기초하여 관련 없는 사건들 간의 연관성을 추론하는데, 미신이나 징크스 같은 신념이 그 예이다.

(3) 아동기(7~12세) : 구체적 조작기(concrete operational stage)

구체적 조작기의 유아는 이전보다 더 논리적으로 사고를 할 수 있다. 자기중심성에서 벗어나 탈중심화가 일어나고 가역적 사고도 가능해진다. 그러나 이러한 논리적 조작은 구체적으로 관찰 가능한 사물이나 사건에 한해서만 가능하다. 이 시기 사고발달의 가장 현저한 변화는 학습이 실제적 경험과 시행착오가 아니라 과학적 논리를 통해 이루어진다는 점이다.

■ 아동기 인지발달의 특징

① 탈(脫)중심화

자기중심성에서 벗어나 다른 사람의 관점과 생각, 감정을 인정하고 수용할 수 있는 능력이다. 타인의 생각이나 감정 등을 추론하고 이해하면서 공간조망, 감정조망, 인지조망 등의 조망수용 능력이 발달한다.

② 보존개념(conservation)의 발달

물체의 외형이 바뀌어도 본질적인 물리적 특성은 변하지 않고 동일하다는 사실을 이해하는 능력이다. 구체적 조작기의 아동은 다음과 같이 수 → 길이 → 액체의 양 → 질량 — 부피 등의 보존개념을 차례로 습득한다.

〈표 6-2〉 보존개념의 발달

조작	1단계	2단계	전조작기	조작획득 연령	구체적 조작기
수	●●●●● ●●●●● 바둑알이 동일한 간격으로 놓여있다.	●●●●● ● ● ● ● ● 아랫줄의 바둑알의 간격을 넓힌다.	"아랫줄이 더 많아요."	6세	"바둑알을 더 하거나 빼지 않았으니까 숫자가 같아요."

길이	두 개의 막대	엇갈려 놓는다.	"위쪽(아래쪽) 막대가 더 길어요."	6~7세	"다시 나란히 놓으면 길이가 같아요."
액체	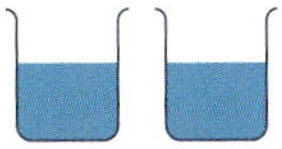 같은 컵에 같은 양의 물이 담겨있다.	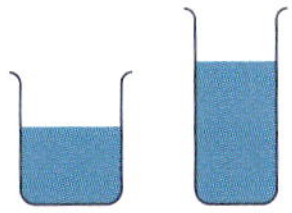 하나의 물을 더 긴 컵에 옮겨 담는다.	"긴 컵의 물이 더 많아요."	7~8세	"물을 더 붓지 않았으니까 물의 양이 같아요."
질량	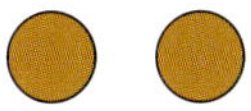 같은 크기의 찰흙	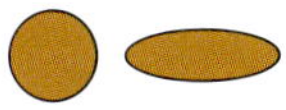 한 개를 납작하게 만든다.	"오른쪽이 더 무거워요."	7~8세	"찰흙을 더 넣지 않아서 같아요."
부피	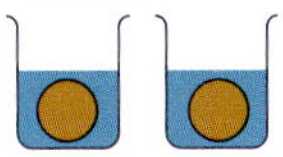 컵 속에 물과 찰흙이 담겨 있다.	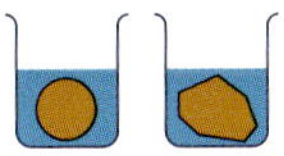 한쪽의 찰흙을 꺼내서 모양을 변형시킨 후 다시 물속에 넣는다.	"오른쪽 물의 높이가 더 높아질 거예요."	11~12세	"찰흙을 더 첨가하지 않았으니까 똑같을 것 같아요."

이러한 보존개념은 동일성, 보상성, 가역성 개념의 획득을 통해 발달한다.

- **동일성**(identity) : 무엇이든 더하거나 빼지 않으면 물질의 상태는 동일하다는 개념이다.
- **보상성**(compensation) : 물질의 상태는 한 차원에서 증감이 있으면 다른 차원의 변화에 의해 상쇄되어 보상된다는 개념이다.
- **가역성**(reversibility) : 물질에 일어난 변화를 되돌리면 원래의 상태로 돌아간다는 개념이다. 이는 추리의 출발점으로 되돌아갈 수 있는 사고 능력으로, 머릿속으로 이전 단계의 과정을 되돌려서 원래의 상태를 그려볼 수 있는 능력이다.

부피의 보존 실험

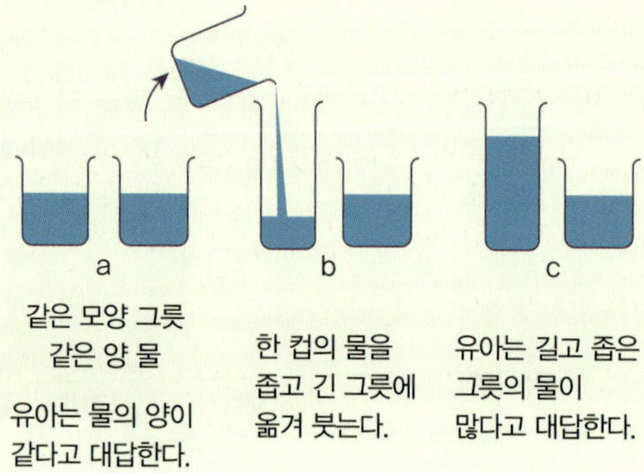

- 동일성 : 물의 양을 더하거나 빼지 않았으므로 c의 물의 양은 동일하다.
- 보상성 : 높이는 높아졌지만 넓이는 좁아졌으므로 c의 물의 양이 같다.
- 가역성 : c의 왼쪽 비커의 물을 다시 a의 비커로 되돌리면 원래의 상태로 돌아가므로 c의 두 비커의 양은 같다.

③ 분류화(classification)

분류화는 개체를 특성에 따라 분류하고 개체가 특정 집합이나 계층에 속하는지 여부를 결정할 수 있는 능력이며 유목화라고도 한다. 분류화는 전체와 부분의 관계, 상위유목과 하위유목 간의 위계적 관계를 이해할 수 있어야 가능하다.

분류화 예시

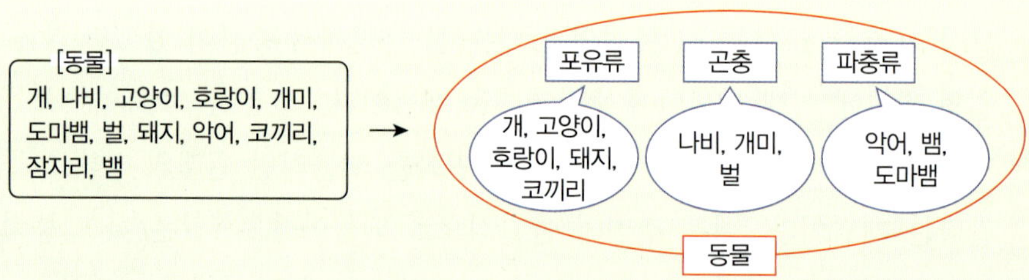

④ 서열화(seriation)

서열화란 일정 기준에 따라 개체를 순서대로 배열할 수 있는 능력이다. 서열화를 위해서는 길이나 무게 등과 같은 요소를 비교하여 차례대로 정렬할 수 있어야 한다. 이는 숫자, 시간, 측정, 방향과 같은 개념을 처리하는 데 필요하다. 예를 들어, 아직 구체적 조작기에 도달하지 못한 아이는 천 원과 만 원, 1분과 1시간의 차이를 구별하지 못한다.

(4) 청소년기 이후(12세~) : 형식적 조작기(formal operational stage)

형식적 조작기의 아동은 실제로 경험하지 않아도, 추상적 개념과 연관된 기호를 논리적으로 조합하여 사고할 수 있다. 즉, 사물이나 사건에 대한 가설을 설정하고 여러 가능성을 고려하여 원인과 결과를 검증하는 과학적 사고가 가능해지고, 이에 따라 분석 능력과 문제해결 능력이 발달한다. 그러나 이 시기의 모든 아동이 형식적 조작기에 도달하는 것은 아니며 고등학교 졸업생 중 35%만이 형식적으로 사고하며 대부분은 구체적 조작의 단계에 머문다. 형식적 조작은 인간의 성숙에 의해 도달하는 것이 아니라 교육을 통해 이루어지기 때문이다(Levine, & Munsch, 2022). 또한 형식적 조작기에 도달한 아동도 항상 형식적 조작으로 사고하는 것이 아니며 실제로는 많은 경우에 형식적이고 논리적인 사고보다는 직관적이고 경험적인 판단을 한다.

■ 청소년기 인지발달의 특징

① 추상적 사고

사랑, 도덕성, 우정 등의 추상적인 개념들을 사용하여 논리적으로 사고할 수 있다. 존재하지 않는 현상에 대해서 머릿속으로 생각하여 논리적으로 사고하는, '사고에 대한 사고'가 가능하며 사고내용에 대해 성찰하는 반성적 추상화(reflective abstraction)를 할 수 있다.

② 연역적 추론

제시된 정보를 토대로 어떤 현상이나 문제에 대한 가설을 세우고, 일반논리를 활용하여 정보에 근거한 가설을 논리적으로 추론하고 결과를 이끌어 내는 능력이다. 예를 들어, '생물은 모두 죽는다'(일반논리), '인간은 생물이다'(정보), '그러므로 인간은 죽는다'(추론)의 추론을 할 수 있다.

③ 명제적 사고

명제란 참인지 거짓인지 판단을 할 수 있는 문장을 말하며, 명제적 사고란 언어적 진술에 의한 명제들 간에 존재하는 관계성에 대해 논리적으로 추론할 수 있는 능력이다. 이러한 명제적 사고의 발달로 인해 도덕, 철학, 수학 등의 논쟁이 가능해진다.

④ 조합적 사고

문제해결을 위해 가능한 모든 변인들을 차례대로 검토하여 가장 타당한 해결방안으로 결론을 내릴 수 있는 능력이다.

3) 인지발달 지원하기

인간의 뇌는 태어날 때 모든 기본적인 요소는 갖추고 있지만 완성되지는 않는다. 뇌의 가소성은 평생 지속되지만 영유아기에 가장 많이 발달한다. 따라서 교사는 모든 영유아들이 자신의 속도에 맞게 최대의 인지발달에 도달할 수 있도록 지원하여야 한다. 앞에서 살펴본 인지발달 이론과 발달단계 특성을 통해 알 수 있는 교육적 시사점은 다음과 같다(Dosman & Andrews, 2012; Ormrod, 2014).

- **영유아의 인지발달 단계와 특성을 이해하고 발달수준에 맞게 접근해야 한다.**

영유아는 성인보다 생각이 모자라는 것이 아니라 다르게 생각하는 것이다. 영유아가 세상을 바라보고 이해하고 생각하는 방식은 인지발달의 각 단계마다 전혀 다르다. 그러므로 성인의 시각에 의한 학습지원은 오히려 영유아의 인지발달을 방해할 수 있으며, 영유아의 인지발달 단계를 고려하여 발달수준에 맞는 학습을 제공하고 적절하게 개입하는 것이 매우 중요하다.

- **영유아는 능동적 학습자이므로 영유아가 주변의 물리적 환경을 직접 관찰하고 상호작용할 수 있는 기회를 제공한다.**

영유아의 인지발달을 위해서는 물리적 세계에 대한 적극적인 관찰과 상호작용, 이를 통한 다양한 인과관계 실험이 필수적이다. 영유아는 능동적인 학습자로서, 새로운 것에 자연스럽게 호기심을 가지고 관찰하며 조작하고 실험, 질문을 한다. 이때 영유아의 신체 및 감각은 매우 중요한 탐색 도구가 된다. 영유아의 학습은 주입식이 아니라 흥미를 자극하고 스스로 문제를 탐구하여 해결을 할 수 있는 환경을 제공해 주는 발견적 학습이 효과적이다.

- **새롭고 다양한 경험을 제공한다.**

영유아는 피아제가 말하였듯이 '평형'의 상태보다는 기존의 지식과 기술에 맞지 않는 불균형의 상황에 직면하였을 때 인지발달이 촉진된다. 영유아는 세상에 대해 새로운 경험을 하게 되었을 때, 새로운 정보를 이미 알고 있는 것과 연관시키면서 세상에 대한 이해를 끊임없이 추가하고, 다듬고, 구축하고, 재구성한다. 즉, 현재 정보와 불일치하는 새롭고 다양한 경험으로 인한 정신적 불편함이 영유아의 시야를 넓어지게 하고 인지발달을 촉진한다

- **다른 사람들과의 상호작용을 통해 도전적인 문제를 해결할 수 있는 기회를 준다.**

유아가 혼자서는 풀지 못하는 퍼즐을 친구와 같이 협력하여 맞추는 모습을 종종 볼 수 있다. 영유아는 일반적으로 성인이나 다른 또래와 협력하였을 때, 혼자 하는 것보다 더 어려운 일을 해결할 수 있다. 성인 및 또래와 사회적 상호작용을 통해 아이디어를 교환하는 과정에서 인지의 성장이 이루어진다. 서로 다른 관점과 지식을 가진 사람들과의 상호작용은 근접발달영역 내에서 조언과 조력을 제공하기 때문이다. 따라서 성인 및 또래와의 협동 활동은 혼자 수준에서의 한계를 뛰어넘는 문제해결방안을 도출하도록 지원하는 효과적인 방법이다.

이상의 교육적 시사점을 바탕으로 살펴본, 영유아의 연령별 인지발달 특성에 따른 구체적인 인지발달 지원방법은 다음과 같다(이기숙 · 김정원 · 이현숙 · 전선옥, 2019; 이숙재 · 이봉선, 2008; Dosman & Andrews, 2012). 영유아의 행동은 인지발달 단계에 의해 제한되며 인지발달 수준을 뛰어넘는 행동을 보이기는 힘들다. 따라서 인지발달 단계의 특성에 따라 영유아의 행동을 이해하고, 인지발달 촉진을 지원해 주는 것은 이후 영유아의 학교생활은 물론 인생에서의 성공을 위한 기초가 된다.

〈표 6-3〉 영유아의 연령별 인지발달 특성과 인지발달 지원하기

연령	행동 특징	교육적 지원
0세	**[0~6개월]** • 눈과 귀, 손, 발, 입의 오감각을 통해 환경을 탐색하기 시작한다. • 자신을 손으로 탐색한다. 영아의 자기조절 능력이 향상된다(예 시야를 가리고 있는 천을 얼굴에서 치울 수 있다). • 주 양육자를 인지하고 반응한다. • 주변 사물에 관심을 보인다. • 자신과 다른 사람의 반응 사이의 관계를 이해하기 시작한다.	• 다양한 감각적 경험을 할 수 있는 환경을 만들어 준다. • 자신의 신체를 탐색할 기회를 준다. • 영아의 움직임과 탐색, 표정, 반응 등에 호응하고 긍정적으로 반응한다. • 영아의 움직임에는 제한이 있으므로 교사가 다양한 방법으로 놀잇감을 제시한다. 예를 들어, 아기가 장난감 딸랑이를 뚫어지게 쳐다볼 때, 교사는 "딸랑이 가지고 놀고 싶어?"라고 말하면서 딸랑이를 아기의 손에 쥐어줄 수 있다. 그리고 딸랑이를 흔들어 보여줄 수도 있다. • 영아는 손과 입으로 사물을 탐색하므로 안전하고 위생적인 환경과 놀잇감을 제공한다.
	[7~12개월] • 6~8개월경에 간단한 문제해결을 위해 의도적으로 어떠한 행동을 한다(피아제 2차 순환반응 협응단계). • 대상 영속성이 발달한다. • 다른 사람의 행동에 반응을 보이고 모방한다. • 7개월경 시각적인 호기심과 함께 공간적인 개념이 발달하기 시작한다. • 새로운 모양에 관심을 가지고 탐색한다.	• 쏟고 담기, 열고 닫기 놀이, 숨기고 찾는 놀이, 까꿍 놀이 등을 한다. • 몇 가지 단순한 동작을 모방하는 놀이를 한다. • 신체를 이용하여 주변 환경을 탐색하도록 한다. • 사물이나 개념에 대한 다양한 놀잇감을 제시하고 스스로 조작할 수 있는 기회를 제공한다(모양, 동물, 색깔 등의 개념에 대한 놀잇감).
1세	• 의도적으로 자신의 행동을 변화시켜 인과관계를 탐색한다. • 문제를 해결하는 데 있어 새로운 행동을 시도하고 시행착오를 하게 된다. • 사물에 대한 개념이 더욱 발달한다. • 대상 영속성이 더욱 발달하여 물건의 이동과정을 추론한다.	• 주변 세계를 탐색하고 실험할 수 있는 다양한 경험을 제공한다. 영아가 어떤 물건에 관심을 가지면 그 물건을 만지고 탐색하도록 하고 물건이 무엇인지 말해준다. • 다양한 놀잇감으로 반복적인 행동이나 놀이를 하도록 한다(예 장난감을 양동이에 넣거나 일부러 블록을 쓰러뜨리는 등의 놀이를 한다). • 물건과 같은 그림을 짝짓는 놀잇감을 제시한다. • 장난감을 숨기고 찾는 게임을 한다.

2세	• 주변을 탐색하기 위해 관찰, 질문, 조작, 분류, 측정을 한다. • 물체의 크기, 무게, 부피, 색의 차이를 안다. • 상상력이 발달하고 가상 놀이가 나타난다. • 부분과 전체의 개념을 알고 분류한다. • 여러 그림을 보여준 다음 감춘 뒤 유아가 1개 이상의 그림을 기억하여 말한다. • 숫자와 양을 셀 수 있다. • 동물, 사람, 사물 등 주변 환경에 대한 호기심이 증가한다.	• 일상생활에서 다양한 사물과 현상을 탐색하는 기회를 충분히 제공한다. • 분류, 조작, 측정 등의 놀잇감을 제공한다((예) 빨강, 파랑, 노랑을 식별하는 놀잇감, 큰 것부터 차례로 끼워 넣기 놀잇감, 기하도형 그림을 짝짓기 놀잇감 등). • 인형, 소꿉놀이 소품 등을 주고 간단한 가상 놀이를 격려한다. • 주변에서 동식물을 접할 수 있는 기회를 주어 다양한 생명체가 있음을 알고 돌보아야 함을 알게 한다.
3세	• 인과관계를 알고 결과를 예견하는 능력이 점차 나타난다. • 구체적, 감각적 사고를 하므로 눈에 보이는 현재 상황을 믿는다. • 사건을 내면화하고 말하기와 같은 상징을 활용하여 사고하는 능력이 증가한다. • 상상놀이가 나타나며 상징물을 이용하여 나무토막을 컵이라고 하며 논다. • 4~5개의 물건을 비교적 정확히 센다. • 기본 색, 모양을 인식하고 구분한다.	• 간단한 퍼즐이나 복잡한 부품이 많은 장난감((예) 열리고 닫히는 문이 있는 장농 세트, 가구가 있는 인형의 집 등)을 가지고 놀게 한다. • 유아가 관심 있어 하는 주제나 자료를 지속적으로 탐구하도록 풍부한 자료와 시간을 제공한다. • 주변의 모든 것에 대해 관심을 가지고 세상을 탐험하도록 지원해 준다. • 유아의 질문에 대해 인내심을 가지고 대답한다. 이때 다양한 어휘를 사용한다. • 인형, 동물, 사람 장난감을 가지고 가상놀이, 상상놀이를 하도록 격려한다. • 크기, 모양별로 장난감을 정리하게 한다.
4세	• 세상에 대한 호기심이 증가하고 탐색의 지속 시간도 길어진다. • 원인과 결과를 추론한다. • 원인과 결과 관계를 말로 세밀하게 설명할 수 있다. • 가상과 현실의 구분이 더 많아진다. • 불완전한 지식 때문에 지적 행동은 대부분 직관적인 생각과 행동으로 제한된다. • 10개의 물건을 셀 수 있다. • 2~3개의 물체를 비교하여 순서대로 놓는다(서열).	• '왜'라는 질문에 대한 답을 함께 찾는다. • 대화형 게임을 한다. • 유아에게 테이블 닦기와 같은 간단한 집안일을 돕게 한다. • 일상생활의 물건을 함께 센다. • 과거의 사진을 보고 사건을 이야기한다. • 모양, 색상 또는 기타 특성을 기준으로 물체를 분류해 보고 표로 나타내 보도록 한다. • 일상생활에서 수, 양, 크기, 색 등의 용어를 사용하고 비교, 측정, 대응, 분류하는 기회를 제공한다.

5세	• 결과를 예측하는 능력이 생긴다. • 알고자 하는 것들에 적극적으로 질문, 궁리, 해결하려는 탐구력이 증가한다. • 추상적 이미지를 활용하여 사고하거나 조작적 사고를 하는 능력은 아직 발달하지 않았으나 점차 논리적이 되어간다. • 시행착오를 거치면서 물체를 속성에 따라 순서대로 배열한다. • 10~12가지 색깔을 맞힌다. • 1 : 1 대응을 할 수 있다. • 과학과 자연현상에 대한 호기심이 증가한다.	• 유아 스스로 문제에 대한 독창적인 해결책을 생각하도록 격려한다. • 친구와 함께 탐구하는 기회를 제공한다. • 활동을 계획하고 실행, 평가할 수 있도록 지원한다. • 일상생활에서 자연스럽게 수, 형태, 색깔 등을 활용하고 관계짓는 기회를 제공한다(예 간식 나눠주기, 모양 종이 정리하기 등). • 자연현상의 변화와 규칙성에 관심을 가지고 이해하도록 돕는다.

토론해 보세요

1. 우리는 흔히 머리가 좋고 학교에서 공부를 잘하는 사람이 사회에서도 성공할 것으로 기대합니다. 그러나 실제로 주변을 보면 학교의 성적이 사회에서의 성공을 예견하지는 못합니다. 그렇다면 사회의 성공을 예측할 수 있는 것은 무엇일까요? 인지의 어떤 능력이 사회, 인생의 성공을 예견해 줄까요?

1) 지능지수(IQ : Inteligence Quotient)가 무엇인지, 지능지수와 사회적 성공과의 관계를 연구한 실험이 어떤 것인지 찾아보세요.

2) 합리성 지수(RQ : Rational Quotient)가 무엇인지 찾아보고, 지능지수와는 어떻게 다른지 알아보세요.

3) 유아들이 성공적인 삶을 살아가는 데 중요한 인지 능력은 무엇일까요? 토론해 보세요.

2. 인간의 인지 능력은 어떻게 측정할까요? 우리가 흔히 하는 지능검사는 인간의 인지 능력을 모두 측정할 수 있을까요? 지능검사가 무엇이고, 어떻게 측정하는지, 또 한계는 무엇인지 찾아보고 토론해 보세요.

1) 지능검사란 무엇일까요?

2) 지능은 어떻게 측정할까요?

3) 지능검사의 한계는 무엇일까요?

2 기억 능력의 발달

뇌의 놀라운 능력 중 하나가 기억이다. 기억이 없다면 학습은 물론, 친구도 사귀지 못할 것이다. 기억은 곧 존재이며 역사이다. 기억은 개인에게는 내가 누구이고 어떤 사람이고 어떻게 살았는지를 말해주는 정체성이 되고, 인류에게는 역사가 된다.

그렇다면 기억은 어떻게 이루어지는 것일까? 기억은 인지의 시작이라고 할 수 있다. 모든 사고발달은 기억에서부터 시작되기 때문이다. 많은 뇌과학, 신경과학자들은 기억을 정보처리의 과정으로 설명하고 있는데, 뇌의 좌우 측두엽에 존재하는 해마 부위가 기억을 담당하는 기억 저장고이다. 또한 뇌에는 신경 세포인 뉴런과 뉴런 사이를 연결시켜 주는 시냅스가 있는데, 인간의 뇌에는 약 1,000억 개의 뉴런이 존재한다고 한다. 뉴런 1개당 형성되는 시냅스의 수는 수천 개가 되며, 이러한 시냅스들의 연결로 이루어지는 것이 기억이다. 인간의 두뇌에서 일어나는 수조 개의 시냅스 형성과 연결 활동은 특히 영유아기에 활발하게 일어난다.

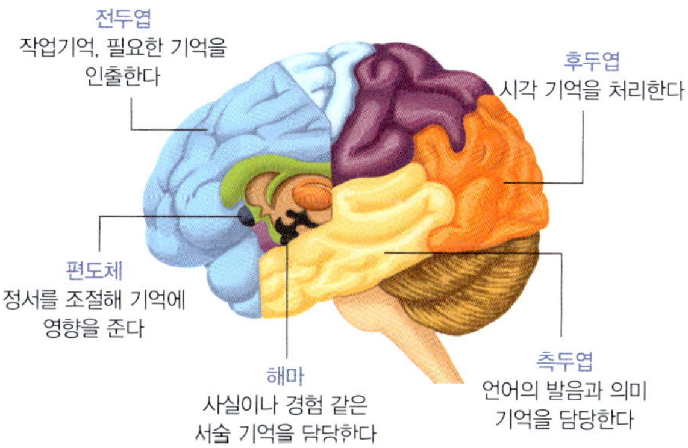

|그림 6-3| 뇌 영역별 담당 역할

출처 : 심시보(2010. 3. 10). 재미있는 과학 : 기억은 뇌신경이 일으키는 전기작용. 매일경제(https://www.mk.co.kr/news/economy/4694386).

1) 기억의 과정

기억의 과정은 부호화, 저장, 인출의 3단계로 이루어진다.

|그림 6-4| 기억의 과정

(1) 부호화(encoding)

부호화는 우리가 생각하고 느끼고 경험한 모든 정보를 나중에 필요할 때 잘 기억해 낼 수 있는 형태로 변환하는 과정을 말한다. 부호화는 이미지, 소리, 의미의 세 가지 방법으로 이루어진다.

① 시각적 부호(visual coding) : 정보를 시각적 이미지로 기억하는 과정이다.

② 청각적 부호(auditory coding) : 정보를 소리로 기억하는 과정이다.

③ 의미적 부호(semantic coding) : 새로운 정보를 이미 기억에 있는 지식이나 의미와 연결하는 과정이다.

부호화 방법

▶ 전화번호를 외울 때

시각적 부호화

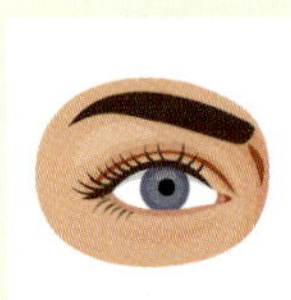

8282
눈으로 이미지를 기억

청각적 부호화

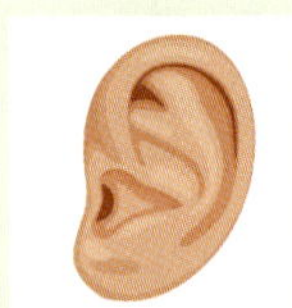

팔이팔이
소리로 되뇌이며 기억

의미적 부호화

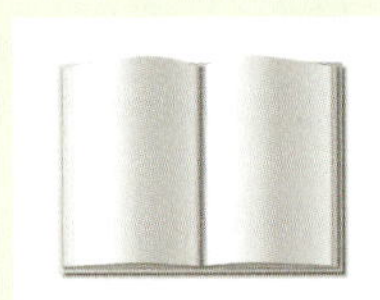

빨리빨리
의미와 연결하여 기억

인간은 외부에서 들어오는 모든 정보를 부호화하는 것은 아니다. 인간은 오감을 통해 시시각각으로 헤아릴 수없이 많은 정보를 받아들이는데, 그 정보를 모두 기억한다면 우리의 뇌는 너무 복잡해서 과부하가 될 것이다. 따라서 인간의 뇌는 수많은 정보 중에 관심이 있고 필요한 정보에 주의를 기울이고 이를 선택적으로 부호화를 한다. 따라서 부호화는 주의집중에 의해 선택적으로 이루어진다.

(2) 저장(storage)

기억의 저장은 정보를 기억 속에 쌓아서, 시간이 지나도 기억을 유지하는 과정이다. 기억의 저장은 지속 시간에 따라 세 가지로 구별된다.

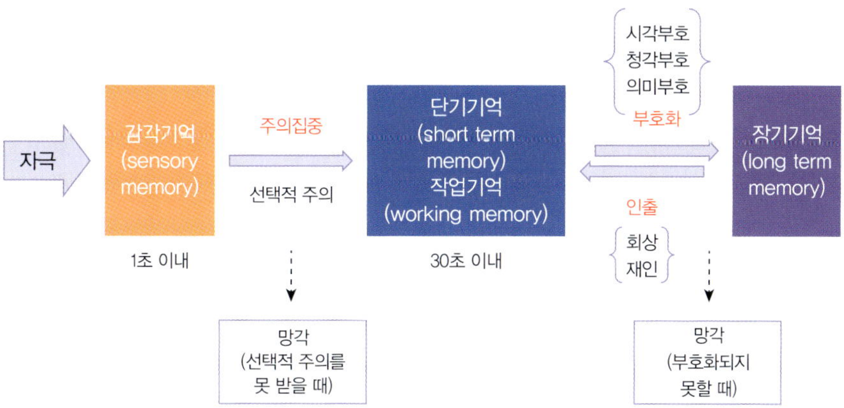

|그림 6-5| 기억의 종류

- **감각기억**(sensory memory) : 물리적 환경으로부터 들어오는 자극이 아주 짧은 시간 동안 머릿속에 머무는 일시적 저장 장소이다. 뇌에는 시각, 청각, 미각, 후각, 촉각 감각을 담당하는 등록기가 각각 하나씩 있어서, 자극이 원래의 감각 양식으로 잠시 머물다 간다(약 1/4초 지속). 감각기억은 단기기억으로 전환되지 않으면 1초 이내에 바로 소멸되는 찰나의 기억이다. 감

각기억의 지속 시간은 매우 짧지만 용량은 커서 25개 이상의 자극을 순간 기억할 수 있다. 이러한 감각기억을 단기기억으로 보내기 위해서는 주의집중(선택적 주의)이 필요하다.

- **단기기억**(short term memory) : 감각기억으로부터 받은 정보를 인식하는 단계이며 기억체계에서 작업대의 역할을 한다. 정보를 활용하여 문제를 해결하거나 결정을 내리는 등, 현재의 의식이 작용하고 있는 인지과정 단계이며, 작업기억(working memory)이라고도 한다(Baddeley, 1992, 2001; Engle, 2002). 감각기억 단계에서 주의집중으로 선택된 일부 정보만이 단기기억에 저장되며, 단기기억의 정보는 부호화되어 장기기억에 저장된다. 이때 부호화하지 않은 정보는 소멸된다. 또한 장기기억에 있던 정보를 사용하기 위해서는 다시 장기기억의 정보를 단기기억으로 인출하여야 한다.
  인간은 의식 내에서 많은 양의 정보를 한꺼번에 처리할 수 없는데, 그 이유는 단기 작업기억이 다소 작은 용량을 가지고 있기 때문이다. 정보가 단기기억에 머무는 시간은 20~30초 정도이며 단기기억에서 한 번에 기억할 수 있는 정보의 양, 즉 단기기억의 용량을 가리키는 '기억의 폭(memory span)'은 7±2개의 항목이다(Miller, 1959).
- **장기기억**(long term memory) : 긴 시간 동안 정보를 저장하는 과정이다. 장기기억의 용량은 제한이 없으며 기억 시간도 몇 시간, 며칠, 몇 주, 몇 년, 때로는 영구적으로 보존된다. 장기기억의 유형은 두 가지가 있다.

① 외현적 기억(explicit memory) 또는 서술적 기억(declarative memory)

사실적 지식과 개인의 경험에 대한 기억이다. 외현적 기억에서는 기억되는 정보를 명확히 하기 위한 의식적 노력이 필요하다. 외현적 기억에는 사실적 지식을 기억하는, 주로 학습을 위해 사용되는 의미기억과 개인적 경험을 기억하는 일화적 기억이 포함된다.

– 의미기억(semantic memory) : 인간이 평생 동안 축적하는 일반적인 지식을 의미한다. 단어의 의미와 개념을 비롯한 언어적 지식, 인류의 역사적, 문화적 지식이 이에 해당된다(예 고양이의 특성에 대한 지식).
– 일화적 기억(episodic memory) : 개인이 삶에서 경험하는 다양한 사건에 대한 기억이다(예 고양이를 키웠던 기억).

② 암묵적 기억(implicit memory) 또는 비서술적 기억(non-declarative memory)

저장된 정보에 의해 행동을 하지만 그 정보를 의식적으로 인식하거나 서술적으로 명시할 필요가 없는 기억이다. 과제를 반복적으로 수행하여 습관화함으로써 인지적 과제와 조건형성이 된 정보인데, 주로 수영하기, 자전거 타기, 운전하기 등과 같이 기술과 관련된 기억이다. 즉, 차를 운전할 때처럼, 그 절차를 의식적으로 회상하거나 설명하지 않아도 사용할 수 있는 장기기억이다. 암묵적 기억은 정해진 움직임을 시행하는 절차적인 특성이 있기 때문에 절차적 기억(procedural memory)이라고도 한다.

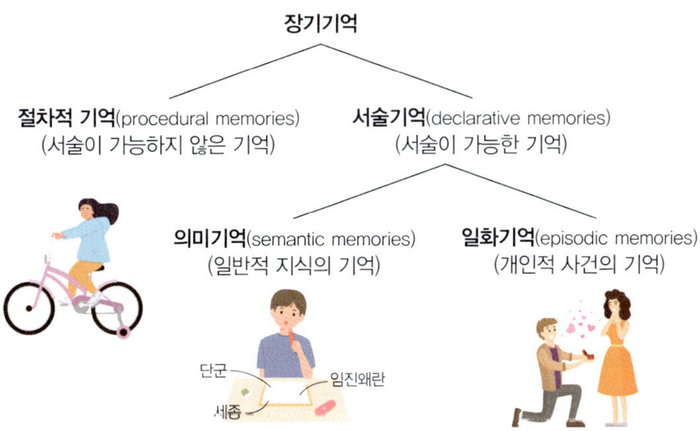

|그림 6-6| 장기기억의 유형

출처 : Tulving(1972). Episodic and semantic memory. In E. Tulving & W. Donaldson(Eds.), Organization of Memory(pp. 381–403). New York : Academic Press.

조금 더 알아보아요

우리는 왜 유아기의 일을 잘 기억하지 못하는 것일까?

유아 기억상실증(infantile amnesia) : 사람들이 3~4세 이전의 유아기에 있었던 일들을 대부분 기억하지 못하는 현상이다.

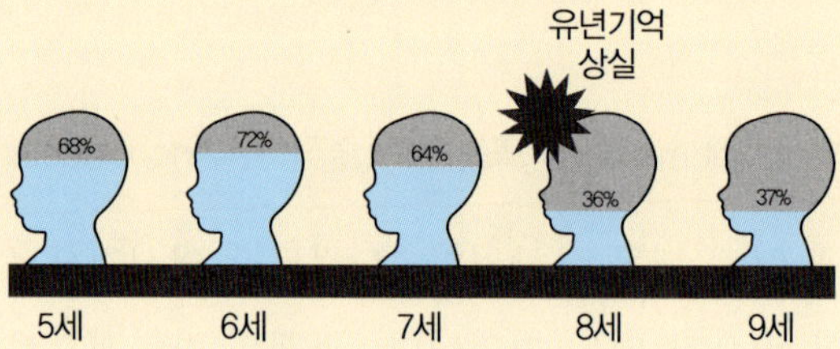

출처 : 우아영(2018. 10. 25). [과학 읽어주는 언니] 세 살 기억은 왜 여든까지 못갈까. 동아사이언스(https://m.dongascience.com/news.php?idx=24647).

심리학자 패트리샤 바우어(Patricia Bauer)는 유아들에게 3세 때 있었던 일을 물어보면, 7세까지는 60% 이상을 기억하지만, 8세가 되면 40% 이하로 기억이 쇠퇴한다는 것을 발견하였다. 그러나 유아가 어렸을 때 일어났던 일화나 사건은 기억을 못하지만, 2~3세 때 배운 낱말이나 감정, 동작 등은 계속 기억하고 사용한다는 것을 알게 되었다. 이처럼 유아의 기억상실증은 특정한 종류의 기억을 대상으로만 일어난다.

유아 기억상실증은 그 원인을 두 가지로 설명할 수 있다. 하나는 영유아는 암묵적 기억의 형성은 가능하지만, 외현적 기억의 형성 능력은 현저히 떨어지기 때문이다. 개인적 사건에 대한 기억은 시간적 흐름에 맞춰 순차적으로 언어적 이해 형태로 머릿속에 저장된다. 그러나 영유아는 논리적 사고력과 언어적 능력이 부족하므로 외현적 기억을 저장하고 재생하는 능력이 약하다.

두 번째 이유는 뇌의 뉴런 일부가 새로운 뉴런으로 바뀌면서 기억도 초기화된다는 가설이다. 기억은 회로에 기반을 두고 있으므로 새로운 회로가 생성되면 과거의 기억은 파괴된다는 것이다. 특히 출생 후 몇 년 동안의 영유아기에는 매우 빠른 속도로 뉴런이 만들어지고, 새롭게 연결된 뉴런은 기존의 뉴런 간의 연결을 끊어버리기 때문에 기존의 기억이 사라지게 된다. 이때 뉴런의 연결은 외현적 기억에 주요한 역할을 한다. 뉴런의 재생을 조작한 쥐 실험에 따르면 새로운 뉴런이 만들어지면 기존 기억이 사라지고, 새 뉴런이 만들어지지 않으면 기존 기억이 유지되는 결과를 보였다.

(3) 인출(retrieval)

인출은 저장된 정보를 필요할 때 꺼내는 과정이다. 정보를 활용하고 사용하기 위해서는 이전에 부호화되고 저장되었던 장기기억 속에 있는 정보를 끄집어내어야 한다. 장기기억의 정보를 인출하는 방법은 재인과 회상의 방법이 있다(Baddeley, Eysenck, & Anderson, 2009).

① 재인(recognition)

회상해야 할 대상을 보면서 이전의 정보를 인출하는 과정이다. 현재 지각되는 어떤 사물은 과거에 경험한 것과 같거나 비슷한 것으로 확인하면서 정보를 인출한다. 객관식 시험이나 이전에 본 사람의 얼굴을 보고 기억하는 것과 같다.

② 회상/상기(recall)

회상이란 과거에 경험하였지만 현재의 경험 속에는 없는 어떤 것을 스스로 재생성하는 것이다. 즉, 회상해야 할 대상을 보지 않는 상태에서 스스로 정보를 재생성하는 과정이다. 예를 들어, 보기가 없는 주관식 문제나 낱말 퍼즐과 같다.

- **자유회상**(free recall) : 아무런 힌트 없이 기억 속에 저장된 정보를 인출하는 과정이다. 예를 들면, 서술형 문제와 같이 어떤 주제에 대한 지식을 힌트 없이 모두 끄집어내는 것이다.
- **힌트회상**(cued recall) : 인출하려는 정보와 관련된 힌트를 제공하여, 기억 속에 저장된 정보를 인출하는 것이다.

2) 기억 전략

기억 전략이란 장기기억에 있는 정보를 쉽게 인출할 수 있도록 하는 의도적 활동이다. 기억 전략에는 시연, 조직화, 정교화 전략이 있다.

(1) 시연(rehearsal)

정보를 여러 번 반복해서 암송하는 행동이다. 나중에 회상해 내야 할 것에 대비하여 미리 기억해야 할 정보를 눈으로 여러 번 반복해서 보아 두거나 말로 되풀이해서 외우는 전략이다. 시연이 많아질수록 단기기억에 있던 정보는 장기기억으로 저장되어 오랫동안 기억하게 된다. 시연에는 유지시연과 정교화 시연이 있다.

- **유지시연**(maintenance rehearsal) : 단기기억에 있는 정보를 단순히 반복하여 외움으로써 정보가 잊혀지지 않도록 하는 시연전략이다. 예를 들어, 영어단어를 외울 때, 단어장에 있는 영어를 반복해서 외우는 전략이다. 그러나 유지시연은 오래 기억하는 데는 도움이 되지만 더 많은 정보를 저장하는 전략은 아니다.
- **정교화 시연**(elaborative rehearsal) : 기억하고자 하는 정보를 기존의 정보와 연결하여 기억하기 쉽도록 변형하거나 의미를 만들어서 외우는 전략이다. 예를 들어, 영어단어를 무작정 반복해서 외우는 것이 아니라, 의미를 이해하고 이미지를 떠올리며 외우는 것이다. 이는 더 많은 정보를 효과적으로 저장하기 위한 전략이다.

(2) 조직화(organization)

기억하고자 하는 정보를 속성에 따라 서로 관련이 있는 의미 단위로 묶어서 범주별로 기억하는 방법이다. 조직화 전략에 의해 정보를 체계화하면 더 많이 기억할 수 있고 인출도 용이해진다. 따라서 조직화 전략은 시연보다 더 늦게 나타난다. 7세 이전의 유아는 단순한 군집화 전략을 사용할 수는 있지만, 조직화 전략은 주로 9~10세 이후에 발달한다.

- **군집화**(chunking) : 가장 단순한 조직화 방법으로, 외우기 쉬운 단위로 묶

어서 기억하는 방법이다. 예를 들어, 숫자 7, 8, 5, 4, 3, 9를 기억할 때, 기억하기 쉽도록 785,439와 같이 3개 숫자씩 묶어서 기억하는 전략이다.

- **범주화**(categorization) : 공통 속성들로 자료를 묶어서 기억하는 전략이다. 예를 들어, 코끼리, 사과, 배, 양, 나팔꽃, 제비꽃을 기억할 때, 속성에 따라 동물, 과일, 꽃으로 나누어 기억하는 방법이다.

군집화(chunking)

자극들을 보다 크고 의미 있는 자극 단위로 덩어리지어 묶는 재부호화의 과정이다.

0 0 1 1 0 4 1 5 5 5 8 2 8 2

14개의 숫자를 무작위로 외우기는 힘들다.

(0 0 1) (1) (0 4 1) (5 5 5) (8 2 8 2)

→ 국제진화, 국가 번호, 지역번호, 전회번호 앞자리, 뒷자리

국제전화, 국가번호, 지역번호, 전화번호 앞자리, 뒷자리로 의미와 함께 묶어서 외우면 더 많은 양의 숫자를 외울 수 있다.

(3) 정교화(elaboration)

기억해야 할 정보들이 하나의 범주로 연결되지 않을 때, 정보들 사이의 관계를 설정하여 기억하는 전략이다. 정교화는 기억해야 할 둘 이상의 정보 간의 공통된 의미나 참조물을 찾아 연결 지어서 기억하는 방법으로, 일종의 짝짓기 연상 방법과 같다. 정교화 전략은 기존의 지식이 풍부할수록 정보 간의 관계를 설정하기에 용이하다. 따라서 일반적으로 11세 이전의 유아는 정교화 전략을 사용하기 힘들다. 예를 들어, 학습방법에서 문답법은 학생이 기존에 알고 있는 지식과 연결하여 새로운 정보를 제공해 주는 정교화 전략을 활용한 것이다.

3) 기억발달

(1) 영아기 기억발달

① 재인발달

영아들도 반복적 자극에 의한 재인 기억이 가능하다. 특정 자극이 반복적으로 제시되면 2~3주 후에 그 자극에 대해 반응할 수 있다. 예를 들어, 생후 2~3개월의 영아에게 발을 움직이면 모빌이 움직이는 것을 경험하게 하고, 3주 후에 다시 동일한 모빌을 제시하면 발로 차는 행동을 한다. 파간(Fagan, 1974)은 익숙한 자극과 새로운 자극에 대한 선호도 실험을 통해 영아의 재인을 확인하였다.

영아의 재인 실험 : 파간(Fagan, 1974)의 실험

실험 대상 : 5~6개월 된 영아들

① 사람의 얼굴 사진을 영아에게 일정한 시간 동안 제시하였다.

② 그 사진을 새로운 사진과 짝지어 제시하여 각 사진을 보는 시간을 기록하였다.

③ 대부분의 영아들은 새로운 사진을 더 오랫동안 쳐다보았다.

④ 영아들이 익숙한 항목을 기억하고 있다는 것을 알 수 있다.

실험 결과 : 최초로 사진에 익숙해진 시점으로부터 3시간에서 15일 후에 이르기까지 재인 기억이 지속되었다.

EBS뉴스. [뉴스G] 아이의 기억, 어디까지?

펠드맨과 얀카우스키(Feldman & Jankowski, 2001)는 기억폭이 연령에 따라 증가한다고 보고하였다. 생후 5~7개월 아기들은 소수의 아기만이 3개 또는 4개의 항목을 작업기억에 동시에 담아둘 수 있었다. 그러나 12개월 아기는 3~4개 항목을 작업기억에 담아 둔 아기가 약 50%였다. 이처럼 재인은 영아기 동안 점차 정교하게 발달하여 4세가 되면 90% 이상이 이미 본 그림과 새로운 그림을 변별할 수 있게 된다.

② 회상발달

영아의 회상발달은 지연모방으로 확인할 수 있다. 지연모방은 생후 9개월경에 나타나서 3세까지 꾸준히 발달한다. 생후 9개월 영아는 성인이 한 행동을 관찰한 후 24시간이 경과한 후에, 아무런 단서 없이 표상을 통해 그 행동을 똑같이 모방하여 재생할 수 있다.

③ 기억 전략 발달 과정

영아기에는 기억 전략 수행에 필요한 기본 능력이 없거나 빈약하여 사실상 기억 책략을 사용하기 어렵다. 능동적인 기억 전략은 아동기부터 가능하다.

(2) 유아기 기억발달

① 기억 용량의 발달

유아의 연령이 증가할수록 정보를 저장할 수 있는 저장 공간이 늘어난다. 감각기억과 장기기억의 용량은 연령에 따른 변화가 거의 없으므로 기억 용량의 증가는 단기기억 용량의 증가를 의미하는데, 단기기억 용량은 기억폭(memory span) 검사를 통해 측정할 수 있다. 유아에게 숫자를 불러주고 불러준 숫자를 다시 차례대로 말하도록 하는 실험에서 2세는 2개, 5세는 4.5개로 유아기에 2배 이상 급격히 증가함을 알 수 있다(Kail, 1997).

② 기억 전략의 발달

유아는 정보를 장기기억에 보관하였다가 필요할 때 용이하게 인출하여 사용하는 전략을 연령이 증가할수록 더 효과적으로 사용한다.

- **시연전략** : 유아는 기본적인 유지시연 전략을 사용하기는 하지만 보다 더 효과적인 시연전략은 아동기에 나타난다. 시연전략은 연령이 증가할수록 점차 증가하는데, 3~4세에는 초보적인 형태만을 보이다가 5세에는 10%, 7세에는 60%, 10세에는 85%의 유아가 사용한다(Flavell, Beach, & Chinsly, 1966).
- **정교화 전략** : 11세 이전에는 사용하기 어렵다. 새로운 정보를 기존의 지식과 연결하여 기억할 때, 11세 이전에는 주로 정적 이미지(static image)를 사용하여 정보들 사이의 관계를 설정하지만, 청소년이나 성인이 되면 동적 이미지(dynamic image)를 사용하여 연결한다. 일반적으로 정교화 전략은 새로운 정보를 기존 지식과 관련지을 수 있는 일반적 지식이 풍부할수록 더 잘 사용할 수 있다. 6세와 11세 유아에게 18쌍의 항목을 기억하고 회상하는 과제를 주면서 비교하여 보았을 때, 11세는 65%, 6세는 42.5%가 과제를 수행하였다. 11세는 스스로 정교화 전략을 사용한 반면 6세는 지시에 의한 정교화 전략을 사용할 수는 있었지만 스스로는 사용하지 못하였다(Pressley & Levin, 1980)
- **범주화 전략** : 사물에 대한 하위개념과 상위개념의 포함관계에 대한 이해가 전제되어야 한다. 따라서 시연전략보다 늦게 발달하며 유아기에는 초보적인 형태로만 사용된다. 다양한 항목에 대한 범주화 및 조직화 경험이나 지식이 많을수록 범주화 전략의 사용도 증가한다.
- **인출 단서** : 기억에 저장되어 있는 수많은 정보 중에 필요한 정보를 탐색하여 효율적으로 추출해 내는 전략이다. 기억에 저장되어 있기는 하지만 접근이 불가능하거나 용이하지 않을 경우, 인출 전략이 필요하다. 대부분 기억

이 저장될 때의 맥락이나 분위기와 비슷한 상황이 연출될 때, 기억을 더 잘 인출할 수 있다.

③ 메타기억의 발달

유아기에는 기억과 기억과정에 대한 상위지식이 발달한다. 메타기억이란 자신의 기억상태와 능력에 대한 지식을 의미한다. 유아는 자신이 정보를 기억하는 한계가 어느 정도인지, 기억은 짧은 내용보다 긴 내용이 더 기억하기 어렵다는 것, 어떤 기억전략을 사용하는 것이 더 효과적인지 등과 같은 메타기억이 점차 발달한다.

- **3, 4세 유아** : 초보적인 상위기억의 지식을 가지고 있다. 짧은 내용이 긴 것보다 기억하기 쉽고, 긴 내용의 기억은 더 많은 노력이 필요하다는 것을 이해한다. 주로 자신의 기억 능력을 과대평가하는 경향이 있다. 10개 그림카드를 주고 얼마나 기억할 수 있는지를 질문하면, 4세 유아는 실제는 3~4개를 기억하지만 10개를 모두 기억할 수 있다고 대답하는 반면, 11세 아동은 자신의 기억 능력을 정확히 예측할 수 있다. 하지만 3세경의 어린 유아도 꼭 기억해 두어야 한다는 사실을 미리 경고하면 더 잘 기억한다.
- **아동기** : 7~9세 아동은 상위기억의 지식이 급격히 발달하여 시연 및 조직화 전략의 효율성을 이해한다. 11세에는 조직화가 시연보다 효율적임을 이해하며 메모 등의 인출단서를 사용하여 정보를 인출할 수 있다. 기억과제에 적용할 수 있는 전략들에 관한 지식은 아동기 이후에, 연령이 증가함에 따라 점차 증가한다.

④ 지식 기반의 확대

새로운 정보는 기존의 지식과 연결하여 기억하면 오랜 시간 저장할 수 있다. 일단 형성된 도식은 기억 속에 저장되어 있는 기존 지식과 새로운 경험을 빠르게 연결시켜 주기 때문에 기억에 도움을 준다. 따라서 연령이 증가할수록 도식의 종류가 많아지기 때문에, 이를 기반으로 기억을 확대할 수 있다. 이처럼 기존에 가지고 있던 도식이나 스크립트를 활용하는 것은 기억에 매우 유용하다. 예를 들어, 어제 사용한 열쇠를 놔둔 장소가 생각나지 않으면, 외출해서 돌아와서 하는 평소의 행동 스크립트를 활용하여 기억을 되살릴 수 있다. 7세 유아는 스스로 이러한 인출전략을 사용하는 것이 어렵지만 성인이 도움을 주면 가능하다.

토론해 보세요

기억이 없다면 어떤 일이 벌어질까요? 영화 '내 머리 속의 지우개'에서처럼 해마를 포함한 측두엽 손상 환자는 서술기억을 만들지 못하기 때문에 항상 현재 시간에 머물러 있는 듯한 행동을 보입니다. 만약 기억이 없다면 어떤 일이 일어날까요?

반대로 우리가 보고, 느끼고, 경험한 것을 하나도 빠지지 않고 모두 다 기억할 수 있다면 어떤 일이 일어날까요? 우리에게 망각이라는 기능이 없어서 모든 일을 다 기억할 수 있다면 그것은 축복일까요, 재앙일까요?

3 창의성 발달

인지발달의 한 영역으로 창의성을 꼽을 수 있다. 창의성은 지식을 습득하거나 학습하는 과정이 아니고 이미 학습한 정보를 얼마나 잘 생산하는지와 관련된 능력이다.

1) 창의성의 개념

(1) 창의성의 정의

창의성(creativity)은 한마디로 정의하기가 쉽지 않지만 다른 사람들에게 유용하고 가치 있으면서 독창적인 일을 수행하는 능력(Gardner, 1993)이다. 즉, 창의성은 기존에 있던 생각이나 개념들을 새롭게 조합해 내는 것과 연관된 정신적 과정이면서, 다른 사람의 가치에도 부합하는 산물을 만들어 내는 사회적인 과정이기도 하다. 따라서 창의성은 '새로움'과 '적절성'이라는 두 가지 가치가 모두 충족되어야만 성립되며 한 가지만으로는 불충분하다. 시몬튼(Simonton, 2012)은 이러한 창의성을 '창의성＝독창성×적절성'으로 표현하였다. 독창성이나 적절성 중 하나라도 0이면 창의성은 0이 된다는 공식이다.

또한 창의성은 새로움과 적절성 이외에 높은 질적 수준을 갖추어야 한다. 다른 사람에게 가치 있는 일이 되기 위해서는 질적으로 높은 수준을 충족하여야 한다(Sternberg, 1999). 헤네시와 아마빌(Hennessey & Amabile, 2010)은 창의성을 "개인 혹은 더 큰 사회집단을 위해 가치가 있는 신기한 산출물, 아이디어, 혹은 문제해결"이라고 하였고, 토랜스(Torrance, 1988)는 창의력을 "곤란한 문제를 인식하고 이를 해결하기 위해 아이디어를 만들고 가설을 세우고 검증하며 그 결과를 전달하는 사고과정"으로 정의하였다.

(2) 창의성 요소

창의성이 무엇인지를 밝히는 일은 매우 어렵고 복잡하며 모든 학자가 합의하는 하나의 정의를 제시하는 것은 불가능하다. 따라서 창의성을 구성하는 요인이 무엇인지를 밝힘으로써 창의성에 대한 이해를 높일 수 있다. 창의성의 구성 요인도 학자들마다 조금씩 다르게 제시하고 있지만 길포드(Guilford)가 제시한 창의적 사고의 구성 요인에는 민감성, 유창성, 융통성, 독창성, 정교성이 있다.

- **민감성**(sensitivity) : 주위 환경에 예민하게 반응하는 특성이다. 민감한 유아는 일상적인 상황이나 사물에 대해서도 자세히 관찰하며 작은 변화에도 호기심을 갖고 적극적으로 탐색하고 반응하는 경향이 있다.
- **유창성**(fluency) : 일정한 제한된 시간 내에, 많은 아이디어를 빨리 생산해 내는 능력이다. 유창성이 반드시 높은 질의 아이디어를 보장하는 것은 아니지만 창의성이 높은 유아일수록 더 많은 아이디어를 산출한다.
- **융통성**(flexibility) : 하나의 사물이나 상황을 고정된 사고 양식에서 벗어나 여러 관점에서 파악하고 조망할 수 있는 능력이다. 따라서 융통성이 많을수록 사물의 일반적인 사용이나 현상에서 벗어나 다른 용도와 시각으로 활용하거나 이해할 수 있다. 융통성이 없는 사람은 원칙주의자가 될 수 있다.
- **독창성**(originality) : 새롭고 독특한 생각이나 산물을 생산해 내는 능력이다. 양보다 질적으로 우수한 새로운 아이디어의 생산을 의미하며 창의성의 핵심 요소이다.
- **정교성**(elaboration) : 기존의 생각이나 산물을 분석하고 확장하여 보다 세밀하게 구체화시키는 능력이다. 정교성은 창의성의 결과 또는 최종 산출 과정과 관련된 요인으로, 새로운 아이디어를 사회적으로 유용한 것으로 완성시키는 것이다.

그러나 창의성은 다섯 가지 구성요소만을 가지고 발현되는 것은 아니다. 즉, 창의적인 사람은 인지적 측면의 구성요소 이외에도 정의적 측면의 동기적 · 성격적 요소를 가지고 있다. 창의적인 사람에게 나타나는 일반적인 태도 성향은 다음과 같다.

- **호기심** : 주변의 사물에 대해 의문을 가지고 끊임없이 질문하는 태도이다.
- **독자성** : 타인의 평가에 구애받지 않고 자신이 생각해 낸 아이디어에 대한 가치를 인정하는 태도이다. 창의적인 유아는 비관습적인 생각과 상상적 활

동에 참여하는 것을 좋아한다.

- **집착성** : 집중력이 높아서 주의집중 시간이 길고, 문제해결을 위해 가능한 한 다양한 정보를 수집하여 문제가 해결될 때까지 포기하지 않고 끈질기게 완수하는 태도이다.
- **자발성** : 창의적인 사람은 어려운 과제에 대해 자발적으로 기꺼이 도전한다.
- **개방성** : 주변 환경에 대해 예민하다. 세상은 변하고 있음을 받아들이고 변화를 두려워하지 않으며 앞서서 도전한다.

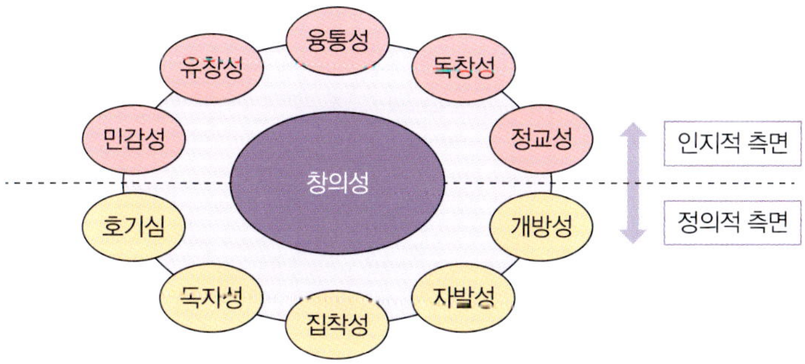

|그림 6-7| 창의성의 요소

테스트해 보세요

〈창의력 테스트〉

1. 사각형 안을 파란색으로 칠해보세요. (3분)

2. 다음 그림을 이용하여 연상된 그림을 그리고 제목을 적어주세요. (3분)

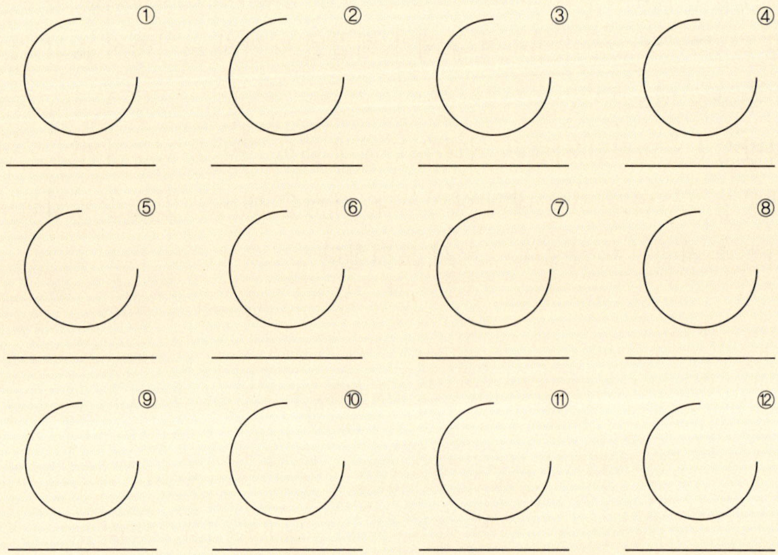

〈평가기준〉

1. 다양한 해결책을 생각하는가? : 문제에 대해 개방적으로 생각하면 해결책이 다양해진다. 사각형 내의 어떤 부분만 칠하기, 사각형 테두리 바깥까지 칠하기, 사각형 안을 빗금 치기, 점으로 안을 칠하기 등 여러 가지 방법이 있을 수 있다.	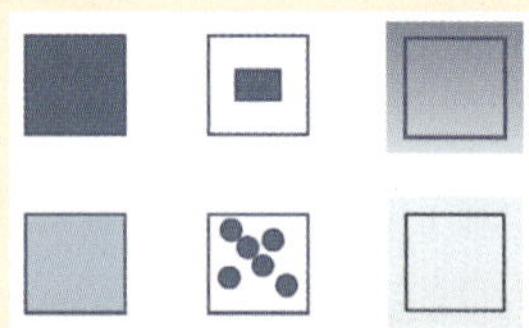
2. 1) 유창성–얼마나 많은 아이디어를 냈는가? 2) 융통성–얼마나 다양한 아이디어를 냈는가? 3) 독창성–얼마나 독창적인 아이디어를 냈는가?	

2) 창의성의 발달

생후 5세까지의 영유아기는 창의성이 가장 효과적으로 발전하는 결정적인 시기이다(Dacey, 1999). 토랜스는 창의성은 상상이 가능해지는 생후 2세경부터 발달하기 시작하여 4~4.5세에 절정기에 도달한다고 하였다(Torrance, 1980). 창의성 발달단계 모델에서는 창의력은 발달단계마다 질적인 변화를 한다고 보았다. 개인이 변하고 성숙함에 따라 창의력도 변화하고 성숙하며, 서로 다른 발달단계에서는 창의력의 유형도 서로 다르게 표현되고 발현된다는 것이다. 비고츠키는 창의성의 발달을 3단계로 제시하였는데, 1단계 아동기는 놀이에서 발견되는 창의성 상상단계, 2단계 청소년기는 사려 깊은 창의적 단계, 3단계 성인기는 성숙한 창의력 단계라고 하였다. 타일러는 창의성의 발달을 다음과 같이 5단계로 제시하였다(Taylor & Getzels, 1975).

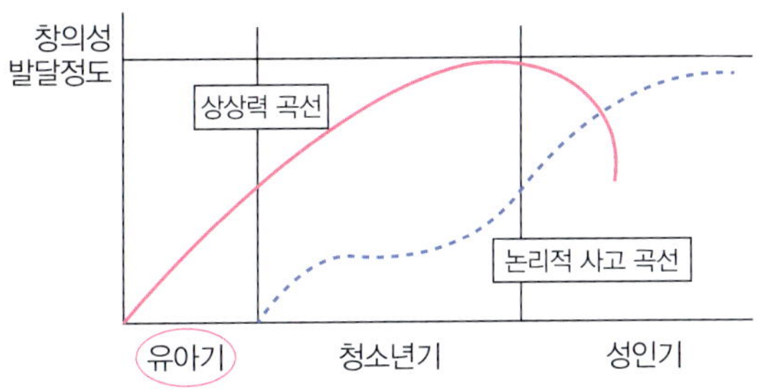

|그림 6-8| 창의성 발달 곡선

(1) 1단계(0~6세) : 표현적 창의성 단계(expressive creativity)

이 시기의 영유아는 연습되지 않은 자연스럽고 자발적인 표현을 한다. 기술적으로 다듬어지지 않았으므로 때로는 산만해 보이거나 질적으로 우수해 보이지 않을 수도 있지만, 이 시기의 창의적인 유아는 자유로운 표현에 집중한다. 예를 들어, 유아들은 연습되지 않은 자연스러운 그림에서 표현적 창의성을 드러내며, 이때 결과적 산출물은 중요하지 않다. 유아들이 즐기는 자유로운 미술작품, 즉흥 연주나 춤, 스토리텔링 등이 표현적 창의성이 나타나는 예이다.

(2) 2단계(6~12세) : 기술적 창의성 단계(technical creativity)

자유롭게 독창적이고 새로운 기술을 발명하기보다는 기존 기술을 익혀서 능숙하게 하는 단계이다. 자유로움, 자연스러움보다는 기술적인 능숙함이 강조되며 기존의 기술을 연습하고 연마하여 장인과 같이 뛰어난 수준의 성취를 이루는 것으로 창의성이 드러난다. 따라서 이 시기의 창의적 산출물은 독창적인 작품보다는 매우 잘 만들어진 작품으로 나타난다. 예를 들어, 스트라디바리우스의 바이올린은 수많은 바이올린 중에서도 최고의 기술성과 섬세함으로 제작된 명품 바이올린이다.

(3) 3단계(13~20세) : 발명적 창의성 단계(inventive creativity)

이미 있는 기존의 재료들을 가지고 새롭게 결합하는 유형의 산출물을 발명하는 단계이다. 오래된 문제를 해결하기 위해 문제와 관련된 여러 가지 요소를 적절하고 독특하게 결합하거나 변환하여 새로운 관계를 발견한다. 즉, 이 시기의 창의적인 사람은 재료들 사이의 결합을 새로운 방식으로 통찰하는 능력이 뛰어나며, 산출물은 주로 물질적인 생산품이 된다. 예를 들어, 에디슨은 수명이 짧은 전구의 단점을 보완하기 위하여 면섬유, 대나무 등의 새로운 재료를 사용하여 1,200시간이나 견딜 수 있는 필라멘트를 발명하였으며, 그것이 오늘날까지 사용되는 백열전구이다.

(4) 4단계(20대 후반~30대 후반) : 혁신적 창의성 단계(innovative creativity)

이미 존재하는 유·무형의 산출물을 수정하여 한층 더 발전된 산출물을 만들어내는 단계이다. 그러므로 혁신적인 창의성을 위해서는 이미 존재하는 기본 원리를 잘 이해하고 통찰하는 능력과, 이미 존재하는 산출물이 얼마든지 다양한 방법으로 수정될 수 있다는 유연성이 필요하다. 혁신적인 창의성의 예로는, 프로이트의 이론과 원칙을 더욱 정교화하여 발전시킨 신프로이트 학파의 융이 있다.

(5) 5단계(50대 후반~80대 후반) : 통찰적 창의성 단계(emergentive creativity)

이 단계는 기존에는 없었던 완전히 새로운 근본 원리나 가정, 학설을 만들어 내는 단계이다. 기존의 유·무형의 산출물을 수정하여 만든 것이 아니라, 완전히 새로운 것을 고안하여 제시하는 능력이므로 매우 추상적이며 창의성의 가장 높은 수준이다. 이 단계의 창의성을 가진 사람은 주변 자연과 환경을 완선히 새로운 방식으로 인식하는 사람으로 이 수준의 창의성을 표현하는 사람은 매우 드물다. 예를 들어, 기존의 천동설을 뒤집는 지동설을 주장한 코페르니쿠스나 우주의 원리를 새로운 시각으로 설명한 상대성 이론과 양자역학의 아인슈타인과 같은 인물이 통찰적 창의성 단계의 인물이다.

3) 창의성 발달 지원하기

칭의성은 다가오는 미래사회에서 더욱 요구되는 능력으로, 창의성을 높이는 교육에 대한 관심은 더욱더 커지고 있다. 창의성은 특별한 사람만 가지고 있는 것일까? 지금까지 밝혀진 창의성 연구에 의하면 인간은 누구나 창의적인 능력이 있으며, 꾸준한 노력으로 개발시킬 수 있다고 한다. 흔히 우리는 공부를 잘하는 사람은 지능이 높고, 지능이 높으면 창의성도 높을 것으로 기대한다. 그러나 창의성에 지능은 필요조건이지 충분조건이 아니다. 즉, 창의력을 위해서는 평균 정도의 지능만 있으면 된다는 것이다. 실제로 지능이 지나치게 높은 집단보다는 평균보다 약간 높은 지능을 가진 집단에서 창의성이 더 높게 나타났다. 창의성은 인간의 지적 능력뿐만 아니라 호기심, 독자성, 집착성 등 성격적 요인이 복합적으로 작용하기 때문에 지능의 영향력은 제한적이다. 그러므로 창의력은 타고난 것이 아니며, 누구나 잠재되어 있는 창의성을 개발할 수 있다. 다음은 창의성을 발달시킬 수 있는 전략이다(Connor, DeToung, & Silvia, 2018).

- **풍부한 감각적 환경을 제공한다.** 유아가 직접 보고, 듣고, 만져보면서 감각적인 탐색을 할 수 있는 환경은 외부 세계에 대한 민감성을 키워준다. 창의적인 사람은 그렇지 않은 사람보다 외부 세계에 더 민감하게 반응하고 관찰함으로써 더 많은 정보과 통찰력, 새로운 시각을 갖는다.
- **상상적인 놀이, 극놀이를 장려한다.** 영유아가 상상놀이를 할 수 있는 가능한 공간과 자료, 시간을 제공한다. 영유아가 상상놀이와 극놀이를 하는 가운데 창의적 놀이로 발전하는 경우가 많다. 예를 들면, 성인이 동물 흉내를 내며 먼저 상상놀이를 유도할 수도 있는데, 행복한 고양이나 슬픈 거북이와 같이 동물의 감정 요인을 첨가하여 상상놀이를 확장시킬 수 있다. 또한 유아의 발달단계에 따라 구조적(사실적) 놀잇감이나 비구조적 놀잇감을 적절하게 제공함으로써 더 자유로운 상상놀이를 촉진할 수 있다.
- **음악, 미술, 문학 등의 예술 활동을 장려한다.** 음악을 들려주면서 몸으로 리듬을 느끼고 동작을 하게 하거나, 함께 책을 읽으면서 다음에 일어날 일에 대해서 물어보고, 시의 다음 문구를 생각하게 하는 활동, 또는 그림을 그리면서 그림과 관련된 이야기를 짓거나 제목을 붙여보는 활동은 영유아의 표현적 창의성을 길러준다.
- **지식을 확장하기 위한 새로운 자료를 제공한다.** 영유아들에게 친숙한 자료와 함

께 새로운 재료를 제공함으로써 기존의 지식을 확장시켜 줄 수 있다. 영유아의 사전 지식이나 경험이 풍부할수록 더 많은 아이디어가 나타난다. 특히 영유아가 흥미를 가지는 관심사를 파악하여 책이나 온라인 리소스를 제공하는 등의 지식을 확장시켜 준다. 이미 알고 있는 것을 새롭게 이해하도록 하는 전략은 창의성 개발에 효과적이다.

- 일상생활에서 발명가가 되도록 지원한다. 창의성은 특별한 시간에 별도의 프로그램을 통해서 개발되는 것이 아니라, 매일의 일상생활 속에서 창의적인 경험을 하는 것이 중요하다. 익숙한 물건이나 재료를 "이것은 또 무엇으로 사용될 수 있을까?"라는 질문을 하면서, 새롭고 일반적이지 않은, 파격적인 용도나 방법으로 활용하도록 제안하는 것은 융통적인 사고 개발을 위해 효과적이다.
- 개방형 질문을 한다. '예' 또는 '아니요'로 답하게 하는 질문은 유연하고 유창한 사고를 방해한다. 개방형의 질문은 영유아의 사고가 더 확장되도록 돕는다. "어떻게 우리가 이것을 할 수 있겠습니까...?", "만약…", "왜?"와 같은 질문으로 유연하고 열린 사고를 촉진시킬 수 있다.
- 영유아에게 선택권을 준다. 영유아가 스스로 결정을 내리고 독립적으로 일을 추진하는 독자성은 창의적인 태도 중 하나이다. 물론 성인이 미리 위험요소를 제거하고 문제가 없는지를 확인한 후에 유아들이 최종 선택을 하도록 한다. 개개인의 선택을 존중하는 것은 영유아의 개성을 존중하는 것이며 이러한 심리 · 정서적 환경과 지원이 창의성의 자유로운 발현을 돕는다.
- 실수를 허용한다. 창의성은 실패와 성공을 반복하면서 개발된다. 영유아가 실패에 대한 두려움이나 걱정 없이 편안한 분위기에서 다양한 실험을 시도해 볼 수 있을 때, 창의적인 생각과 아이디어가 떠오른다. 즉, 억압되고 경직된 분위기는 창의성 발달을 방해하며, 수용적인 분위기가 조성되었을 때, 모험적이고 과감한 도전을 시도할 수 있다. 따라서 영유아의 실수를 실패한 것으로 보기보다는 배울 수 있는 기회로 사용하여야 한다.

4 도덕성 발달

1) 도덕성의 개념

도덕이란 무엇일까? 인간 생활의 질서를 유지하기 위해서는 사회적인 규범으로서 선과 악, 옳고 그름을 판단하는 기준이 있어야 한다. 이처럼 도덕은 사회를 유지하기 위한 사회생활의 규범, 예의, 습관, 인간 행위의 준칙을 뜻하며, 도덕성은 도덕 판단에 기초하여 의사결정을 하고 도덕 행위를 할 수 있는 능력 또는 성향을 의미한다. 그러므로 도덕성 발달이란 그 사회의 가치 판단의 기준이나 문화적 준칙을 내면화해 나아가는 과정이며, 도덕성이 우수한 사람은 그 인성이나 행동 양식이 사회가 정하는 행동기준이나 가치 체계에 부합하는 사람을 일컫는다. 실제 도덕성이 발달하기 위해서는 세 가지 차원의 발달이 모두 이루어져야 가능하다.

- **정의적 차원** : 규범에 합치된 행동을 하려는 태도이며 도덕적 감성 및 태도이다.
- **인지적 차원** : 어떤 행동이 도덕적 규범에 합치하는가를 판단하는 능력이며 도덕적 의식이나 판단이다.
- **행동적 차원** : 도덕적 규범을 행동으로 실천하는 행위이며 도덕적 실천력이다.

2) 도덕성의 발달

(1) 피아제의 도덕성 발달 단계

피아제는 도덕성은 어떤 행위의 옳고 그름을 판단할 수 있는 인지적 능력이라고 보고, 어떤 행동이 옳은지, 아닌지를 결정 때, 일어나는 도덕적 추리의 발달과정에 관심을 두었다. 그는 도덕적 추리는 일정한 순서의 단계에 따라 발달하는데, 각 단계마다 도덕적 문제들에 대하여 공통적이고 일관된 도덕적 추리의 특성이 있다고 하였다. 피아제는 영유아의 도덕성 추리의 사고과정을 살펴보기 위하여 갈등 상황에서 어떠한 규칙을 근거로 행동을 결정하는가를 실험하였다. 유아들에게 도덕적 갈등 상황의 이야기를 들려주고 질문을 하였는데, 피아제가 제시한 도덕적 갈등 상황은 다음과 같다.

이야기 1	영수라는 소년이 어머니가 불러서 식당으로 갔다. 그런데 식당 문 뒤의 의자 위, 쟁반에 접시가 놓여 있는 것을 모르고 식당으로 문을 열고 들어가는 순간, 식당 문이 쟁반에 부딪혀서 접시 15개를 모두 깨뜨리게 되었다.	
이야기 2	철수라는 소년이 하루는 어머니가 안 계신데, 찬장에 있는 과자를 꺼내 먹으려 하였다. 그런데 과자가 너무 높은 곳에 있어서 의자를 가져다 위에 올라가서 팔을 뻗어 과자를 잡으려고 애쓰다가 컵 하나를 건드려서, 떨어져 깨뜨리게 되었다	

이상에서와 같이 유아의 의도와 행위의 결과에 대한 갈등적 상황이 담긴 이야기를 유아에게 들려주고 난 후, 무엇으로 도덕적 판단의 기준을 삼는지에 대한 질문을 다음과 같이 하였다.

질문	"영수와 철수는 똑같이 나쁠까?" "만약 그렇지 않다면 누가 더 나쁜가?" "왜 더 나쁜가?" "더 나쁜 소년은 어떤 벌을 받아야 할까?"

① 단계 1 : 전도덕 단계(2~4세)

규칙이 무엇인지 전혀 이해하지 못하고, 규칙을 따라야 한다는 생각도 없는 시기이다. 아직 규칙에 대한 개념이 형성되지 않고 이해하지도 못하기 때문에 규칙 위반에 대한 판단도 하지 못하는 단계이다.

② 단계 2 : 타율적 도덕성(5~6세)

도덕적 판단의 준거를 외부의 권위자에 두기 때문에 이 시기의 유아는 도덕적 규칙과 질서를 절대적인 것으로 인식한다. 규칙에 대한 일방적인 존중을 나타내며 규칙은 절대적이고 고정된 것이므로 바뀔 수 없는 것으로 생각한다. 행위의 동기나 의도를 고려하지 못하고 결과에 의해서 단순하게 도덕성을 판단하는 객관적 책임의 특성을 보인다.

③ 단계 3 : 자율적 도덕성(8~11세 이후)

다른 사람과의 상호작용을 고려하여 행동의 결과보다 의도를 기준으로 판단할 수 있으며, 규칙이 합의에 의해 변경 가능하다는 것도 알게 된다.

이상과 같이 피아제는 영유아의 도덕성 발달 단계를 3단계로 제시하고 다음의 방법으로 도덕성을 발달시킬 수 있다고 하였다.

- 사회 집단의 법, 관습, 습관을 배운다.
- 양심을 발달시킨다.
- 집단의 기대에 일치하지 못하는 행동을 하였을 때, 죄의식이나 수치심을 느끼게 한다.
- 집단 구성원들이 기대하는 바를 학습하도록 사회적인 상호작용을 한다

(2) 콜버그의 도덕발달단계

콜버그(Lawrence Kohlberg)는 피아제의 도덕성 발달 이론을 체계화하여 더욱 발전시켰다. 연구대상을 아동에서 성인까지 확대하여 3개 수준, 6개의 도덕성의 발달단계를 제시하였다. 피아제와 마찬가지로 딜레마 상황의 이야기를 들려주고 개방형 질문을 제시하여 도덕적 판단 능력을 측정하였다.

'하인즈의 딜레마' 이야기	하인즈는 병에 걸린 아내가 있었고, 아내의 병은 어느 한 약제사가 개발한 약을 먹으면 나을 수 있었다. 하지만 약제사는 그 약을 2,000달러에 팔았고, 그것은 제조원가의 10배가 되는 가격이었다. 하인즈는 모든 수단과 방법을 사용하였지만 1,000달러밖에 모을 수 없었다. 하는 수 없이 하인즈는 1,000달러를 들고 약제사에 가서 사정을 얘기하면서 약을 줄 것을 사정했지만 약제사는 자신도 오랜 노력과 고생 끝에 개발한 약이라며 단호히 거절하였다. 그러자 하인즈는 절망하여 몰래 약을 훔치게 되었다.

콜버그는 위의 딜레마 상황의 이야기를 들려준 후, 도둑질이 잘못된 것인지, 선의의 행동인지를 묻는 질문을 다음과 같이 하였다.

질문	"하인즈는 약을 꼭 훔쳐야 했을까?" "하인즈가 아내를 사랑하지 않았다면 다르게 행동했을까?" "죽을 병에 걸린 사람이 아내가 아니라 낯선 사람이었다면 상황이 달라졌을까?" "부인이 죽었다면 약사는 경찰에 체포되어야 할까?"

① 인습 이전 도덕수준

도덕적 규칙이나 선악의 개념은 알고 있으나 인간적 의미나 개인의 내적 수준으로 판단하지 않는다. 행위의 쾌락적 결과, 또는 도덕적 규칙을 강요하는 사람의 힘이나 권력에 의해 도덕적 판단을 한다.

- 1단계 : 처벌 및 복종 지향 단계

하인즈는 감옥에 갈 수 있기 때문에 약을 훔쳐서는 안 된다고 답하는 경우이다. 이 단계는 처벌과 같은 외적인 물리적 규제를 피하기 위하여 권위에 무조건적으로 복종하는 도덕성 수준이다. 도덕적 규칙이 자신을 포함한 사람들이 상호 간에 합의를 한 것임을 깨닫지 못하고 행동의 외부적 결과만을 기준으로 도덕적 판단을 한다. 또한 벌이나 고통을 피하려고 명성이나 권위에 대한 자기중심적 복종으로 도덕적 행동을 한다. 규칙이 가지고 있는 의도나 그것이 만들어진 동기를 전혀 이해하지 못하며 상호관련성도 이해하지 못한다. 이 시기는 자아중심적 관심이 우세하고 남의 입장은 고려하지 못하여 타인이 나와 다른 의견을 가질 수 있다고 생각하지 못한다. 행동의 옳고 그름은 그 행동의 외적 결과로만 판단하며 동기나 의도는 고려하지 않는다. 부모나 교사 등 권위자의 견해와 본인의 견해가 분화되어 있지 않다.

- 2단계 : 욕구 충족 수단 단계(상대적 쾌락주의)

하인즈 입장에서는 약을 훔치는 것이 정당하고 약제사 입장에서는 약을 훔치는 것이 나쁘다고 답하는 경우이다. 자신에게 이익이 되거나 욕구를 충족시키기 위한 것이 선이라고 생각하는 도덕적 수준이다. 유아들의 자기중심적 사고 특징이 잘 나타나는 단계이며 행동의 기준이 자신에게 해가 되지 않거나 이익이 되는지에 있다. 다른 사람의 이익도 인정을 하면서 서로 이익을 주고받는 상대적 쾌락주의가 나타난다. 자기 자신과 마찬가지로 타인도 같은 욕망을 가지고 있다는 것을 이해하며 올바른 행위를 그 자신들의 욕망을 충족시키는 행위로 생각하여 인간관계를 일종의 교환관계로 간주한다. 이 시기는 구체적인 대상에 대한 개인주의적 관점이 우세하다. 본인의 흥미, 이익, 관심을 권위자의 것과는 구분을 지을 수 있을 만큼 성숙하여 있고 자기 이득을 위한 수단으로서 남과의 거래를 전개한다. 이때 남에 대한 공정한 규칙 적용을 도덕의 전부인 것처럼 인식하는 경우도 있다.

② 인습적 도덕수준

개인이 가정이나 집단 그리고 국가의 기대를 따르는 것은 그것의 즉각적인 결과와는 상관없이 그 자체로서의 가치가 있음을 안다. 사회의 인습이나 규칙에 단순히 동화하는 것이 아니라 그것을 충실히 따르고자 한다. 즉, 질서의 가치를 적극적으로 지지하고 유지하여 정당화하고, 자신을 그 질서에 관련된 개인이나 집단과 동일시한다.

- 3단계 : 대인관계 조화 단계(착한 아이 지향)

  하인즈가 좋은 남편이라면 감옥에 잠깐 가더라도 부인을 살리기 위해 약을 훔쳐야 한다는 입장이다. 약을 훔치지 않는 것이 오히려 냉정한 행동이라고 본다. 올바른 행위는 다른 사람을 기쁘게 해주고 도와주는 착한 행위라고 생각하는 도덕 단계이다. 따라서 타인의 기대에 부응해서 착한 행동을 하는 것을 중요시 여기며, 다른 사람들의 비난이 두려워서 도덕적 행위를 하기도 한다. 이 시기의 도덕성은 다른 사람들과의 긍정적인 관계를 수립하고 유지해 나가기 위한 도덕성이기 때문에, 법에 위반되는 행위이더라도 상황에 따라 용서받거나 정당화될 수 있다고 생각한다. 그러나 주변 사람들에 맞추려고 노력하기는 하지만 아직 추상적인 사고에는 도달하지 못하여서 더 일반화된 타인에 대한 개념과 관심은 생겨나지 못한 상태이다. 대부분의 사람들은 이 단계의 도덕 수준에 머문다.

- 4단계 : 사회질서 준수 및 권위 유지 단계

  법을 어기는 것은 사회질서를 위협하는 것이므로 약을 훔치는 것은 잘못된 것이라는 입장이다. 모든 사회는 법으로 유지되며 각 개인은 법을 지켜야 할 의무가 있을 뿐만 아니라 법에 의해 시민의 권리를 보호받기도 하므로, 법에 대해서 한 사람이라도 예외를 허용한다면 사회가 혼란에 빠지게 될 것이라고 믿는다. 도덕적으로 옳은 것은 사회에 대한 의무를 다하고 사회질서를 지키며, 사회의 복지를 유지하는 데 공헌하는 것이고 믿는다. 그래서 개인의 이익보다는 사회가 부과하는 의무를 다해야 한다고 여긴다.

③ 인습 이후 도덕수준

도덕적 가치나 원리가 가치를 표방하는 개인이나 사회의 권위 또는 자신과 사회와의 유대와는 상관없이, 그 자체로서 타당성을 가진다고 생각하는 수준이다. 이 수준은 새롭고 좋은 법을 제정하는 것에 관심을 가진다.

- 5단계 : 사회계약적 원리 지향의 단계

  인간의 생명 가치가 약제사의 개인 재산권보다 중요하기 때문에 약을 훔쳐도 된다는 입장이다. 법을 지키는 것도 중요하지만, 법을 지켜야 하는 사회적 유용성에 대한 합리적 고려에 따라 법도 수정 가능하다고 본다. 인간은 다양한 가치와 의견을 가질 수 있다는 점을 인지하고 대다수 가치와 규칙은 사회적 계약에 따라 상대적일 수 있음을 인식한다. 올바른 행동은 개인의 기본 권리와 모든 사회가 합의하는 도덕 기준 사이의 균형을 강조한다.

- 6단계 : 보편적 도덕원리에 대한 확신 단계

  인간의 생명가치는 무엇보다 가장 존엄한 가치이므로 하인즈는 약을 훔쳐야 한다는 입장이다. 개별 사회 내의 계약보다는 인류의 보편적인 가치와 정의를 지향한다. 올바른 행동의 기준을 양심, 공정성, 인간권리의 상호성과 평등, 인간 존엄성에 대한 존중 등과 같은 도덕적 원리에 둔다. 이 단계의 사람은 자신이 지닌 원리를 어기는 것에 대한 자책감이 도덕적 행위의 동기가 되며, 정의의 보편적 원리, 인권의 평등성, 인간의 존엄성과 같은 보편적 윤리 원칙에 따라 도덕적으로 옳은 행동을 한다. 인간이 합리적이고 이성적으로 사는 것은 보편적 윤리 원칙에 따라 사는 것 자체라고 판단한다.

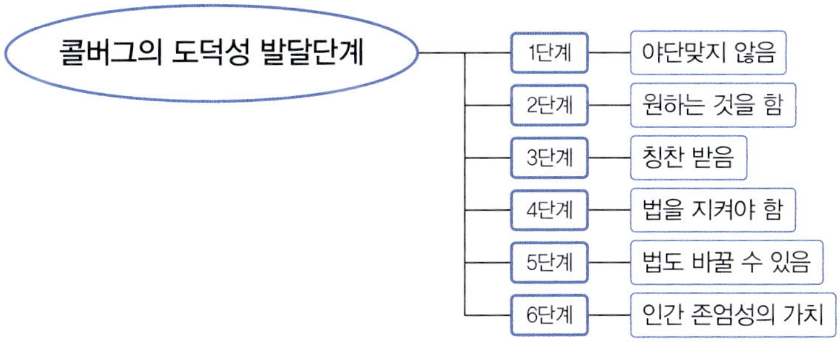

|그림 6-9| 콜버그의 도덕성 발달단계

(3) 길리건의 도덕성 발달

길리건(Carol Gilligan)은 콜버그의 이론이 성차별적이라고 비판하면서 남성의 도덕성이 정의지향적이라면, 여성의 도덕성은 대인지향적이라고 주장하였다. 길리건은 도덕성은 정의(正義, justice)와 배려(配慮, consideration)라는 두 개의 요소가 상호보완적으로 작용하는 것이라고 본다. 이 요소들은 도덕적 문제를 파악하는 특수한 방식을 나타냄과 동시에 각각의 요소들은 서로 다른 발달 유형을 보여준다. 길리건은 성적 갈등, 낙태 등의 문제와 관련된 상황에 대한 청소년들의 도덕적 판단을 분석한 결과를 바탕으로 배려의 윤리라는 3수준의 여성 도덕성 발달 단계를 제안하였다(Gilligan, 1982).

① 제1수준 : 자기중심적 단계(the orientation toward self-interest)

자기의 이익과 생존을 위해 자기중심적으로 몰두하는 단계이다. 타인에 대한 관심과 배려가 결여되고 오직 자기 자신을 위한 욕구에만 집중하며 자기 자신에게 최상의 것이 무엇인가가 결정과 판단의 준거가 된다.

② 제1.5수준(과도기) : 이기심에서 책임감으로의 변화(from selfishness to responsibility)

이기심(원하는 것)과 책임감(해야만 하는 것)의 대립개념이 등장하는 시기이다.

자아와 타인 간의 연계성을 인식하기 시작하면서 이기심에 대한 자책감을 갖기 시작하지만 여전히 자신의 행복이 삶의 목표이다.

③ 제2수준 : 책임감과 자기희생의 단계(identification of goodness with responsibility of others)

타인에 대한 책임과 자신보다 약한 사람을 보살피고자 하는 모성애적 도덕률을 채택하는 단계이다. 자신을 희생해서라도 타인이 원하는 것을 해주려는 욕구가 전면에 등장하고 배려의 대상에서 자신은 제외된다. 이 수준에서는 도덕적 선(善)을 자기 희생이라 생각하고, 타인들을 기쁘게 하거나 타인들에게 따뜻한 배려를 해주는 것과 동일시하게 된다. 자아를 다른 사람의 이익보다 낮은 위치에 설정하면서 인간관계에서 불평등 상태가 생성된다.

④ 제2.5수준(과도기) : 순응에서 새로운 내적 판단으로의 변화(from conformity to a new inner judgment)

타인의 욕구뿐만 아니라 자신의 욕구도 고려함으로써 책임의 개념이 확대되는 단계이다. 선에 대한 관심보다 진실에 대한 관심이 더 증가하면서, 자신이 보살피고 관심을 기울여야 하는 영역 안에 자기 자신을 포함시키는 것이 이기적인 것인지 아니면 책임 있는 행동인지 의문을 갖기 시작한다. 곧, 자아의 인정과 결정을 위한 책임감의 수용이 외적인 관계보다는 자신의 내부로 향하려는 변화를 갖는다.

⑤ 제3수준 : 자신과 타인에 대한 배려의 단계(focusing on the dynamics between self and others)

인간 관계가 상호적이라는 것을 인식하며 이기심과 책임감 간의 대립이 해소되는 단계이다. 더이상 자신을 무기력하거나 복종적인 존재로 여기지 않고 의사결정 과정에서 적극적이고 동등한 참여자가 되며 자기 자신에 대한 책임감을 느낄 수 있다.

길리건의 배려 윤리의 발달에 대한 연구는 주로 임신 중절 딜레마에 직면한 성인 여성들을 대상으로 함으로써 청소년기 이전의 소녀들의 발달 과정은 반영하지 못한 문제점을 가지고 있다. 길리건은 1980년대 후반 이후에는 초기의 이론에서 간과했던 청소년기와 아동기의 도덕발달에 대한 집중적인 연구를 수행하면서 기존의 자신의 도덕발달 이론을 수정 · 확대해 가고 있다.

3) 도덕성의 발달에 영향을 미치는 요인

도덕성의 발달은 출생 이후의 영유아 개인의 환경적 요인에 의해 영향을 받으며 이루어진다. 그러므로 도덕성의 수준이나 속도는 영유아 개인마다 차이가 있다. 영유아 시기에 도덕성 발달에 영향을 미치는 요인은 다음과 같다.

(1) 부모의 양육태도

부모의 양육태도는 영유아가 옳고 그름의 기초적인 도덕 개념을 형성하는 데 커다란 영향을 미친다. 부모가 애정적이고 수용적 양육태도를 가졌을 경우에는 자녀가 잘못한 행동에 대해 이유를 설명해 주고 자신의 행동이 다른 사람에게 어떤 영향을 주는지를 설득하며 자녀를 이해시킨다. 따라서 자녀도 부모의 사랑과 신뢰를 바탕으로 다른 사람을 배려하고 존중하는 태도와 도덕적 기준을 내면화시킬 수 있다. 그러나 부모의 양육태도가 엄격하고 통제적인 경우에는, 자녀의 행동을 체벌이나 애정 철회, 위협 등의 훈육방법으로 통제하기 때문에 자녀의 도덕성은 처벌 및 복종에 의한 타율적 도덕성 단계에 머무르며, 내적 통제 능력의 발달이나 도덕성의 내면화 기회를 상실하게 된다.

그러나 영유아의 도덕성 발달에 더 부정적인 영향을 주는 요인은 부모의 비일관적인 양육태도이다. 같은 행동에 대해서 어느 때는 허용하였다가 다른 때는 체벌을 하는 등의 비일관성은 영유아를 혼란스럽게 하고, 착함과 나쁨의 도덕적 기준을 내면화하기보다는 눈치를 보면서 타율적인 행동을 하게 한다. 그러므로 영유아의 긍정적인 도덕성 발달을 위해서는 영유아의 행동과 결과에 대한 일관되고 논리적인 설명이 무엇보다 중요하다.

(2) 또래

영유아의 사회적 관계가 또래로 넓혀지면서 도덕성 발달에 대한 또래의 영향력도 점차 증가한다. 또래 간의 놀이나 상호작용을 통해 유아는 사회적 규칙과 예절, 배려, 타인에 대한 존중 등의 태도를 자율적으로 내면화하는 기회를 갖게 된다. 특히 청소년에게 또래는 부모보다 더 큰 영향을 미치는 존재이다. 만약 이 시기에 또래의 도덕적 가치가 부모의 가치관과 일치할 경우에는 도덕성 발달에 긍정적인 강화를 주지만 그 반대일 경우에는 도덕적 판단과 행동에 갈등을 느끼게 된다. 따라서 청소년기에 자신보다 높은 도덕적 추론 수준의 또래를 만나면 높은 수준으로의 도덕성 발달이 이루어지지만, 그렇지 못할 경우에는 청소년들은 또래와 같이 집단행동을 할 때, 반사회적 행동에 대한 죄책감이나 불안을 덜 느끼게 되므로 도덕성 발달 수준이 낮은 단계로 퇴행할 수 있다.

(3) 대중매체

TV나 영화, 온라인 게임 등에 등장하는 다양한 인물들은 영유아에게 도덕성의 역할 모델이 된다. 영유아는 대중매체의 등장인물을 관찰하면서 도덕적 가치와 행동, 정서적 반응을 학습한다. 등장인물이 이타적인 행동이나 유혹에 저항하는 행동을 하는지, 공격적인 행동이나 비도덕적 행동을 하는지는 유아의 도덕성 행동에 영향을 준다. 특히 유아들은 자신이 좋아하는 주인공의 행동을 즐겨 모방하므로 도덕적 행동에 미치는 영향이 더욱 크다.

■ 배운 내용을 확인해 보세요

1. 인지적 능력은 인간만이 가지고, 다른 생명체보다 특별하면서도 우수한 능력이라고 여겨져 왔습니다. 그러나 사람마다 인지 능력은 차이가 있습니다. 인간은 오랜 시기 동안 어떻게 뛰어난 인지 능력을 가질 수 있을지에 관심을 가지고 연구해 왔습니다. 인지적 능력은 태어날 때부터 이미 정해진 것이 아니라, 출생 이후에 개발되고 발달합니다. 그렇다면 우수한 인지 능력을 가진 인재를 기르기 위해서는 어떠한 교육을 하여야 할까요? 교사와 양육자가 영유아의 인지발달을 지원해 주는 방법에 대해 생각해 봅시다.
   교사는 영유아의 행동을 어떻게 이해해야 하며, 효과적으로 영유아의 인지발달을 촉진시킬 수 있는 방법은 무엇일까요?

영아기	
유아기	

2. 기억 능력은 인지발달의 기초가 되며 아기마다 다르게 발달하게 됩니다. 여러분들도 사람들마다 기억을 잘하는 사람이 있는가 하면, 그렇지 못한 사람이 있다는 것을 경험하였을 것입니다. 그렇다면 사람의 기억 능력은 개발되는 것일까요? 기억 능력을 개발하기 위한 조건, 영향을 미치는 요인은 무엇일까요?

1) 기억은 어떠한 과정을 통해 이루어질까요? 우리가 새로운 사람을 만났을 때, 그 사람의 얼굴을 어떤 과정을 통해 기억할까요?

2) 왜 어떤 사건은 상세하게, 오랫동안 기억이 되고, 어떤 사건은 잘 기억을 하지 못하는 것일까요? 기억에 영향을 주는 요인은 무엇일까요?

3. 유아의 미래교육을 이야기하면서 가장 많이 강조되는 것이 창의성 교육일 것입니다. 미래사회의 경쟁력은 창의성이라고 하는데, 창의성은 과연 무엇이며 어떻게 길러지는 것일까요? 지금까지 학교에서 하고 있는 교육은 창의성에 도움이 되었을지 생각해 봅시다.

1) 창의적인 사람을 떠올려 봅시다. 학교에서 공부 잘하는 학생은 창의성도 뛰어날까요? 창의적인 사람의 특성은 무엇일까요? 창의성과 반대되는 특성은 무엇일까요?

2) 창의적인 사람이 되기 위해서는 무엇이 필요할까요?

4. 인간이 인간답게 살기 위해 갖추어야 할 가장 큰 덕목이 도덕성일 것입니다. 그러나 도덕성은 인간이 출생부터 가지고 태어나는 것이 아니고, 출생 후에 끊임없는 교육과 훈련을 통해 습득하는 것입니다. 그러므로 성인이라고 할지라도 높은 수준의 도덕성에 도달하기는 쉽지 않습니다. 그렇다면 도덕적인 사람은 어떤 사람인지, 도덕적인 사람이 되기 위해서는 어떻게 해야 하는지 생각해 봅시다.

1) 도덕적인 사람은 어떤 사람일까요? 지능이 높은 사람이 도덕성이 높을까요?

2) 도덕적인 사람이 되기 위해서는 어떻게 하여야 할까요? 무엇이 영향을 미칠까요?

CHAPTER 07

언어발달

1. 언어의 의미와 구성
2. 영유아기 언어발달
3. 언어발달 지원하기

CHAPTER 07

언어발달

언어는 인간의 삶에 얼마나 큰 영향을 줄까? 언어가 없이는 인간은 서로 소통할 수도 없고 생각할 수도 없다. 그리고 어느 사회이든 언어를 사용하지 않는 사회는 없으며, 인간의 역사는 언어와 함께 발전하여 왔다. 이러한 언어를 인간은 어떻게 습득하게 되는 것일까?

아기는 태어나면서부터 주변의 소리를 구별하고 언어를 익히기 시작하여, 5세경이 되면 성인과 비슷한 수준의 언어를 구사하기까지에 이르게 된다. 영유아의 언어는 자신이 속한 세계를 이해하고 표현하는 도구일 뿐만 아니라 인지, 사회, 정서발달과도 깊은 연관이 있다. 그러므로 영유아기의 언어발달은 매우 경이로운 과정이며 중요하다. 이 장에서는 언어의 의미가 무엇이고 구성은 어떠한지를 살펴보고 영유아기의 언어발달이 어떠한 과정을 통해 이루어지는지, 영유아의 언어발달을 지원하는 방법은 무엇인지에 대해 살펴보고자 한다.

나는 얼마나 알고 있을까요?

영유아의 언어발달에 대한 다음 설명을 읽고 옳다고 생각하면 '예', 옳지 않다고 생각하면 '아니요'에 표시해 보세요.

1. 예 □ 아니요 □ 언어는 인간만이 배우고 사용할 수 있다.
2. 예 □ 아니요 □ 인간은 생득적으로 언어를 습득할 수 있는 능력을 가지고 태어난다.
3. 예 □ 아니요 □ 아기는 특별한 노력이 없이 언어를 배울 수 있다. 사람들은 자신이 사용하는 언어의 규칙을 모두 알고 있다.
4. 예 □ 아니요 □ 언어발달에는 결정적 시기가 있다.
5. 예 □ 아니요 □ 언어는 변화한다.
6. 예 □ 아니요 □ 옹알이를 하면서 영아가 발성하는 음소의 개수는 서서히 감소한다.
7. 예 □ 아니요 □ 의사소통에 문제가 있거나 문해기술을 학습하지 못하는 유아는 이후 학교학습에서 실패하거나 사회적 능력 발달이 어려울 수 있다.

정답 : 1) 예 2) 예 3) 아니요 4) 예 5) 예 6) 예 7) 예

1 언어의 의미와 구성

1) 언어의 의미

(1) 언어의 의미

언어(言語)란 무엇인지에 대해 『표준국어대사전』에서는 '생각, 느낌 따위를 나타내거나 전달하는 데에 쓰는 음성, 문자 따위의 수단. 또는 그 음성이나 문자 따위의 사회 관습적인 체계'(국립국어원)라고 정의하며, 『브리태니커 사전』에서는 '문화를 공유하고 있는 사람들이 서로 의사소통하기 위해 사용하는 구어적 · 문어적 상징체계'라고 정의한다. 즉, 언어는 인간이 자신의 생각과 감정을 전달하는 의사소통의 수단이면서 생각하는 사고의 도구이기도 하다. 언어는 소리, 문자, 동작, 기호 등으로 구성되며, 고유의 문법이나 규칙에 의해 작동하는 구조화된 기호 체계로서, 사회적 상호작용과 문화적 전달의 핵심 요소가 된다.

이처럼 언어는 인간만 가지는 유전학적 자질이다. 동물도 의사소통을 위한 신호를 사용하지만 동물의 통신수단은 언어가 아니다. 동물의 통신수단은 동족 보존의 목적을 위해 한정적으로만 사용되며, 상징체계를 갖추지 못하기 때문에 창조적인 언어의 특성을 갖지 못한다. 따라서 언어는 인간이 의사소통을 위해 사용하는 음성 또는 문자 기호체계이다.

(2) 언어의 특성

언어는 동물의 통신수단과는 구별되는 언어만이 가진 특성이 있다. 모든 언어에서 나타나는 공통적인 특징을 살펴보면 다음과 같다(김정원 · 이분정 · 이언규, 2020).

① 이원성

언어는 소리와 의미체계가 분리되어 있다. 언어는 의미 없는 소리들이 연속으로 합쳐져서 하나의 의미 단위를 생산한다. 예를 들어, '봄'은 초성 [b]와 중성 [o], 종성 [m]의 소리가 합쳐져서 만들어진 단어인데, 각각의 소리는 아무 의미를 가지고 있지 않다가 일정한 조합으로 합쳐졌을 때, 비로소 의미를 가지게 된다. 그러므로 자음, 모음의 소리체계는 의미체계와는 분리되어 있다. 그러나 동물의 통신수단은 특정 소리와 특정 의미가 연결되어 있어서, '위험'을 알리는 소리는 다른 소리와 명백하게 구분되며 그 소리가 다른 의미를 갖지 못한다.

② 창조성

언어는 한정된 소수의 음소를 조합하여 무한한 어휘를 만든다. 인간은 무수한 소리를 배열하여 새로운 어휘를 만들고, 어휘들을 배열하여 무한히 새로운 문장을 만든다. 그러므로 언어는 끊임없이 변화하고 새로운 어휘들이 만들어지기도 하고 소멸되기도 한다. 그러나 동물의 의사소통에서는 이러한 창의성을 찾아볼 수가 없다.

③ 임의성

언어는 사회 구성원들이 임의로 합의한 상징체계이며 각 언어의 소리와 소리가 상징하는 대상 사이에는 필연적인 연관성이 없다. 예를 들어, 사과를 영어권에서는 'apple', 프랑스에서는 'pomme', 스페인에서는 'manzana'라고 말하듯이, 똑같은 대상이라도 그것을 칭하는 언어는 사회마다 다르다. 왜 미국에서는 사과를 'apple'이라고 말하는지에 대한 이유는 설명할 수 없으며, 대상과 언어의 소리 관계는 사회 구성원들에 의해 임의적으로 합의되어 정해진다.

④ 체계성 – 규칙성

모든 언어는 일정한 규칙, 문법에 의해 이루어진다. 언어의 작은 단위인 자음과 모음이 결합하여 단어와 문장을 구성하는 데에는 일정한 규칙이 작용한다.

⑤ 추상성 – 자의성

언어는 추상적인 기호로 구성되어 있다. 언어의 기호는 표상하는 실제 대상의 이미지와는 아무 연관성이 없다. 예를 들어, '사과'라는 글자나 말은 사과의 외형적인 이미지()와는 전혀 유사성이 없다. 즉, 언어는 하나의 상징체계라고 할 수 있다.

⑥ 가변성 – 역사성

언어는 변화한다. 언어는 유기체와 같이 생성과 소멸의 과정을 거치는데, 사회가 변화함에 따라 새로운 개념이 나타나게 되면 그것을 표현하는 새로운 언어가 탄생하고 반대로 그 사회에서 더이상 사용하지 않는 언어는 사라지게 된다.

2) 언어의 구성과 영역

(1) 언어의 구성

언어는 음운론, 형태론, 구문론, 의미론, 화용론으로 구성된다. 영유아의 언어 발달은 이 다섯 가지의 언어 구성요소의 발달을 의미한다.

① 음운론(phonology)

음운론은 언어의 소리가 결합하는 규칙이다. 언어의 가장 작은 소리 단위를 음소(phonemes)라고 하고, 이 음소가 모여서 언어의 기본 단위인 음절(syllable)을 구성한다. 아기는 주변 환경의 소리에서부터 언어의 음소를 구별하고 음소가 결합하여 음절을 이루는 규칙을 습득하게 되며, 소리의 강약, 억양, 발음 등 차이를 구별하여 사용하게 된다.

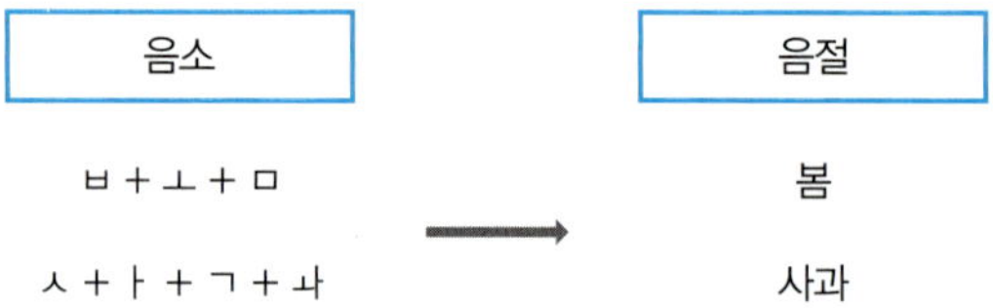

|그림 7-1| 한국어 음소와 음절의 예

② 형태론(morphology)

언어에서 의미를 가지는 가장 작은 언어 단위는 형태소(morpheme)이며 어휘적 형태소(lexical morpheme)와 문법적 형태소(grammatic morpheme)가 있다. 어휘적 형태소는 '사과', '봄'과 같이 독립적으로 의미를 가지는 형태소이며 문법적 형태소는 조사나 전치사처럼 다른 형태소와 결합하여 문법적으로 의미를 명확하게 해주는 역할을 한다.

예 봄이 오다 ➜ 봄 + 오다 (어휘적 형태소 2개)
이 (문법적 형태소 1개)

③ 구문론(syntax)

구문론은 언어의 문장을 구성하는 규칙을 의미하며, 문장의 구성요소, 문장의 어순, 문장의 구조 등의 내용을 포함한다. 즉, 언어를 말할 때 기본 구조를 제공하는 것이 구문론이며, 형태론과 구문론의 규칙이 결합하여 문법을 이룬다. 따라서 유아가 구문론에 대한 이해를 발달시킬수록 더욱 정확한 언어를 구사할 수 있다. 예를 들어, '엄마 사과'라고 말하던 유아가 구문론이 발달한 후에는 '엄마, 사과를 주세요'와 같이 '주어+목적어+서술어' 구조로 말을 한다.

④ 의미론(semantics)

의미론은 언어의 의미와 관련된 영역이다. 모든 어휘는 의미를 가지고 있으며, 언어를 제대로 사용하기 위해서는 어휘들을 문법뿐만 아니라 의미에 맞게 배열하여야 한다. 즉, '맛없는 달콤한 책상 맹렬히 뛴다'라는 문장은 형용사+형용사+명사(주어)+부사+동사(술어)의 구성으로 되어 있어서, 형태론, 구문론의 문법적으로는 틀린 것이 없다. 그러나 의미론적으로는 전혀 맞지 않다.

⑤ 화용론(pragmatics)

화용론은 상황에 맞게 언어를 사용하는 규칙이다. 언어를 사용할 때는 대화의 기본 규칙을 지켜야 하며, 시간과 장소, 그리고 상대방이 어떤 사람인지, 상황적 맥락 등을 고려하여 그에 맞게 언어를 사용하여야 한다. 예를 들어, 대화의 기술에는 순서적으로 주고받기, 대화 주제 시작하기, 주제를 유지하며 응대하기, 적절하게 대화를 끝맺기 등이 포함된다. 즉, 화용론은 언어의 사회적 의미에 대한 이해이다(Levin, 1983).

(2) 언어의 분류

언어는 기본적으로 언어의 기능에 따라 듣기, 말하기, 읽기, 쓰기 영역으로 분류한다. 그리고 네 가지 언어의 영역은 언어가 말소리를 사용하는지, 글을 사용하는지에 따라 음성언어와 문자언어로 구분할 수 있고 언어의 사회적 목적에 따라 수용언어와 표현언어로 구분할 수도 있다.

- **음성언어** : 말소리를 매개로 하는 구어(口語)이다. 듣기와 말하기가 이에 해당된다.
- **문자언어** : 문자를 매개로 하는 문어(文語)이다. 읽기와 쓰기가 이에 해당된다.
- **수용언어** : 이해하고 받아들이는 언어를 의미하며, 듣기와 읽기가 이에 해당한다.
- **표현언어** : 산출하고 표현하는 언어를 의미하며, 말하기와 쓰기가 이에 해당한다.

	음성언어	문자언어
수용언어	듣기	읽기
표현언어	말하기	쓰기

|그림 7-2| 언어의 분류

2 영유아기 언어발달

영유아기의 언어발달은 매우 빠른 속도로 진행된다. 영유아의 언어습득 능력은 출생에서 약 7세까지 최고조에 있다가 이후 급속도로 감소한다(그림 7-3 참조). 영유아의 언어발달은 어떤 언어권이든지 상관없이 보편적인 발달과정과 특징을 가진다. 언어학자 촘스키(Chomsky, 1994)에 의하면 영유아기는 언어습득의 결정적 시기로, 인간은 언어습득의 기제(LAD : Language Acquisition Device)를 생득적으로 가지고 태어나기 때문에 아기가 언어를 습득하는 것은 문장을 암기하거나 모방을 통해서가 아니라 생성적 문법(generative grammar)을 습득함으로써, 문장을 무한히 창조하는 것이라고 하였다. 즉, "어린이가 하나의 언어를 배울 때, 아이는 그 언어를 창조하는 것이며, 아이의 마음속에서 그 언어가 자라나는 것이다"라는 것이다(Chomsky, 1994). 영유아의 언어발달은 시각과 청력, 조음 능력, 기억과 지각 및 상징적 사고 능력과 함께 발달하는 통합적인 과정이며, 이 시기의 언어발달은 다시 영유아의 인지발달과 사회적 관계, 정서발달에 영향을 미친다. 이처럼 언어발달은 영유아의 생활과 삶, 행동과 사고에 커다란 영향을 미치는 요인이므로 영유아기 언어발달 과정과 특징을 이해하는 것은 매우 중요하다. 영유아 언어발달은 시기별로 음성언어 발달, 문자언어 발달, 의사소통 발달로 살펴볼 수 있다(김정원 · 이문정 · 이연규, 2020).

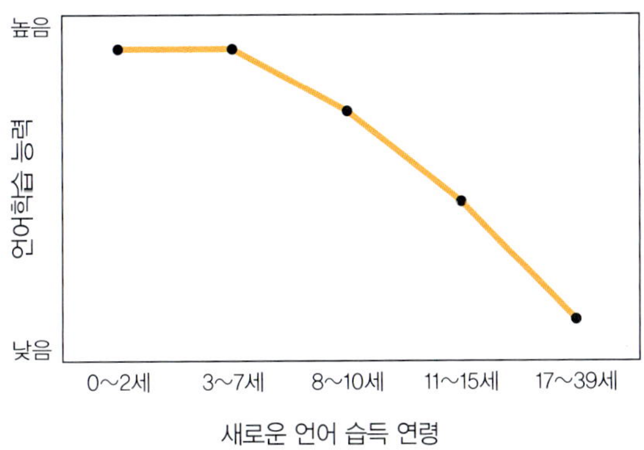

|그림 7-3| 언어습득 능력 발달 곡선

출처 : Kuhl(2010).

생각해 보세요

언어와 사고

언어와 사고는 어떠한 관계에 있을까요? 언어와 사고가 매우 밀접한 관계가 있다는 것은 이미 알려진 바입니다. 그러나 언어가 먼저인지, 사고가 먼저인지에 대한 논의는 계속되고 있습니다. 여러분은 어떻게 생각하시나요?

- **인간의 뇌에는 언어를 담당하는 영역이 있다.**

언어가 인간만이 사용하는 생득적인 능력인 이유는 뇌에는 언어를 인식하고 분석하고 만들고 표현할 수 있는 신경망이 있기 때문이다. 뇌에서 언어를 담당하는 부분은 좌뇌의 브로카 영역(Broca's area)과 베르니케 영역(Wernicke's area)이 있다. 베르니케 영역은 뇌의 청각 담당 영역과 가깝게 위치하고 있어서, 단어의 소리와 의미 등을 기억하며 언어의 수용과 이해와 관련이 있다. 반면 브로카 영역은 뇌의 발성 기관을 운동적으로 통제하는 영역과 인접해 있어서, 단어의 음운과 문장의 구문적 능력을 기억하고 처리하는 표현언어와 관련이 있다.

일반적으로 베르니케 영역은 브로카 영역보다 빨리 성숙한다. 베르니케 영역의 시냅스 수는 생후 8~9월에서 20개월 사이에 최대가 되고, 뉴런의 발달도 24개월경에 이루어진다. 반면 브로카 영역의 시냅스 수는 15개월에서 24개월 사이에 최대가 되고 뉴런의 발달은 4~6세에 이루어진다.

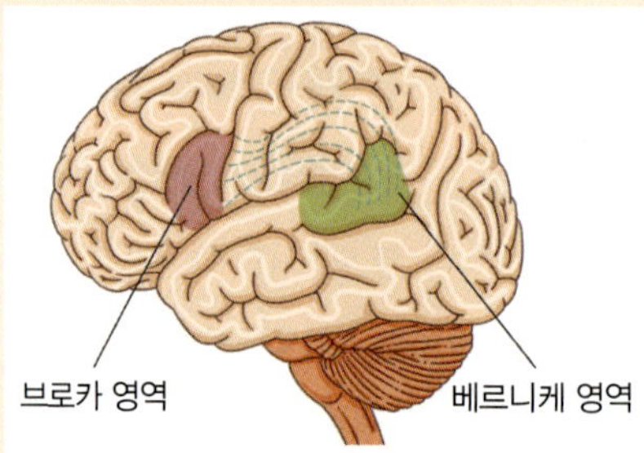

출처 : Jackendoff, R.(2000), pp. 235-257.

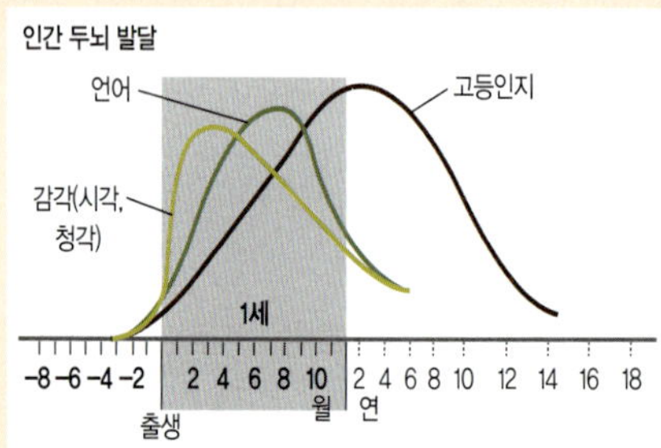

출처 : Nelson, C. A.(2000), pp. 204-228.

- **언어가 사고를 결정한다.**

사람들이 주변 세계를 인식하는 방식에 언어의 구조가 영향을 미친다는 입장이다. 즉, "언어는 단순히 생각을 표현하기 위한 도구일 뿐만 아니라, 오히려 인간의 사고를 형성하고 개인의 정신을 안내한다(Whorf, 1956)"는 것이다. 예를 들어, 닭의 울음소리를 언어마다 다르게 표현하는데, 같은 소리라도 한국어는 '꼬끼오', 영어는 '코커두들두(cock-a-doodle-doo)', 프랑스는 '코코리꼬(cocorico)', 독일어는 '키케리키(kikeriki)', 스페인어는 '키키리키(quiquiriqui)', 중국어는 워워(喔喔, 수탉)나 거거(咯咯, 암탉), 일본어 '코케콕코(こけこっこう)'라고 듣고 표현한다. 그러므로 사람들은 모국어 범위 안에서 자연세계를 판단한다는 것이다(Whorf, 1956).

- **인지발달이 언어발달을 주도한다.**

언어발달은 인지발달을 앞서서 이루어질 수 없다는 입장이다. 즉, 인지발달이 언어발달보다 선행한다는 피아제의 입장으로, 유아는 사물에 대한 개념을 형성한 후에 그것을 언어로 표현한다는 것이다. 경험을 통해 어떤 사물이나 사물 간의 관계에 대한 인지적 개념이 없이는 어떤 언어도 사용할 수 없으며, 언어는 이미 알고 있는 지식이나 정보를 언어로 표현하는 것이라고 언어와 인지의 관계를 설명한다.

1) 영아기의 언어발달

(1) 음성언어의 발달

① 전언어기(출생~12개월)

영아가 실제적으로 말소리를 내기 이전의 시기이다. 이 시기의 영아는 울음(crying), 쿠잉(cooing), 옹알이(babbling) 등을 통하여 발성과 조음 연습을 한다.

- **울음**(crying) : 울음은 아기의 최초 발성이면서 가장 기본적인 의사소통 수단이기도 하다. 출생 직후의 아기 울음은 미분화된 울음이었다가, 생후 1개월이 지나면서 차츰 분화된 울음으로 바뀌게 된다. 따라서 울음은 '배가 고프다', '불편하다', '졸리다', '아프다' 등의 욕구를 알려주는 신호이자 아기의 발성 기관을 발달시키는 역할을 한다.
- **쿠잉**(cooing) : 아기가 생후 2개월경이 되면 영아는 울음 이외의 발성을 하기 시작한다. /우/, /구/와 같은 목을 울리는 모음 소리나 /h/ 소리가 삽입된 /쿠/ 소리를 주로 내는데, 비둘기 울음소리와 비슷하여 쿠잉이라고 한다. 아기는 기분이 좋고 만족스러울 때, 성인과 눈맞춤을 하며 즐겁게 상호작용을 할 때 쿠잉소리를 낸다.
- **옹알이**(babbling) : 아기가 생후 2~3개월이 되면 옹알이를 시작하고, 6~8개월이 되면 절정에 이른다. 옹알이는 영아가 발성 연습을 하는 과정이다.
  - 3~4개월 : 옹알이가 시작되며 /바-바-바/, /마-마-마/와 같은 길고 반복적인 소리를 낸다.
  - 5~6개월 : 우연히 만들어진 자기 소리를 반복하는 '자기 소리 모방'을 한다.
  - 7~8월 : 옹알이의 절정기로 자음과 모음 소리를 붙여서 /비-비-비/, /미-미-미/와 같은 소리를 낸다.

- 9~10개월 이후 : /마-비-다-부/와 같이 여러 음절을 혼합하여 소리 내고 타인의 소리를 모방하는 '반향적 모방(echolalia)'을 한다. 이 과정에서 모국어와 상관없는 음소는 점차 소멸되고 모국어에서 사용하는 음소는 점차 강화되어 모국어를 습득하게 된다. 한국어의 경우, 1세 전까지 [m], [n], [p], [t], [k], [b], [d], [g]의 음소 소리를 낼 수 있다(배소영, 1995).

② 한 단어 시기(12~18개월)

- **어휘발달** : 영아는 어휘를 말로 표현하기 전에 먼저 이해를 한다. 영아는 생후 9개월경이 되면 어휘의 의미를 이해하기 시작하고, 12개월경에는 첫 단어를 말한다. 이후 18개월 무렵에는 습득한 어휘의 수가 급증한다.
  - 12개월경 : 첫 단어를 말하고 이해언어는 약 15개 정도이다.
  - 18~19개월경 : 평균 50개의 단어를 말하고 이해언어는 약 3배가 된다.

  영아가 습득하는 어휘는 주로 기본적인 신체 부위와 자주 접하는 사물의 이름이고, '줘, 가'와 같은 단순한 동사를 말할 수 있다.

조금 더 알아보아요

영아는 어휘를 습득할 때, 의미의 과잉 축소와 과잉 확대라는 오류과정을 거친다.

- 의미의 과잉 축소(under-extension) : 영아는 종종 어떤 단어의 의미를 일반적으로 사용하는 참조 범위보다 좁게 적용하여 사용한다. 예를 들어, 이 시기 영아는 자신의 동생만 '아기'이고, 다른 집 아기는 아기가 아니라고 생각한다. 이는 영아가 전체와 부분의 유목포함 관계 개념을 아직 이해하지 못하기 때문이다.
- 의미의 과잉 확대(over-extension) : 단어가 가진 본래의 의미보다 확대해서 사용하는 현상을 말한다. 영유아가 사물을 지칭하는 정확한 이름을 아직 모르거나 사물에 대한 정확한 지식이 형성되지 않아서 나타나는 현상이다. 예를 들어, 개를 지칭하는 '멍멍이'라는 어휘를 습득한 뒤에는 고양이, 여우 등 네 발 달린 짐승을 모두 '멍멍이'라고 한다 영아는 자신이 사용하는 단어가 적합하지 않음을 알면서도 과잉 확장하여 사용하기도 한다. 영아가 알고 있는 어휘가 부족하기 때문에 나타나는 현상이므로 고양이, 여우라는 어휘를 습득한 후에는 사라진다.

- **문법발달** : 한 단어 시기에는 아직 문법이 발달하지 못한다. 단어 하나로 전체 문장을 대체하며, 억양이나 몸짓, 표정 등의 맥락에 따라 다양하게 의미를 해석할 수 있다. 이러한 문장을 '일어문(holophrase)'이라고 한다. 예를 들어, 아기가 똑같이 "물"이라고 말하여도 아기의 표정이나 상황과 맥락에 따라 "물 주세요", "물을 쏟았어요", "목욕 싫어요" 등 다양한 의미로 해석할 수 있다.

③ 두 단어 시기(18~24개월)

- **어휘발달** : 어휘발달이 폭발적으로 증가하여 이 시기를 '어휘 폭발기(word spurt period)'라고도 한다. 영아가 24개월이 되면 약 300개의 어휘를 말할 수 있다.
- **문법발달** : 어휘가 발달함에 따라 영아는 2개 또는 3개의 어휘가 결합된 문장을 말한다. 이때 영아는 무작위로 어휘를 결합하는 것이 아니라 일정한 규칙에 따라 어휘를 결합하여 사용한다.
- **전보식 문장** : 2~3개의 어휘만으로 모든 의미를 전달하기 위해서 단순하고 생략된 문장을 사용한다. 전보식 문장은 주로 조사나 전치사, 접속사, 관사와 같은 기능어는 생략하고 명사, 동사, 형용사, 부사와 같은 내용어만으로 구성되며, 어휘의 배열은 주어+서술어(나 쉬 → 나는 쉬하고 싶어요), 주어+목적어(나 밥 → 나는 밥을 먹어요), 목적어+서술어(까까 먹어 → 과자를 먹고 있어요)의 규칙에 따른다.

〈표 7-1〉 전보식 문장의 유형

문장 구조	영아의 말	의 미
주어 + 서술어	나 쉬	나는 쉬하고 싶어요
주어 + 목적어	나 밥	나는 밥을 먹어요
목적어 + 서술어	까까 먹어	과자를 먹고 있어요

- **주축문법** : 주축문법은 주축이 되는 단어를 중심으로 새로운 단어를 결합하여 다양한 문장을 구성하는 것이다. 주축문법은 문장의 축이 되는 단어인 주축어(pivot word)와 주축어에 결합되는 개방어(open word)로 구성된다. 예를 들어, “안 가”, “안 예뻐”에서 ‘안’은 주축어이고, ‘~가’, ‘~예뻐’는 개방어이다.

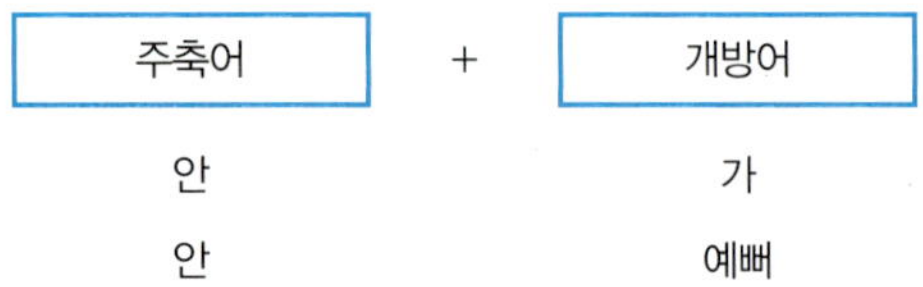

|그림 7-4| 주축문법 구조

(2) 의사소통의 발달

영아는 주로 몸짓과 소리, 얼굴 표정 등을 사용하여 의사표현을 한다.

- 출생 이후에 울음소리가 분화되어 배고픔, 불편함 등의 의사표현을 한다.
- 2개월경이 되면 미소를 띠면서 좋은 기분을 표현할 수 있다.
- 생후 9~11개월이 되면, 영아는 몸짓(gesture)을 사용하여 의사표현을 하기 시작한다. 물건을 가리키면서 상대의 눈을 바라보는 등의 몸짓을 통해서 의사를 표현한다. 이러한 몸짓은 영아가 어휘를 말하기 시작한 후에도 부족한 어휘력을 보완하기 위해 계속적으로 사용한다.
- 15개월경이 되면 타인과 의사소통을 할 때 서로 쳐다보는 눈맞춤을 하고, 상대방이 자신의 말을 못 알아듣는 것을 알아차리고 짜증을 내기도 한다.
- 2세가 되면 “누구야?, 이거 뭐야?”와 같은 단순한 의문사 질문에 대답하거나, “안 돼, 지지” 등의 단순 명령을 이해하고, 요구에 따라 물건을 주거나, 지적할 수 있게 되면서 의사소통이 더욱 원활해진다. 즉, 부르기, 대답하기, 모방하기, 요구하기 등의 기본적인 의사소통이 가능해진다.

2) 유아기의 언어발달

유아가 5세 무렵이 되면, 모국어의 대부분의 소리를 발음할 수 있고 기본적인 문법 규칙을 활용할 수 있게 되어 성인과 비슷한 수준으로 모국어를 말한다.

(1) 음성언어의 발달

① 어휘발달

3세 이후의 유아는 지적 성장과 함께 어휘도 급속하게 발달한다.

- 3세 : 표현하는 어휘 수가 1,000개 정도로 증가한다.
- 4세 : 약 1,600개의 어휘를 습득한다.
- 5세 : 약 2,100~2,200개의 어휘를 습득한다.
- 6세까지 2,600~7,000개의 어휘를 습득한다.

② 문법발달

유아가 만 3세경이 되면, 한 번에 세 단어 이상의 다어문을 말하기 시작한다. 유아는 다어문 문장을 말하기 시작하면서 문법적 요소를 갖춘 문장을 구성하기 시작하고, 조사, 전치사, 접속사 등의 기능어를 사용함에 따라 하고 싶은 말을 비교적 자유롭게 언어로 표현을 할 수 있게 된다. 그리고 이러한 문법발달은 약 10세 정도까지 이어진다.

- 3세 : 주어+목적어+동사, 주어+부사어+서술어, 주어+주어+서술어, 서술어+주어+목적어+서술어의 기본 구조를 말한다. '없다', '안 해' 등의 부정문을 사용할 수 있고 의문문, 사동문, 피동문을 만들 수 있다.
- 4세 : 한 문장에 두 개 이상의 절이 포함되는 복합문을 사용할 수 있고 '그리고', '그래서'와 같은 종속접속사를 사용한다.

조금 더 알아보아요

과잉 일반화(over-generalization)

유아가 문장에 문법을 적용하면서 흔히 나타내는 오류가 과잉 일반화이다. 과잉 일반화는 자신이 알고 있는 문법적 지식을 그 규칙이 적용되지 않는 곳에도 일괄하여 모두 적용하는 현상이다. 우리나라 유아에게 흔히 나타나는 문법의 과잉 일반화의 예는 다음과 같다.

- 주격 조사 '가'의 과잉 일반화 : 선생님이가, 곰이가, 도둑놈이가, 별이가
- 높임말 보조사 '요'의 과잉 일반화 : ~ 했다요, 먹었다요

(2) 문자언어의 발달

문자언어는 음성언어와 달리, 서로 의사소통하는 상대가 눈앞에 존재하지 않기 때문에 글을 읽는 독자를 상상으로 생각하면서 글을 읽거나 써야 한다. 그러므로 문자언어는 단순히 글을 해독(decoding)하거나 글자 쓰기(copying)를 하는 것으로서의 읽기, 쓰기가 아니고, 읽기와 쓰기가 이루어지는 상황에 대한 이해, 필자와 독자의 사전 지식과 태도, 사회와 문화적 맥락에 대한 이해를 포함하여 글로 의사소통하는 정신적 과정이다.

문자언어의 발달은 문해 출현(emergent literacy)의 관점에서는 음성언어와 마찬가지로 출생 직후부터 점진적으로 일어난다고 본다. 문자언어 발달을 문자 전 단계(preliteracy stage)와 문자 단계(literacy stage)로 이분법적으로 구별할 수 없으며, 연속선상의 점진적인 현상으로 이해한다. 그러므로 음성언어와 문자 발달은 영유아기에 동시에 일어나며, 음성언어가 발달하는 방법과 동일한 방법으로 문자발달이 이루어진다고 본다. 유아는 출생과 동시에 환경 속에서 자연스럽게 인쇄물에 나타난 글과 글자를 인식하고 글자의 기능, 형태, 규칙 등을 알게 되며, 말과 글의 관계를 터득하면서 문자언어에 대한 초인지적 기능을 발달시킨다. 구체적인 읽기와 쓰기의 발달단계를 살펴보면 다음과 같다(Ehri, 1995).

① 읽기발달의 단계

- 문자 인식 전 단계(pre-alphabetic phase)

  아직 자모에 대한 지식이 형성되기 전의 시기이다. 환경이나 맥락적인 단서, 그림, 시각적 단서를 통해 단어의 뜻을 유추한다. 이때 유아는 글자를 자모로 식별하기보다는 하나의 그림으로 인지하며, 사회적 상호작용에서 의미를 유추하여 사용한다.

- 부분적 문자 인식 단계(partial alphabetic phase)

  매우 제한되기는 하지만 자모 결합의 원리(alphabetic principle)를 적용시켜 읽기 시작하는 시기이다. 주로 초성 글자나 종성 글자를 보고, 나머지 글자를 추측하는 전략을 사용하여, 글의 앞뒤 문맥이나 상황적 맥락에 의존하여 추측한다.

- 완전한 문자 인식 단계(full alphabetic phase)

  소리-글자 대응 관계에 대한 자모 결합 원리를 완전히 익힌 유아는 단어의 모든 낱자를 소리-글자 대응 규칙에 따라 하나하나 발음한다.

- 통합적 문자 인식 단계(consolidated alphabetic phase)

  소리-글자 대응에 따른 단어 읽기가 익숙해지면, 낱자 하나하나에 집중하여 단어를 읽기보다는 익숙한 유형의 낱자들은 덩어리로 묶어서 읽기 시작한다. 즉, '일견 단어'를 자동으로 읽는 기술이 발달한다.

- 유창한 읽기 단계(automatic phase)

  일견 단어가 많아지면 낱말을 하나씩 읽지 않고 한눈에 인지해 자동적으로 읽을 수 있게 된다. 이때는 더 이상 해독에 집중하지 않고 글의 의미에 더 집중하게 된다.

또한 우리나라 유아의 읽기발달 단계를 이영자와 이종숙(1985)은 다음과 같이 7단계로 제시하였다.

- **1단계 :** 읽기 이해 전 단계
  - 하위 1단계 : 말없이 그림만 쳐다보기
  - 하위 2단계 : 그림을 지적하기
  - 하위 3단계 : 그림의 명칭을 이해하기
  - 하위 4단계 : 그림에 대해 질문하기
- **2단계 :** 이야기 구성 능력이 없어 "난~ 못 읽어요" 같은 의사를 표현하는 단계
- **3단계 :** 그림을 보고 마음대로 이야기 만들기 단계
- **4단계 :** 의미를 비슷하게 꾸며 말하기 단계
- **5단계 :** 단어나 구절을 암기하여 이야기하는 단계
  - 하위 1단계 : 책에 나온 글자의 암기를 통하여 50% 미만의 단어나 구절을 사용하여 이야기하기
  - 하위 2단계 : 책에 나온 글자의 암기를 통하여 50% 이상의 단어나 구절을 사용하여 이야기하기
- **6단계 :** 글자를 읽어야 한다는 것을 이해하지만 글자를 읽을 줄 몰라 "난 못 읽어요"와 같은 의사를 표현하는 단계
- **7단계 :** 글자를 읽는 단계
  - 하위 1단계 : 글자를 보고 한 문장을 기준으로 25% 이하로 똑바로 읽기
  - 하위 2단계 : 글자를 보고 한 문장을 기준으로 50% 이하로 똑바로 읽기
  - 하위 3단계 : 글자를 보고 한 문장을 기준으로 70% 이하로 똑바로 읽기
  - 하위 4단계 : 글자를 보고 한 문장을 기준으로 75~100% 이하로 똑바로 읽기

② 쓰기발달의 단계(이영자 · 이종숙, 1985; 1990a; 1990b)

- **1단계** : 긁적거리기 단계
  - 하위 1단계 : 글자의 형태는 나타나지 않으나 세로선이 나타나는 단계
  - 하위 2단계 : 글자의 형태는 나타나지 않으나 가로선이 나타나는 단계

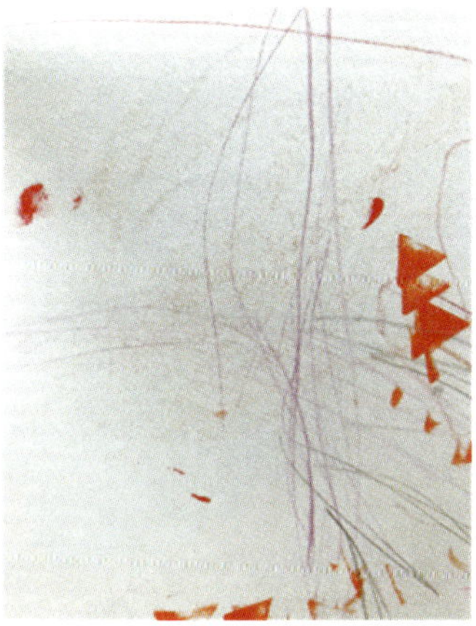

글자의 형태는 나타나지 않으나
세로선이 나타나는 단계

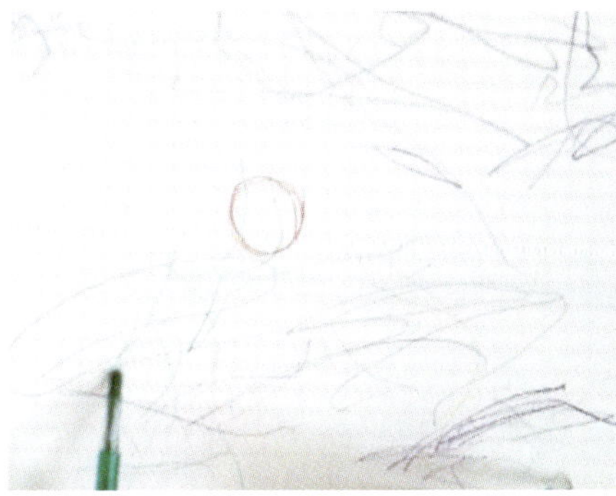

글자의 형태는 나타나지 않으나
가로선이 나타나는 단계

- **2단계** : 한두 개의 자형이 우연히 나타나는 단계
- **3단계** : 자형이 의도적으로 한두 개 나타나는 단계
- **4단계** : 글자의 형태가 나타나고 가끔 자 · 모음의 방향이 틀리거나 부분적으로 틀린 단계

	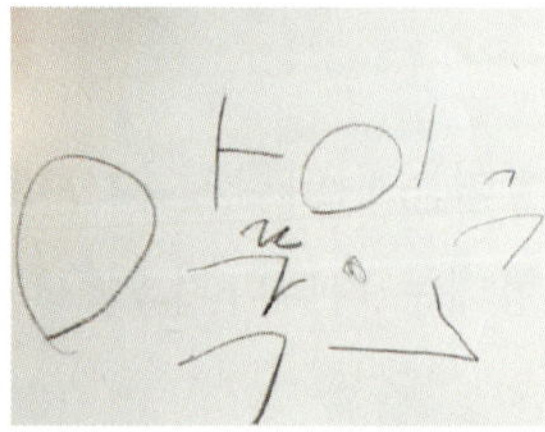	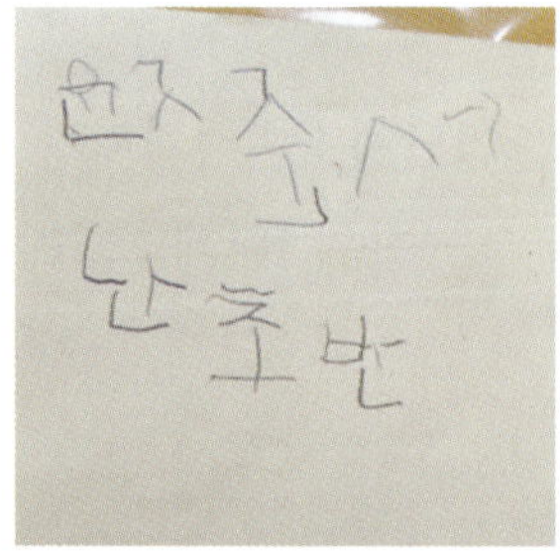
한두 개의 자형이 우연히 나타나는 단계	자형이 의도적으로 한두 개 나타나는 단계	글자의 형태가 나타나고 가끔 자 · 모음의 방향이 틀리거나 부분적으로 틀린 단계

- **5단계** : 단어 쓰기 단계
  - 하위 1단계 : 완전한 단어 형태가 나타나고 자 · 모음 방향이 틀리거나 부분적으로 틀린 단계
  - 하위 2단계 : 완전한 단어 형태가 나타나고 자 · 모음 방향이 정확한 단계

완전한 단어 형태가 나타나고 자 · 모음 방향이 틀리거나 부분적으로 틀린 단계	완전한 단어 형태가 나타나고 자 · 모음 방향이 정확한 단계

- **6단계** : 문장 쓰기 단계
  - 하위 1단계 : 문장 형태가 나타났으나 부분적으로 틀리는 단계
  - 하위 2단계 : 틀린 글자 없이 완전한 문장 형태가 나타나는 단계

문장 형태가 나타났으나 부분적으로 틀리는 단계

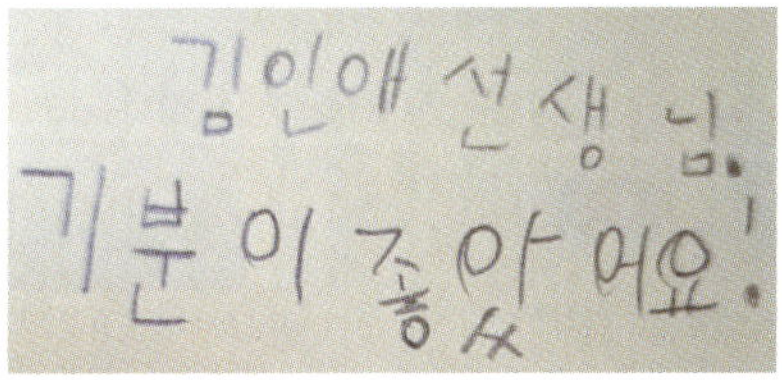

틀린 글자 없이 완전한 문장 형태가 나타나는 단계

(3) 의사소통의 발달

의사소통은 사고, 느낌, 아이디어를 상대방에게 전달하는 것이며 효과적인 의사소통을 위해 소리, 신호, 몸짓, 표정 등의 여러 가지 매체를 사용한다. 언어를 '안다'는 언어 능력과 언어를 '활용'한다는 언어 수행 능력은 다른 것이어서, 어휘와 문법을 잘 아는 사람이 반드시 의사소통을 잘하는 것은 아니다. 효과적인 의사소통을 위해서는 상황에 따라 의사소통하는 방법과 상호작용의 방법, 다른 사람의 의도를 파악하는 방법 등을 적절히 사용할 수 있어야 한다.

유아는 인지, 언어, 사회성 등 영역의 전반적인 발달이 이루어지면서 의사소통 능력도 함께 발달한다. 유아기에 발달하는 의사소통 능력은 다음과 같다.

- **차례 지키기** : 유아는 대화를 할 때, 상대방과 번갈아 가며 차례대로 의사소통하는 규칙을 안다. 이런 행동은 유아와 양육자가 서로 상호작용하는 과정에서 더욱 발달시킬 수 있다.
- **사회화된 언어** : 유아가 3세경이 되면, 듣는 사람의 관점을 고려한 의사소통을 하기 시작한다. 유아는 사회적 맥락을 조금씩 인식하고, 대화를 할 때 잠시 기다릴 줄도 알고, 언제 상대방에게 말할 기회를 주어야 할지도 안다. 유아는 아직 직접적인 표현을 더 잘 이해하기는 하지만 4세 정도가 되면 상대방의 의도를 파악하고 간접적인 표현도 이해할 수 있다. 예를 들어, "엄마 계시니?"라는 물음은 엄마를 불러달라는 의미라는 것을 안다.

- **공통의 주제** : 의사소통을 위해서는 대화자들 간에 공통된 주제를 공유하고, 그 주제로 이야기를 이어가야 한다. 만약에 한 유아가 "나 어제 동물원 갔었어"라고 말할 때, 상대 유아가 "간식 시간이다"라고 말하면 의사소통은 단절된다. 3세 반 정도의 유아들은 일정하게 만들어진 주제를 가지고 대화를 할 수 있다.
- **전제된 정보** : 의사소통을 하기 위해서는 대화 상대자가 대화의 주제에 대해 알고 있는 사전 지식이 얼마만큼인지를 알아야 한다. 즉, 상대방이 대화 주제에 대해 알고 있다고 가정한 정보를 '전제된 정보'라고 하는데, 의사소통은 전제된 정보를 바탕으로 이루어진다. 만약 대화 상대자가 '내가 어제 만난 사람'을 알고 있으면, "어제 만난 사람이~"라고 대화를 할 것이고, 그 사람을 모르고 있으면 "내가 어제 가방 만드는 사람을 만났는데..."와 같이 어제 만난 사람에 대한 정보를 더 추가해서 대화를 이끌어 나갈 것이다. 유아는 자기중심적 사고에서 벗어나면서 점차 전제된 정보를 고려하여 대화를 할 수 있게 된다.

3 언어발달 지원하기

영유아의 언어발달에는 양육자나 교사의 역할이 매우 중요하다. 영유아는 주변 언어 환경을 모방하고, 대화하며, 소통하는 과정에서 언어를 습득한다. 그러므로 주변의 성인은 아이들과 많은 대화를 나누고 언어적 자극을 제공하는 것이 중요하다. 다음은 연령별 언어발달의 특징에 따른 언어발달 지원 방법이다(이기숙 · 김정원 · 이현숙 · 전선옥, 2019; 김정원 · 이문정 · 이연규, 2020; Dosman & Andrews, 2012; Oesterreich, 2004).

〈표 7-2〉 연령별 언어발달의 특징과 언어발달 지원 방법

연령	언어발달 특징	언어발달 지원
0세	• 목소리를 낸다. • 말하는 사람 쪽으로 고개를 돌리고 쳐다본다. • 쿠잉 소리를 낸다. • 옹알이를 한다. • 상대방의 대화가 끝나면 반응하여 소리를 낸다. • 종이에 긁적거리는 흉내를 낸다.	• 말소리와 옹알이에 민감하게 반응한다. • 영아가 표정과 소리로 의사표현하는 것을 세심하게 관찰하고 반응한다. • 아기와 눈을 맞추면서 이야기한다. • 짧은 문장으로 천천히, 반복적으로 이야기를 한다. • 초기 긁적거리기를 하도록 도구를 준다.
1세	• 한 단어, 또는 후반부에는 두 단어를 사용하여 말한다. • 간단한 두 가지 지시를 따를 수 있다. • 사물의 명칭을 안나. • 남의 말을 흉내 내려고 한다. • 자신의 욕구를 말로 표현하려고 한다. • 그림책을 즐겨 본다.	• 영아의 행동과 말을 민감하게 해석하여 즉시 반응해 준다. • 일상생활에서 간단한 지시를 한다(예 신발을 신자). • 일상생활에서 사물의 명칭, 호칭 등을 자주 말한다. • 양육자가 일방적으로 혼자 말하지 않고, 영아에게 의사 표현하도록 기다려 준다. • 영아와 눈을 마주치며 이야기한다. • 그림책을 보면서 상호작용한다.
2세	• 어휘가 급속도로 발달한다. • 잘못 발성된 소리를 고쳐주면 따라 한다. • 상황에 따라 음성의 크기 및 음색의 강약을 조절할 수 있다. • 부정어와 긍정어를 구분한다. • 소유어(나의 것, 너의 것)를 안다. • 반복되는 음률을 좋아한다. • 마음대로 긁적거리기를 즐긴다.	• 영아가 자주 경험하는 놀잇감의 명칭을 반복적으로 들려준다. • 책에서 색상, 모양, 동물을 가리킬 때 유아에게 이름을 말하도록 한다. • 일상 활동에서도 색깔, 동물, 문자, 모양 등의 어휘를 말해주고 유아가 사용하도록 격려한다. • 영아가 천천히 말할 수 있도록 기다려 준다. • 영아에게 익숙한 노래 등 다양한 음률을 들려준다. • 크레용과 같은 색칠 도구를 사용하여 자유롭게 긁적거리기를 하도록 기회를 준다.

3세	• 어휘 수가 급증한다. • 주어-목적어-동사가 나타나는 문장을 사용한다. • 간단한 메시지를 전달할 수 있다. • 의문이 생기면 즉시 물어본다. • 다른 사람의 대화에 관심을 가지고 참여하려 한다. • 말놀이를 좋아한다. • 긴 이야기를 이해할 수 있고, 책 읽는 척을 한다. • 의도를 가지고 긁적거리기를 하려고 한다.	• 양육자가 언어모델로서 상황과 대상에 맞게 언어표현을 한다. • 유아가 잘못된 말을 할 때 지적하기보다 표준어로 다시 들려준다. • 다양한 주제로 개별 또는 소집단으로 이야기할 수 있는 기회를 제공한다. • 두세 단계의 지시사항에 따라 동작을 하는 게임을 한다(예 머리에 손, 어깨, 무릎). • 간단한 노래나 말놀이 동요를 알려준다. • 발달에 적합한 그림책을 읽어준다. • 일상생활에서 글자에 관심을 가지도록 도와준다. • 일상생활에서 쓰기 모델링을 자주 보여주고 다양한 쓰기도구를 탐색하도록 한다.
4세	• 연간 355~600개의 어휘를 습득한다. • 단모음과 복모음의 발음, 단자음과 복자음의 발음을 구별한다. • 접속 문장이 나타난다. • 수동문, 복문의 형태가 나타난다. • 전화를 받고 묻는 말에 답을 한다. • 자신의 기분, 느낌, 감정을 말로 표현한다. • 쓰기에 관심을 가지고 글자와 비슷한 형태가 나타난다.	• 새로운 어휘를 습득할 수 있도록 다양한 경험을 제공한다. • 유아가 말할 때 경청하도록 한다. • 유아에게 이야기의 일부를 말하거나 자신의 하루에 대해 말하도록 한다. • 다양한 책읽기를 하며 책에 대해서 이야기를 한다. • 생활 속에서 인쇄물을 많이 활용한다. • 유아의 이야기를 받아적어 주고, 친숙한 글자를 직접 써보는 기회를 준다.
5세	• 어른과 대등한 발음의 정확도를 보인다. • 문장의 완성도, 언어표현 기술이 발달하여 타인과 전화로 대화할 수 있다. • 긴 문장을 문법에 맞게 사용한다. • 질문이 많이 한다. • 읽기에 관심이 많고 부분적으로 글자를 읽는다. • 숫자와 글자를 쓸 수 있다.	• 유아와 대화할 때, 완전한 문장으로, 올바른 단어와 문구를 사용하여 대화한다. • 유아에게 개방형 질문을 자주 한다. • 일상생활에서 유아가 자유롭게 자신의 생각, 느낌, 경험을 말하도록 격려한다. • 질문에 대한 답을 함께 찾아보고 정리할 수 있도록 지원한다. • 인쇄물의 경험이 풍부하도록 주변 환경을 제공한다. • 다양한 필기도구와 매체를 제공하여 유아의 쓰기활동을 자극한다.

■ 배운 내용을 확인해 보세요

1. 인간은 언어를 습득할 수 있는 능력을 생득적으로 가지고 태어난다고 합니다. 그렇기 때문에 우리가 아기 때 언어를 습득하는 과정이 특별히 힘들었다고 생각하지는 않습니다. 그러나 OECD에서 23개국 성인의 언어 능력을 문서화된 글의 이해, 평가, 활용 능력으로 측정해 보았을 때, 우리나라 성인의 언어 능력은 500점 만점에 평균 273점 수준이라고 하였습니다. 즉, 성인이라고 하여서 모국어를 모두 이해하고 효과적으로 활용하는 것은 아니며 사람마다 제각기 다른 수준의 언어 능력을 갖게 된다는 것입니다. 그렇다면 왜 저마다 다른 언어 능력을 갖게 되는 것일까요? 그리고 언어 능력은 개인의 삶에 어떠한 영향을 줄까요?

1) 인간은 어떤 과정을 통하여 언어를 습득하게 될까요? 유아가 능숙하게 의사소통을 하기 위해서는 언어의 무엇을 습득하는 것일까요?

2) 효과적으로 유아의 언어발달을 촉진시키기 위해서 교사는 어떻게 하여야 할까요?

2. 현대사회가 디지털 사회로 접어들면서 '디지털 리터러시(digital literacy)'라는 용어가 새롭게 등장하고 있습니다. 디지털 리터러시의 의미는 무엇이고, 디지털 리터러시의 발달은 언제부터 가능하며, 영유아에게는 어떻게, 언제 교육을 하는 것이 적절할지 토론해 보세요.

1) 디지털 리터러시란 무엇일까요?

2) 디지털 리터러시 발달은 언제부터 시작되며 어떠한 과정으로 발달할까요?

3) 영유아에게 디지털 리터러시는 언제, 어떻게 교육을 하여야 할까요?

3. 유아들은 어휘를 배울 때, 한 어휘가 어떤 사물을 가리키는 명칭인지를 어떻게 추론할까요?

〈실험〉

▶ 만약에 나무, 강아지, 숟가락, 의자, 신발 그림이 있는데, 실험자가 '해피' 그림을 달라고 요구를 하면 어떤 그림을 고르겠어요?

▶무엇을 고르셨나요? 왜 그렇게 생각했나요?

Katz, Baker, & Macnamara(1974)의 연구에 의하면, 유아들이 명사의 보통명사와 고유명사를 구분하여 '해피'가 지칭하는 것이 무엇인지 추론한다는 것입니다.

보통명사는 어떤 대상이 속하는 범주(category)나 대상들의 집합체를 지시하는 반면에 고유명사는 개체(individual)를 지시합니다. 예를 들어, '개'라는 명사는 개라는 대상들이 속해 있는 범주를 지시해 주지만, '해피'라는 개의 이름은 '해피'라고 불리는 특정한 개를 지시합니다.
고유명사는 생명이 없는(inanimate) 물체보다는 생명이 있는(animate) 사람이나 동물에게 고유한 이름을 붙여주는 경우가 많습니다. 예를 들어, 강아지나 고양이에게는 이름을 붙여주지만 신발과 같은 물체에 이름을 붙여주는 경우는 거의 없습니다. 이러한 경향성은 고유명사를 구별하는 특성에 생명성(animacy)이 중요하다는 것을 보여줍니다. 그런데 유아들은 어휘의 특성을 알고 새로운 단어를 습득할 때 이를 활용한다는 것입니다. 그래서 2세와 3세의 유아가 사람 인형, 괴물, 곰과 같은 대상에는 이름을 붙이지만 블록, 장난감, 신발에는 이름을 부여하지 않는다는 것을 알고 '강아지'의 그림카드를 집어준다는 것입니다. 실제로 유아들은 어휘를 습득할 때 어휘 특성도 함께 학습을 하고, 새로운 어휘를 배울 때 그 특성을 활용하여 어휘의 의미를 유추한다고 합니다.

출처 : Katz, N., Baker, E., & Macnamara, J.(1974). What's in a name : A study of how children learn common and proper names. Child Development, 45, 469-473.

CHAPTER 08

사회성 발달

CHAPTER 08

사회성 발달

이 장에서는 한 사람의 사회적 유능성에 많은 영향을 미치는 사회성 발달에 관하여 살펴보고자 한다. 사회적으로 유능한 아이는 그렇지 않은 아이들에 비하여 더 행복하고(김경화, 2020), 다른 사람들과 성공적으로 상호작용하며, 인기가 많고, 삶에 대하여 더 만족하는 경향이 있다. 그리고 학업 성취도도 높아 학교에서 성공할 가능성도 높다(Epstein, 2009). 반면에 긍정적인 사회적 관계 형성에 어려움을 겪는 경우 분노와 외로움을 경험하고, 자아존중감이 낮으며, 또래에게 거부되고, 낮은 학업성취도를 보인다고 한다(Miles & Stipek, 2006). 이 장에서는 한 사람이 사회적으로 유능한 개인으로 성장하는 데 영향을 미치는 사회성 발달에 관하여 살펴보고자 한다.

나는 얼마나 알고 있을까요?

사회성 발달에 관한 다음의 설명을 읽고 옳다고 생각하면 '예', 옳지 않다고 생각하면 '아니요'에 표시해 보세요.

1. 예 □ 아니요 □ 영유아기에 형성된 애착은 전 생애에 걸쳐 한 사람의 삶의 질과 행복, 성취 등에 많은 영향을 미친다.
2. 예 □ 아니요 □ 어린 시절 안정적인 애착을 형성한 사람은 이후 주위 사람들을 신뢰하고 따뜻하고 헌신적인 관계를 맺을 수 있다.
3. 예 □ 아니요 □ 불안정한 애착을 형성하는 경우 주위 사람들을 신뢰하지 못하고 지나치게 집착하는 경향을 보이므로 부정적인 관계를 맺게 된다.
4. 예 □ 아니요 □ 부모와 안정적인 애착을 형성한 영아는 부모와 헤어질 때 즐겁게 헤어지고 울거나 떼를 부리지 않는다.
5. 예 □ 아니요 □ 애착은 주로 부모나 조부모 등 가족들과 형성하게 되므로 어린이집 교사와의 관계에서는 애착이 형성되지 않는다.
6. 예 □ 아니요 □ 영유아기에 형성된 자신에 대한 생각은 삶을 살아가면서 만나는 다른 사람들과의 사회적 관계 형성에 영향을 미친다.

7. 예 □ 아니요 □ 스스로에 대하여 가치 있는 존재라고 생각하는 가치감과 스스로의 능력에 대하여 신뢰하는 능력감은 아주 어린 시기부터 형성되기 시작한다.
8. 예 □ 아니요 □ 남성과 여성은 각자 가지고 태어난 생물학적 성별에 맞는 적절한 역할과 태도를 갖추어야 한다.
9. 예 □ 아니요 □ 성별에 상관없이 모든 사람에게 동등하고 평등한 기회가 주어져야 하고 성별을 불문하고 각 개인은 한 사람으로서 존중받아야 한다.
10. 예 □ 아니요 □ 친사회성은 타인의 입장에서 타인의 감정을 추론하며 공감할 수 있어야 발달하기 시작한다.
11. 예 □ 아니요 □ 친사회성은 자기중심적인 어린 영아기에는 발달하지 않는다.
12. 예 □ 아니요 □ 친사회성은 다른 사람과의 관계에 관한 것이므로 혼자 수행해야 하는 학업 성취도와는 관련이 없다.

정답 : 1) 예 2) 예 3) 예 4) 아니요 5) 아니요 6) 예 7) 예 8) 아니요 9) 예 10) 예 11) 아니요 12) 아니요

1 애착

어린이집과 유치원에 다니는 영아와 유아들은 매일 아침 엄마와 아빠, 혹은 할머니와 할아버지와 헤어지는 마음 아픈 경험을 하면서 등원을 한다. 아주 어린 시기부터 어린이집에 다니며 특별한 문제를 보이지 않고 잘 헤어지던 영아들이 어느 순간부터 떨어지지 않겠다고 울고 떼를 부리는 행동을 해서 부모를 난감하게 하는 경우도 있다. 이런 경우 혹시 어린이집에서 무슨 좋지 않은 경험이 있는 것은 아닌지 걱정을 하는 부모가 있어 교사가 당황스러울 수도 있다. 하지만 이런 행동은 영아가 자라면서 부모 등 주 양육자와의 관계에서 안정적인 애착을 형성하였기 때문에 나타나는 행동일 수 있다. 부모와 안정적인 애착을 형성한 영아들이 부모와 헤어질 때 스트레스를 받아 이러한 행동을 하는 경우가 있기 때문이다.

가정에서 부모와 조부모 등 주 양육자와 안정적인 애착을 형성한 영아는 어린

이집에서 교사와 지내면서도 이와 비슷한 정서적 유대감을 형성하게 된다. 이전에는 애착이 영아와 부모와의 관계에서 주로 형성되었지만 최근에는 아주 어린 시기부터 어린이집에 다니는 영아들이 증가하면서 교사와의 관계에서 형성되는 애착에도 관심이 모아지고 있다. 부모-자녀 관계에서 형성되는 애착에 못지않게 어린이집에서 교사와의 관계에서 형성되는 정서적 유대감도 중요하다. 애착의 개념과 중요성, 애착발달의 단계, 그리고 애착 형성을 지원하는 교사의 역할에 관하여 살펴보면 다음과 같다.

1) 애착의 개념과 중요성

애착은 영아가 주 양육자와 맺는 정서적 유대감을 의미한다. 영아는 세상에 태어난 이후 자신과 함께 지내며 상호작용하고 보살펴 주는 부모와 조부모, 그리고 교사 등 주 양육자와 애착이라는 강력하고 지속적인 정서적 유대감을 형성하며 성장한다. 현재 우리 사회에서 성장하고 있는 영아와 유아들의 애착 형성의 대상은 어머니, 아버지, 조부모, 교사 등으로 다양해지고 있다.

애착의 형성에 관하여 프로이트(Freud)는 영아가 배고픔과 갈증과 같은 생물학적 요구를 충족시켜 주는 주 양육자, 주로 어머니와의 관계에서 형성된다고 하였고(임지영 외, 2014), 할로우와 짐머만(Harlow & Zimmerman)은 음식의 제공보다는 상호작용의 과정에서 부드러운 접촉과 편안함 등으로 알 수 있는 사랑과 위안에 더 크게 영향을 받아 형성된다고 주장하였다(정옥분, 2015). 애착이론의 창시자인 보울비(Bowlby)는 인간의 생존유지 및 종족 보존을 위한 본능적인 반응의 결과로 애착이 형성된다고 보았다(이 영 외, 2015). 보울비에 의하면 영아는 미소를 짓고, 매달리고, 따라다니고, 배고플 때 우는 등의 생존을 위하여 필요한 선천적인 행동을 함으로써 주 양육자의 관심을 끌려고 노력한다. 그리고 주 양육자인 어머니가 이러한 영아의 행동에 대하여 일정한 패턴으로 반응하게 되면서 영아와 어머니 사이에 애착이 형성된다고 한다.

영아는 애착 형성을 위하여 다양한 애착행동을 하게 되는데 이러한 애착행동의 유형은 '신호행동', '지향행동', '적극적 신체접촉행동' 등으로 구분될 수 있다(심성경 외, 2013). 주 양육자인 어머니가 영아의 애착행동에 어떻게 반응하느냐에 따라 애착의 유형이 결정된다. 영아가 애착행동을 할 때 주 양육자가 즉각적으로, 그리고 일관성 있게 반응한다면 영아는 부모나 교사 등 주 양육자와의 관계를 긍정적으로 인식하고 안심하게 된다. 영아기에 나타나는 애착행동을 정리해 보면 다음과 같다(심성경 외, 2013).

- **신호행동** : 울기, 미소 짓기, 소리내기
- **지향행동** : 쳐다보기, 따라하기, 접근하기
- **적극적 신체접촉행동** : 기어오르기, 매달리기, 포옹하기

생애 초기에 형성된 애착은 일반적으로 한 사람이 전 생애에 걸쳐 만나게 되는 다른 사람들과의 관계에 영향을 미친다. 영유아는 인생 초기에 주 양육자와의 관계에서 형성한 애착관계에 기초하여 다른 사람들과의 관계 형성에 관한 신념과 태도를 발달시킨다. 주 양육자와 신뢰할 수 있는 관계를 형성한 영유아는 부모나 교사가 자신을 사랑한다고 믿게 되어 스스로를 사랑받을 가치가 있는 사람이라고 인식한다. 그리고 이후 다른 사람들과도 친밀하고 긍정적인 관계를 형성하게 된다. 따라서 생애 초기에 부모와 교사 등 주 양육자는 영아가 나타내는 애착행동에 민감하고 적절하게 반응하고, 필요한 요구를 들어주고 보호해 주어야 한다. 이를 통해 영아는 이 세상이 믿을 만하고 살 만한 곳이라고 인식할 수 있게 된다.

사회적 존재인 영아는 애착의 대상인 부모나 교사를 안전한 기지로 삼고 자유롭게 주변을 탐색하면서 자신을 둘러싸고 있는 주변 세계와 사람들에 대하여 알아가며 성장한다. 부모와 안정적인 애착을 형성한 영아는 가정에서, 그리고 부

모와 방문하는 놀이터나 지역사회 등 다양한 환경에서 적극적으로 탐색하는 경험을 통해 많은 것을 배운다. 또한 영유아교육기관의 교사와 안정적인 애착을 형성한 영유아는 실내외 환경에서 접하게 되는 다양한 자료와 교육적 경험에 적극적으로 참여하고 탐색하면서 학습하고 성장 · 발달한다.

2) 애착발달 이론

애착발달에 관한 이론을 정신분석이론, 학습이론, 인지발달이론으로 정리하면 다음과 같다(김소양 · 장현주 · 송미선, 2018).

〈표 8-1〉 애착발달 이론

이 론	학 자	애착발달 이론
정신분석이론	Freud	• 영아는 구강 자극에 대한 만족감의 욕구를 충족시켜 주는 사람과 애착 형성 • 빨기와 같은 구강기 성적 만족이라는 기본 욕구를 충족시켜 주는 대상과 애착 형성
	Erikson	• 영아의 기본 욕구에 일관성 있게 반응하여 신뢰를 형성하게 되는 대상과 애착 형성
학습이론	Gewirtz	• 영아의 요구에 즉각적으로 반응해 주고, 영아가 보내는 사회적 신호에 반응하며, 즐거운 경험을 제공하는 양육자와의 관계에서 애착 형성 • 생후 처음 만나게 되는 주 양육자인 어머니가 젖을 주고 기저귀를 갈아주는 등 보상의 존재로 여겨지면서 애착 형성
인지발달이론	Piaget	• 낯선 사람과 친숙한 사람을 구별하는 영아의 인지발달에 의해서 양육자와 애착 형성 • 양육자가 시야에서 사라지더라도 계속 존재한다는 것을 인식하는 대상 영속성의 발달로 안정적 애착 형성

3) 애착발달 단계

애착은 생후 즉각적으로 형성되는 것이 아니라 성장 · 발달하는 과정에서 어느 정도 인지발달이 이루어지면서 형성되기 시작한다. 애착은 영아의 애착행동에 대한 부모나 교사의 반복적인 반응의 과정을 통하여 발달한다. 영아와 주 양육자의 지속적인 상호작용의 과정을 통한 애착발달은 유아기와 성인기에 이르기까지 지속된다(심성경 외, 2013).

애착이 오랜 기간에 걸쳐 형성되기는 하지만 생후 3년까지의 시기가 애착 대상과의 친밀한 유대감을 형성하는 데 특히 중요한 시기로, 이 시기가 애착발달의 결정적 시기라고 할 수 있다. 이 시기의 영아들은 주변 환경을 이해하고 적응하기 시작하면서 자신을 돌보아 주는 주 양육자에게 울음과 미소로 신호를 보내고 양육자의 곁에 가까이 머물고자 하는 행동을 하면서 애착 대상과의 정서적 유대감을 강화시킨다. 따라서 이 시기에 영아와 많은 시간을 함께 보내는 부모나 조부모 등의 가족, 그리고 영유아교육기관의 교사는 영아의 애착행동에 대하여 일관성을 가지고 적절히 반응하고 상호작용하면서 영아가 안정적인 애착발달을 이루도록 지원해야 한다. 보울비(1969)는 할로우의 연구와 동물행동학 이론으로부터 초기 애착이 다음과 같은 단계를 거쳐 발달한다고 주장하였다(Ainsworth, Blehar, Waters, & Wall, 2015).

(1) 1단계(pre-attachment : 0~6주)

- 애착 대상을 구별하지 않는 전 애착형성 단계
- 사람을 구별해서 지각하는 능력이 없으므로 상대를 변별하지 않고 애착 전조행동을 보임
- 영아의 요구를 채워주고 충족시켜 준다면 누구에게나 울기, 빨기, 미소짓기, 눈짓으로 추적하기, 붙잡기와 손 뻗기, 옹알이 등의 행동을 함
- 주 양육자에게만 특별한 애착행동을 보이는 것은 아님

(2) 2단계(attachment in the making : 6주~6-8개월)

- 애착 대상을 구별하기 시작하는 단계
- 영아는 생후 6주 정도부터 미소를 짓기 시작하는데, 처음에는 대상을 구분하지 않던 미소가 2개월 정도 되면 특정 사람을 대상으로 하는 사회적 미소로 발달하게 됨
- 주위의 사람들에게 우호적인 행동을 하지만 자신을 주로 돌봐주는 익숙하고 중요한 주 양육자를 구별하여 변별된 사회적 반응을 보이고 적극적으로 접근함
- 낯선 사람보다 주 양육자를 좀 더 오래 보고 미소 짓고 지속적으로 반응함
- 친숙한 성인 몇 명에게 애착행동을 보이게 되며 단 한 명의 특정한 사람을 대상으로 완전한 애착을 형성하는 것은 아님
- 많은 영아들은 이 시기에 익숙한 것과 익숙하지 않은 것을 구별하면서 심한 낯가림(stranger anxiety)을 하게 됨

낯가림(stranger anxiety)

- 주 양육자를 구별하기 시작한 대부분의 영아들은 낯선 사람을 보기만 해도 울기 시작함
- 엄마가 안고 있을 때는 낯선 사람을 보고 상호작용하거나 미소를 짓는 영아들도 있지만 낯선 사람이 아이를 안으려고 하면 울기 시작함
- 영아들이 자주 보던 부모 이외에 다른 사람이 다가가거나 안으려 할 때 울며 보채는 이유라고 볼 수 있음

(3) 3단계(clear-cut attachment : 6-8개월~18개월-2세)

- 애착 대상을 분명히 구별하고 애착을 형성하는 단계
- 인지 능력과 이동 능력이 발달하여 애착 대상을 분명히 구별하고 적극적으로 그 곁으로 접근하고 머물고자 하는 행동을 보임
- 낯선 사람이 다가오면 불안해하고 피하는 행동을 보이며 주 양육자를 찾아 능동적으로 다가가려고 하는 행동을 하는 것을 통해 영아와 주 양육자 간에 애착이 형성되었음을 알 수 있음
- 영아가 주변을 탐색할 때 주 양육자를 안전기지로 삼고, 애착 대상인 주 양육자와 멀어질 때 저항하며 신체적 · 정서적인 거리감을 좁히려고 노력하는 행동을 보임
- 애착 대상과 분리될 때 분리불안(separation anxiety)을 보임

분리불안(separation anxiety)

- 주 양육자와 애착을 형성하기 시작한 영아들이 어머니나 자신을 돌보는 사람들이 떠날 때 스트레스를 받으며 두려워하기 시작함

- 주 양육자와 헤어질 때 영아들이 울며 주변 탐색을 하지 않고 불쾌감을 표현하는 이러한 증상은 일반적인 모습이라고 할 수 있음
- 어린이집에 오기 시작한 영아들이 부모와 헤어질 때 심하게 울며 보채고 스트레스를 표현하는 것은 주 양육자와 애착 형성이 이루어진 영아들의 분리불안이 나타나는 것으로 볼 수 있음

(4) 4단계(goal-corrected partnership : 18개월 이후)

- 애착 대상과 분리가 가능한 동반자적 관계 형성 단계
- 애착 대상과의 애착 관계 형성과 유지에 영아가 점점 더 주도적인 역할을 하게 됨
- 주된 애착 대상과 애착을 형성하기 위하여 보다 정교화된 언어를 사용하고, 인지적, 정서적으로 성숙하게 되면서 분리불안이 감소됨
- 애착 대상의 행동과 반응을 이해할 수 있게 되어 애착 대상과의 분리가 가능해지고 주변의 다른 사람들에게로 애착을 확장할 수 있음
- 이 시기의 걸음마기 영아는 이제까지 경험한 특별한 애착 관계에 관한 상징적 표상(내적 작동 모델, internal working model)을 형성함. 이 시기에 형성된 내적 작동 모델은 이후 지속적으로 다른 사람들과의 관계 형성에 영향을 미치게 됨

내적 작동 모델(internal working model)

- 영아기에 형성된 애착 유형이 이후 환경과 타인과의 관계 형성에 지속적으로 영향을 미치게 되는 현상을 설명함
- 내적 작동 모델이 어떻게 형성되었는지에 따라 이후 사회에서 만나게 되는 다른 사람들을 보는 시각이 결정되고 이에 따라 타인과 관계를 형성할 때 영향을 받게 됨

- 일관적이지 않고 예민하며 폭력적인 부모와의 관계를 경험하여 부정적인 내적 작동 모델이 형성되면 이후 연인, 부부관계, 사회적 관계 형성 시 부정적인 시각을 가지고 지나치게 집착하거나 신뢰하지 못하는 관계를 형성하게 됨
- 긍정적인 내적 작동 모델을 형성한 사람들은 이후 만나게 되는 주위 사람들에 대한 기본적인 신뢰를 가지고 따뜻하고 헌신적인 관계를 형성함
- 이러한 내적 작동 모델이 주위 환경(교육기관의 환경, 교사, 부모의 변화 등)에 의하여 수정될 수 있음을 고려할 때 특히 영유아교육기관에서 보다 긍정적인 애착 관계를 형성할 수 있도록 지원하는 것은 중요함

생각해 보세요

다음의 셋 중 어느 것이 자신의 느낌을 잘 표현해 주고 있나요? 완전히 일치하지 않을지라도 평소의 자기 모습과 가장 가깝다고 생각되는 문항을 반드시 하나만 고르신다면 어떤 것인가요?

1. 나는 다른 사람과 친밀해지는 것이 비교적 쉽다. 다른 사람을 믿고 의지하며, 다른 사람들이 나를 믿고 의지하도록 허용하는 것을 편안하게 느낀다. 나는 버림을 받거나 혹은 다른 사람이 나와 너무 가까워지는 것을 걱정하지는 않는다.
2. 나는 다른 사람과 가까워지는 것을 불편하게 느낀다. 다른 사람을 완전히 신뢰하는 것이 어렵고 내가 그들에게 의지하는 것도 어렵다. 다른 사람이 너무 가까워지면 신경질적이 된다. 내 이성 친구 또는 가장 친한 친구는 종종 내가 편하다고 느끼는 정도보다 자기에게 더 친밀해지기를 원한다.
3. 나는 다른 사람들이 내가 원하는 만큼만 마지못해 가까워지는 것을 종종 보게 된다. 내 파트너가 날 진정으로 사랑하지 않을 것이라고, 혹은 내 곁에 머물러 있기를 원하지 않을 것이라고 걱정하는 때가 종종 있다. 다른 사람과 완전히 한 마음이 되기를 원하는 나의 희망을 알고 사람들이 놀라서 피하는 경우가 종종 있다.

1	2	3
안정형 애착	회피형 애착	불안/양가형 애착

출처 : Hazan & Shaver(1987)의 3유형 애착 척도, 이소정(2023) 참고.

4) 애착유형

에인스워스(Ainsworth) 등은 낯선 상황에 처한 영아들의 모습을 관찰하여 영유아와 애착 대상과의 정서적 유대감의 정도를 다음과 같은 애착의 유형으로 구분하여 설명하고 있다(낯선 상황 실험, strange situation procedure; Ainsworth, Blehar, Water, & Wall, 2015).

(1) 안정애착(secure attachment)

어머니(주 양육자)를 안전기지로 삼아 낯선 상황에서 놀잇감과 주변을 자유롭게 탐색한다. 어머니가 잠시 자리를 떠나 곁에 없어도 다시 돌아올 것이라고 믿는 듯이 보이고, 어머니가 돌아왔을 때 행복한 반응을 보이고 곧바로 하던 놀이를 계속한다.

- **주 양육자의 상호작용의 특징 : 영아의 요구에 민감하고 지속적인 반응을 함**

(2) 회피애착(avoidant attachment)

영아들이 어머니와의 상호작용이 없어도 주변을 탐색하고 놀이한다. 어머니에게 반응을 보이지 않고 어떤 접촉도 시도하지 않으며 어머니의 존재에 관심이 없어 보인다. 어머니가 나가도 저항하지 않고, 다시 돌아와도 반갑게 맞이하지 않고 오히려 멈칫거리며 시선을 돌리기도 한다. 어머니를 회피하고 낯선 사람처럼 대한다.

- **주 양육자의 상호작용의 특징 : 영아의 요구를 거부하거나 무시하고 영아의 스트레스에 부정적인 방법으로 반응함**

(3) 불안정/저항 애착(ambivalent/resistant attachment)

어머니와 분리되기 전부터 어머니와 떨어지지 않고 붙어 있으려고 하며 낯선 상황에 관심을 보이지 않고 탐색하지 않는다. 어머니와 분리되는 상황에서 울고 떼를 부리는 등 고통스러워한다. 어머니가 돌아온 후에도 쉽게 안정을 찾지 못하고, 어머니 곁으로 다가오려고 하다가도 다시 접촉하지 않으려는 모습을 보이기도 한다. 안아달라고 요구하다가도 다시 내려달라고 하며 어머니를 밀어내고 때리는 행동을 보이기도 한다. 어머니를 안전기지로 인식하지 못한다.

- **주 양육자의 상호작용의 특징 : 영아의 스트레스에 일관적이지 않은 방법으로 반응함**

(4) 혼란애착(disorganized or disoriented attachment)

회피형 애착과 저항형 애착 행동을 동시에 보이는 경우이다. 분리되었던 어머니가 돌아온 것을 알고서도 분명한 반응을 보이지 않고, 어머니가 안아줬는데도 시선을 돌리거나 멍한 표정을 짓기도 한다. 어머니에게 다가가다가 곧 화를 내거나 밀어내는 등 양가적인 행동을 한다. 안정적으로 애착을 형성하지 못한 영아가 회피하고 저항하는 행동을 동시에 보이는 경우이다.

- **주 양육자의 상호작용의 특징 : 간섭하고, 학대하며, 정서적으로 반응적이지 않고 혼란스럽고 무섭게 반응하기도 함**

영유아가 인생 초기에 형성한 애착의 유형은 이후 이들의 인간관계 형성에 많은 영향을 미친다. 주 양육자(어머니, 아버지, 조부모, 혹은 교사 등)와 안정적인 애착을 형성하고 성장한 유아는 스스로에 대한 신뢰를 바탕으로 다른 사람들과도 긍정적인 관계를 맺는 경향이 많다. 인간관계에서 어려운 상황을 경험했을 때도 스스로와 주변 사람들에 대한 신뢰를 바탕으로 잘 이겨내고 살아갈 수 있다. 반면에 안정적인 애착을 형성하지 못한 경우에는 사람들과의 관계를 어렵고 귀찮고 힘든 것으로 인식해서 인간관계 형성에 어려움을 겪는 경우가 많다.

애착의 형성과 의미	
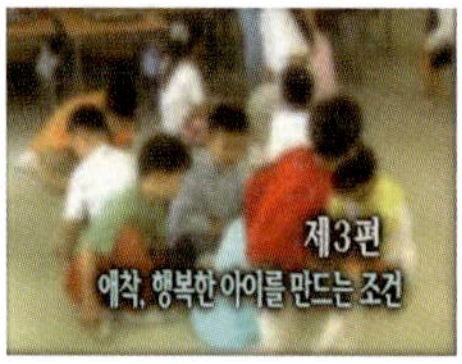 	EBS 아기성장보고서 3부 애착! 행복한 아기를 만드는 조건

애착형성 지원하기	
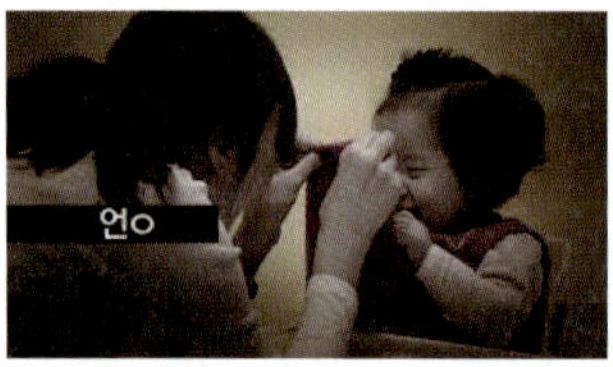	부모 이야기 5편 : 애착은 건강한 성장의 첫걸음 (여성가족부)

5) 애착 형성 지원하기

교사는 적절한 방법으로 어린이집에서 어린 시기를 보내는 영유아가 안정적인 애착을 형성하도록 지원해야 한다. 애착 형성을 지원하기 위해서는 영아와 영아의 부모에 대한 이해가 필수적이다. 교사의 안정애착 형성 지원 방안은 다음과 같다.

(1) 영아의 특성에 대한 이해

영아가 안정적인 애착을 형성하도록 지원하기 위해서는 영아의 기질과 성향 등 영아의 개별적인 특성을 이해해야 한다. 영아의 개별적 특성을 잘 이해한 후에 적절히 반응하며 조화로운 상호작용을 하는 것은 영아와의 안정적인 애착 형성에 도움이 된다. 예를 들면, 성격이 급한 영아와 수줍고 느린 영아의 경우 영아의 이러한 기질과 특성을 이해한 양육자는 영아의 기질과 자극에 대한 반응속도 등을 고려하여 상호작용함으로써 영아와 조화로운 관계를 형성하게 되고 이러한 관계는 안정적인 애착 형성에 도움이 된다.

(2) 영아의 부모에 대한 이해

영유아교사가 영아의 부모나 조부모 등 주 양육자에 대하여 명확히 이해하고 상호작용하는 것은 영아의 안정적인 애착 형성에 도움이 된다. 영아 부모의 사회문화적인 특성과 기질, 양육 유형 등을 이해하고, 이들에게 적합하고 도움이 되는 부모교육 및 가정연계 활동 등을 찾아서 지원하는 것은 주 양육자의 양육 스트레스를 경감시키는 데 도움이 되고, 주 양육자가 영아와 안정적인 애착을 형성하도록 한다.

영아와 영아의 주 양육자에 대한 이해를 기본으로 영유아교사는 다음과 같이 영유아와 최적의 상호작용을 함으로써 영유아의 안정애착 형성을 지원해야 한다.

- 영유아가 표출하는 요구에 민감하고 즉각적으로 반응한다.
- 영유아의 유사한 요구에 대해서는 일관성 있게 상호작용한다.
- 영유아와 진정성이 느껴지는 신체접촉을 한다.
- 사랑의 감정을 담아 따뜻한 분위기에서 상호작용한다.

토론해 보세요

최근에는 아주 어린 시기부터 어린이집에 다니는 영아들이 많아지면서 가정에서 영아를 양육하는 부모나 조부모 이외에도 어린이집의 교사가 영아의 안정적인 애착 형성에 많은 영향을 미치고 있습니다. 따라서 교사가 어린이집에서 영아와 안정적인 애착을 형성하기 위하여 노력하는 것은 중요합니다. 영아반 교사가 영아들의 안정애착 형성을 지원하는 방안을 토론해 보세요.

- ____________________
- ____________________
- ____________________

|그림 8-1| 안정애착 형성을 위한 조화로운 부모-자녀 관계

생각해 보세요

바돌로뮤(Bartholomew)와 호로비츠(Horowitz)의 성인 애착유형 네 가지를 보고 자신은 어느 유형에 속하는지 생각해 볼까요?

구 분		자기 모델	
		긍정	부정
타인 모델	긍정	안정애착	불안정애착(저항)
	부정	불안정애착(회피)	불안정애착(혼란)

구 분	내 용
안정애착(안심형) 자기긍정–타인긍정	• 비교적 쉽게 다른 사람들과 정서적으로 가까워지며 자신이 남들에게 의지하든 남들이 자신에게 의지하든 편안하게 느낀다. • 혼자서 지내거나 남들이 자신을 받아들이지 않는다고 해서 걱정하지 않는다.
불안정애착(회피/거부회피형) 자기긍정–타인부정	• 가까운 정서적 관계를 맺지 않고 지내는 것을 편안하게 느끼며 독립심과 자기충족감을 느끼는 것을 중요하게 여긴다. • 자신이 남들에게 의지하거나 남들이 자신에게 의지하는 것을 좋아하지 않는다.
불안정애착(저항/양면형) 자기부정–타인긍정	• 남들과 정서적으로 완전히 친밀해지기를 원하지만 남들은 자신이 원하는 것만큼 가까워지기를 꺼린다고 느낀다. • 누군가와 친밀한 관계를 맺어야 안심이 된다. • 때때로 자신이 남들을 소중하게 생각하는 만큼 남들이 자신을 소중하게 생각하지 않을까 봐 염려스러워한다.
불안정애착(혼란/공포회피형) 자기부정–타인부정	• 남들과 가까워지면 왠지 편안하지 않은 기분을 느낀다. • 정서적으로 가까운 관계를 원하기는 하지만 남들을 완전히 신뢰하거나 남들에게 전적으로 의지하기 어려워한다. • 남들과 가까워지면 자신이 상처를 받을까 봐 걱정한다.

출처 : Bartholomew & Horowitz, L. M.(1991). EBS 부모 제작팀(2014), p. 46.

■ 앞으로 더 편안하고 긍정적인 삶을 살기 위해서는 무엇을 해보면 좋을지 생각해서 적어보세요. 오늘 해보고 싶은 것, 앞으로 천천히 해보고 싶은 것을 적어보세요.

2 자아발달

영유아는 태어나서 성장하면서 차츰 자신의 신체적 · 정의적 · 심리적 특성에 대해서 알아가게 된다. 영유아는 자기 자신에 대하여 긍정적으로 인식하기도 하고 부정적으로 인식할 수도 있다. 자기 자신을 긍정적으로 인식하는 영유아는 자신의 용모, 자신의 가치, 그리고 자신의 능력 등에 관하여 있는 그대로 수용하고 존중하며 더 적극적으로 학습하고 성취하는 행복한 삶을 살 수 있다. 반면에 스스로에 대하여 부정적인 인식을 가진 영유아는 자신의 용모에 불만족하고, 자신의 존재를 가치 있다고 여기지 않으며, 무엇이든지 잘 해낼 수 없다고 생각하면서 성장하고 발달할 수 있는 가능성을 스스로 제한하게 된다. 따라서 어린 시기부터 자아에 대한 긍정적인 태도를 가지고 성장할 수 있도록 지원하는 것은 매우 중요하다.

생각해 보세요

영유아기에 형성된 자아에 대한 인식은 성장하면서 만나게 되는 타인과의 관계를 형성하는 데 밑바탕이 됩니다. 자아감은 여러 가지 문제 상황에 대처하는 영유아의 태도와 영유아 자신의 능력에 대한 믿음과 관련이 있어 도전하고 성취하는 삶을 살기 위해서는 긍정적인 자아 발달이 중요합니다. '나(나의 자아)' 하면 떠오르는 단어를 적어보세요. 어떤 이미지나 뜻의 단어라도 좋으니 생각나는 대로 적어볼까요? 다 적은 후 다시 읽어보며 그 단어들에 스며있는 이미지를 떠올려 보세요.

1) 자아개념의 정의

자아개념이란 한 개인이 자신에 대해서 갖는 신념, 태도, 의견에 대한 전반적인 견해, 혹은 평가를 의미한다. 영유아는 주위 환경과 상호작용하면서 자신을 타인과 구별되는 존재로 인식하고, 자신의 독특한 기질, 생각, 태도, 가치, 신념 등에 관한 관점을 형성한다. 이렇게 타인과는 다른 독특한 개인으로서의 자신에 대한 개념인 자아개념은 영유아기를 지내면서 형성되기 시작한다(조복희, 2008). 자아개념은 한 개인이 스스로를 어떻게 느끼고 지각하느냐에 대한 것이다. 대체로 자아는 주관적 자아(subject self)에서 객관적 자아(objective self)로 발달한다(이 영 외, 2009).

〈표 8-2〉 주관적 자아와 객관적 자아

자아의 유형		자아의 특성
주관적 자아	자신에 대해서 스스로 평가하는 자아	• 나는 생각을 잘한다(다른 사람과 구분되는 특징) • 선생님과 친구들은 나를 좋아한다(자신의 존재적 가치). • 나는 교실에서 친구들과 약속한 규칙을 잘 지키는 사람이다(도덕적 책임의 수용).
객관적 자아	다른 사람의 눈을 통해 평가받는 자아	• 나는 선생님한테 약속을 잘 지킨다고 칭찬을 받는 착한 아이이다. • 내가 생각해 낸 놀이를 친구들이 좋아하는 것 같아 기분이 좋다.

영아는 생후 1~2개월경부터 자아를 인식하게 되고, 유아기로 접어들면서 자신에게 의미 있는 타인인 부모나 교사와 상호작용하면서 자아에 대한 개념을 확장시킨다. 자아에 대한 인식이 확장되면서 유아는 자신이 타인에게 인정받는 가치 있는 사람인지 아닌지를 느끼게 되고, 이렇게 형성된 자아개념은 유아 스스로에 대한 기대에도 많은 영향을 미치게 되어 이후 삶의 질과 성취 등을 좌우하는 중요한 요인이 된다.

긍정적인 자아개념을 가진 유아는 부정적인 자아개념을 가진 유아들에 비하여 타인과 관계를 더 잘 맺고 효과적으로 의사소통을 할 수 있다. 또한 사회 구성원으로서 자신의 역할을 보다 적절하게 수행할 수 있으며, 자신이 속한 집단에 더 잘 적응하고 상호작용을 할 수 있다(김정원 외, 2021; 박영아, 2013). 4세경의 유아는 한 명의 또래와 자신을 비교할 수 있고, 자라면서 차츰 여러 명의 또래와 비교하여 다면적으로 자신을 평가하면서 성장한다(김상림 외, 2014). 신생아 시기부터 평생에 걸쳐 지속적으로 발달하는 자아의 발달단계를 간략히 정리한 후 영아기와 유아기의 자아발달에 관하여 자아개념(self-concept)과 자아존중감(self-esteem)으로 구분하여 살펴보고자 한다.

〈표 8-3〉 자아발달의 단계

발달단계	자아발달의 특징
영아기	• 자아발달의 기초단계로 영아가 자신을 독립적인 존재로 알아가는 존재적 자아형성기 • 자신과 타인을 구분하기 시작하며 자신의 신체 탐색을 통해 자아를 인식하기 시작함 • 영아 초기에는 자신을 독립적인 존재로 인식하지 못하다가 18개월 정도가 되면 타인과 분리된 존재로서 자아를 인식하게 됨
유아기	• 2세 이후 유아는 주변의 다른 사람에게 영향을 미칠 수 있는 존재로 자신을 확실하게 인식함 • 독립적이고 자율적으로 행동하고자 함 • 자신의 의지와 욕구대로 행동하려는 모습을 보임 • 신체적 조건에 대한 인식에 근거하여 신체적 자아가 발달하고, 이후 심리적 특성에 대하여 이해하기 시작하면서 심리적 자아가 발달함
아동 · 청소년기	• 또래와의 상호작용이 빈번해지고 또래 문화의 영향을 많이 받게 되면서 여러 영역에 걸쳐 자신에 대한 견해를 객관적인 수준에서 이해할 수 있게 되고, 이에 근거하여 자아에 대한 인식을 형성함 • 이 시기 이후 청소년기에 접어들면서 특정 분야에서의 자신의 능력에 따라 자아에 대한 인식이 조정되고 안정적인 자아가 형성됨

2) 자아개념(Self-Concept)의 발달

(1) 영아기 자아발달

영아는 자신을 다른 사람(예 자신을 보살펴 주는 주 양육자인 부모나 교사 등)과 구별하는 것으로부터 자신에 관하여 인식하기 시작한다. 출생 후 신생아는 감각을 사용하여 주변 환경과 상호작용하면서 세상을 이해하기 시작하고 이러한 과정을 통하여 자신에 대해서 알아가며 자아에 대한 개념을 형성하게 된다. 신생아 시기의 영아는 주로 몸의 촉감, 손발 등 자신의 신체를 통해 놀이하며 자아를 인식한다. 손과 발을 공중으로 뻗고 내리면서, 바닥을 치거나 소리를 내고 그 소리를 들으면서 어린 영아는 자신과 환경을 구분하기 시작하고 스스로에 대해 인식하며 자신에 대하여 알아가기 시작하는 것이다(곽금주, 2016).

자신에 대한 초기 인식은 영아가 어떤 일을 발생시킬 수 있는 존재로서 자신의 능력을 깨닫게 됨을 의미한다. 예를 들면, 영아는 자신이 모빌을 건드리면 움직인다는 것을 알고, 자신이 웃으면 엄마가 미소를 짓는다는 것도 알게 된다. 이렇게 자신이 변화를 가능하게 할 수 있음을 깨닫게 되었다는 것은 영아가 변화의 주체가 될 수 있는 존재로 자신을 인식하기 시작했다는 사실을 의미한다.

자아인식(self-awareness)은 영아가 스스로 지각과 사고의 주체임을 인식하게 되었음을 보여준다. 자아인식은 약 2세 정도에 발달하기 시작하는데, 자아인식이 발달하기 시작한 영아들은 자신의 소유물을 알고 '내 거야!'라는 말을 하면서 자신과 다른 사람들을 구별하는 모습을 보인다. 자아인식이 발달하는 시기에는 공유하거나 양보하는 것은 어렵다. 따라서 영아의 소유권을 인정해 주고 또래들과 함께 너무 많은 갈등을 겪지 않고 지낼 수 있도록 하는 것이 이 시기 영아의 발달에 적합한 상호작용이다. 영아기 자아개념의 발달 특성에 대하여 살펴보면 다음과 같다.

① 거울 자기인식(mirror self-recognition)

걸음마기 영아들의 신체적 자기인식이 발달했는지는 거울 자기인식 실험을 통해 확인할 수 있다. 영아가 인식하지 못하도록 슬며시 영아의 코에 립스틱을 묻혀놓고 거울에 자신의 모습을 보여줬을 때 18개월에서 24개월 정도의 영아는 자신의 모습임을 알고 자신의 코에 묻은 립스틱 자국에 손을 갖다 댄다. 이렇게 행동하는 것은 영아의 신체적 자기인식이 발달하였음을 보여준다. 생후 12개월 정도의 영아는 거울에 보이는 모습이 자신이 아닌 다른 아이인 것 같이 반응하는 경우가 많다(김양은 · 조복희, 2002).

거울 자기인식이 나타나는 시기는 문화에 따라 다르다는 주장이 있다. 자율성과 개인주의를 중요하게 여기는 문화에서는 거울 자기인식이 좀 더 빨리 나타나는 경향이 있다. 이에 비하여 관계를 가치 있게 여기는 문화에서는 영아들이 자신의 신체를 다른 사람이나 물체들과의 관계에서 파악하게 되므로 거울 자기인식이 좀 더 늦게 나타나는 경향이 있다(Kostelnik et al., 2018).

② 시각적 조망 수용(visual perspective-taking)

걸음마기 영아에게 그림을 보여 달라고 하면 이 시기 영아는 자신이 볼 수 있는 방향으로 그림을 들어서 상대방이 그 그림을 볼 수 있는지 없는지 생각하지 않는 경우가 있다. 이는 영아가 자신이 볼 수 있다면 상대방도 볼 수 있다고 생각하고 있음을 보여준다. 영아가 자신과 상대방은 다른 사람이고 서로 다른 방향에서 본다는 것을 아는 시각적 조망수용이 발달해야 상대방의 관점을 생각하고 그림을 보여줄 수 있게 된다.

시각적 조망수용은 18개월에서 24개월 정도에 발달하는데 영아의 자기 인식과 관련되어 있는 능력이다(Moll & Tomasello, 2006). 조망수용 능력도 문화와 관련이 있다. 상호관계에 가치를 두는 문화에서 성장하는 영아는 개인주의를 중요하게 여기는 문화에서 성장하는 영아들보다 조망수용 능력이 더 빨리 발달하는 경향이 있다(전영미 · 송현주, 2012).

③ 소유(possessiveness)

만 2세 시기는 자율성 대 수치심과 불신(autonomy vs. shame and doubt)이 발달하는 단계이다(Erikson, 1963). 자율적인 영아(autonomous infants)는 독립적이고 자신에게 일어나는 일을 통제할 수 있다. 걸음마기 영아는 "아니야!", "내 거야!" 등의 말을 자주 사용하며 자율성을 주장하고 자신과 다른 사람을 구분하기 시작하는데 이러한 경향은 거울에서 자신의 모습을 인식하는 능력과 연관된다(Rochat, 2015).

자신을 주위의 다른 사람들과 분명하게 구분할 수 있게 되는 걸음마기 영아는 자신이 원하는 대로 행동하고 자신의 것에 대한 소유를 확실하게 주장한다. 장난감을 가지고 서로 자기 것이라고 다투는 영아들에게 양보하라거나 서로 놀잇감을 공유하며 사이좋게 놀이하라고 훈육하는 것은 발달에 적절하지 않다. 이 시기 영아의 자율성의 표현에 대하여 이해하고 놀잇감의 개수를 넉넉히 제공해 주는 등으로 상호작용하는 것이 바람직하다.

(2) 유아기 자아발달

유아기는 주도성 대 죄책감(initiative vs. guilt)이 발달하는 시기이다(Erikson, 1963). 유아는 스스로 무엇인가를 하려고 하고 새로운 것을 만들고 싶어 하는 주도성이 있다. 그런데 유아들의 이러한 시도가 부모나 교사 등 주 양육자가 허락하지 않거나 혼을 내는 등으로 인하여 실패를 하게 되면 자신이 무엇인가를 잘못했다고 생각하여 죄책감을 가지게 된다. 유아의 부모나 교사는 인내심을 가지고 무엇인가를 스스로 해낼 수 있도록 격려해야 한다.

이 시기의 유아는 신체적 특성(키가 크거나 작음), 소유물(장난감), 능력(달리기를 잘 하거나 모래로 성을 쌓을 수 있음), 감정(무서워하지 않고 씩씩함), 기본 조건(나이와 사는 곳) 등으로 자신을 인식한다. 자신에 대한 이러한 자서전적 기억(auto-biographical memory)은 매우 일관적이다. 자신의 삶에 대한 기억은 자아개념의 발달에 중요한 역할을 하고, 높은 수준의 자아인식은 좀 더 상세한 자서전적 기억을 가능하게 한다(Prebble, Addis, & Tippett, 2013).

주 양육자인 부모나 교사가 유아가 경험한 상황들을 상세하게 설명하고 같이 이야기를 나누며 상호작용한다면 유아들은 스스로에 대하여 더 잘 이해할 수 있게 된다. 부모나 교사 등 주 양육자는 유아의 삶의 경험에 대한 기억을 격려함으로써 유아의 자아개념 발달에 영향을 미친다. 유아의 자아개념 발달에 미치는 이러한 상호작용 방식도 문화적 가치와 기대에 따라 다양한 방식으로 나타난다. 이야기와 경험의 개인적인 측면에 가치를 두는 문화와 사회적 규칙과 기대를 강조하는 문화에서 살아가는 양육자는 유아들의 경험에 대한 기억을 강조하는 측면이 다르며 이러한 측면은 정보를 조직하고 공유하는 방식에 영향을 미침으로써 유아의 자서전적 기억과 자아개념 형성에 영향을 미친다(Reese, Jack, & White, 2010).

3) 자아존중감(Self-Esteem)의 발달

자아존중감은 자아에 대하여 평가하는 것으로 유아가 자신의 가치를 어떻게 생각하는가에 관한 것이다. 가치, 능력, 통제의 세 가지 차원으로 이루어진 자아존중감은 1세 이전부터 형성되기 시작하며 연령이 증가하면서 점차 정교화된다(Curry & Johnson, 1990). 영아는 2세 정도가 되면 범주적 자아가 형성되면서 점차 긍정적인 특징, 혹은 부정적인 특징을 가진 존재로 자신을 평가한다. 특히 2세경부터 발달하는 자조기술을 통해 스스로 옷을 입고, 밥을 먹고, 대소변 가리기를 하면서 성취감을 느끼는 영아는 높은 자아존중감을 가진 아이로 자라게 된다. 이후 3~4세경에는 학습하고, 친구를 사귀며, 자신의 신체적 매력 등을 인식하고 구체적 사실에 기초하여 자신을 규정하고 평가하게 된다(Harter, 2006).

유아는 스스로를 가치 있다고 여기기도 하고 그렇지 않다고 느끼기도 한다. 유아 스스로 생각하는 자아개념 중 좋아하는 자아개념도 있을 수 있고, 싫어하는 자아개념도 있을 수 있다. 유아가 자기 자신에 대하여 느끼는 자아개념과 관련하여 다섯 가지 차원에서 살펴봄으로써 유아가 어떠한 수준의 자아존중감을 가지고 있는지를 살펴볼 수 있다(Harter, 2012). 유아는 성장하면서 이러한 다섯 가지 차원을 통합하여 보편적 자아존중감에 대한 전반적인 평가를 할 수 있게 된다.

〈표 8-4〉 자아존중감의 차원

자아존중감의 내용		
1	학문적 역량	유치원/어린이집에서 학습을 잘한다고 느낌 ▶ 나는 팽이 만들기를 잘 할 수 있어. ▶ 나는 그림책의 이야기를 잘 읽을 수 있어.
2	사회적 역량	친구를 사귀는 방법을 잘 안다고 느낌 ▶ 나는 우리 반 친구들과 사이좋게 잘 지낼 수 있어. ▶ 나는 친구들과 재미있게 놀이할 수 있어.
3	행 동	바람직한 방법으로 행동한다는 느낌 ▶ 나는 차례를 잘 지키는 아이야. ▶ 나는 친구들과 이야기할 때 잘 듣고 내 차례를 기다릴 수 있어.
4	운동 역량	운동을 잘 한다는 느낌 ▶ 나는 달리기를 잘 해. ▶ 나는 높이 올라갈 수 있어.
5	외 모	자신의 외모를 좋아함 ▶ 나는 눈이 예쁜 아이야. ▶ 나는 키가 그리 크지는 않지만 괜찮아.

출처 : Harter(2012).

자아존중감이 가장 높은 시기는 유아기(2~6세)이다. 이 시기의 유아들은 자신의 능력에 대해 매우 긍정적으로 평가하는 경향이 있어 비현실적이라고 할 만큼 긍정적인 자아존중감을 가진다. 이들은 스스로에 대하여 무엇이든 잘할 수 있다고 평가한다. 이러한 매우 낙관적인 자아존중감은 유아기의 발달 특성상 아직 다른 사람들과 충분히 비교할 수가 없기 때문으로 볼 수 있다. 비교할 수 있는 표준이 없으므로 유아들은 자신들이 할 수 있는 거의 모든 것을 최고의 수준이라고 생각한다(Harter, 2012). 이후 아동기(6~11세)에 접어들면서 또래와 어울리는 시간이 많아지면 보다 객관적으로 자신에 대하여 평가하게 됨으로써 현실적인 수준으로 자아개념이 조정된다.

일반적으로 자아존중감이 높은 유아는 자신에 대하여 긍정적으로 느끼고, 자아존중감이 낮은 유아는 자신에 대해 부정적이고 불행하다고 느낀다(Baumeister et al., 2003). 자아존중감이 높은 유아는 학업 성취도나 사회적 관계 형성 등에서 모두 성공하는 경향이 높으므로 부모와 교사는 유아들이 긍정적인 자아존중감을 형성하도록 지원할 필요가 있다.

4) 자아발달 지원하기

영유아의 자아발달은 가치감과 능력감, 그리고 통제감 형성을 통해서 이루어진다. 스스로에 대하여 가치 있는 존재라고 생각하는 가치감과 스스로의 능력에 대하여 신뢰할 수 있는 능력감, 그리고 주변의 상황에 영향력을 미칠 수 있는 통제감 형성의 지원에 관하여 살펴보면 다음과 같다(Curry & Johnson, 1990).

■ 가치감

가치감이란 영유아가 살아가면서 주위의 타인으로부터 경험하는 존중과 수용, 그리고 긍정적인 대우의 양에 의해서 결정되는 스스로의 가치에 대한 인식이다. 아주 이른 영아기부터 작은 행동이나 성취를 할 때마다 주위의 의미 있는 성인인 부모나 교사로부터 수용되고 인정받는 경험에 의해서 형성된다.

■ 능력감

능력감이란 스스로의 능력에 대한 믿음을 의미한다. 능력감은 영유아가 어린 시절부터 다양한 문제해결의 상황에서 어떠한 경험을 했는지에 따라 형성된다. 일상에서 경험하게 되는 문제를 해결하는 과정에서 성공의 경험을 많이 했을 경우 영유아는 스스로를 문제해결을 할 수 있는 능력이 있는 존재로 이해하게 된다. 그러나 실패의 경험을 많이 한다면 자신의 능력에 대한 신뢰를 할 수 없게 되어 스스로를 능력이 없는 존재로 인식하게 된다.

■ 통제감

통제감이란 영유아가 주변의 상황에 영향을 미치고 통제할 수 있다는 믿음을 의미한다. 통제감이 발달된 영유아는 어려운 상황에서도 할 수 있는 일을 하며 잘 해낼 수 있다고 생각하고 노력한다. 부정적인 통제감을 가지고 있는 영유아는 어려운 상황에서 포기하고 운으로 돌리는 경향이 있다.

교사는 영유아의 자아발달을 지원하기 위하여 유치원이나 어린이집에서 상호작용을 하며 격려하고, 영유아가 스스로에 대한 신뢰감을 형성하도록 하며, 소속감을 가지도록 도와주어야 한다. 또한 영유아가 각자의 개별성을 인식하고 수용하고 존중하도록 돕고, 긍정적인 자아감을 가진 사람의 모습을 보여줄 수 있어야 한다. 교사는 다음과 같이 영유아의 자아발달이 긍정적인 방향으로 이루어질 수 있도록 지원할 수 있다(김정원 · 남 규 · 최성진 · 최소린, 2021).

(1) 영유아의 신체적 자아 인식에 도움이 되는 경험의 기회 제공하기

영유아가 자신의 신체의 명칭과 기능을 인식할 수 있도록 영유아의 사진과 이름을 활용하여 제작한 교구나 신체 전체를 자연스럽게 관찰할 수 있는 커다란 거울 등을 제공한다. 신체 각 부위를 활용한 게임 등을 통해 신체적 자아감 형성을 지원할 수도 있다.

(2) 영유아 개인을 수용하고 존중하기

영유아가 자아존중감을 긍정적인 방향으로 형성하도록 지원하기 위해서는 영유아의 삶에서 의미 있는 성인인 교사로부터 수용되고 존중받는 경험이 필요하다. 그러므로 교사는 영유아 한 명 한 명에 관심을 가지고 상호작용을 하면서 영유아가 스스로 가치 있고 인정받는다는 느낌을 갖도록 지원해야 한다.

(3) 영유아의 학문적 자존감 형성을 지원하기

영유아가 스스로 목표를 세우고 성취해 보는 경험을 통해 긍정적인 자아개념을 발달시킬 수 있도록 영유아의 발달에 적합한 적절할 수준의 활동이나 경험을 제공한다. 놀잇감 정리, 게임, 다양한 도구의 조작과 활용의 기회 제공, 그림책 읽기, 현장학습 등을 통해 영유아가 하고 싶은 것을 해낼 수 있다는 유능감을 경험해 볼 수 있도록 지원한다.

토론해 보세요

영상을 보고 자아존중감에 관하여 토론해 보세요.

EBS 다큐프라임 – EBS Docuprime,
아이의 사생활 3부 자아존중감

3 성역할 발달

어린이집과 유치원에서 놀이하는 영유아를 보면 아주 어린 연령임에도 불구하고 이미 상당히 고정관념화된 성역할 태도를 가지고 있는 것을 관찰할 수 있다. 영유아기는 성역할 개념과 성인지 감수성이 형성되는 결정적인 시기로 생물학적 요인과 더불어 영유아가 살아가고 있는 사회문화적 맥락의 다양한 요인들의 영향을 받아 그 문화에서 기대하고 있는 성역할 고정관념을 형성하게 된다. 영유아기에 형성되는 성역할에 대한 개념은 이후 성인이 된 이후에까지 지속적으로 영향을 미칠 수 있으므로 영유아기에 고정관념적이지 않은 성역할 개념이 발달하도록 영유아를 지원하는 것은 중요하다.

1) 성역할의 개념 및 중요성

성역할(gender role)은 특정한 사회나 문화에서 적절하다고 여겨지며 기대되고 수용되는 성별에 따른 행동, 태도, 가치관, 혹은 신념을 의미한다. 영유아는 특정 사회에서 태어나고 성장하면서 남자 혹은 여자라는 개인의 생물학적 성별에 따라 적절하다고 여겨지는 행동이나 태도, 가치관이나 신념인 성역할 개념을 형성한다. 성역할 개념은 영유아가 어린이집이나 유치원, 학교, 그리고 사회에 적응하는 데 영향을 미친다.

성역할 개념은 성 정체성의 형성과 함께 발달한다. 영아는 태어나 자라면서 자신이 남성인지 여성인지를 깨닫고 내면화하면서 성 정체성을 형성하게 된다. 성 정체성은 생후 6개월 정도가 되면 형성되기 시작한다. 이후 영아는 차츰 남성과 여성이 다르다는 것을 인식하게 되고 자신의 성에 대한 지식, 이해, 수용도 등과 관련된 성 정체감(gender identity)을 발달시킨다(김정원 · 최성진, 2022).

2~3세 정도의 영유아는 자신의 성이 무엇인지를 알기 시작하지만 옷이나 머리 모양이 바뀌면 성별도 달라진다고 생각한다. 5~7세 정도가 되어야 성별은 외형적 조건에 의하여 변화되는 것이 아님을 알게 되고 각 성별에 대한 고정관념이 생기면서 성역할에 대한 인식이 확고해진다.

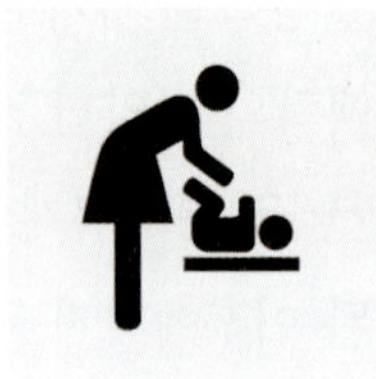

성역할 고정관념을 갖는다는 것은 여아는 여자다워야 하고 남아는 남자다워야 한다고 생각하게 되었음을 의미한다. 그러나 최근 사회적 변화의 영향으로 여성다움과 남성다움의 고정관념적인 구별에 대한 이의가 제기되면서 전통적인 성역할 개념이 약화되고 있다. 성역할을 생물학적인 성과 독립적으로 보고 성별에 따른 제한에서 벗어나 인간의 잠재 능력을 최대한 발휘할 수 있어야 한다는 분위기가 형성되고 있는 것이다. 생의 초기부터 성역할 개념이 고정적으로 강화되는 것은 개인의 창의적 사고와 능력을 제한하고 잠재력 발휘의 기회를 놓치게 하며 전인적 발달을 저해하므로(고영실 · 박용환, 2020; 최인경 · 김희진, 2018) 성역할 고정관념에서 벗어나 양성평등적인 관점을 가지고 성장할 수 있도록 지원할 필요가 있다.

- **양성성**(androgyny) : 한 개인 내에 남성적 특성과 여성적 특성이 공존한다는 개념
  - 경쟁적, 공격적, 이성적, 강한 성취욕구 등을 남성성의 특성으로, 따뜻함, 사랑스러움, 자기희생, 보살핌 등을 여성성의 특성으로 규정하여 남성과 여성에게 각 성별에 적합한 특성만을 갖도록 강요하지 않고 남성성

과 여성성의 특성을 모두 지닌 양성성을 지향함

- 양성적 성역할 정체감은 유아의 전인적 발달을 돕고 삶의 질을 높이며 빠르게 변화하는 일상의 환경에 효율적으로 적응하는 데 도움이 됨(정미라, 2011)

- **성인지 감수성**(gender sensitivity) : 성차별로 인해 일어나는 문제를 인식하는 것으로 성차별과 성 불평등한 상황을 파악하고 옳고 그름을 판단하는 민감성을 의미함. 성인지 감수성은 성별에 따른 차별이나 불평등으로 인해 야기되는 상황을 비판적으로 보고 차별로 인한 불합리함을 해결하기 위하여 적극적으로 행동하도록 함
  - 성역할 고정관념과 편견에 의해 불평등하게 내우받는 것은 옳지 않다는 개념
  - 성별에 상관없이 모든 사람에게 동등하고 평등한 기회가 주어져야 하고 성별을 불문하고 각 개인은 한 사람으로서 존중받아야 한다는 인식을 갖도록 함

2) 성역할 발달 이론

(1) 정신분석이론

- 프로이트(Freud)의 정신분석이론에 근거한 성역할 동일시(sex-role identification) 이론으로 영유아의 성역할 발달을 설명함
- 영유아는 자신의 성별과 동일한 부모를 성역할의 모델로 삼아서 이를 무의식중에 모방하는 과정을 통해 성역할을 학습함
- 동일시 대상인 부모의 중요성을 강조함

(2) 사회학습이론

- 반두라(Bandura)의 사회학습 이론에 근거하여 성역할 발달을 이해함
- 부모 이외에도 형제자매, 또래관계, 지역사회, 대중매체 등 다양한 사회적 환경들의 영향을 받아서 성역할을 학습함
- 영유아가 자신의 성에 적합하다고 생각하는 행동을 선택적으로 모방하면서 성역할을 배워가고, 그에 대한 반응(칭찬이나 비난 등)을 통해 남성성과 여성성을 내면화함

(3) 인지발달이론

- 영유아가 자신을 남자 또는 여자로 자각하는 것은 인지발달에 따른 인식의 결과라고 설명함
- 외부 자극에 의해 수동적으로 배운다기보다 자신의 성과 관련된 적절한 행동을 자발적으로 찾아가면서 자신의 성역할 개념을 능동적으로 구성함
- 인지발달에 따라 성 명명(gender labeling) 단계(2~3세), 성 안정성(gender stability) 단계(4~5세), 그리고 성 항상성(gender consistency) 단계(6~7세)로 발달함

(4) 성 도식 이론(gender schema theory)

- 영유아 내면의 인지발달적 요인과 환경적 요인을 함께 고려함
- 성역할 개념을 형성하는 것은 유아의 인지적 과정에 근거하지만 개개인이 처한 환경에 따라 각각 다른 자극을 받으면서 자신만의 성 도식을 만들고 그것이 성역할 개념의 개인차를 만들어 냄

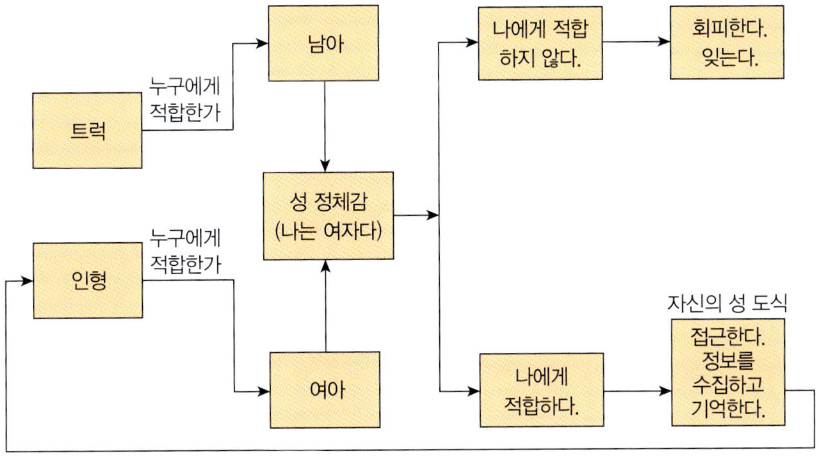

|그림 8-2| 성 도식 모형

출처 : Martin, C. L., & Halverson, C. F. Jr.(1987). The roles of cognition in sex-roles and sex-typing. In D. B. Carter(Ed.), Conceptions of sex-roles and sex-typing : Theory and research. New York : Prarger.

3) 성역할 개념 발달과 성행동 특성

성역할 개념은 자아정체성 형성과 밀접하게 연관되어 발달한다. 연령에 따른 성역할 개념 발달과 성행동 특성을 정리하면 다음 〈표 8-5〉와 같다(교육인적자원부, 2004; 김정원 외, 2021; 박은혜 외, 2021; 한국양성평등교육진흥원, 2020).

〈표 8-5〉 영유아기 성역할 개념 발달과 성행동 특성

성역할 개념	연 령	성역할 개념 발달	성행동 특성
성 명명 (gender labeling)	2세	• 자신과 타인의 존재를 구별하면서 자아정체감을 갖기 시작 • 타인과의 유사점, 차이점에 대해 인식하며 관심을 갖지만, 자신의 성별을 정확하게 인식하지는 못함	• 가족이나 또래의 벗은 모습에 호기심을 나타냄 • 자신도 벗고 돌아다님 • 성기를 포함한 신체 부위 탐색, 성기를 만지는 행위가 나타남
	3세	• 남자와 여자로 분류하는 간단한 자아유목화(self-categorization) 시작 • 자신의 성과 다른 사람의 성을 남자, 여자로 구분하여 부를 수 있음 • 성별에 따라 선호하는 놀잇감, 머리 모양, 옷차림, 하는 일 등을 구별함	
성 안정성 (gender stability)	4세	• 사회규범에 따른 적절한 성역할 행동과 태도를 나타내지만 별다른 갈등 없이 쉽게 무시하기도 함	• 다양한 신체 부분의 명칭을 알고 탐색 • 신체에 대한 긍정적, 부정적 태도 발달시킴 • 방귀, 똥, 화장실과 관련된 유머를 즐기고, 성과 관련된 이야기나 성적 은어 등을 사용하기도 함 • 임신과 출산에 많은 관심을 보임 • 자위행위, 또래에게 자신의 신체를 보여주거나 보려고 하고 만지려 하기도 함 • 화장실 안을 엿보거나 여아의 치마를 들춰보는 행동을 함
	5~6세	• 성은 시간이 지나도 변하지 않는다는 것을 인식, 남자아이가 자라서 소년이 되고 아빠가 되며, 여자아이는 소녀가 되고 엄마가 될 것이라고 믿음 • 자신과 같은 성에 대해 큰 호감을 표현, 자신의 성을 더 긍정적으로 생각함 • 성역할에 대한 사회적인 기대에 부응하여 자신의 행동과 태도를 조절함	
성 항상성 (gender consistency)	6~7세	• 겉모습(행동이나 옷, 머리 모양 등)이나 상황의 변화, 개인적인 소망에 상관없이 자신이 타고난 생물학적 성이 평생 지속된다는 것을 이해하게 됨 • 성역할 고정관념이 확고해짐	• 이성 친구와 가까이 있거나 껴안고 뽀뽀하기 등의 신체적 접촉으로 이성에 대한 호감을 표현하려고 함 • 일상적인 대화나 놀이 중에 성기에 관한 이야기나 그림을 그리기도 함 • 일시적으로 화장실 엿보기, 자위행위가 나타나기도 함

출처 : 김정원 · 최성진(2022), p. 19.

토론해 보세요

남자와 여자의 차이에 관한 다음 영상을 시청하고 소감을 공유해 보세요.

EBS 다큐프라임 아이의 사생활
1부 남과여_#003

4) 성역할 개념 발달 지원하기

영유아의 성역할 개념 발달을 위한 지원은 성별에 따른 편견이나 고정관념 없이 구성된 영유아교육기관의 환경에서 이루어져야 한다. 또한 특정 활동으로 가르치기보다는 일상생활에서 영유아의 발달에 적합하게 구성된 통합적 교육과정을 통해 지원해야 효과적이다(김정원 · 최성진, 2022).

(1) 교사의 성인지 감수성 점검하기

영유아와 상호작용하는 교사의 행동과 언어는 영유아의 성역할 개념 발달에 많은 영향을 미치는 중요한 요인이다. 따라서 교사는 자신의 말과 행동, 표정과 분위기를 항시 점검하여 영유아들에게 성역할 고정관념을 심어주고 있는 것은 아닌지 점검해야 한다.

(2) 성역할 개념 발달을 위한 환경 구성하기

영유아 양성평등교육에 적절한 환경을 구성해 주어야 한다. 영유아에게 제공해 주는 교재와 교구, 교수매체와 교수자료, 그림책 등이 영유아의 성역할 고정관념을 강화하고 있는 것은 아닌지를 점검하고 양성평등의 개념이 잘 나타나 있는 환경을 구성해야 한다.

(3) 일상에서 양성평등한 상호작용하기

영유아의 양성평등한 성역할 개념 발달은 형식적인 내용을 주입하는 것이 아니라 영유아와 만나서 상호작용하는 일상에서 실제적인 경험을 통해 이루어져야 효과적이다. 매일의 일과 속에서 영유아와 교사, 영유아와 또래 친구들, 영유아와 교재 · 교구 간의 상호작용을 통해 구체적이고 실질적으로 이루어질 수 있도록 지원할 필요가 있다.

점검해 보세요

다음의 질문을 활용하여 자신의 성인지 감수성을 점검해 보세요.

개인적인 삶	본인의 성별 때문에 같은 상황에서 다른 대우를 받은 적이 있나요? 있다면 그때 기분이 어땠나요?
	본인의 성별 때문에 시도하지 못한 일(직업, 취미 등)이 있나요?
	내가 생각하는 '여자다움', '남자다움'은 무엇인가요?
	'여자다움' '남자다움' 때문에 스트레스를 받은 적이 있나요? 있다면 어떤 상황이었나요?
교사로서의 삶	여자아이와 남자아이가 각각 지니는 고유한 특성이 있다고 생각하나요?
	남자(여자)답지 않게 행동하는 남자아이(여자아이)를 본 적이 있나요? 있다면 그 아이의 어떤 모습을 보고 그렇게 생각했나요?
	전통적인 성역할에서 벗어난 행동을 하는 아이에게 어떻게 반응하시나요?
	어떤 기준으로 아이에게 놀잇감을 권하시나요?
	어떤 놀이를 할지 고민하는 아이에게 그 아이의 성별을 보고 좋아할 만한 놀잇감이라고 생각하는 것을 권한 적이 있나요?

교사로서의 삶	아이들이 생각하는 '여자다움', '남자다움'은 어떤 것일까요?
	성별을 활용한 표현을 아이나 양육자에게 사용한 적이 있나요?
	성인지 감수성을 기반으로 한 교육 현장에서 아이들은 어떤 모습을 보일까요?

출처 : 한국양성평등교육진흥원(2020), pp. 10-11 재구성.

4 사회성 발달

영아와 유아들은 태어나는 순간부터 주변 사람들과 사회적 관계를 맺으며 성장하고 발달한다. 가정과 영유아교육기관, 그리고 사회에서 만나는 다양한 사람들과의 사회적 관계 형성에 영향을 미치는 중요한 요인이 친사회성이다. 친사회성이 발달한 영유아들이 모인 교실은 또래들 간에 긍정적인 사회적 관계가 형성되어 다툼이나 갈등이 적고, 영유아들 간에 좋은 관계를 유지할 수 있어 즐겁게 놀이하며 사이좋게 지낼 수 있다.

1) 친사회성의 개념 및 중요성

친사회성(prosociality)은 주변의 사람들과의 사회적 관계를 맺는 과정에서 공동체 전체의 안녕을 위한 행동을 하는 성향을 의미한다(김소양 외, 2018). 친사회적 성향을 가진 유아들은 교실에서 또래들과 생활할 때 보상을 기대하거나 처벌을 회피하기 위해서가 아니라 타인에 대한 배려, 혹은 자기보상(self-reward)에 의해 동기화된 친사회적 행동을 한다. 친사회성은 타인에 대한 이해를 토대로 타인과의 관계 속에서 언어와 행동으로 나타난다. 친사회적 행동을 하는 유아들이 모인 교실은 긍정적인 또래관계가 형성되어 평화롭고 행복한 공동체가 될 수 있다.

친사회성 발달은 타인에 대한 감정이입과 공감하기를 근간으로 존중하기, 배려하기, 나누기, 협력하기 등의 친사회적 행동으로 나타난다. 이러한 내용을 중심으로 하는 친사회성 발달에 관하여 살펴보면 다음과 같다.

- **존중하기** : 존중은 주위 사람들이 가진 가치를 인정하는 것이다. 존중하기와 관련된 친사회성이 발달된 유아는 가정과 유아교육기관에서 만나는 가족, 친구, 교사를 존중하며 소중히 여긴다. 존중하기는 자신과 다른 사람을 소중히 생각하고 그들의 가치를 인정하는 성향이다. 주변의 동식물과 환경에 대해서도 존중하는 태도를 갖는 것이 중요하다.
- **배려하기** : 배려는 다른 사람의 형편을 이해하고 도와주거나 보살펴 주는 마음으로 타인을 이해하고 성장하도록 지원하는 것이다. 배려와 관련된 친사회성은 조망수용 능력과 연관되어 발달한다. 배려할 수 있는 유아는 배려하는 것이 중요하다는 사실을 아는 인지적 배려, 타인의 정서에 공감하고 동정심을 보이는 등의 정서적 배려, 그리고 양보하고 격려하는 등의 행동적 배려를 할 수 있다.

- **나누기** : 나누기는 보상을 기대하지 않고 자신의 것을 타인과 공유하는 친사회성 발달과 관련된 행동이다. 나누기와 관련된 친사회성은 놀이 공간이나 자리를 공유하는 장소 나누기, 교구나 놀잇감을 빌려주고 차례대로 사용하는 등의 기회 나누기, 그리고 놀잇감이나 자료를 나누는 소유물 나누기 등의 행동으로 발달한다.
- **협력하기** : 협력은 공동의 목표를 달성하기 위하여 여러 사람이 서로 마음

을 합하여 노력하는 것을 의미한다. 구성원이 함께 공동의 목표를 설정하고, 각자의 책임을 다하고 서로 도움을 주고받으며 설정한 목표를 달성하기 위하여 노력한다. 협력하기와 관련된 사회성 발달은 도움을 주고받고 의견과 정보, 자료를 공유하는 등의 상호의존성, 각자 자신의 역할을 인식하고 책임감을 갖기, 공동의 노력을 평가하기 등의 행동으로 나타난다.

친사회성이 발달된 유아는 타인과 원만한 관계를 형성하고 유지할 수 있다. 타인을 도와주는 이타적인 행동을 하고, 타인의 요구에 대한 이해와 타인의 감정에 공감할 수 있다. 친사회성 발달이 이루어진 유아들은 자신에 대해 긍정적인 자아를 갖게 되고, 긍정적인 대인관계 형성이 가능하며, 사회적 적응도 잘하고 학업성취도도 높은 경향이 있다(김현지, 2014; 조재현 · 김영희, 2017).

2) 친사회성 발달 이론

(1) 정신분석이론

- 인간은 기본적으로 타인의 요구보다는 자신의 무의식적 욕구에 충실한 존재임
- 동일시 과정을 통해 성인의 친사회적 행동을 모방하게 되면서 초자아(superego)가 발달하는 과정에서 친사회성도 발달함
- 초자아의 발달은 5~6세가 되어 죄의식이 생기면서 벌 받는 행동을 피하기 위해 시작됨

- 초자아 발달의 과정에서 부모의 태도나 가치관 및 행동을 내면화하고, 사회적 · 도덕적 가치를 따르면서 친사회성이 발달됨

(2) 사회학습이론

- 친사회성 발달도 자극에 대한 반응의 결과이며 모방을 통한 학습의 과정에서 발달함
- 친사회적 행동이 나타났을 때 칭찬과 보상이 주어지면 그 행동이 발달함
- 타인의 친사회적 행동에 대한 사회적 결과를 보는 관찰학습을 통해 친사회성이 발달하기도 함
- 친사회성 발달은 부모 중 특히 동성부모의 행동에 대한 강화와 모방을 통해 발달하는 경향이 있음

(3) 인지발달이론

- 친사회성은 영유아가 환경을 지각하고 조작하며 통합하는 과정을 통해 발달함
- 피아제가 제시한 전조작기인 유아기는 자아중심성이 강하고 타인의 욕구를 알아내는 인지구조가 미숙함. 구체적 조작기 이후 타인의 관점과 감정을 이해하는 인지 능력이 발달하게 되면 타인에게 민감하게 반응하면서 친사회적 행동이 발달함
- 유아기 후반 역할수용 능력과 공감 능력이 발달하면서 친사회적 행동이 나타남. 친사회적 행동을 하기 위해서는 자기중심적 사고에서 벗어나 능동적으로 타인의 역할이나 요구 및 견해를 받아들이고 곤경에 처해 있는 사람의 요구를 정확하게 해석하고 이해할 수 있는 조망 능력 발달이 선행되어야 함

(4) 동물행동학 이론

- 친사회적 행동은 인간 종의 생존을 보장해 주는 인간 본질의 기본적 구성요소임
- 인간은 기본적으로 공동체에서 함께 거주할 때 적으로부터 보호받고 생존할 가능성이 높아지므로 친사회적 행동은 공동체의 유지 가능성을 증진시켜 줌
- 친사회적 행동은 각 개체의 생존 가능성을 높여주고 생존한 개체의 친사회적 유전인자는 다시 후손에게 유전될 가능성이 높아지므로 인간의 친사회성은 유지될 수 있음

3) 친사회적 행동 발달

친사회적 행동은 타인의 관점에서 타인의 감정을 추론하며 공감할 수 있어야 발달하기 시작한다. 영아기 초기부터 다른 사람의 감정에 반응하거나 성인이나 또래의 나누는 행동을 모방하면서 친사회성이 발달하기 시작한다. 유아기 이후 자기중심성을 탈피하고 타인의 입장에서 타인의 감정 상태나 타인의 의도 등을 추론하고 이해하는 조망수용 능력과 타인의 감정을 느낄 수 있는 공감 능력을 갖추기 시작하면서 친사회성이 본격적으로 발달하게 된다.

(1) 영아기

생후 3~10개월 정도의 어린 영아들도 누가 선한 존재인지를 판단할 기본 능력을 가지고 있으므로 이타적 행위를 선호하는 경향이 있다(곽금주 · 김연수, 2014). 그러나 영아들은 아직 공감과 이타적 개입이 가능하지 않으므로 미분화된 형태의 공감만을 느낀다. 그럼에도 불구하고 고통받는 주변 사람을 부드럽게

만지는 등의 단순한 이타적 개입이 생후 12개월경부터 관찰되는 것을 보면 아주 어린 영아도 돕기, 나누기, 위로하기 등의 초보적인 수준의 친사회적 행동을 할 수 있음을 알 수 있다.

■ 영아기에 나타나는 친사회적 행동의 예

- 자신에게 관심을 보이고 말을 걸어주는 사람에게 긍정적으로 반응함
- 성인의 행동을 모방하고 또래의 웃음이나 울음도 모방함
- 다른 사람이 울거나 아플 때 감정이입이 되어서 같이 울고 위로해 줌
- 다른 사람의 마음을 이해하고 도와주려는 자신의 의도를 표현함

(2) 유아기

유아기에는 조망수용 능력, 감정이입, 문제해결 능력 등과 같은 인지적 발달과 함께 친사회성 발달이 급속히 이루어진다. 유아들의 친사회적 행동은 다른 사람의 입장에서 생각하고, 공감하고, 문제해결 기술을 학습하고, 모방하면서 발달한다.

■ 유아기에 나타나는 친사회적 행동의 예

- 친구들과 협력하여 놀이할 수 있음
- 친구들과 함께 갈등상황에서 문제를 해결할 수 있음
- 타인을 도와주고 나누어 주는 이타적인 행동을 할 수 있음
- 타인의 의도, 생각, 견해 등을 추론하고 평가하며 타인의 마음에 공감하는 조망수용 능력을 보여줌

친사회적 행동은 일련의 단계를 거쳐 발달한다. 유아가 친사회적 행동을 하기 위해서는 옳은 일에 대하여 단순히 생각하는 것 이상을 실천할 수 있어야 한다.

즉, 생각을 행동으로 옮길 수 있어야 친사회적 발달이 이루어진다고 볼 수 있다. 친사회적 행동은 다음과 같은 단계를 거쳐 발달한다.

〈표 8-6〉 친사회성 발달 단계

친사회성 발달 단계		친사회성 발달의 특성
1단계 인식하기	공유하기, 돕기, 협동하기가 필요하다는 것을 인식하기	• 누군가가 친사회적 행동으로 인하여 이로움을 얻을 수 있음을 알아야 함 • 공감과 동정심을 느낄수록 친사회적 행동을 더 많이 하게 됨
2단계 결정하기	친사회적 행동을 실천하기로 결정하기	• 도움을 필요로 하는 사람을 인식한 후 행동을 할지, 하지 말아야 할지를 결정함 • 도움을 필요로 하는 사람과의 관계, 자신의 기분이나 감정, 자신이 친사회적 사람인지에 대한 자아 지각, 그리고 사회적 규범과 개인적 규준 등에 기초해서 결정함
3단계 실행하기	친사회적이 되도록 적절하게 행동하기	• 나누기, 돕기, 협동하기를 실천하기로 결정하면 그 상황에 적합하다고 생각되는 행동을 선택하고 실행함 • 조망수용 능력과 친사회적 행동을 하는 데 필요한 지식과 기술을 가진 유아가 친사회적 행동을 실행할 수 있음

토론해 보세요

다음의 영상을 시청하고 소감을 나누어 보세요.

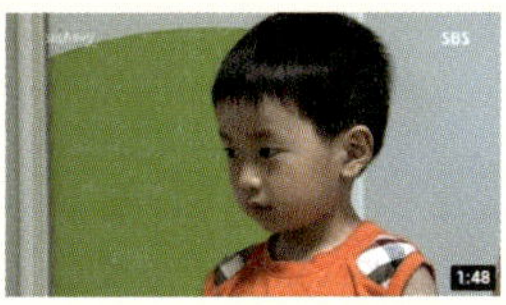

SBS스페셜. 유아들 대상, 타인은 언제 돕는가

[뉴스G] 아기의 이타심은 어떻게 길러질까?

친사회이 발달한 유아는 사회적으로 유능한 유아라고 할 수 있다. 사회적으로 유능한 유아들은 목표한 것을 성취하고 다른 사람들과 효과적으로 상호작용하기 위해서 친사회적인 가치, 태도, 지식, 그리고 기술을 가지고 있다. 영유아가 태어나서 자라고 있는 사회문화적 특성에 따라 차이가 있기는 하지만 대부분의 사회에서는 자기의 의견만 고집하기보다는 다른 사람들의 생각을 듣고 수용하고, 혼자 하는 것만 잘하기보다는 협력하는 과제도 잘 수행하며, 감정을 충동적으로 표출하기보다는 자기규제와 감정조절을 잘하는 유아를 사회적으로 유능한 존재로 인정한다.

사회적으로 유능한 아이는 아침에 어린이집에 들어온 또래 유아가 엄마와 떨어져서 우울해하거나 슬퍼할 때 모르는 척 그냥 지나치기보다 다가가서 위로를 해줄 수 있다. 교실에서 모여 이야기를 나눌 때 아무 때나 하고 싶은 말을 해버리기보다 자신의 차례가 오기까지 기다릴 줄 아는 자기규제 능력이 있다. 자신이 블록으로 쌓아놓은 탑 모형을 지나가면서 건드려 무너뜨린 또래를 밀거나 울지 않고 말로 속상한 감정을 표현할 수도 있다. 사회적으로 유능한 유아는 배려와 정직 등 사회적 가치를 수용하고, 긍정적인 자아 정체감을 가지고 있으며, 정서 지능이 높고, 대인관계를 유지하는 데 필요한 기술을 가지고 있다. 또한 충동을 통제하고 만족을 지연하는 등 자기조절 능력도 뛰어나다. 그리고 문화적으로 다양한 배경을 가진 사람들과 효과적으로 상호작용하는 등의 문화적 유능성도 갖추고 있다(Kostelnik, Soderman, Whiren, Rupiper, & Gregory, 2018).

사회적으로 유능한 유아는 그렇지 않은 아이들에 비하여 더 행복하고(김경화, 2020), 성공적으로 상호작용하며, 인기가 많고, 삶에 대하여 더 만족하는 경향이 있다. 그리고 학업 성취도도 높아 학교에서 더 성공한다고 한다(Epstein, 2009). 반면에 긍정적인 사회적 관계 형성에 어려움을 겪는 유아들은 분노와 외로움을 경험하고, 자아존중감이 낮으며, 또래에게 거부되고, 낮은 학업성취도를 보이는 경우가 많다(Miles & Stipek, 2006). 사회적 유능성은 사회성 발달의 과정을 통해 형성된다. 따라서 영유아의 주 양육자인 부모와 교사는 영유아가 사회적으로 유능한 개인으로 성장하도록 애착발달, 자아발달, 성역할 발달, 그리고 친사회성 발달이 이루어지도록 지원해야 한다.

4) 친사회성 발달 지원하기

영유아의 친사회성은 친사회적 경험을 할 수 있는 분위기와 친사회적 행동의 모델링을 통해 발달한다. 친사회성 발달을 위한 교사의 지원방안을 살펴보면 다음과 같다.

(1) 반응적인 교실 환경을 조성하기

영유아 모두를 공평하고 따뜻하게 수용하고 존중하는 안정된 교실 분위기를 조성한다. 충분한 놀이공간과 시간, 그리고 놀이의 기회를 제공하여 또래 친구들과 자유롭게 놀이하면서 존중과 배려, 나눔과 협력을 경험할 수 있도록 하는 것은 영유아의 친사회적 행동 발달에 효과적이다.

(2) 친사회적 행동의 모델 되기

교사는 영유아의 삶에서 의미 있는 성인이다. 영유아가 믿고 따르는 교사의 행동은 영유아에게 많은 영향을 미친다. 따라서 영유아의 친사회적 행동 발달을 위해서는 교사가 영유아교육기관의 일상에서 영유아를 존중하는 분위기를 형성하고 친사회적인 언어와 행동을 보여주어야 한다.

(3) 친사회성 발달을 위한 상호작용하기

영유아와 만나고 상호작용하는 과정에서 부정적인 말이나 행동보다는 '고마

워', '열심히 했구나' 등의 칭찬과 격려를 통해 영유아가 긍정적인 감정을 갖도록 하는 것이 친사회성 발달에 도움이 된다. 갈등상황에서도 또래나 교사 등 다른 사람을 존중하는 방법을 배울 수 있도록 상호작용할 필요가 있다. 영유아가 스스로 문제를 해결할 수 있도록 믿고 기다려 주며 적절한 방법으로 지원한다.

토론해 보세요

4세반 교실의 쌓기놀이 영역에서 유아들이 다양한 종류의 블록으로 궁궐놀이를 하고 있습니다. 창의력이 뛰어난 지민이는 독특한 모습의 성을 쌓고 궁궐 담과 성문을 만들며 새로운 놀이를 만들어 냅니다. 다른 유아들은 지민이와 함께 놀이하기를 즐깁니다. 대부분의 경우 지민이는 리더십을 발휘하며 놀이의 이야기를 만들고 놀이를 주도합니다. 그러나 가끔 지민이의 강한 자기주장이 친구들의 마음을 상하게 하는 경우도 있습니다. 친구들의 의견을 듣고 존중하기보다는 늘 자기주장만 고집하는 지민이의 모습을 보고 놀이에서 떠나는 유아들도 있습니다. 다른 아이들끼리 다른 놀이를 하며 어울리는 것을 본 지민이가 속상한 표정을 짓고 있습니다.

- 지민이의 사회성 발달의 특성에 대하여 토론해 보세요.

- 지민이가 사회적으로 유능한 유아로 성장하기 위해서 교사는 어떤 지원을 할 수 있을까요? 지민이의 사회성 발달을 지원하기 위한 방법들을 적어보세요.

■ 배운 내용을 확인해 보세요

1. 영유아와 성인 간의 관계에서 형성되는 신뢰관계는 어린 아이가 이후 성인이 되어서까지 다른 사람과 믿음의 관계를 형성하는 데 결정적으로 중요한 역할을 합니다. 이러한 신뢰관계 형성을 위해서는 영유아가 아주 어린 시기부터 일관성 있는 세상을 경험하도록 교사와 부모 등 의미 있는 성인의 지원이 필요합니다. 교사나 부모 등 양육자가 영아를 위한 일관성 있는 환경을 제공하는 방법에 관하여 생각해 봅시다.

환경의 일관성	실 례
신체적 요구에 대한 일관성 있는 반응	
심리적 요구에 대한 일관성 있는 반응	
영아의 요구에 대한 즉각적인 반응	
어느 정도 일관성 있는 환경의 유지	

1) 부모나 교사 등 양육자의 정서(감정)는 양육자에 대한 영아의 신뢰감 형성에 어떻게 영향을 미칠까요?

2) 영유아와 성인 간의 관계에서 형성되는 신뢰감은 영유아가 성인이 되어 살아가는 데 어떤 영향을 미치게 될까요?

3) 영유아와 성인이 신뢰로운 관계를 형성하지 못할 때 형성되는 불신감의 발달은 영유아가 성인이 되어 살아가는 데 어떤 영향을 미치게 될까요?

CHAPTER

09

정서발달

1. 기 질
2. 정 서

CHAPTER 09

정서발달

이 장에서는 먼저 영아가 신체적, 인지적, 사회적으로 발달하기 이전부터 가지는 특성인 기질에 대하여 알아보고자 한다. 영아는 순하거나 까다롭거나 혹은 더디게 반응하는 등의 기질을 가지고 있다. 그리고 이러한 기질에 따라 정서적 · 행동적 반응에서 차이를 나타낸다. 기질에 대해 살펴본 후 부모나 교사, 또래들과 상호작용하는 과정에서 중요한 역할을 하는 정서의 개념과 발달, 그리고 정서지능 등에 대해서 알아보고자 한다.

나는 얼마나 알고 있을까요?

기질과 정서에 관한 다음의 설명을 읽고 옳다고 생각하면 '예', 옳지 않다고 생각하면 '아니요'에 표시해 보세요.

1. 예 □ 아니요 □ 기질은 영유아가 주위 사람들과 상호작용할 때 다양한 방식으로 반응을 하도록 함으로써 사회적 관계 맺기에 영향을 미친다.
2. 예 □ 아니요 □ 기질은 태어날 때 이미 형성되어 있다는 것이 일반적으로 받아들여지는 생각이다.
3. 예 □ 아니요 □ 까다로운 사람은 평생 '까다롭고 힘든 사람'이라는 평가를 받고, 순한 사람은 대부분 평생 동안 '순하고 대하기 쉬운 사람'이라는 평가를 받는 경향이 있으므로 기질은 평생 동안 절대 변하지 않는다.
4. 예 □ 아니요 □ 정서(emotion)는 신체적 · 생리적 반응을 동반한 지속적인 감정으로 지각하고 사고하고 행동하는 것의 원인이 된다.
5. 예 □ 아니요 □ 영유아의 정서는 영유아가 있는 상황을 유지하거나 변경시키도록 함으로써 영유아가 성장하고 발달하도록 돕는 역할을 한다.
6. 예 □ 아니요 □ 기쁨, 슬픔, 혐오, 분노, 공포 등의 정서는 영유아들이 사는 문화권에 따라 나타나기도 하고 나타나지 않기도 한다.
7. 예 □ 아니요 □ 당혹감, 질투, 수치심, 자부심, 죄책감 등의 정서는 고차적인 인지 능력이 발달해야 표출되는 정서로, 주로 다른 사람들과의 관계에서 느끼는 정서라고 할 수 있다.
8. 예 □ 아니요 □ 정서는 영유아의 인지발달, 사회성 발달, 그리고 전반적인 건강과 거의 관련이 없는 독립적인 발달영역이다.

9. 예 □ 아니요 □ 행복감, 안정감, 흥미 등의 긍정적 정서는 주의집중, 기억력, 문제해결력 향상에 도움이 되어 학업성취도를 높일 수 있다.

10. 예 □ 아니요 □ 공감 능력은 이타적인 행동의 기본이 되는 조건으로 더불어 살아가는 세상에서 반드시 갖추어야 할 중요한 능력이다.

11. 예 □ 아니요 □ 부모와의 안정적인 애착 형성은 영유아의 정서적 발달에 긍정적인 영향을 미친다.

12. 예 □ 아니요 □ 정서지능은 정서에 대한 정보를 이성적으로 처리하는 능력을 의미하며 미래사회에서 살아가는 데 필수적인 요인이다.

정답 : 1) 예 2) 예 3) 아니요 4) 예 5) 예 6) 아니요 7) 예 8) 아니요 9) 예 10) 예 11) 예 12) 예

1 기 질

기질(temperament)은 영유아가 세상에서 경험하는 것에 반응하는 일반적인 방법이다. 경험의 종류에 따라 다양한 정서적 반응이 일어나기는 하지만 사람들은 기질에 따라 여러 가지 사건과 경험에 대하여 일정한 경향성을 가지고 반응한다(곽금주 · 김연수, 2014; Gross, 2011). 어떤 사람들은 대체로 수줍어하고, 두려워하며 걱정이 많다. 어떤 사람들은 두려움이 없고 외향적이다. 또 다른 사람들은 공격적이고 화를 잘 내는 경향이 있다.

기질의 차이는 경험에 대하여 반응을 하는 과정에서 배워가는 것이라고 볼 수도 있지만 태어날 때부터 아이들마다 차이가 있다는 주장도 있다. 어떤 아이는 조용하지만 어떤 아이는 부산스럽기도 하고, 어떤 아이는 요구가 많은 편인 반면 어떤 아이는 있는 그대로의 상태에 만족하는 편이다. 이렇게 출생 시 유전적 요인에 따라 어떤 특정 기질을 가지고 태어난다는 것은 어느 정도 받아들여지는 사실이다(김소양 외, 2018). 하지만 모든 사람이 태어날 때의 기질을 평생 동안 그대로 가지고 살아가는 것은 아니라고 한다. 기질은 때와 상황에 따라 변화될 수

도 있고, 기질을 바꾸려고 노력하여 어느 정도 효과를 거두는 경우도 있다.

기질에 관하여 교사와 부모 등 양육자가 중요하게 고려할 것은 영유아의 기질에 대한 파악에 근거하여 적절히 반응함으로써 조화로운 상호작용을 하는 것이다. 이러한 세심하고 배려적인 상호작용은 영유아와의 긍정적인 관계 형성을 가능하게 하여 영유아가 비교적 스트레스를 덜 받고 성장하고 발달하는 데 도움이 된다.

1) 기질의 유형

기질을 알아보기 위하여 가장 많이 사용되는 방법은 토마스와 체스(Chess & Thomas, 1984; Thomas & Chess, 1977)에 의해서 개발된 방법이다. 이들은 부모와의 인터뷰를 통해 영유아의 기질에 영향을 미치는 9가지 요소를 제시하였다. 기질의 9가지 요소는 활동수준, 규칙성, 접근/회피, 산만성, 적응성, 주의 범위/지속성, 반응강도, 반응역치, 기분 등이다. 아이들은 이러한 각각의 특성에 대하

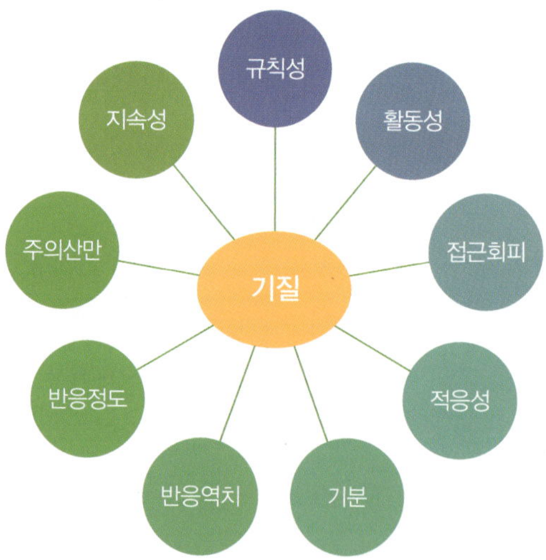

|그림 9-1| 기질의 구성요소

출처 : Thomas & Chess(1977).

여 높음, 낮음, 혹은 평균의 점수로 평가되며, 이러한 정보를 종합하여 순한 기질(an easy temperament), 느린 기질(a slow-to-warm temperament), 그리고 까다로운 기질(a difficult temperament) 등을 가진 아이라고 평정된다.

토마스와 체스의 기질의 구성요소에 근거하여 평정된 순한 기질, 느린 기질, 그리고 까다로운 기질을 가진 영아의 특성을 살펴보면 다음과 같다.

〈표 9-1〉 기질별 영아의 특성

순한 영아(약 40%)	반응이 느린 영아(약 5~15%)	까다로운 영아(약 10%)

• 우호적이고 행복하며 예측 가능함 • 수면, 식사, 배변(생리적 리듬)이 규칙적임 • 신생아 때부터 활발한 모습을 보임 • 혼자서 잘 놀고, 새로운 환경에 쉽게 적응함	• 새로운 환경에 적응하는 데 오랜 시간이 걸림 • 낯선 상황에서 위축되고 불안감을 보임 • 자극에 대해 활발한 반응이 없음 • 상대적으로 높은 민감성을 보이거나 낯을 많이 가림	• 식사, 수면, 배변 등 생리적 리듬이 불규칙한 • 조금만 불편해도 부정적인 감정을 강력하게 표현함 • 행동을 예측하기 어려움 • 새로운 환경 및 낯선 사람에 대한 적응이 쉽지 않음

(1) 영유아의 기질적 특성과 양육방식

순한 영아, 반응이 느린 영아, 그리고 까다로운 영아 등 영아의 기질적 특성과 이러한 기질에 적합한 조화로운 양육방식을 살펴보면 다음과 같다.

① 순한 기질(an easy temperament)

- 일반적으로 긍정적인 기분을 유지하고, 변화에 잘 적응함

- 먹고, 자고, 배설하는 데 일관성이 있어 예측이 가능함

☞ 영유아가 자신이 원하는 것을 선택할 기회를 주고 선택해 볼 수 있도록 격려한다. 너무 순응적이어서 경험의 기회를 놓치는 경우가 많기 때문에 자기주장과 자기결정을 해볼 수 있도록 하고 거절할 수 있는 방법도 알려줄 필요가 있다.

② 느린 기질(a slow-to-warm temperament)

- 느린 기질의 영유아는 새로운 경험을 하게 되었을 때 까다로운 기질의 영유아들보다는 좀 더 부드럽게, 그리고 순한 기질의 영유아들보다는 좀 더 강하게 반응하는 경향이 있음
- 식사, 수면, 배설 등에서도 순한 기질의 영유아들보다는 좀 덜 규칙적이지만 까다로운 기질의 영유아들에 비해서는 좀 더 규칙적인 패턴을 보임

☞ 새로운 환경이나 경험은 어느 정도의 넉넉한 시간을 주고 압박감을 느끼지 않도록 제공할 필요가 있다. 그리고 지속적으로 반복하여 제시해 줌으로써 새로운 경험에 천천히 적응하고 익숙해지도록 지원해야 한다.

③ 까다로운 기질(a difficult temperament)

- 부정적인 기분을 보일 때가 많고, 쉽게 좌절하며 변화에 느리게 적응함
- 식사, 수면, 그리고 배설이 불규칙한 패턴으로 이루어짐
- 쉬운 기질의 아이들보다 특정 상황에 대하여 보다 강렬하게 반응하는 경향이 있음

☞ 까다로운 기질을 가진 영유아를 위해서는 보다 규칙적이고 예측 가능한 환경을 마련해 줄 필요가 있다. 변화가 필요하면 점진적으로 제시하는 것이 까다로운 기질의 영유아가 적응하는 데 도움이 된다.

기질을 분류하는 대표적인 두 가지 방식

- Thomas & Chess(1977)의 3가지 기질 유형
  - ☑ 8가지 기질 특성을 바탕으로 2가지 기질 유형으로 나눔(순한/까다로운/더딘 기질)
  - ☑ 비교적 어린 영유아의 기질을 이해하는 데 유용함
- 기질 및 성격검사(TCI)의 4가지 기질 척도
  - ☑ TCI(The Temperament and Character Inventory) 검사의 4가지 기질 척도(자극추구/위험회피/사회적 민감성/인내력)
  - ☑ 만 36개월 이상~성인까지 기질을 이해하는 데 유용함

|그림 9-2| 기질 분류 방법

(2) 기질의 구성요소

기질의 구성요소를 신경생물학적 근거에 의해서 설명하고 있는 로스바르트(Rothbart, 1981)는 기질의 구성요소를 생물학적 차이에 근거한 반응성과 자기규제로 제시한다.

① 반응성

기질의 반응성은 자극에 대하여 얼마나 쉽고 강렬하게 반응하는가의 정도이며 긍정적 정서(외향성, extraversion)와 부정적 정서(negative emotion)를 모두 포함한다. 어떤 영유아는 자극을 받으면 매우 쉽고 적극적이고 강렬하게 반응하고, 어떤 유아는 거의 반응을 보이지 않는 것같이 보이거나 매우 천천히 느릿느릿 반응하고 그 강도가 아주 약하기도 하다.

② 자기규제

기질의 구성요소 중 자기규제는 어떤 자극에 대하여 반응을 증가시키거나 감소시키는 통제 능력을 의미한다. 기질은 경험의 영향을 받으며 시간의 흐름에 따라 변화하는데, 통제하려고 노력하는 기질적 특성인 자기규제가 기질의 반응

의 정도에 영향을 미친다. 기질의 자기규제는 두려움과 함께 양심의 발달과도 관련된다(Rothbart & Bates, 2008).

(3) 기질과 반응의 조화

영유아의 발달적 측면에서 기질에 관하여 가장 중요하게 고려해야 할 것은 영유아의 특성과 환경의 요구가 얼마나 서로 잘 맞느냐의 여부(the goodness of fit)이다. 기질은 영유아의 발달에 지속적으로 영향을 미치기 때문이다. 특히 영아의 기질은 어머니와의 애착 형성과 관련이 있어 보다 많은 관심이 필요하다. 영유아의 기질을 적절히 파악하고 그에 맞는 요구를 하는 경우 영아와 유아는 보다 안정적인 가운데 성장하고 발달할 수 있다.

예를 들면, 영아가 시끄러운 소리가 나거나 많은 사람들을 보면 두려워한다는 것을 알아챈 민감한 양육자는 이러한 상황에서 즉각적으로 벗어나거나 영아가 잘 쉬고 배고프지 않으며 편안할 때만 이러한 상황을 경험하게 함으로써 영아의 기질과 환경이 서로 맞도록 배려한다. 또한 어떠한 환경적 요구에 대해서도 거의 반응을 보이지 않는 것 같은 영유아의 특성을 파악한 양육자는 좀 더 오랜 시간 영유아의 반응을 기다린다거나 보다 강력한 자극을 주어 반응을 요구할 수도 있다.

2) 기질의 지속성

태어날 때 이미 형성되어 있는 기질은 이후 사람들의 삶에 지속적으로 영향을 미치는 정서적 반응의 기초가 된다. 물론 기질이 평생 동안 지속적으로 한 사람의 삶에 영향을 미친다는 이러한 주장이 논란이 되는 경우도 있다. 그러나 특히 영유아기에는 선천적으로 가지고 태어나는 것으로 기질을 이해하고, 영아의 기질을 억지로 바꾸려고 시도하기보다는 기질에 맞는 상호작용을 하는 것을 대체로 중요하게 여긴다. 기질을 영아의 성격과 같은 것으로 인정하고 부모나 교사가 영아의 기질에 따라 천천히 속도를 맞추며 편안한 상태에서 양육할 필요가 있다.

한편 나이가 들어가면서 많은 영유아들이 오랫동안 유사한 기질을 가지고 있었음에도 불구하고, 비록 극단적으로 다른 기질로 변화하는 것은 아니지만 어느 정도 변화된 기질을 갖게 되는 경우도 있다(Bornstein, Hahn, Putnick, & Neppl, Pearson, 2019). 기질이 변화하게 되는 한 가지 이유는 영유아가 자라고 있는 문화에서 가치 있게 여기는 어떤 특정 성격을 지속적으로 강조하기 때문으로 볼 수 있다. 조용히 순종하는 것을 바람직하게 여기는 문화적 특성을 기진 사회에서 성장하는 유아는 어떤 자극이나 경험에 대하여 강력하게 반응하기보다는 좀 더 공손하게 반응하는 것이 적절하다는 것을 배우게 된다. 그리고 이러한 과정을 통해 차츰 사회적으로 요구되는 기대에 부응하는 기질로 변화하게 된다.

생각해 보세요

기질은 변화할까요? 여러분들은 어린 시절에 다음의 기질적 특성 중 어떤 특성을 가지고 있었는지 생각해 보세요. 지금의 여러분의 기질과 일치하나요? 아니면 다른가요? 기질은 변화가 가능하다고 생각하나요?

- 외향성(extraversion)
  - 친구들과 놀이하며 자주 큰 소리로 웃는다. ( )
  - 친구들과 함께 놀이하기보다는 친구들의 놀이를 보는 것을 좋아한다. ( )
- 부정적 정서(negative emotion)
  - 원하는 것을 갖지 못할 때 분노발작(temper tantrum)을 일으킨다. ( )
  - 화가 나는 정서도 잘 가라앉힌다. ( )
- 자기규제(self-control)
  - 목소리를 낮추라는 요구를 받았을 때 작은 소리로 말한다. ( )
  - 생각하기 전에 행동하는 경우가 대부분이다. ( )

3) 기질과 사회적 관계

모든 영아는 기질을 가지고 태어난다. 자극에 대한 반응 강도, 자극에 주의를 기울이는 정도, 운동 활동 수준, 생리적 규칙성 및 정서적 자기조절에서 타고난 개인차인 기질은 주위의 사람들과 사회적 관계를 맺는 데 영향을 미친다. 영유아의 기질 차이는 부모나 교사가 반응하는 방식과 사회적 상호작용에 영향을 미친다(강선영 · 정지나, 2019). 양육자인 부모나 교사가 반응하기 어려운 까다로운 기질을 가지고 태어난 영유아는 양육자와 긍정적인 상호작용을 하는 데 어려움을 경험한다. 그러나 대부분의 양육자들이 어려워하는 기질, 예를 들면 너무 활동성이 높은 기질을 가진 영유아가 얌전하고 조용한 기질을 가진 영유아들보다 부모와 교사의 더 많은 관심을 끌고 결국 더 많은 상호작용을 경험하는 기회를 갖기도 한다. 예를 들면, 다음과 같은 상황에서 교사나 부모의 반응은 영아의 발달에 영향을 미친다.

생각해 보세요

다음과 같은 상황에서 여러분이 교사라면 어떻게 영아들과 상호작용 하시겠어요?

영아 1 : 낮잠에서 깨어도 울지 않고 그 자리에서 오랫동안 손과 발을 움직이며 놀이하는 민아는 천천히 움직이며 다른 영아들이 부산히 움직이고 울면서 잠에서 깨는 것을 지켜보고 있다.
영아 2 : 잠에서 깨자마자 큰 소리로 울며 안아달라고 두 손을 뻗치며 떼를 쓰는 민수는 바로 안아주지 않으면 자지러질 듯 계속해서 운다. 달래서 침대에서 내려주자마자 여기저기 기어 다니며 부산하게 이것저것 만지며 움직인다.

교사 : 교사는 민아가 잠에서 깬 것을 보고 다가가다 옆에서 보채며 울고 있는 민수를 보고 먼저 민수에게 가서 안아서 달래준다. 민수를 내려주자마자 여기저기 다니며 움직이는 것을 보고 혹시 다치지 않을까 계속 지켜보며 상호작용해 준다. 그러다가 조용히 혼자 놀이하는 민아에게는 민수만큼 관심을 보여주지 못하고 상호작용도 해주지 못했다는 것을 생각하니 미안한 마음이 들었다. 그래도 계속 부산히 움직이는 민수를 쫓아다니며 볼 수밖에 없어 어떻게 해야 할지 고민이 되었다.

이러한 상황에서 교사는 어떻게 영아들과 상호작용을 하는 것이 최선일까? 교사와 부모는 영아의 기질에 대하여 정확히 파악하고 가장 적절한 방법으로 상호작용할 수 있어야 한다. 함께하기 힘든 까다로운 기질의 영아라도 기질의 특성을 파악한 교사가 적절히 반응하고 기질에 맞는 환경을 마련해 준다면 행복하게 성장하고 발달할 수 있다. 그리고 이러한 경험은 이후 자라면서 세상에 적응하는 것을 돕는 힘이 될 것이다. 특히 순한 기질, 편안하고 항상 있는 듯 없는 듯 혼자서도 잘 놀아서 양육자의 즉각적인 관심과 반응을 받지 못하는 영아들에게도 충분한 관심을 가지고 필요한 교육적 자극과 적절한 반응을 주어야 한다. 순한 아이들도 교사와 부모의 따뜻한 관심과 민감한 반응을 필요로 하기 때문이다.

결국 서로 다른 기질을 가지고 있는 영유아와 상호작용할 때 영유아 각자의 개별적 기질의 차이를 인식하고 적절한 관심과 반응을 보이는 것이 중요하다. 영유아의 다양한 기질을 인정하고 가장 적절하게 반응함으로써 조화롭고 안정적인 관계를 형성하기 위해서 노력한다면 영유아와 양육자 간에 긍정적인 관계를 맺는 데 도움이 된다.

2 정 서

영유아는 아침에 일어나서 잠들 때까지 다양한 정서를 경험하며 생활한다. 좋아하는 놀이를 하면서 기뻐하고, 친구와 다툼이나 갈등이 있을 때 슬퍼하거나 화를 내기도 한다. 행복하게 책을 읽기도 하고, 즐겁게 깔깔 웃으며 편안한 감정을 나타내기도 한다. 영유아들이 경험하는 정서는 다양한 상황과 연계되어 주위 사람들과 상호작용하는 데 많은 영향을 미치게 된다. 이번 절에서는 영유아의 정서발달에 관하여 살펴보고자 한다.

1) 정서의 개념 및 중요성

정서(emotion)는 신체적 · 생리적 반응을 동반한 지속적인 감정으로 느낌(feeling)이라는 단어와 유사한 의미로 사용된다. 정서는 자극에 직면하면 발생하는 생리적 변화와 기쁨, 슬픔, 공포 등과 같이 마음에서 일어나는 여러 가지 감정이 눈에 보이게 나타나는 반응이다(김소양 외, 2018). 정서의 신체적인 측면과 표현적인 측면을 통해 사람들은 자신이 행복한지, 슬픈지, 화나는지, 두려운지를 인지적으로 판단할 수 있다. 이러한 신체적 감각, 표현적 반응, 인지적 해석의 요인이 결합하여 정서를 형성하게 된다. 정서는 지각하고 사고하고 행동하는 것의 원인이 된다(김춘경 외, 2016). 정서의 개념을 생물학적, 인지적, 기능적, 사회적 측면으로 정리해 보면 다음과 같다(정옥분 외, 2007).

- **생물학적 측면** : 정서는 자극적인 사건에 대한 신체의 변화를 의미한다고 보며 정서를 유발하는 뇌의 역할에 많은 관심을 기울이는 관점이다.
- **인지적 측면** : 정서는 전반적인 상황에 대한 평가, 행동 경향성, 심리적 반응 양상이나 주관적인 경험과 평가 이후에 연쇄적으로 일어나는 대처 과정이다.
- **기능적 측면** : 정서는 인간이 환경에 잘 순응할 수 있도록 행동을 준비시키는 내적 동기이다.
- **사회적 측면** : 정서는 환경과의 관계를 설정, 유지, 해체하려는 경향성이다.

정서는 인류가 환경에 적응하도록 돕는 도구적 역할을 한다(Berk, 2018). 정서는 특정한 상황에 대하여 각 개인이 어떻게 판단하는지를 보여준다. 사람들은 이러한 개인적 판단을 통해 다음 행동을 준비하고 다양한 환경에서 목표를 이루며 다른 사람과의 관계를 형성하게 된다. 예를 들어, 영유아가 가정이나 유아교육기관에서 행복한 정서를 많이 느낀다면 그 상황에 좀 더 오래 머물러 있으면서 좋은 경험을 하고 학습할 수 있다. 그러나 무섭거나 공포를 경험할 때는 어떻게든 그 상황에서 벗어나기 위해서 애를 쓰게 된다. 영아의 미소는 주 양육자에게 행복한 정서로 전달되어 양육자의 애정과 사랑을 끌어내고 오랫동안 곁에 머물게 하며 필요한 것을 공급받고 유대감을 형성하게 한다. 이렇게 영유아의 정서는 영유아가 있는 상황을 유지하거나 변경시키도록 함으로써 영유아의 성장과 발달을 돕는다. 정서의 중요성을 살펴보면 다음과 같다.

- 정서는 위험한 상황을 피할 수 있게 하고, 다른 사람들과 긍정적인 정서를 주고받는 등 자신에게 일어난 일을 해석하고 환경의 변화에 적응하도록 함으로써 영유아의 생존에 도움이 된다.
- 영유아는 어머니나 교사에게 자신이 느끼는 정서를 미소나 울음을 통해 표현하고, 주위 사람들이 표현하는 정서를 이해하는 과정을 통해 의사소통을 할 수 있다.
- 영유아가 부정적인 정서를 느낄 때는 인지적 기능이 저하되며, 긍정적이고 잘 조절된 정서는 더 활발한 인지활동을 가능하게 함으로써 인지적 기능의 발달에도 영향을 미친다.

2) 정서발달 이론

(1) 발생학적 관점

발생학적 관점은 다윈의 이론에서 시작되었다. 정서는 진화의 과정을 통해 얼굴 근육이 점차 분화되어 얼굴 표현으로 나타나는 것으로 얼굴 표현은 성숙에 의해 생물학적으로 정해진 순서에 따라 출현한다(Izard, 1991). 정서는 선천적인 것이며 영아의 성장 과정에서 이미 결정된 순서에 따라 나타나는 경향이 있다.

영아가 선천적으로 가지고 태어나는 정서는 흥미, 쾌, 불쾌, 혐오 등이며, 기쁨은 생후 1개월부터, 분노와 놀람은 3개월부터, 수줍음은 생후 6~8개월부터 출현한다.

(2) 생리적 관점

생리적 관점에서는 뇌의 기능과 관련하여 정서발달을 설명한다. 정서는 본능적이고 원초적인 감정을 일으키는 변연계와 관련된다. 편도, 해마, 시상과 시상하부로 구성된 변연계는 정서의 처리에 중요한 역할을 하며 특히 편도는 정서적 문제를 다루는 주요 부위로 대뇌피질이 정보를 분석하고 판단하기 전에 빠르게 정보를 받아서 쾌감이나 불쾌감을 유발한다. 해마는 정서와 관련된 행동을 조절하며, 전두엽은 정서를 유발하는 상황에서 반사적이고 습관적인 정서반응을 억제하고 사회적 상황을 고려하여 적절한 정서반응을 하도록 한다(이 영 외, 2015).

(3) 인지적 관점

인지적 관점에서는 인지발달의 결과로 영유아의 정서가 발달한다고 본다. 생후 8개월 정도의 영아는 대상 영속성과 인간관계를 이해하고, 상대방의 행동을 예측하며, 행동의 의도를 이해할 수 있게 되어 기쁨, 분노, 두려움 등을 경험할 수 있다. 가면을 쓴 낯선 사람이 다가오면 울음을 터뜨리는 영아가 어머니가 가면을 쓰고 다가올 때는 웃음을 보이는 것은 상황에 따라 어떤 정서를 표현해야 하는지를 인지적으로 평가하고 그에 따라 각기 다른 정서적 반응을 할 수 있다는 것을 의미한다(임지영 외, 2014).

(4) 학습이론적 관점

학습이론에서는 정서도 경험을 통해 발달한다고 본다. 영아는 양육과정에서 보상과 강화를 통해 정서를 경험하고, 정서표현을 학습한다. 그리고 사회와 문화의 영향을 받아 적절한 정서적 반응이 어떠해야 하는지를 모방하거나 알게 된다. 영아는 주 양육자인 어머니와 교사가 정서적 표현을 어떻게 하는지를 보고 적절한 정서적 반응이 무엇인지를 배운다. 어머니가 미소를 짓고 행복한 표정을 보이면 영아도 그 표정을 모방해서 비슷한 감정을 표현하고, 이러한 영아의 정서적 표현에 어머니가 미소로 반응하면 점차 이러한 정서표현이 강화된다.

3) 정서발달의 단계

영유아의 정서적 상태는 얼굴 표정과 생리적 반응 등을 통해 확인할 수 있다. 신생아 시기에는 기쁨과 고통의 정서를 주로 표현하다가 8~9개월 정도가 되면 기본정서(보편적 정서)를 경험하기 시작한다(Lewis, 2000). 정서발달은 태어나면서부터 시작되어 아동기 이후까지 지속된다. 성숙과 경험의 영향을 모두 받는 정서는 다양한 정서의 출현, 자기 정서의 인식, 타인 정서의 인식으로 발달하고, 그 이후 정서조절이 가능하게 되면 정서적 과업을 다룰 수 있을 정도로 발달한다.

(1) 초기 정서발달

영아는 태어난 후 첫해 동안 다양한 정서를 경험하게 된다. 생후 첫해를 지내면서 정서를 나타내기 시작한 영아는 차츰 더 다양하고 복잡한 정서를 표현하게 된다. 정서적 성숙도 다른 영역의 발달과 같이 예측할 수 있는 발달적 순서에 의해서 이루어진다(Copple & Bredekamp, 2009). 영아는 한 살이 되기 전에 기쁨, 분노, 슬픔, 그리고 두려움을 표출한다. 기본 정서인 기쁨, 분노, 슬픔, 두려움은 이후 분화된 정서로 발달한다. 기쁨은 놀람, 애정, 자긍심으로 분화되고, 분노는 좌절, 성가심, 질투, 격분, 혐오 정서의 기초가 되며 이러한 정서들의 조합으로 더 복잡한 반응이 나올 수도 있다. 발달 초기의 정서발달 특징을 이해한 교사와 부모가 영아의 정서표현에 민감하게 반응한다면 영아의 정서발달에 도움이 된다. 영아기를 중심으로 초기 정서발달의 특징을 살펴보면 다음과 같다.

〈표 9-2〉 초기 정서발달의 특징

월 령	정서발달의 특징	
2~3개월	사회적 미소 (social smiles)	• 영아에 대한 주 양육자(어머니, 아버지, 조부모, 교사 등)의 긍정적인 반응과 애정을 증진시키는 역할을 함
6~12개월	낯가림 (stranger wariness)	• 분리불안이 나타나므로 낯선 사람이 다가가면 시선을 돌리고 불안해하며 징징거림 • 높이에 대한 공포도 시작됨(시각벼랑 실험, Gibson & Walk, 1960)
18~24개월	이차정서 출현	• 자아에 대한 인식이 발달하면서 자아 의식적 정서(self-conscious emotion)인 자부심(성공감)이나 죄책감(실패감, 당혹감)과 같은 이차정서가 나타남

(2) 유아기 이후 정서발달

3세경이 되면 초기 단계의 감정이입이 나타나고 자신의 감정과 성인의 감정 간의 차이를 인식하는 등 타인과의 관계와 관련된 정서를 표출하기 시작한다. 이 연령의 유아는 자신의 행위에 대해 판단하기 시작하여 성공했을 때는 자긍심을, 실패했을 때는 수치심을 보이기도 한다(Harter, 2012). 유아기 이후 학령기에 접어들면 정서의 수와 다양성은 놀라울 정도로 증가한다. 유아기를 거쳐 발달하는 정서는 기본 정서, 상황적 맥락, 인지와 언어 능력의 상호작용 등의 요인에 의하여 보다 다양한 양상으로 나타난다. 여기에서는 영유아기 발달에 초점을 맞추어 주로 초기 정서발달을 살펴보고자 한다.

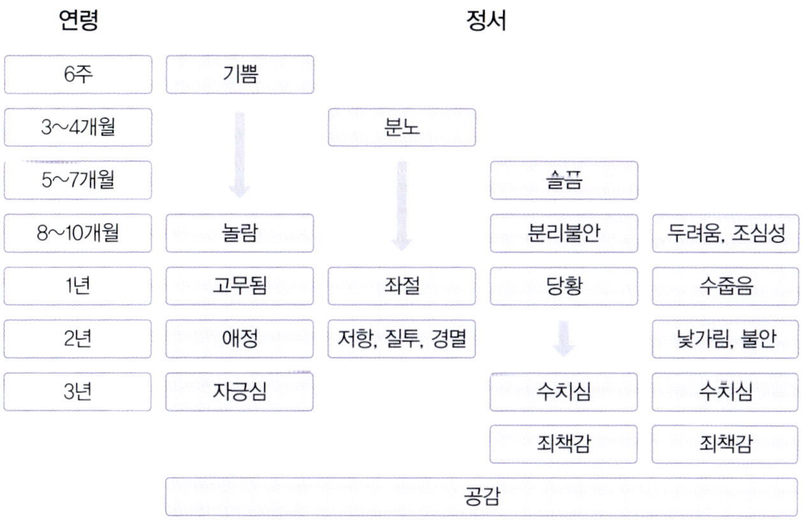

|그림 9-3| 영유아의 연령별 정서 출현의 단계

출처 : Kostelnik et al.(2018), p. 189.

(3) 일차정서와 이차정서

정서는 일차정서(primary emotion)와 이차정서(secondary emotion)로 구분할 수 있다. 생후 첫돌 즈음까지의 영아는 일차정서를 주로 표현하고, 그 이후 자아를 인식할 정도로 성장하게 되면 자부심, 수치심, 죄책감 등의 이차정서를 표출한다(Lewis, 2000). 당혹감, 죄책감, 수치심 등의 정서는 3세경부터 나타나기 시작하고 유아가 한 사회의 규준, 규칙, 목적 등을 이해하게 되면서 지속적으로 발달한다(Kostelnik et al., 2018). 자신의 행동에 대하여 죄책감을 느끼게 되는 경우 그 상황을 보다 나은 상황으로 바꾸기 위해 노력할 수 있게 된다. 자신의 행동이 잘못됐다고 느끼는 유아는 다음에는 이런 행동을 하지 않으려고 노력할 수 있고 이러한 자의식 정서는 자라면서 도덕성 발달과 관련된다.

영유아는 자신의 의사를 다양한 감정으로 표현한다. 여러 종류의 정서는 동시에 발달하지 않으며 정서의 종류마다 발달의 시기는 차이가 있다. 정서가 나타나는 시기에 따라 일차정서와 이차정서로 구별하여 살펴보면 다음과 같다(곽금주, 2016).

① 일차정서

일차정서(기본정서)는 모든 사람들에게 보편적으로 출현하는 선천적인 것으로 생의 초기에 발달하기 시작한다. 사람들의 얼굴 표정만 보고도 정서상태를 쉽게 알 수 있으며 세계 모든 문화권의 영아에게서 볼 수 있다(Izard, 1991). 기쁨, 슬픔, 혐오, 분노, 공포 등이 일차정서에 포함된다(Lewis, 2000).

〈표 9-3〉 일차정서의 발달

일차정서(기본정서)		정서발달의 내용
기쁨		• 영아는 생후 3개월 정도가 되면 미소나 웃음 등으로 기쁨을 표현하기 시작함 • 건강한 영아일수록 기쁨의 표현이 명확하고 빈번하게 나타남
슬픔		• 영아는 생후 3개월 정도에 기쁨과 함께 슬픔도 표현하게 됨 • 주로 긍정적인 자극이 사라졌을 때 나타남 • 배가 고플 때 양육자가 옆에 없으면 울음을 통해 슬픔을 표현함
혐오		• 주로 무엇을 먹거나 마실 때 나타나는 정서로 맛이 없는 음식을 먹었을 때 그 음식을 뱉으면서 혐오감을 표현함 • 생후 3개월 정도에 나타나기 시작함

분노		• 자신이 원하는 바를 쉽게 만족시키는 방법으로 주로 무언가에 불만이 있을 때 표출함 • 배고픔이나 고통의 자극으로 인한 불쾌한 경험을 할 때, 자신이 가지고 있는 것을 빼앗길 때, 자신이 하고 싶은 것을 제지당할 때 욕구의 좌절 때문에 분노가 일어남 • 생후 4~6개월 정도가 되면 나타나기 시작함
공포		• 신체적, 심리적 위험에 대한 반응으로 나타남 • 인지적 발달과 관련이 있으므로 다른 일차정서에 비해 상대적으로 늦은 생후 7~8개월경에 나타나기 시작함 • 과거의 경험과 직결된 것이 많아 자신이 겪어본 상황과 처음 겪어보는 상황을 비교하면서 새로운 상황이나 사람에게 공포를 느낌

② 이차정서

이차정서는 일차정서보다 늦게 나타나고 한 가지 이상의 정서를 통합할 줄 아는 보다 복잡한 인지 능력이 발달하면서 표출된다(Lewis et al., 1992). 18개월 이후에는 당혹감, 질투, 수치심, 자부심, 죄책감 등의 이차정서가 나타난다. 이차정서는 마음이론(theory of mind)이나 상위 인지(metacognition) 등의 고차적인 인지 능력이 발달해야 표출되는 정서이다(곽금주, 2016). 이차정서는 자신에 대한 인식뿐만 아니라 규준과 기준을 이해하며 자신의 행동에 대한 평가를 할 수 있을 때 표현되는 것으로, 주로 다른 사람들과의 관계에서 느끼는 정서이다. 예를 들면, 영아는 해서는 안 된다고 생각하는 일을 했을 때 죄책감을 느끼고, 어려운 일을 했을 때 자랑스러움을 느끼는데 이러한 정서가 이차정서이다.

〈표 9-4〉 이차정서의 발달

이차정서		정서발달의 내용
당혹감		• 자아 인식이 생기면서 생후 18개월경 당혹감을 표현하기 시작함 • 많은 사람들 앞에서 주목을 받거나 지나친 관심을 받을 경우 당혹감을 느낌
질투		• 양육자가 자신보다 다른 아이에게 관심을 보일 때 질투를 표현함 • 동생을 본 영아의 경우 질투의 감정을 더 심하게 표현함. 생후 18~24개월 사이에 나타나는 것으로 알려졌으나 6개월 정도 되는 영아도 질투의 정서를 나타낼 수 있음
수치심		• 만 2세 말경에 수치심을 나타내기 시작함 • 실패를 경험하거나 외부의 기준에 따라 자신의 잘못을 다른 사람에게 들켜 그들의 시선을 의식한 상황에서 나타남 • 고개를 떨구고 시선을 아래로 향하며 얼굴을 붉히고 외면하는 등의 행동으로 수치심을 표현함
자부심		• 수치심과 비슷한 시기에 나타남 • 과제 수행 후 자랑스러움을 표현하거나 양육자를 향해 미소 짓는 등의 표현을 함
죄책감		• 대략 3~5세 정도가 되면 잘못을 저지르고 죄책감을 느끼게 됨 • 죄책감은 유아 자신이 무엇 때문에 실패했는지, 어떻게 행동했어야 하는지 등을 생각하도록 함으로써 훗날 유아가 잘못된 행동을 하지 않도록 함 • 죄책감은 자신의 내적 기준을 위반했다는 강렬한 감각의 정서적 반응으로 자신의 잘못된 행동으로 인해 타인에게 해로운 영향을 주었고 그들의 해로운 행위를 보상하고자 시도할 때 나타남 • 죄책감은 자신의 과오를 반성하고 보상하도록 하는 역할을 함

4) 정서와 발달의 관계

정서는 영유아의 인지발달, 사회성 발달, 그리고 전반적인 건강과 많은 관련이 있다(Berk, 2013). 정서와 다양한 영역의 발달과의 관련성을 살펴보면 다음과 같다.

(1) 정서와 인지발달

- 정서와 인지발달은 통합적이고 상호보완적이며 양방향적으로 연관이 되어 있다.
- 정서는 두뇌의 정보 흐름과 인지과정에 영향을 미치며 인지교육의 효율성을 좌우한다.
- 행복감, 안정감, 흥미 등의 긍정적 정서는 동기유발과 학업 성취력을 향상시키고, 주의집중, 기억력, 문제해결력에도 긍정적인 영향을 미친다.
- 강한 정서는 기억력에도 영향을 미친다.

|그림 9-4| 긍정적 정서와 인지발달

(2) 정서와 사회성 발달

- 정서는 다른 사람들과의 상호작용 과정과 관련이 있어 사회적 행동을 조절하도록 한다.
- 신생아와 영아의 미소와 울음 등의 정서적 신호는 부모나 교사 등 주 양육자의 행동에 영향을 미치고 특정 반응을 유발한다.
- 정서를 잘 이해하는 유아는 또래집단에 수용되고 또래들과 긍정적인 관계를 형성하며 사회적으로 유능하다는 평가를 받는다.

- 웃음이나 친절한 표정 짓기 등의 긍정적인 정서를 통한 의사소통은 가족이나 또래, 교사 등 다른 사람들과 좋은 관계를 형성하고 유지하는 데 도움이 된다.
- 부모나 교사 등 주 양육자의 정서적 반응은 유아의 정서를 조절하는 데 영향을 미친다.

|그림 9-5| 긍정적 정서와 사회성 발달

(3) 정서와 건강발달

- 행복, 기쁨, 즐거움 등의 긍정적 정서는 영유아가 좋은 건강상태를 유지하는 데 도움이 되고, 불안이나 우울, 스트레스 등은 좋은 건강상태의 유지에 부정적인 영향을 미친다.
- 정서는 환경에 잘 적응하도록 하여 생존에 기여한다. 긍정적인 정서상태를 유지할 때 자신과 다른 사람의 정서를 잘 이해하고 정서를 조절하는 데도 도움이 되며 회복탄력성도 높은 경향이 있다.
- 주 양육자와의 관계에서 사랑을 받으며 성장한 유아의 뇌와 학대받으며 성장한 유아의 뇌는 차이가 있다.

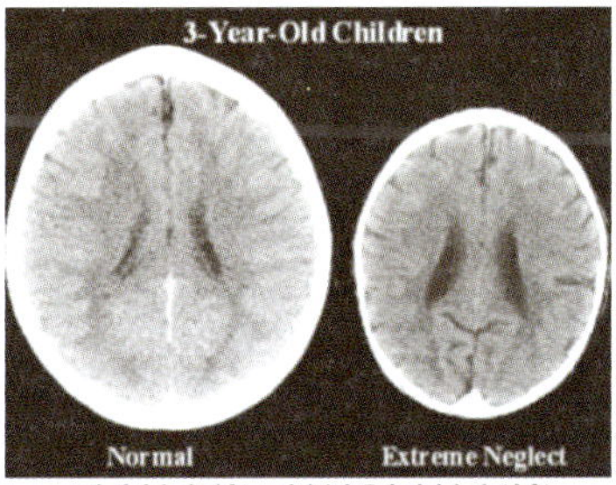

3살 아이의 뇌(좌측) - 사랑받지 못한 아이의 뇌 (우측)

|그림 9-6| 사랑받은 유아의 뇌와 학대받은 유아의 뇌

5) 정서지능(Emotional Intelligence)

정서와 사고를 통합하는 개념으로 살로베이와 메이어(Salovey & Mayer, 1990)에 의하여 처음 등장한 개념이다. 정서지능은 정서에 대한 정보를 이성적으로 처리하는 능력을 의미하며 미래사회에서 살아가는 데 필수적인 요인으로 인식되고 있다. 정서지능은 정서의 인식과 표현, 정서에 의한 사고 촉진, 정서에 관한 지식 이해, 정서의 반영적 조절로 구성된다(Mayer, Salovey, & Caruso, 2004). 정서지능의 발달에 관하여 정서 인식 및 표현, 정서이해(공감), 정서조절 등으로 살펴보면 다음과 같다.

(1) 정서 인식 및 표현

영유아가 자신의 정서를 인식하고 정의하는 정서인식 능력은 정서지능의 가장 기초적인 요소로 정서조절의 출발점이라고 볼 수 있다. 정서인식과 표현은 자신과 타인의 얼굴 표정과 신체적 변화, 사고과정 등에 주의를 집중해서 정서를 구별하고, 자신이 인식한 정서를 솔직하게 표현하며 어떤 정서인지 인식할 수 있음을 의미한다. 정서 인식 및 표현 능력은 친사회적 행동과 정서조망수용 능력에도 영향을 미쳐서 긍정적인 대인관계 형성에 도움이 된다.

영유아 시기는 자기 정서 이해가 극적으로 변화할 수 있는 시기이다. 영유아 시기에는 대체로 한 번에 한 가지 정서만 표현하지만 이러한 정서가 곧바로 다른 정서로 변화하는 경우도 많다. 예를 들면, 분노의 정서를 표현하며 떼를 쓰던 영아가 바로 다른 놀잇감을 보고 눈물을 그치고 웃고 놀이하기도 한다. 이러한 단순한 정서 인식에서 시작하여 점차 자라면서 비슷한 감정을 한 번에 느끼는 것이 가능해지게 되고(예 즐겁고 행복함), 이후 혼합된 감정을 인식하고 표현할 수 있게 된다(예 무섭지만 자랑스러움).

영유아는 분명한 신체적 단서를 통해 타인의 정서를 인식하다가 점차 다양한 상황적 요인을 고려하면서 다른 사람들이 어떤 정서적 상태에 있는지를 인식할 수 있게 된다. 3세 이전의 영아들은 타인의 정서에 반응하지만 정서에 대한 경험이 부족하고 어휘가 제한되어 있어 타인의 정서를 정확하게 해석하지는 못한다. 이후 유아기에 접어들면서 타인의 긍정적 정서와 부정적 정서를 점점 더 정확하게 알게 된다. 이 시기에는 상황적 맥락에 근거하여 정서를 인식하기보다는 주로 다른 사람들의 얼굴 표정과 목소리의 높낮이 등 표현적 단서에 의존하여 정서를 인식한다(Berk, 2006; Harris, 2008). 이후 아동기가 되면 신체적 · 상황적 · 시간적 정보를 종합하여 다른 사람들의 정서를 이해하고 해석할 수 있게 된다(Kostelnik et al., 2018).

(2) 정서이해(공감)

정서이해 능력은 영유아가 다양한 정서의 원인과 결과를 이해하고, 복합적인 정서나 감정의 추이에 대하여 해석할 수 있는 능력이다. 타인의 마음과 감정을 자신의 것처럼 느끼는 능력인 정서이해 능력, 혹은 공감 능력은 감정이입이 가능함을 의미한다. 감정이입이 가능한 유아는 상대방의 입장이 되어서 상대방의 감정을 자신 안에서 일으킬 수 있다. 정서이해 능력, 즉 공감 능력은 이타적인 행동의 기본이 되는 조건으로 더불어 살아가는 세상에서 반드시 갖추어야 할 중요한 능력이다.

즐거움, 고통 등 다른 사람의 정서를 경험하는 것은 사람들이 상호작용하는 데 근간이 되는 공감 능력 향상에 도움이 된다. 아주 어린 영아도 또래들과 지내면서 공감을 할 수 있다고 한다. 어린이집 영아반 교실에서 한 영아가 울면 그 반의 다른 영아들도 따라서 울기 시작하는 것을 보게 되는데, 이는 영아들이 또래의 슬픔에 공감을 하고 있음을 보여주는 것이다. 영아들이 다른 사람의 스트레스를 느끼기 시작하면 어려운 감정을 경험하는 사람들을 도와주거나 위로하면서 공감 능력을 발달시킬 수 있게 되고 이는 자라면서 다른 사람들과 상호작용을 하는 데 필요한 능력이 된다.

부모나 교사가 영유아와 정서에 관하여 자주 이야기를 나누는 것은 영유아의 정서적 능력 향상에 도움이 된다. 정서 어휘와 정서적 상태에 대하여 양육자와 자주 상호작용한 경험이 있는 영유아는 정서적으로 어렵거나 힘든 상황에 있는 사람들의 상황에 공감하고 위로하며, 도움이 필요한 사람들에게 좀 더 빨리, 그리고 적절한 도움을 줄 수 있다. 어린 시절에 정서적 능력을 향상시킬 기회가 많으면 성장하면서 높은 수준의 공감 능력을 발휘할 수 있다(Murphy, Laible, Augustine, & Robeson, 2015). 특히 부모와의 안정적인 애착 형성은 영유아의 정서적 발달에 긍정적인 영향을 미치는 것으로 알려져 있다.

(3) 정서조절

정서조절은 자신과 타인의 감정과 기분을 효과적으로 조절하는 능력이다. 정서조절 능력이 있는 영유아는 정서의 유용성과 실용성을 효과적으로 반영하여 특정 정서를 지속시키거나 중단시킬 수 있다. 정서조절 능력은 기본적으로 정서에 대한 이해와 표현 능력을 바탕으로 하며 정서조절을 상황에 맞게 효과적으로 할 수 있는지를 인식하는 인지 능력을 바탕으로 발달한다.

정서조절 능력은 영아가 자신의 정서를 이해하기 시작하는 6개월 정도에 나타나기 시작한다. 영아는 스트레스를 받는 상황이나 당황스러운 상황에서 좌절감을 느낄 때 시선을 다른 곳으로 돌려서 회피하거나 딴짓을 하는 등의 정서조절 전략을 사용한다. 영아의 정서조절 능력은 자율성이 증가하는 만 2세경에 급속도로 발달한다. 이 시기의 영아는 자신이 느끼는 스트레스의 근원을 이해하고 스트레스의 주된 요인을 변경하거나 제거하려는 과정에서 정서를 조절한다.

영아의 정서조절 능력은 선천적 기질과 성별의 영향을 받으며 발달하고, 애착 안정성 형성의 여부와도 관련이 있다. 신체 움직임이 많은 영아, 새로운 자극을 회피하는 정도가 낮은 영아, 그리고 분노와 두려움 등 부정적 정서의 강도가 낮은 영아들이 대체로 정서조절 능력이 높은 것으로 알려져 있다. 어린 시기에 정서를 조절하는 방법을 배우지 못하고 어른이 되면 높은 수준의 분노, 좌절, 우울을 경험하거나 자신과 타인에 대한 파괴적 행동을 하고, 부적절한 양육행동을 하게 되며, 중독에 빠질 가능성과 범죄를 저지를 가능성이 높다고 한다(Garnarino, 2006; Goleman, 1995). 정서조절 능력은 감정의 뇌를 조절하는 가장 중요한 부위인 전두엽 발달과 함께 이루어진다. 따라서 전두엽이 발달하는 영아 시기에 충분한 정서적 교감을 통해 사랑받고 있음을 느끼도록 하고, 이를 기반으로 정서적 표현과 정서조절 능력을 발달시키도록 지원할 필요가 있다.

정서지능이 높은 사람은 다양한 상황에서 자신과 타인의 정서를 바르게 인식하고 적절하게 표현하며 정서를 조절하여 효과적으로 반응할 수 있다. 이들은 다른 사람들과의 관계를 성공적으로 형성할 수 있고, 긍정적인 대인관계를 바탕으로 사회적 목표를 성취할 가능성이 높다. 정서지능이 높은 영유아의 특성은 다음과 같다(김수영 · 정정희, 2003; 유경숙, 2009).

- 다양한 상황에 잘 적응하고, 사고와 감정, 행동을 융통성 있게 조절할 수 있다.
- 또래와 좋은 관계를 잘 형성할 수 있는 능력이 있고 대체로 인기가 높은 편이다.
- 미래사회를 살아가는 데 요구되는 적응력과 대인관계 기술, 문제해결 능력 등 높은 사회적 능력을 갖추고 있다.

6) 정서발달 지원하기

영유아는 태어나서 자라면서 사회에서 만나는 다른 사람들로부터 정서에 관하여 배우며 성장한다. 영유아는 다른 사람들의 정서에 대한 반응을 보면서, 그리고 다른 사람들의 정서적 경험에 공감하면서 정서에 관하여 학습한다. 자신의 다양한 정서를 표현하고, 자신의 정서와 타인의 정서를 인식하고, 자신의 정서를 조절하며, 정서적 과업을 다룰 수 있어야 사회적으로 유능한 영유아라고 할 수 있다. 정서발달이 적절히 이루어진 사회적으로 유능한 영유아들은 명확한 자아감을 발달시키고, 죄책감과 수치심 등의 정서를 경험하면서 높은 도덕성을 가진 사람으로 성장할 수 있다.

특히 영유아 시기는 정서발달에 결정적으로 중요한 시기이다. 영유아는 특정 상황에서 어떻게 반응해야 적절한지를 확신할 수 없을 때 그 맥락에 대한 다른 사람들의 해석, 즉 다른 사람들이 어떻게 반응하는지를 참조(사회적 참조, social reference)하여 상황에 대한 정보를 얻고 적절한 정서적 대처를 할 수 있게 된다. 첫돌 정도가 된 영아는 익숙하지 않은 상황을 만났을 때 어머니나 교사가 어떻게 반응하는지를 보려고 한다(Thomson, 2012). 어머니나 교사가 미소를 짓고 있다면 영아도 긍정적으로 반응하게 되고, 만약 찌푸린 표정을 짓는다면 영아도 스트레스 반응을 보이게 된다.

이렇게 영유아는 자신을 돌봐주는 주 양육자의 행동을 참조하여 어떤 행동을 지속하기도 하고 멈추기도 하면서 정서적으로 적절히 반응하는 것을 학습한다. 즉, 아주 어린 영아들도 사회적 상황에서 만나는 사람들의 정서적 표현을 읽고, 그들의 정서적 반응을 참조하여 행동하면서 정서적으로 발달한다. 따라서 이 시기 영유아들과 상호작용하는 어머니나 교사 등 주 양육자는 영유아의 정서발달에 많은 영향을 미치는 중요한 존재라고 할 수 있다.

영유아교사는 영유아의 정서발달 과정에 대하여 이해하고 민감하게 반응하면서 영유아의 정서발달을 지원해야 한다. 교사는 영유아의 정서를 수용하고 존중하며, 특정 상황에 맞게 적절한 방법으로 정서를 조절하는 모습을 보임으로써 영유아의 정서발달을 효과적으로 지원할 수 있다. 영유아의 정서발달을 돕기 위한 기본적인 지원 방안을 알아보면 다음과 같다(Kostelnik et al., 2018).

(1) 정서적 반영 사용하기

교사는 영아의 정서에 반응하기 전에 영유아를 주의 깊게 관찰하고 영유아가 표현하는 여러 가지 정서에 민감하게 반응해야 한다. 영유아가 경험하는 정서를 비판하지 않아야 하며 파악한 정서를 간략하고 객관적으로 영유아에게 전달하는 것이 좋다. 다양한 감정 단어를 사용하고, 영유아의 정서를 받아들일 수 없더라도 이해하고자 노력해야 한다. 혹시 부적절한 반응을 한 것을 알게 되면 정직하게 수정하고 영유아의 정서가 분명히 파악될 때까지 기다릴 수 있어야 한다.

(2) 정서 이해 및 정서에 관한 의사소통 기술 향상시키기

정서에 관하여 다루고 있는 이야기, 책, 노래를 활용하고, 교사 자신의 감정을 솔직하게 표현하는 모습을 보여준다. 영유아가 또래 친구들이나 주위 사람들에게 언제 자신의 정서를 이야기하는 것이 바람직한지를 알 수 있도록 격려한다. 타인들의 행동을 보고 그들의 정서를 이해할 수 있도록 돕고, 타인의 정서를 유발하는 상황적 요인을 살펴보도록 한다. 영유아들이 혼합된 정서를 가질 수 있음을 알려주고 이해할 수 있도록 상호작용한다.

(3) 강렬한 정서에 대처하도록 도와주기

영유아가 강렬한 정서를 가질 수 있음을 알려주고 인정해 준다. 슬퍼하거나 두려워하는 영유아는 위로해 주고 강렬한 정서를 조절할 수 있도록 도와준다. 영유아가 강렬한 정서를 경험하게 되는 경우 적절한 정서조절 전략을 알려주고, 특히 기쁨, 행복감, 유머 등을 표현할 기회를 많이 주는 것이 강렬한 정서에 대처하는 데 도움이 된다.

교사는 영유아의 정서발달을 지원할 때 특정 정서를 표현했다고 비난하지 않도록 조심해야 한다. 또한 원하지 않을 때 정서를 말하도록 강요하지 않아야 한다. 영유아의 정서발달을 지원하기 위해서 가능하면 다양한 감정 단어를 알려주는 것이 도움이 되므로 적절한 활동이나 놀이의 상황에서 감정 단어를 적절히 사용한다.

토론해 보세요

Docuprime_퍼펙트 베이비 2부 – 감정조절 능력_#001
YouTube · EBSDocumentary (EBS 다큐)

Docuprime_퍼펙트 베이비 2부 – 감정조절 능력_#002
YouTube · EBSDocumentary (EBS 다큐)

Docuprime_퍼펙트 베이비 2부 – 감정조절 능력_#003
YouTube · EBSDocumentary (EBS 다큐)

Docuprime_퍼펙트 베이비 2부 – 감정조절 능력_#005
YouTube · EBSDocumentary (EBS 다큐)

■ 정서지능 체크리스트

	문항 내용	그렇다	그렇지 않다
1	속이 탈 때도 평정심을 유지하는가?		
2	과거의 실수에 대해 죄책감을 느끼거나 극도로 불편한가?		
3	결심만 하면 누구나 사랑하고 존중할 수 있는가?		
4	미래에 대해 과도하게 걱정하는가?		
5	다른 사람에 대해 참고 인내하는가?		
6	시샘이 많은가?		
7	자신의 모습에 만족하는가?		
8	화내고 짜증내는 편인가?		
9	다른 사람과 좋은 관계를 맺는가?		
10	스스로 너무 많이 비난하는가?		
11	대인관계 문제에 대해 좋은 해결책을 생각해 내는가?		
12	슬프고 낙담하는 편인가?		
13	다른 사람의 진정한 의도를 쉽게 알아차리는가?		
14	자기에 대해 수치심을 자주 경험하는가?		
15	감동받거나 낙담될 때 그 이유를 꼭 집어 말할 수 있는가?		
16	자신의 느낌과 감정을 말하기가 매우 어려운가?		
17	감동받거나 낙담될 때 어떻게 극복해야 하는지 아는가?		
18	스트레스는 결코 끝나지 않는다는 생각을 가지고 있는가?		
19	인정과 칭찬의 말을 그 당사자에게 건네는가?		
20	일이 잘못되면 가혹하게 자책하는가?		
	총 점		

홀수문항은 '그렇다'에 2점, 짝수문항은 '그렇지 않다'에 2점을 주어 채점하고 합산해 보세요.

- 0~15점 : 정서지능이 낮은 편이라고 볼 수 있습니다. 어떻게 하면 정서지능을 높일 수 있을지 생각해 보세요.
- 16~30점 : 정서지능이 평균 범위에 속해 있다고 할 수 있습니다. 문항의 내용을 살펴보면서 정서지능을 좀 더 향상시킬 수 있는 방법을 생각해 보면 좋을 것 같습니다.

출처 : EBS부모제작팀(2013). EBS 부모 아이발달. 경향미디어, pp. 217-218.

■ 배운 내용을 확인해 보세요

1. 교사와 부모 등 양육자는 영유아기 초기의 강렬한 정서 표현에 대처하는 것을 어려워합니다. 특히 언어발달이 충분히 이루어지지 않은 영아는 자신이 원하는 대로 일이 진행되지 않고, 바람직한 방법으로는 자신의 분노를 표현할 수 없을 때 폭발적 떼쓰기(temper tantrums)로 분노를 표현하는 경우가 많습니다. 일반적으로 영아들의 폭발적 떼쓰기는 영아들이 성장하면서 언어로 자신의 감정을 표현할 수 있게 되면 점점 줄어들게 됩니다.

1) 영아의 분노의 원인과 대학생의 분노의 원인을 적어보세요. 영아와 대학생이 분노를 표현하는 방법을 비교해 보면서 영아의 정서표현의 어려움을 생각해 보세요.

분노의 원인(Cause of Anger)	
영아의 분노의 원인	**대학생의 분노의 원인**

분노의 표현(Expressions of Anger)	
영아의 분노의 표현	**대학생의 분노의 표현**

2) 영아와 대학생의 분노는 어떤 점에서 다른가요?

3) 영아와 대학생의 분노는 어떤 점에서 유사한가요?

2. 다음의 상황에서 교사로서 영유아의 정서발달을 지원할 수 있는 방법을 생각해 보세요.

- 어린이집에 다니는 3세 서윤이는 작은 일에도 자주 울어서 친구들이 '울보'라고 놀린다. 영아를 놀리는 다른 아이들은 혹시 실수를 하거나 속상한 일이 있어도 서윤이처럼 '울보'가 되지 않으려고 울음을 꾹꾹 참고, 슬프지 않다고 말하기도 한다.

- 서윤이와 같은 반에 다니는 규민이는 오늘 부모님이 오후에 시간을 내서 오랜만에 놀이공원을 가기로 했다고 아침부터 큰 소리로 자랑하며 들떠 있었는데, 부모님이 급한 일이 생겨서 갈 수 없게 되었다는 연락을 받았다. 갑자기 얼굴색이 어두워지고 말수가 줄어든 규민이를 보고 친구들이 "규민아, 너 왜 그래?"라고 물어도 대답이 없다. "너, 울어?" 다른 친구가 물어보자 "아니야, 나 슬픈 거 아니야, 안 울어~" 규민이는 떨리는 목소리로 말했다.

1) 유아들은 어떤 정서를 경험하고 있나요? 유아들이 경험하는 정서를 적어보세요.

서윤

규민

2) 유아들의 정서에 교사로서 어떻게 반응해 줄 수 있을까요?

서윤

규민

참고문헌

강선영 · 정지나(2019). 영아의 기질, 부모-영아 애착, 교사의 민감성이 영아의 어린이집 적응에 미치는 영향. **한국생활과학학회지**, 28(5), 463-475.

강순희 · 김연진 · 김이영 · 김재현 · 김중기 · 김현실 · 배경란 · 시옥진 · 이용환 · 장지현(2022). **영유아발달**. 경기 : 수양재.

고영실 · 박용한(2020). 아버지의 양육참여도, 어머니의 일 · 가정 양립과 유아의 성역할 고정관념의 관계. **열린부모교육연구**, 12(2), 1-18.

곽금주(2016). **발달심리학**. 서울 : 학지사.

곽금주 · 김연수(2014). **영아발달**. 서울 : 학지사.

교육인적자원부(2004). 유아를 위한 양성평등 교육활동 지도자료. 서울 : 교육인적자원부.

국립국어원(2020). 표준국어대사전.

김경화(2020). 학령전환기 아동의 사회적 유능감이 행복감에 미치는 영향 : 학교적응의 매개효과 중심으로. **교육문화연구**, 26(4), 711-730.

김경희(1999). **발달심리학**. 서울 : 학문사.

김상림 · 김송이 · 양성은 · 이윤선 · 한준아 · 김지현(2014). **유아발달**. 경기 : 양서원.

김소양 · 장현주 · 송미선(2018). **영유아발달**. 경기 : 지식공동체.

김수영 · 정정희(2001). 유아의 또래수용도, 정서지능, 적응행동간의 관계. **한국영유아보육학**, 26, 239-257.

김시업(1988). **결혼과 가정**. 서울 : 학지사.

김양은 · 조복희(2002). 영아기 자아인식에 관한 연구. **아동학회지**, 23(2), 17-30.

김이영 · 오성숙 · 이시진 · 이우언 · 이은미 · 채혜선(2016). **영아발달**. 경기 : 양성원.

김정원 · 남 규 · 최성진 · 최소린(2021). **유아사회교육**. 서울 : 창지사.

김정원 · 이문정 · 이연규(2020). **영유아 언어교육**. 서울 : 창지사.

김정원 · 최성진(2022). **모두가 행복한 세상 만들기 : 그림책으로 하는 영유아 양성평등교육**. 경기 : 공동체.

김창규(2000). **뇌태교 혁명**. 서울 : 도서출판 연이.

김춘경 · 이수연 · 이윤주 · 정종진 · 최웅용(2016). **상담학 사전**. 서울 : 학지사.

김현지(2014). 유아의 또래유능성이 어린이집 적응에 미치는 영향 : 정서조절능력 및 갈등해결능력의 매개효과 검증. **복지상담교육연구**, 3(20), 39-54.

대한산부인과학회(2012). **산부인과학 지침과 개요**(제3판). 서울 : 군자출판사.

문미옥 · 이혜상 · 민행난 · 한수정 · 한선아(2001). **예비부모교육**. 경기 : 양서원.

문혁준 · 김경은 · 서소정 · 성미영 · 안선희 · 임정하 · 하지영 · 황혜정(2023). **영유아발달**. 서울 : 창지사.

박영아(2010). **아동발달**. 서울 : 창지사.

______(2013). 유아의 사회적 자아개념과 교사-유아 관계가 어린이집 적응에 미치는 영향에서의 성별 차이. **한국영유아보육학, 76**, 1-24.

박은혜 · 조혜선 · 이성희 · 황보영(2021). **현장중심 영유아 안전교육**. 서울 : 파란마음.

배소영(1995). **한국 아동의 언어발달 : 진단의 일차적 자료**. 서울 : 한학문화.

사주당 · 최희석(2020). 서울 : 이담북스.

서울대학교 교육연구소(1995). **교육학 용어사전**. 서울 : 하우동설.

____________________(2011). **교육학 용어사전**. 서울 : 하우동설.

손은아 · 박성애 · 김윤순 · 임옥순 · 정숙희 · 이순용(2022). **영유아발달론**. 경기 : 도서출판 범한.

송명자(1995). **발달심리학**. 서울 : 학지사.

심성경 · 송화진 · 변길희 · 김나림 · 박주희(2013). **영아발달**. 경기 : 공동체.

유경숙(2009). 유아의 정서지능과 유아교육기관적응과의 관계 : 교사-유아 관계, 또래관계 및 일과적응을 중심으로. **아동교육, 18**(4), 35-45.

이기숙(2015). **적기교육**. 서울 : 글담출판.

이기숙 · 김정원 · 이현숙 · 전선옥(2019). **영유아교육과정**. 경기 : 공동체.

이보은 · 홍윤철 · 박혜숙 · 이종태 · 김정연 · 김영주 · 김상훈 · 강종구 · 김조우 · 하은희(2003). 임산부 간접흡연과 저체중아 및 조산아 출생에 관한 코호트 연구. **예방의학회지, 36**(2), 117-124.

이소정(2023). 성인애착, 준사회적 관계 및 유튜브 과의존의 관계. 대구대학교 대학원 석사학위논문.

이숙재 · 이봉선(1999). **영유아의 발달과 교육**. 서울 : 창지사.

_____________(2008). **영유아의 발달과 교육**. 서울 : 창지사.

이 영 · 이미란 · 홍희영 · 한성희 · 민성혜 · 박신진 · 유영미 · 신혜원 · 민현숙 · 정지나 · 문영경(2015). **영아발달**. 서울 : 학지사.

이 영 · 이정희 · 김온기 · 이미란 · 조성연 · 이정림 · 박신진 · 유영미 · 이재선 · 신혜원 · 나종혜 · 정지나 · 문영경(2017). **영유아발달**. 서울 : 학지사.

이 영 · 이정희 · 김온기 · 이미란 · 조성연 · 이정림 · 유영미 · 이재선 · 시혜원 · 나종혜 · 김수연 · 정지나(2009). **영유아발달**. 서울 : 학지사.

이영자 · 이종숙(1985). 비지시적 지도 방법에 의한 유아의 읽기, 쓰기 행동의 발달. **덕성여대 논문집, 14**, 367-402.

_____________(1990). 유아의 문어 발달과 비 지시적 지도 방법이 문어 발달에 미치는 영향에 관한 연구. **교육학 연구, 28**(2), 105-123.

______________(1990). 유아의 문어발달과 구어 문어 구별 능력 발달에 대한 질적 분석 연구. 유아교육연구, 10, 41-65.

임신육아포털 아이사랑 http://www.childcare.go.kr/

임지영 · 류혜원 · 문영경 · 배기조 · 송혜영(2014). 영아발달. 경기 : 공동체.

장연주(2008). 성인애착이 대학생의 자아정체감과 대학생활적응에 미치는 영향. 숙명여자대학교 대학원 석사학위논문.

전선옥(2019). 행복한 가족을 위한 예비부모교육. 서울 : 창지사.

전영미 · 송현주(2012). 만3세 한국 아동들의 타인 조망수용능력과 새로운 단어 학습. 한국심리학회지 : 발달, 25(2), 151-163.

정미라(2011). 유아의 성역할 정체감 형성을 위한 가정-유치원 상호 협력 중심 양성평등교육 프로그램 개발 및 적용. 유아교육연구, 31(4), 201-228.

정미라 · 이희선 · 배소연 · 최미경 · 조윤정(2006). 자녀양육과 부모역할. 경기 : 양서원.

정옥분(2004). 영유아발달의 이해. 서울 : 학지사.

______(2014). 영아발달. 서울 : 학지사.

______(2015). 전생애 인간발달의 이론. 서울 : 학지사.

______(2018). 아동발달의 이해(제3판). 서울 : 학지사.

정옥분 · 정순화(2007). 예비부모교육. 서울 : 학지사.

정옥분 · 정순화 · 임정하(2007). 정서발달과 정서지능. 서울 : 학지사.

조복희(2008). 아동발달. 경기 : 교육과학사.

조성연(2006). 예비부모교육. 서울 : 학지사.

조성연 · 이정희 · 천희영 · 심미경 · 황혜정 · 나종혜(2010). 아동발달. 서울 : 도서출판 신정.

조운주 · 최일선(2020). 유아교육기관에서의 생활지도(제4판). 서울 : 창지사.

조재현 · 김영희(2017). 유아의 사회성 발달과 정서 발달에 관련된 변인의 메타분석. 미래유아교육학회지, 24(3), 253-275.

주정일(1989). 태교 : 출산의 지혜. 서울 : 샘터.

최경숙(2006). 아동발달심리학. 경기 : 교문사.

최인경 · 김희진(2018). 유아 성역할 학습지표(SERLI)의 타당도 개선 : 생태학적, 문화적 타당성을 중심으로. 육아지원연구, 13(4), 5-24.

한국양성평등교육진흥원(2020). 어린이집, 유치원 교사 등을 위한 성인지 교육 교재. 서울 : 여성가족부.

홍길회 · 이혜란 · 왕영희 · 정미자(2016). 사회 · 가족변화에 따른 부모교육. 서울 : 창지사.

홍순옥 · 박순호 · 김인순(2014). 영아발달. 경기 : 양서원.

황현주(2017). 전생애발달적 관점에서의 영유아발달. 경기 : 양서원.

Aamodt, S., & Wang, S.(2008). *Welcome to your brain. New York*, NY : Bloomsbury.

Ainsworth, M. D. S.(1967). *Infancy in Uganda : Infant care and the growth of love.* Baltimore : Johns Hopkins University Press.

_______________(1973). The development of infant mother attachment, In B. M. Caldwell & H. N. Ricciuti(Eds.), *Review of child development research*(vol. 3). Chicago : University of Chicago Press.

Ainsworth, M. D. S., Blehar, M. C., Waters, B. E., & Wall, S. N.(1978). *Patterns of attaxbment a psychological study of the strange situation.* Hillsdale, NJ : Erlbarum.

_______________________________________(2015). *Patterns of Attachment : A psychological study of the strange situation*. New York, NY : Psychology Press.

Baddeley, A.(1992). Working memory. *Science*, *255*(5044), 556-559. https://doi.org/10.1126/science.1736359

__________(2001). Is working memory still working?. *American Psychologist*, *56*(11), 851-864. https://doi.org/10.1037/0003-066X.56.11.851

Baddeley, A., Eysenck, M. W., & Anderson, M. C.(2009). *Memory*. London : Psychology Press.

Bartholomew, K., & Horowitz, L. M.(1991). Attachment styles among young adults : A test of a four-category model. *Journal of Personality and Social Psychology, 61*(2), 226-244. https://doi.org/10.1037/0022-3514.61.2.226

Baumeister, R. F., Campbell, J. D., Kruger, J. I., & Vohs, K. D.(2003). Does high self-esteem cause better performance, interpersonal success, happiness or healthier lifestyles?. *Psychological Science in the Public Interest, 4*(1), 1-44.

Berk, L.(2013). *Child development*. Boston, MA : Pearson.

Bornstein, M. H., Hahn, C., Putnick, D. L., & Pearson, R.(2019). Stability of child temperament : Multiple moderation by child and mother characteristics. *British Journal of Developmental Psychology, 37*(1), 51-67.

Bower, T. G. R.(1982). *Development in Infancy*. New York : W. H. Freeman.

Brazelton, T. B.(1973). *Neonatal Behavioral Assessment Scale*. Philadelphia : Lippin-cot.

Caspi, A., & Silva P. A.(1995). Temparamental qualities at age three predict personality traits in young adulthood : Longitudinal evidence from a birth cohort. *Child Development, 66*, 486-498.

Chess, S., & Thomas, R.(1984). *Origins and evolution of behavior disorders*. New York :

Brunner/Mazel.

Chomitz, V. R., Cheung, L. W. Y., & Lieberman, E.(1999). The role of lifestyle in preventing low birth weight. In K. L. Freiberg(Ed.), *Annual editions : Human development 99/00*(27th ed.), 23–33. McGraw–Hill.

Chomsky, N.(1994). *Language and thought*. Wakefield : Moyer Bell.

Collins, N. L., & Read, S. J.(1990). Adult attachment, working models and relationship quality in dating couples. *Journal of Personality and Social Psychology, 58*, 645–663.

Connor, T. S., DeToung, C. G., & Silvia, P. J.(2018). Everyday creative activity as a path to flourishing. *The Journal of Positive Psychology, 13*(2), 181–189.

Copple, C., & Bredekamp, S.(2009). *Developmentally appropriate practice in early childhood programs : Serving children from birth through age 8*. Washington, DC : NAEYC.

Curry, N. E., & Johnson, C. N.(1990). Beyond self–esteem : Developing a genuine sense of human value. *In Research Monograph of the National Association for the Education of Young Children*(Vol. 4). Washington DC : NAEYC.

Dacey, J.(1999). Concepts of creativity : A history. In M. A. Runco & S. R. Pritzker(Eds.), *Encyclopedia of creativity*. CA : Academic Press.

Dosman, C., & Andrews, D.(2012). Anticipatory guidance for cognitive and social–emotional development : Birth to five years. *Paediatrics & Child Health, 17*(2), 75 – 80. https://doi.org/10.1093/pch/17.2.75.

Ehri, L. C.(1995). Phases of development in learning to read words by sight. *Journal of Research in Reading, 18*(2), 116–125.

Engle, R. W.(2002). Working memory capacity as executive attention. *Current Directions in Psychological Science, 11*(1), 19 – 23. https://doi.org/10.1111/1467–8721.00160.

Epstein, A. S.(2009). *Me, you, us : Social–emotional learning in preschool*. Ypsilanti, MI : HIghScope Press.

Erikson, E. H.(1963). *Childhood and society*(2nd ed.). New York, NY : W. W. Norton.

Fagan, J. F.(1974). Infant recognition memory : The effects of length of familiarization and type of discrimination task. *Child Development, 45*, 351–356.

Flavell, J. H., Beach, D. R., & Chinsky, J. M.(1966). Spontaneous verbal rehearsal in a memory task as a function of age. *Child Development, 37*(2), 283 – 299. https://doi.org/10.2307/1126804.

Gallahue, D. L., & Ozmun, J. C.(2002). *Understanding Motor Development*. New York :

McGraw-Hill.

Gardner, H.(1993). *Multiple intelligences : The theory in practice*. Basic Books/Hachette Book Group.

Garnarino, J.(2006). *See Jane hit : Why girls are growing more violent and what we can do about it*. New York, NY : Penguin Group.

Gesell, A., Ilg, F. L., & Ames, L. B.(1974). *Infant and child in the Culture of Today : The Guidance of Development in home and Nursery School*(Rev. ed.). New York : Harper & Row.

Gibson, E. J., & Walk, R. D.(1960). The "visual cliff". *Scientific American, 202*, 64-71.

Gilligan, C.(1982). *In a different voice : Sex differences in the expression of moral judgment*. Cambridge, MA : Harvard University Press.

Goleman, D.(1995). *Emotional intelligence : Why it can matter more than IQ*. New York, NY : Springer.

Gross, D.(2011). *Infancy: Development from birth to age 3*. Boston : Person/Allyn & Bacon.

Guilford, J. P.(1956). The Structure of Intellect. *Psychological Bulletin, 53*, 267-293.

Harlow, H. F., & Zimmerman, R. R.(1959). Affectional responses in the infant monkey. *Science, 130*, 421-432.

Harter, S.(2003). The development of self-representations during childhood and adolescence. In M. R. Leary, & J. P. Tangney(Eds.), *Handbook of Self and Identity*(pp. 610-642). New York : Guilford.

__________(2006). The self. In N. Eisenberg, W. Damon & R. M. Lerner(Eds.), *Handbook of Child Psychology*(pp. 505-570). Hoboken, NJ : John Wiley & Sons.

__________(2012). *The construction of the self : Developmental and sociocultural foundations*(2nd ed.), New York, NY : Guilford Press.

Hazen, C., & Shaver, P.(1987). Romantic love conceptualized as an attachment process. *Journal of Personality and Social Psychology, 52*(3), 511-524.

Hennessey, B. A., & Amabile, T. M.(2010). Creativity. *Annual Review of Psychology, 61*, 569-598. https://doi.org/10.1146/annurev.psych.093008.100416.

Izard, C. E.(1991). *The psychology of emotions*. New York, NY : Plenum.

Jackendoff, R.(2000). **마음의 구조**. (이정민 · 김정란 공역). 서울 : 태학사. (원서 : *Patterns in the mind : language and human nature*, BasicBooks, 1994), 235-257.

Kagan, J.(1992). Behavior, biology, and the meanings of temperamental constructs. *Pediatrics, 90*, 510-513.

Kail, R.(1997). Phonological skill and articulation time independently contribute to the development of memory span. *Journal of Experimental Child Psychology, 67*(1), 57-68. https://doi.org/10.1006/jecp.1997.2393

_______(2004). *Children and their development*(3rd ed.). New Jersey : Prentice-Hill.

Katz, N., Baker, E., & Macnamara, J.(1974). What's in a name : A study of how children learn common and proper names. *Child Development, 45*, 469-473.

Kostelnik, M. J., Soderman, A. K., Whiren, A. P., Rupiper, M. L., & Gregory, K. M.(2018). **영유아의 사회정서발달과 교육.** [*Guiding Children's Social Development and Learning : Theory and Skills*(8th ed)]. (박경자 · 김송이 · 신나리 · 권연희 · 김지현 공역). 서울 : 교문사. (원전은 2015년에 출판)

Laura E. Berk(2015). **아동발달**(제9판)[*Child development*(9th ed.)]. 이종숙 · 신은수 · 안선희 · 이경옥 공역. 서울 : 시그마프레스. (원저 2013 출간)

Leary, M. R., & Baumeister, R. F.(2000). The nurture and function of self-esteem : Sociometer theory. *Advances in Experimental Social Psychology, 32*, 1-62.

Levine, L. E., & Munsch, J.(2022). *Child development : An active learning approach*. Thousand Oaks, CA : SAGE Publication Inc.

Lewis, M.(2000). The emergence of human emotions. In M. Lewis & Haviland-Jones(Eds.), *Handbook of emotions*(2nd ed., pp. 265-280). New York, NY : Guilford.

Lewis, M., Alessandre, S. A., & Sullivan, M. W.(1992). Different in shame and pride as a function of children's gender and task difficulty. *Child Development, 63*, 630-638.

Mayer, J. D., Salovey, P., & Caruso, D. R.(2004). Emotional intelligence : Theory, findings and implications. *Psychological Inquiry, 60*, 197-215.

Meaney, M. J.(2010). Epigenetics and the biological definition of gene x environment interactions. *Child Development, 81*, 41-79.

Miles, S. B., & Stipek, D.(2006). Contemporaneous and longitudinal associations between social behavior and literacy achievement in a sample of low-income elementary school children. *Child Development, 77*(1), 103-117. https://doi.org/10.1111/j.1467-8624.2006.00859.x

Miller, G.(1956). The magical number seven, plus or minus two : Some limits on our capacity for processing information. *The psychological review, 63*, 81-97.

Moll, H., & Tomasello, M.(2006). I perspective-taking at 24 months of age. *British Journal of Developmental Psychology, 24*(3), 603-613.

Murphy, T. P., Laible, D. J., Augustine, M., & Robeson, L.(2015). Attachment's links with adolescents' social emotions : The roles of negative emotionality and emotion regulation. *The Journal of Genetic Psychology, 176*(5), 315–329.

Nelson, C. A.(2000). The Neurobiological bases of early intervention. In J. P. Shonkoff, & S. J. Meisels(Eds.), *Handbook of early childhood intervention*(2nd ed. pp. 204–228). Cambridge, MA : Cambridge University Press.

Newman, L. F., & Buka, S. L.(1993). Clipped wings. In K. L. Freiberg(Ed.), *Annual editions : Human development 93/94*(21st ed). McGraw–Hill.

Oesterreich L.(2004) *Understanding children : Language development*. The Ohio State University. http://ohioline.osu.edu/uc/pdf/1529f.pdf.

Ormrod, J.(2016). *Human learning*. Boston, MA : Pearson.

Pavlov, I. P.(1927). In G. V. Anrep(Trans.). *Conditioned reflexes*. London : Oxford University Press.

Piaget, J.(1954). *The construcation of reality in the child*. NY : Basic.

Platon(1953). Laws. In B. Jowett(Trans.), *The dialogues of Plato*(4th ed., Vol. 4). Oxford : Clarendon.

Prebble, S. C., Addis, D., & Tippett, L. J.(2013). Autobiographical memory and sense of self. *Psychological Bulletin, 139*(4), 815–840.

Pressley, M., & Levin, J. R.(1980). The development of mental imagery retrieval. *Child Development, 51*(2), 558–560. https://doi.org/10.2307/1129291.

Reese, E., Jack, F., & White, N.(2010). Origins of adolescents' autobiographical memories. *Cognitive Development, 25*(4), 352–367.

Rochat, P.(2015). Layers of awareness in development. *Developmental Review, 38*, 122–145.

Rose, S. A., Feldman, J. F., & Jankowski, J. J.(2001). Visual short–term memory in the first year of life : Capacity and recency effects. *Developmental Psychology, 37*(4), 539–549. https://doi.org/10.1037/0012–1649.37.4.539.

Rothbart, M. K.(2011). *Becoming who we are*. New York : Guilford.

Rothbart, M. K., & Bates, J. E.(2008). Temperament. In N. Eisenberg, W. Damon, & L. M. Richards(Eds.), *Handbook of child psychology : Social, emotional, and personality development*(6th ed., Vol. 3, pp. 99–166). Hoboken, NJ : Wiley.

Rothbart, M. K., Derryberry, D., & Posner, M. I.(1994). A psychobiological approach to the development of temperament. In J. E. Bates & T. D. Wachs(Eds.), *Temparament : Individual differences at the interface of biology and behavior*(pp.

83–116). Washington, DC : American Psychological Association.

Salovey, P., & Mayer, J. D.(1990). Emotional intelligence. *Imagination, Cognition, and Personality, 9*, 185–211.

Scammon, R. E.(1927). The first seriatim study of human growth. *American Journal of Physical Anthropology, 10*, 329–336.

Simonton, D. K.(2012). Creativity, problem solving, and solution set sightedness : Radically reformulating BVSR. *The Journal of Creative Behavior, 46*(1), 48 - 65. https://doi.org/10.1002/jocb.004.

Skinner, B. F.(1953). *Science and Human Behavior*. New York : Macmillan.

Slavin, R. E.(2008). *Educational psychology : Theory and practice*. London : Allyn & Bacon.

Sroufe, L. A., Egeland, B., Carlson, E., & Collins, W. A.(2005). The place of early atttachment in developmental context. In K. E. Grossman, K. Grossman, & E. Waters(Eds.), *The Power of longitudical attachment research : From in fancy and Childhood and adulthood*. New York : Guilford.

Sternberg, R. J.(1999). *Thinking styles*. New York : Cambridge University Press.

Stiles, J.(2009). On genes, brains, and behavior : why should developmental psychologists care about brain development?. *Child Developmental Perspectives, 3*, 196–202.

Taylor I. A.(1975). An emerging view of creative actions. In Taylor I. A., & Getzels J. W.(Eds.), *Perspectives in creativity*(pp. 297–325).

Thomas, A., & Chess, S.(1956). An approach to the study of sources of individual differences in child behavior. *Journal of Clinical and Experimental Psychology, 18*(4), 347–357.

________________________(1977). *Temperament and development*. NY : Brunner/ Mazel.

________________________(1986). The New York longitudinal study : From infancy to adult life. In R. Plomin & Dunn(Eds.), *The study of temperament : Changes, Continuities, and Challenges*. Hillsdale, NJ : Erlbaum.

Thompson, R.(2012). How emotional development unfolds starting at birth. *Zero to Three, 32*(3), 6–11.

Thuber, C. A.(1995). The experience and expression of homesickness in preadolescent and adolescent boys. *Child Development, 66*, 1162–1178.

Torrance, E. P.(1980). Creativity and style of learning and thinking characteristics of adaptors and innovators. *Creative Child & Adult Quarterly, 5*, 80–85.

Torrance, E.(1988). The nature of creativity as manifest in its testing. In R. Sternberg(Ed.), *The nature of creativity*(pp. 43–73). New York : Cambridge University Press.

Tulving, E.(1972). Episodic and semantic memory. In E. Tulving & W. Donaldson(Eds.), *Organization of memory*(pp. 381–403). New York : Academic Press.

Vygotsky, L. S.(1962). *Thought and Language*. Cambridge, MA : MIT Press.

______________(2009). **마인드 인 소사이어티**. (정회욱 역). 서울 : 학이시습. (원서 : Mind in society. Edited by Cole, M., John–Steiner, V., Scribner, S., & Souberman, E., 1980).

Whorf, B. L.(1956). *Language, thought, and reality : selected writings*. Technology Press of Massachusetts Institute of Technology : Cambridge, Mass.

Wu, C. S., Barr, D., Gann, T., & Keysar, B.(2013). How culture influences perspective taking : Differences in correction, not integration. *Frontiers in Human Neuroscience, 7*. doi:10.3389/fnhum.2013.00822.

저자소개

■ **이연규**

현 대전과학기술대학교 유아교육과 교수
전 한국어린이육영회 연수원 교수

학력
- 이화여자대학교 사범대학 유아교육과(문학사)
- 오클라호마시티 대학교 대학원 유아교육과(교육학석사)
- 이화여자대학교 대학원 유아교육과(문학박사)

관심분야
유아언어교육, 유아문학교육, 영유아발달, 교사교육

■ **전선옥**

현 한림성심대학교 유아교육과 교수
전 한림성심대학교 부속 한림유치원 원장
서울 홍신유치원 교사

학력
- 이화여자대학교 사범대학 유아교육과(문학사)
- 이화여자대학교 대학원 유아교육과(문학석사)
- 이화여자대학교 대학원 유아교육과(문학박사)

관심분야
영유아교육과정, 부모교육, 유아문학교육, 유아생활지도

■ **이문정**

현 호서대학교 유아교육과 교수

학력
- 이화여자대학교 문과대학 영문과(문학사)
- 이화여자대학교 대학원 유아교육과(문학석사)
- 이화여자대학교 대학원 유아교육과(문학박사)

관심분야
유아문학교육, 언어언어교육, 유아미술교육, 영유아인지발달

■ **김정원**

현 한국성서대학교 영유아보육과 교수
전 한국성서대학교 어린이집 원장
이화여자대학교 사범대학부속 이화유치원 교사

학력
- 이화여자대학교 사범대학 유아교육과(문학사)
- 캘리포니아주립대학교 대학원 유아교육전공(M.S.)
- 이화여자대학교 대학원 유아교육과(문학박사)

관심분야
영유아교육과정, 부모교육, 유아문학교육, 영유아사회정서발달

영유아발달과 교육

| 공저자 | 이연규 · 전선옥 · 이문정 · 김정원

| 1판 1쇄 | 발행 2024년 3월 15일

| 발행인 | 김동훈
| 발행처 | **공동체**

| 주소 | 경기도 고양시 일산동구 호수로 358-39 동문타워 I 905호
| 전화 | 031)814-3000(대표)
| 팩스 | 031)814-3100
| 홈페이지 | http://www.compub.co.kr
| 전자우편 | compub@naver.com
| 출판등록 | 2005년 10월 6일
| 등록번호 | 제396-2005-6호

| ISBN | 979-11-6725-582-2
정가 24,000원